茶业管理学

CHAYEGUANLIXUE

主　编　杨江帆

副主编　谢向英　陈小玲

编　委　杨江帆　谢向英　陈小玲　管　曦

雷国铨　石德金　肖友智　邓燕雯

陈宪泽　叶乃兴　高水练　谢　芬

郑美玲　尹真平　李今中

● **本教材由以下单位支持出版**

武夷学院

北京大学茶文化经济研究所

福建农林大学

安溪铁观音集团

世界图书出版公司　西安　北京　上海　广州

图书在版编目(CIP)数据

茶业管理学/杨江帆主编. —西安:世界图书出版西安公司,2010.3(2011.5 重印)

ISBN 978-7-5100-1757-5

Ⅰ. 茶…　Ⅱ. 杨…　Ⅲ. 茶叶—食品工业—工业企业管理　Ⅳ. F407.82

中国版本图书馆 CIP 数据核字(2010)第 023678 号

茶业管理学

主　　编　杨江帆
责任编辑　郭　瑾
封面设计　楼宇传媒

出版发行　**世界图书出版西安有限公司**
地　　址　西安市北大街 85 号
邮　　编　710003
电　　话　029-87233647(市场营销部)
　　　　　　029-87234767(总编室)
传　　真　029-87279675
经　　销　全国各地新华书店
印　　刷　陕西奇彩印务有限责任公司
开　　本　250×185　1/16
印　　张　21
字　　数　380 千字

版　　次　2010 年 3 月第 1 版　2011 年 5 月第 2 次印刷
书　　号　ISBN　978-7-5100-1757-5
定　　价　40.00 元

《茶文化学》系列教材编辑委员会

余　悦：江西社会科学院院长、教授

张丽霞：山东农业大学园艺科学与工程学院茶学系主任、博士、教授

房婉萍：南京农业大学副教授

李　伟：浙江树人大学茶文化专业讲师、博士

肖力争：湖南农业大学园艺园林学院副院长、副教授、博士

陈　暄：南京农业大学园艺学院茶学系讲师、博士

陈奇志：湖南省茶业协会副秘书长、湖南省茶馆协会常务副会长

周　玲：云南农业大学副教授

周圣弘：武夷学院茶学系副教授

郑忠堂：陕西省供销合作总社副主任、陕西省茶业协会副会长

姜含春：中国茶文化研究所茶叶经济研究室主任、安徽农业大学管理科学学院教授

郗恩崇：长安大学经济与管理学院教授、博士生导师

郭雅玲：福建农林大学茶学系副主任、副教授

徐　懿：浙江大学茶学系博士

屠幼英：浙江省生物化学与分子生物学会理事长、浙江大学茶学系教授、博士生导师

熊昌云：浙江大学茶学系博士、云南热带作物职业学院讲师

蔡镇楚：湖南师范大学中文系教授、博士生导师

序 言

中国是世界上最早进行茶叶商品化生产的国家,茶产业是中国的传统特色优势产业。从统计数据来看,2009 年我国茶园面积达到 165 万多公顷,茶叶总产量达到 130 多万吨,茶叶种植面积和产量均居世界第一。2009 年我国茶叶出口量首次突破 30 万吨,出口金额超过 7 亿美元,再创历史新高,居世界第三,占世界茶叶年出口量的五分之一强,约占我国茶叶年生产总量的 23%,茶叶出口在我国农产品国际贸易中占有重要的地位。同时,国内有 20 个省、市、自治区和直辖市产茶,茶叶已成为 1000 多个产茶县(市)地方财政收入和 8000 多万户农民家庭收入的主要来源。全国有近亿人从事与茶产业相关的工作,据初步测算,2009 年,我国茶产业总体规模已经达到 900 亿元。其中,茶叶的第一产业规模超过 400 亿元。可见,茶业的发展对于中国社会有着相当重要的意义——它不仅对农业、农村经济发展具有重要的作用,更是优化农业农村经济结构、改善生态环境、促进农业可持续发展的需要。

作为一个独立的物质生产部门,茶业经济再生产具有自己的特点和规律,在茶业经济体制改革和茶业市场化、专业化、社会化的迅速发展过程中出现的大量茶业经济管理方面的实际问题和理论问题,也都要求对茶业经济体系进行系统深入的梳理与研究。同时,从我国茶业经济发展的实践来看,虽然由于政府的扶持和行业管理制度的改善,中国茶业经济近三十年来飞跃增长。但是,总体而言,目前我国茶业经济管理还存在诸多问题——如茶业行业管理条块分割现象严重,茶叶市场混乱无序,茶商市场规则意识不强,茶叶企业组织化程度低、经营保守、管理落后、技术力量不足等等,加之国际茶叶经营者虎视眈眈,不断强化世界茶叶市场利益争夺的力度。因此,加强茶业经济管理的系统深入研究,探索茶产业发展方略,成为指导我国茶业经济持续健康发展的必由之路。有鉴于此,杨江帆研究员主持编写的《茶业管理学》一书的出版,对于现实中国茶业长足发展战略及持续竞争优势的探索与追寻就显得尤其弥足珍贵,充分体现了当代中国学者对社会发展的厚重责任感。

通览全书,作者将茶业经济管理学视作一门独立的产业经济管理学,以管理学作为理论基础,结合系统学、生态学、社会学、经济学、市场学等学科的理论和研究方法,对茶产业中的生产以及与此相联系的交换、分配和消费等活动和关系的管理展开系统深入的研究，着力于研究茶业生产力诸要素的合理组织和开发利用中的原理、原则与方法，探求提高茶业经济效益和经营效率的规律性。围绕上述研究思路，全书以管理为中心，从茶业的实际经济活动出发，遵循茶业经济及其发展、茶业微观主体管理、茶叶产业化经营与服务、茶业经济宏观管理、茶业经济发展下的经营管理展望等路径展开深入探究与系统梳理，内容全面，系统性强，理论论证与实践概括相统一，使得本书的出版在指导我国茶业生产和经济发展上更加具有理论指导意义与现实针对性。该书的理论观点和实践主张必将对我国茶产业的发展以及茶业管理理论的丰富起到积极的作用，其政策建议也将为政府有关部门决策提供有益的参考。

今天的茶业可以说是真正意义上的世界性经济产业。当前世界上有50多个国家生产茶叶，而消费茶叶的国家和地区达到160多个。并且随着茶叶作为全球性健康饮料的定位认知扩展，未来茶业经济的发展将更加生机蓬勃。尤其对于中国茶业来说，今天的茶叶市场形式可以说是非常有利。从国际茶叶市场看，近年来，在过去以红茶为主导消费取向的产品结构基础上，逐渐转向追求绿茶和特种茶的更为突出的保健功能的消费倾向，这为中国茶叶经营走向世界提供了极好的市场机会。随着红茶在国际市场竞争中优势地位的逐渐降低，以绿茶和特种茶为主体的中国茶产业具有其他竞争对手所难以逾越的天然优势。在传统茶叶产品风行的同时，世界茶叶经济正日益转向茶叶价值的延伸和挖掘，如茶药品、茶食品、茶饮料、茶保健品等等。这些茶叶深加工产品技术含量高、附加值大、利润空间显著扩充，其产业规模大有超越传统茶产品之势。茶叶经济的这种延伸走势对于我国茶叶企业提高茶资源的利用率，改变中国传统茶产品结构，最大限度地提高企业效益来说，无异于提供了更大的市场空间和运作舞台，是我国茶业发展的又一大市场机会。在此光明前景下，研究与学习《茶业管理学》必将有助于促进中国茶业现代化、市场化、信息化，加快茶农致富，提升中国茶业经济的国际竞争力。

刘仲华
2010年3月5日

目　录

导言 茶业经济与管理

人类从发现并利用茶开始，已经有四五千年的历史。茶逐渐融入到人们的日常生活中，并与历代的社会、经济、文化等产生了密切的联系。如今，茶已经成为世界性饮料，茶业亦因此成为世界性的经济产业。随着茶叶产品的纷呈创新，茶叶贸易规模与水平的不断扩大，来自世界各地的茶叶经营者围绕着茶叶市场这块蛋糕群起逐鹿。这些现象促成了当今生机勃勃的全球茶业经济局面，带来了人们对茶业经济的效益追求，同时也反映了茶业经济管理的必要性。

第一节　经营管理概要

随着市场经济的发展，市场机制和企业制度都将逐步发育与完善，企业将成为市场竞争的主体。茶叶企业要想在激烈的市场竞争中取得优势，就必须树立正确的经营管理观念和正确运用经营管理的基本原理与基本方法。

一、经营管理及其职能

(一)经营与管理的概念

1. 经营的含义

经营最早是筹划、设计的意思。现在人们对经营的理解是建立在商品经济的基础之上的。所谓经营，就是指企业在遵守国家法律、法规和有关政策的前提下，面向市场和消费者，充分利用企业外部的有利环境和内部的资源条件，合理组织企业的产、供、销活动，以谋取最佳经营效益的全部经济活动过程。从本质上说，经营是企业为了达成自己的目标，而使企业的经济活动与其所处的外部环境达成动态均衡的一系列有组织的活动。

我们通常所说的经营思想、经营方针、经营目标、经营规模、经营方式、经营预测、经营决策、经营策略等，都属于经营的范畴。经营的概念与商品经济的产生和发展是紧密相联的。它包括三层含义：一是指对企业各种重大问题的决策和筹划。比如根据企业内外部条件及其变化，对企业经营方向、经营目标、经营规模、市场选择、产品开发、投资方向、技术改造及销售策略等的确定；二是着重于对产前、产后一系列工作的关注与研究，包括市场调查、预测、产品的广告、商品、运销，还有对外出口业务的筹划等；三是指对产、供、销各项活动的协调与平衡。

2. 管理的含义

管理，简单地说就是管辖和治理的意思，即管人和理事两方面。具体地说，管理是指管理者为了实现企业经营目标，对整个经营过程的运转进行计划、组织、指挥、协调和控制，并对被管理者进行教育、激励等一系列活动的总称。一切管理都由四个基本要素组成：一是管理的主体——管理者；二是管理的客体——管理对象，即由人和事组成的一个系统；三是管理的目标，即管理主体作用于管理对象而产生的预期结果；四是管理的措施，即管理主体作用于管理对象时所运用的计划、组织、指挥、协调、控制、教育、激励等活动，这些活动也称为管理的职能。在整个管理系统中，管理者——人，是管理的主体，在管理中占主导地位，起决定性作用。

（二）经营管理职能

企业的经营管理职能包括五个方面的内容，即战略职能、决策职能、开发职能、财务职能和公共关系职能。

1. 战略职能

战略职能是企业经营管理的首要职能。因为企业所面对的经营环境是一个非常复杂的环境，影响这个环境的因素很多，变化很快。在这样的环境里，企业欲求长期稳定的生存与发展，就必须高屋建瓴、高瞻远瞩，善于审时度势、随机应变，从而也就需要实行战略经营。所谓战略经营，实际上是在没有得到最准确的答案之前就采取行动。这一行动按照一个系统的模式进行循环：了解环境——对环境信息（机会与风险）作出评价——决定对策——制定行动方案和规划——实施结果反馈。每经过一次循环，对环境的认识都要更接近实际，从而使对策更具适应性，最终使企业能在变幻不定的环境中拓展自己独特的道路。

2. 决策职能

经营管理的中心内容就是决策，甚至可以说经营管理就是经营决策。最重要的决策莫过于经营战略的决策。决策的主体不仅仅是企业的最高领导层，而且应包括整个企业的所有管理者和全体职工。因为，企业的经营战略必须经所有管理者和全体职工长期不懈地身体力行、不断革新，才能最终实现。可以说，企业经营的优劣与成败，完全取决于决策职能。决策正确，企业的优势就能够得到充分的发挥，扬长避短，在风险经营环境中以独特的经营方式取得压倒的优势。决策失误，将使企业长期限于困境之中。决策职能主要是通过环境预测、制定决策方案并进行方案优选、方案实施诸过程来完成的。

3. 开发职能

有效的经营必须善于有效地开发和利用各种资源，企业战略职能的发挥在很大程度上取决于开发职能的作用。如果把资源开发仅限于人、财、物，这是极其狭窄的。作为经营管理的开发职能，其重点在于产品的开发、市场的开发、技术的开发以及能力的开发。一个卓越的企业，其制胜的法宝就是第一流的人才、第一流的技术、第一流的产品，创造出第一流的市场竞争力。一个企业要在市场竞争中超出对手，取决于人才、技术、产品三者的综合力量。只有技压群雄，才能开拓并占有市场。因此，人才或能力开发、技术开发、产品开发、市场开发可以说四位一体，构成了经营管理开发职能的主体。

4. 财务职能

企业的经营过程自始至终都伴随着财务过程。所谓财务过程，就是资金的筹措、运用与增值的过程。财务职能集中表现为资金筹措职能、资金运用职能、增值价值分配职能以及经营分析职能。资金筹措是企业经营活动的起点。资金运用涉及资金的重点分配与预算。增值价值的分配，关系到所有者、经营者、职工三者关系的正确处理。经营分析则是企业经营活动的终点。可以说，企业的经营管理职能始于财务职能，终于财务职能。企业经营的战略职能、决策职能、开发职能，都必须以财务职能为基础，并通过财务职能作出最终的评价。财务职能是一种制约性的职能。

5. 公共关系职能

企业是社会经济系统的一个子系统。企业欲维持其生存与发展，必须按照环境适应论的观点同其赖以存在的社会经济系统的诸环节保持协调，这种同外部环境保持协调的职能，被称为社会关系职能或公共关系职能。从大系统观点来看，企业行为受许多因素的影响，这些因素包括政治、经济、文化、科学、技术、自然等各个方面。从企业系统出发，企业这个投入—产出系统，同投资者、往来厂商、从业人员、顾客、同行业、政府机关、地区社会居民之间存在着密切甚至是相互制约的关系。这些关系有的可能以共同的利害为基础，有的可能以不同的要求为基础，有的可能以利害的矛盾对立为基础。公共关系职能正是要求以企业为中心，有意识地进行积极的协调和必要的妥协，使各种利益集团根据各自的立场，对企业的生存和发展给予协作或承认。由此可见，公共关系职能是企业生存和发展的必要条件。

二、经营管理理念

（一）经营思想

企业经营思想是贯穿于企业经营活动全过程的指导思想，它是由一系列观念或观点构成的对经营过程中发生的各种关系的认识和态度的总和。企业最基本的经营思想，就是扬长避短，发挥优势，以优质产品和服务满足社会需要，取得最好的经济效益。这一基本思想具体表现为六个观念。

1. 市场观念

市场是企业的生存空间。市场观念是企业经营思想的中心。从国外与国内来看，市场观念都是逐步发展的，大体可分三个阶段：第一阶段为生产中心型，其特点是以产定销，卖方市场，买方风险；第二阶段为消费中心型，其特点是以销定产，买方市场，卖方风险；第三阶段为动态均衡型，其特点是满足顾客需要与创造顾客需要相互作用，形成双重的市场运行轨迹。树立正确的市场观念，一是要铲除长期以来的以产定销、生产中心论思想；二是要树立以创造性经营去创造顾客需要的新思想；三是要树立大市场观念，即全球市场一体化观念。

2. 用户观念

市场与消费者是一个广泛而抽象的概念，是若干企业争取服务的对象。用户是市场与消费者的具体组成部分，是个别企业的直接服务对象。企业研究市场和消费者的需求，是为了赢得用户，用户是实现购买行为的消费者。用户的多少直接决定着企业的命运。面对同一市场，经营得法，用户会不断增加；经营失策，用户会日渐减少。一个没有用户的企业，也就失去了生存的条件。用户观念首先要求企业学会站在用户的立场想问题，按照"假如我是用户"的标准处理问题；想用户之所想，树立用户至上观点，把用户需求和用户利益放在第一位；用户观念要求企业树立先要用户后要利润的思想，只要能赢得用户，即使是暂时亏损的个别服务或订货也要承接；用户观念最直接的体现就是为用户提供最适宜的产品和最佳服务，使用户从产品的使用和服务过程中得到直接的经济利益。

3. 竞争观念

竞争是市场经济的主旋律。竞争的规律是优胜劣汰。企业是市场竞争的主体，市场竞争既是企业走向天堂的金桥，也是企业走向地狱的栈道。企业的兴衰存亡全系于对市场环境变化的适应能力和驾驭能力，在激烈的竞争中只有树立自己的优势，才能在风险经营中立于不败之地。

我国加入世界贸易组织以来，企业遇到的最大问题就是国内市场的国际化，竞争对手更多了，竞争者的实力更强了，在竞争日益激烈的形势下，树立自身优势的难度更大了。树立正确的竞争观念，要正确地选择竞争领域和对手，敢于同强者竞争，也要学会与狼共舞，通过竞争合作取得双赢。公平竞争的主要手段已经从价格竞争、质量竞争、服务竞争发展到更深的层次，即人才、技术、管理等综合素质的竞争以及企业核心能力的竞争，所以，竞争观念也要不断地更新。

4. 创新观念

企业的生命力在于它的创新能力。创新观念既包括创造新的产品，也包括创造新的经营方式。创新要有科学的思想，这个思想就是永不满足于已经取得的成就。创新要有最基本的条件，这个条件就是有一批勇于探索、富于创造精神的人才。创新要面向广阔的领域，最广阔的领域就是别人尚未涉足的事业。所以，创新一般都是敢为人之不敢为，能为人之不能为。只有思想新、眼界宽、领域广、办法多、信心足，不断改革经营战略和经营方法，不断采用新的科学研究成果和技术，不断开辟新的生产领域和开拓新的市场，不断生产出新结构、新用途、新工艺、新材料、新款式的新产品，才能在竞争的环境中永远处于领先地位。

5. 开发观念

开发观念要求经营者善于有效地开发和利用企业的各种资源。企业有哪些资源呢？企业的资源包括以下八个方面的内容：(1)资金。(2)物质资源(包括设备与材料)。(3)人力资源。(4)空间资源(主要是市场)。(5)时间资源。(6)技术资源。(7)信息资源。(8)管理资源。资金的开发表现为扩大资金的来源和科学地进行资本运营。物质资源的开发表现为设备的有效利用，设备改造与更新以及新材料的采用和材料的综合利用。人力资源的开发表现为人的智力与能力的开发。空间资源的开发表现为旧市场的渗透、新市场的开拓以及市场占有率的提高。时间资源的开发表现为时间的广度利用与强度利用。技术资源的开发表现为新产品的发展、新技术的应用。信息资源的开发表现为市场信息与科学技术发展信息的收集、加工、筛选与存储。管理资源的开发表现为管理专家的训练,管理组织和管理技术的改进等。

6. 效益观念

企业的经营活动必须以提高经济效益为中心。企业经营管理的中心任务就是要保证企业生产经营活动能够取得良好的经济效益。

提高经济效益并不是单纯地为了盈利。社会主义企业的生产经营活动,首先要服从社会主义的生产目的,为提高整个社会的生产力水平和改善劳动人民的物质文化生活提供优质产品,为扩大社会主义再生产积累更多资金。同时,还要有效地利用一切人力、物力、财力资源。评价一个企业的经济效益,首先要看它是否有利于提高社会综合经济效益,其次才看它的盈利多少。从这一观念出发,无论是生产资料的生产企业,还是消费品的生产企业,或者是商业服务性企业都要以其产品和服务给社会和消费者带来直接和间接的利益为宗旨,根据社会需要和消费者的利益采用最有效的技术,生产最适用的产品,提供最优质的服务。在此前提下,为企业创造更多的利润。

(二)经营哲学

所谓经营哲学,就是经营者对经营过程中发生的各种关系发展变化的规律性认识和树立的信念与行为准则。

经营哲学的核心是价值观。人们往往认为企业既然是一个以盈利为目的的商品生产者和经营者,其价值观当然应当是追求最高利润,这其实是一个极大的谬误。利润目标不是企业的第一目标,更不是唯一目标。利润是企业维持其生存和发展所不可缺少的。没有利润企业就不能发展,甚至也不能生存。企业存在必须盈利,但企业存在不仅仅是为了盈利。

根据对企业使命的分析,我们知道企业价值观的核心是服务至上和追求卓越。服务至上是目的,追求卓越是手段。服务至上一方面是以优质产品和服务满足社会的需要,为提高全社会物质文化水平作出贡献,一方面为全体职工提供良好的劳动环境和满意的收入,使其生活得更有意义,另一方面还要为社会、投资者提供更多的积累,用来增加投资、更新技术和扩大生产规模。追求卓越才能实现服务至上的目的,没有卓越超群的经营能力,服务至上只是一种愿望。而且追求卓越本身就是一股巨大的动力,没有这股动力,服务至上的目的也是难以实现的。

正确的经营哲学能使人们以正确的思维方式认识和对待经营过程中发生的一切变化和关系。诸如:稳定与变化、风险与机会、强者与弱者、兴旺与衰退、成功与失败、进攻与撤退、长期利益与眼前利益、全局利益与局部利益等,都是一种对立统一及矛盾转化的关系。风险中潜藏着机会,机会中孕育着风险。久盛防衰,弱生于强,退一步可以进两步。有了这样的经营哲学,可以使经营者保持清醒的头脑,处于顺境而不迷,处于逆境而不惑。

经营哲学常常以某种信念的形式支配着人们的观念和行为。例如,日本许多企业经营者的信条是:用户是王,时间是钱,质量是命,安全是法,人多是祸。美国成功企业的信念是:采取行动(一步行动比一打纲领更重要),接近顾客,独立自主与企业精神,靠人来提高生产率,建立正确的价值观,做内行的事,组织单纯,人事精简,宽严并济。

我国企业在经营机制转化和制度创新的过程中,也逐步形成了自己所特有的经营哲学。诸如:以质量求生存,以品种求发展;用户至上,信誉至上;没有最好,只有更好等,都是我国企业经营者的信念。

(三)经营目标

企业经营目标,是指在一定时期内,企业生产经营要达到的水平和预期结果。目标有层次之分,有总目标和分目标。分目标指单项目标、职能目标和车间、班组以至个人目标等。总目标指全厂性的、综合性的,在一定时期内要达到的总水平。总目标常是一种复合的目标,可按不同的标志进行分类。现就按结构划分的经营目标内容分述如下:

1. 贡献目标

指企业为社会承担责任,为社会作出贡献的目标,包括提供的产品品种、数量和质量等使用价值,以满足整个社会的需要以及向国家上缴税费,提供积累的目标。

2. 市场目标

指扩大市场的覆盖面,提高市场占有率(一定时期内,企业某产品在某一市场的销售量与同类产品总销售量的比率)的目标。它不仅反映在销售额的增加,而且要以优质廉价的好产品来提高企业的市场信誉,向传统市场纵向渗透和开发,创造新的市场需求,最大限度地实现上述贡献目标。

3. 利益目标

指为企业自身利益和职工个人利益的目标。它集中表现为企业实现的利润总额和由此分解出来的利润留成或包干结余,为企业和职工提供盈余公积金和公益金的数额,它是企业生产经营活动和职工积极奉献的内在动力。

4. 发展目标

指企业自身发展壮大的目标,表现在一定时期内扩大生产规模,提高生产能力;培养人才,实施技术改造;增加产品品种,提高生产质量方面的目标。只有不断提高人员素质,逐步采用先进科学技术,企业才能不断创新和前进。

上述四个方面目标,互为因果,相辅相成,把国家、企业和职工个人利益融合在一起,形成企业的总体目标。

三、经营管理的基本原理

所谓原理,就是对客观事物的实质及其运动规律的表述。经营管理的基本原理就是在对经营管理的实质内容进行科学分析的基础上总结出来的。因此,基本原理与实质内容之间有着内在的、逻辑的对应关系,认真研究和掌握管理的基本原理对搞好企业经营管理有着普遍的指导意义。

(一)系统原理及整分合原则

1. 系统原理

所谓系统,是指由若干要素按一定结构相互联系组成的具有特定功能的有机整体。世界上一切事物、现象和过程皆为系统。任何企业是一个系统,任何管理对象也是一个系统。它的每一个基本要素都不是孤立的,而是根据整体目标的要求,相互联系,按照一定的结构组合在一起,既自成系统,又与其他系统构成更大的系统。为了达到科学管理的优化目标,必须对管理问题进行细致、系统的分析,这就是管理的系统原理。

系统原理具有如下三个基本特征:

(1)目的性。每个系统都应有明确的目的,不同的系统有不同的目的。目的不明确,或者相互混淆,都必然导致管理的混乱。应根据系统的目的和功能设置各子系统(或称作单元),建立各子系统(单元)之间的联系,在组建和调整系统的结构时,要强调子系统(单元)服从系统的目的。

(2)整体性。指系统内各要素围绕共同目标(目的)而构成不可分割的整体。系统的整体性表现在它具有其组成部分在孤立状态下所没有的新的特性、新的功能。即系统并不是组成要素的简单相加,而是诸要素相互联系、相互作用且组织化、有序化的综合体。综合体的功能大于各部分功能的总和,即 $1+1>2$,这就是“非加和”定律。通常而言,如果系统的结构是合理的,那么系统的功能(或效益)会超过各子系统功能(或效益)的总和。

(3)层次性。层次性是系统原理的一个重要概念。任何复杂系统都有一定的层次结构。系统间的运动,效率高低,很大程度上取决于能否分清层次。每一层次都应有各自的功能,规定明确的任务和职责、权利范围。同一层次的各子系统之间横向的联系,应由各子系统本身全权进行,只有在它们不协调或发生矛盾时,才需要上一层次出面解决。上一层次系统的主要任务有两个:一是根据系统的功能、目标向下一层次发出指令信息,最后考核指令执行的结果;二是解决下一层次各子系统之间的不协调关系。

了解系统原理的上述特征,可以帮助管理者从思想上明确:自己负责控制的对象是一个整体的动态系统,而不是一个个孤立分割的部分,应该从整体着眼对待部分,使部分服从整体;同时还应明确,不但自己管理的对象是一个整体系统,而且这个系统还是一个更大系统的一个构成部分,因此还必须考虑更大的全局,摆好自己系统的位置,为更大系统的全局效益服务。

2. 整分合原则

系统原理是贯穿于整个管理过程中的基本原理,这个原理在管理实践中,可具体化为若

干相应的管理原则。其中最重要的是整分合原则。

整分合原则概括起来可以表述为:要提高工作效率,首先必须对整体目标或任务(即"整"的意思)有充分细致的了解;在此基础上,将整体科学地分解为一个个组成部分和基本要素,然后明确分工,使每项工作规范化,建立责任制(分解和分工即为"分"的意思)。最后进行总体组织综合(即"合"的意思),实现系统的目标。整体把握、科学分解、合理分工、组织综合,这就是整分合的主要含义。这里,分解是关键,分解正确,分工才合理,规范才科学、明确。马克思早就指出,分工协作出生产力。协作是以分工为前提的。没有合理的分工,也就无所谓协作。在合理分工的基础上组织严密而有效的协作,这才是现代的科学管理。整分合原则常用于组织管理。

(二)"人本"原理及动力原则

1. "人本" 原理

"人本"原理是指各项管理活动都应以调动人的积极性、主动性和创造性为根本,致力于发挥人的作用。研究"人本"原理、认识人的生理特点和运动规律,对搞好管理工作,促进企业经济效益的提高具有重要的意义。

强调人的主动性和创造性,是现代管理的发展趋势。人是管理对象的重要成分,是生产力中最活跃的因素。无数事实表明,人能动性的发挥程度与管理效应成正比,人的能动性发挥的程度越高,管理的效应就越大;反之则越小。

2. 动力原则

管理必须有强大的动力,并正确地运用动力,使管理持续而有效地进行下去,这就是动力原则。管理的动力,主要在于职工的积极性和创造性发挥的程度。而职工的积极性和创造性的产生与发挥,与物质、精神和信息刺激密切相关。

(1)物质动力。物质动力是指合理地运用工资、奖金和利润分配,调动人们的积极性,搞好生产,推动工作。人们要生存,社会要进步,都离不开物质,所以它是第一性的。因此,在企业经营管理中,要坚持物质利益的原则。

(2)精神动力。精神动力就是用精神的力量来激发人的积极性、主动性。不论是管理者或被管理者,都有自己的理想、爱好、目标的精神追求。经济越发展,生活水平越高,精神方面的要求就越多。因此,在企业管理中,要创造条件,满足人们的精神需求,并积极引导,变精神力量为物质力量,以提高工作效率,促进企业的发展。

(3)信息动力。信息是指人类一切知识学问以及客观事物中的各种消息的总和。在现代社会中,信息的地位越来越重要,人们把它比作资源、财富。随着科技水平的进步和社会生产力水平的提高,在人类物质生产过程中,信息不仅是一种无形的资源和财富,而且是一种有效的动力。对于国家、企业或个人而言,获得的信息多了,通过从中找出差距,就会产生激励自己追赶的动力。因此,充分发挥信息在管理中的作用,促进企业管理效率和经济效益的提高是十分重要的。

以上三种动力是相互联系、相互影响、相辅相成的。三者的关系是：物质动力是基础，精神动力是支柱，信息动力是源泉，三种动力要综合、协调地运用，才能调动一切积极因素，促进工作、生产效率的提高。

（三）动态原理及弹性原则

1. 动态原理

动态原理是指管理者在管理活动中，要注意把握市场环境及管理对象运动和变化的情况，不断进行调节，以实现管理的整体目标。在市场经济条件下，市场需求发生变化，企业的经营方向和策略也要作相应调整，这样才能保证企业的生存和发展。管理对象是个系统，不但受系统本身条件的限制和制约，还受有关系统的影响，并随着时间地点的变化而变化。系统目标的制定和计划的实施，必须随着系统内外条件的变化而不断地修改补充。所以，系统的管理工作同其他事物的发展过程一样，静止是相对的，运动是绝对的。

动态原理要求每个管理者应充分认识到，环境和管理对象以及目标都在发展、变化，不能一成不变地看待它们，更不能用原有的模式去套。管理过程的实质，就是要把握管理对象在运动、变化的情况下，如何注意调节，实现整体目标。为此，要重视搜集信息，及时反馈，随时调整，并保持充分的弹性，以适应客观事物各种可能的变化，有效地实现动态管理。

2. 弹性原则

弹性就是事物的伸缩性和可塑性。所谓弹性原则，就是在动态管理中，必须留有一定的余地，使管理系统保持充分的伸缩性，以便适应客观事物各种可能的变化。世界上一切事物都处在运动变化之中，企业经营管理也带有很大的不确定性，所以是动态的，必须留有余地，并保持可调节的弹性和对策。

在应用弹性原则时要严格区别消极弹性和积极弹性。消极弹性的根本特点，是把留有余地当做"留一手"，计划订得松些、指标定得低些等。现代管理应着眼于积极弹性，它不是"留一手"，而是遇事"多一手"，充分发挥人的智慧，进行科学预测和决策。在关键环节保持可调性，事先预备可供选择的多种可行方案，以便情况发生变化时有应急措施，使管理过程的各个环节、各项工作都能协调起来，有节奏、有秩序地进行生产和经营，增强计划的严密性和灵活性，不断提高管理效益。

四、经营管理的基本方法

（一）管理方法的作用

管理方法，是执行管理职能，达到管理目标，保证管理活动顺利进行的各种专门方式和

措施的总称。它是管理活动主体作用于管理活动客体的桥梁。随着科学技术的发展,电子计算机的广泛应用,自动化和信息化水平的提高,使现代管理方法更加先进。管理方法在管理活动中起着不可低估的作用。

1. 通过管理方法的运用,可以使管理者更自觉地利用规律,促进管理活动的顺利开展

科学的管理方法反映了客观规律的要求。一个成功的管理者,应在深入了解管理活动的客观规律,分析其作用机制的同时,寻求通过管理方法来实现客观规律要求的途径。如果只凭个人经验或单纯依靠行政命令进行管理,必然会违背客观规律的要求,管理工作就不能顺利开展和达到好的效果。

2. 管理方法对执行管理职能、实现管理过程的控制起保证作用

管理方法是管理者行使管理职能的手段。也就是说,管理职能不能离开管理手段而孤立存在,必须通过管理方法这个媒介作用于被管理系统,才能实现管理职能,从而保证管理过程处于人们的控制之下。

3. 正确地选择管理方法

可以贯彻党和国家的意志,体现生产资料所有者的利益与愿望。

管理方法是为统治阶级的利益服务的。在社会主义社会,管理方法的选择和运用理所当然地符合社会主义的生产目的,符合党和国家制订的路线、方针和政策。

(二)选择管理方法应遵循的原则

1. 方法要能达到管理目的

在具体的管理活动中,有时人们愿意采用一些先进的方法,但必须考虑先进的含义应当与目的的实现相互衔接。如某种方法只是理论上先进,但不能有效地促进管理对象的行为与目标吻合,这种方法则是不可取的。这便要求选择管理方法时不能困于方法本身的系统性、完整性和先进性,而必须与目的相吻合。

2. 方法的成本要尽可能低

实现同一目的可采用不同的方法,但各种方法的总成本是不可能完全相等的,这就要求对采用某种管理方法的成本进行计算,以便采用成本尽可能低的管理方法。对管理方法的成本进行计算是个复杂的问题,它不仅涉及物资设施的购置,而且与人们现有的技术和培训费用有关。所以,只有通过对资金、时间、人力等方面的综合评价,并对当时的具体条件细致考察,才能决定管理方法的取舍和构成。

3. 方法要具有系统性和完整性

解决某一问题往往涉及不同的方法,这些方法要围绕一个中心展开,能够互补或产生共振,切忌彼此矛盾或互相摩擦。这就要考察管理方法的系统性和完整性,使各种方法紧密结合,相互补充,形成解决问题的完整的方法体系。否则必然使管理方法的构成处于无序状

态，难以取得预期的效果。

4. 管理方法要与管理对象的特征相呼应

管理方法作为沟通管理者与被管理者的纽带和桥梁，应当能够有效地表达管理者的意志并支配被管理者的行为，即从分析被管理者的需要和动机出发来预测他们的行为结构，然后推出与其行为相吻合的管理方法构成。也就是说，管理者究竟采取什么样的管理方法要与被管理者的行为相协调。

（三）企业管理的基本方法

管理方法很多，按照管理方法的层次和适用程度分类，可分为哲学方法、一般方法与具体方法。下面所叙述的方法是一般方法，即基本方法。

1. 行政方法

所谓行政方法，是指依靠行政组织的权威，运用行政命令指挥下属工作。它具有权威性、强制性、单一性、直接性、稳定性和无偿性等特点。行政方法的实质是通过职务和职位来管理。它特别强调职责、职权、职位，而不是个人的能力。行政方法管理的基本原则，是以强制和服从为核心，执行严格的等级制度，每一行政组织和每一个领导职务都有严格的职责和权力范围，下级对上级的指示要负责贯彻执行，上级对下级的行动结果要负领导责任。行政方法在企业管理中的作用主要有：(1)便于集中力量，统一行动，保证组织任务的完成。(2)有利于管理职能的发挥。(3)有利于贯彻国家的方针、政策、法令。(4)能够迅速有效地处理特殊问题。虽然行政方法在企业经营管理中解决问题快、作用大，但它存在较大的局限性。比如经营管理的效果受领导者的水平高低的影响，不利于分权和发挥下级的积极性，也不利于横向联系，影响经济协作，有时还易产生诸多矛盾。

2. 经济方法

所谓经济方法，是指依靠经济组织，按照客观经济规律的要求，运用各种经济手段（如工资、利润、奖金、罚款等）和经济方式（如经济合同、经济责任制等）对经济活动进行控制，以实现管理目标的方法。经济方法的实质是贯彻物质利益原则，处理好国家、企业和个人三者之间的经济关系，使劳动者从物质利益上关心劳动成果，从而有效地调动人们的积极性和创造性。

(1)经济方法的特点。经济方法与行政方法相比，有如下特点：

第一，经济方法是以价值为基础，物质利益为核心。企业、职工个人的物质利益与工作成果挂钩，能较好地体现按劳分配的原则。

第二，经济方法对任何组织和个人，在获得物质利益时，都必须是公平、平等的。这点表现在计算经济成果时采用统一的价值尺度，签订合同时双方都以平等的法人地位出现。

第三，经济方法所运用的经济手段和经济方式之间关系密切，纵横交错，错综复杂。如调整工资、发放奖金、处以罚款等，都会涉及方方面面的问题，并产生连锁反应，所以要认真

对待,绝不能掉以轻心。

(2)经济方法的作用。实践证明,经济方法是一种行之有效的管理方法,它的作用主要有:

第一,有利于促进各级组织主动利用自身条件,灵活开展生产经营活动,提高经济效益。

第二,有利于激励职工从物质利益上关心组织目标的实现,保证生产任务的完成。

第三,便于分权,提高工作效率。

(3)经济方法的局限性。经济方法的局限性主要有:

第一,它以物质利益为基础,带有一定的盲目性和自发性,而且容易使人着眼于个人利益、局部利益和眼前利益。所以要注意防止只讲经济效益,而不讲社会效益和生态效益的倾向。

第二,用经济方法调动职工群众的积极性容易忽视精神文明建设。在采用过程中,要两者兼顾,不能光讲物质利益,还要讲精神,讲为社会作贡献。

第三,单纯运用经济方法,容易产生个人主义、小团体主义,影响集体的凝聚力。

3. 法律方法

法律方法是指运用经济法律规范和类似经济法律规范性质的各种行为规范,执行管理职能的方法。法律方法的实质就是要以事实为依据,以法律为准绳,规范经济行为,调整经济关系,处理经济纠纷,以保证生产经营秩序,维护各级组织及成员的正当权益,调动人的积极性,促进经济的不断发展。法律方法的特点有:概括性、规范性、强制性、稳定性、预见性等。

法律方法在管理中的主要作用有:(1)保护合法行为,禁止违法行为,使生产经营活动正常进行。(2)有利于组织机构、岗位划分、权责规定、信息沟通、关系调节规范化,增强管理系统的整体效能和稳定性。(3)把各种管理方法的运用纳入法制轨道,保证其作用的发挥和管理职能的实现。(4)加强同其他组织以及与国际间的经济合作,促进各种组织间的协作和对外经济发展。法律是上层建筑中属于法的一部分,它只能在有限的范围内调整和控制人们的经济活动。在法律方法作用的范围之外,还有大量的各种经济关系需要调整和经济活动的管理工作要做,因此法律方法应与其他管理方法结合运用。

4. 教育方法

教育方法是指通过传授、宣传、启发、诱导等方式,提高人们的思想认识和文化技术水平,发挥人的主观能动性,行使管理职能的方法。教育方法的实质是启发人们认识真理,激发人们的主动精神,为完成组织的目标而奋斗。教育方法的特点有:长期性、非直接性、启发性、广泛性、灵活性等。

教育方法在管理中的作用是:(1)是提高人民素质的根本手段。(2)是其他方法发挥作用的先导和前提,任何其他管理方法的实施都离不开宣传教育。(3)有利于实现各级组织的现代化,提高职工的文化技术水平,适应新技术革命的需要。(4)是激励人的动机,培养人的责任感和纪律性,调动人的积极性的重要方面。教育方法在管理中的作用范围是有限的,因此,它必须与其他管理方法结合起来运用,才能达到预期的效果。

5. 数学方法

数学方法,是指在管理活动中,运用数学和数学知识,通过建立数学模型,进行数量计算和数量分析的一种方法。在企业经营管理中的数学方法有:生产函数、预测与决策技术、投入产出分析、网络技术、线性规划、价值工程、量本利分析等。数学方法的实质是掌握、分析经济活动过程的数量关系,找出数量界限,使管理工作科学化。其特点有:计量性、严密性、先进性、广泛性等。在企业经营管理中,运用数学方法可以全面、深入、精确地了解经济组织生产经营活动过程和外部环境的状况,并对经济活动进行科学预测;可通过实际与目标、标准的数量比较分析,对实际的生产经营活动进行有效控制,保证组织目标的实现。当然,数学方法只是管理的辅助手段,具有局限性,且运用时受到许多客观条件的限制。一般来说,定量分析要与定性分析紧密结合,才能得出正确的结论。

第二节 茶业经济与管理

茶自被发现并利用以来,逐渐融入人们的日常生活中,并与历代的社会、经济、文化等产生了紧密的联系。如今,茶已成为中国,乃至世界人民所喜好的保健饮料。由此可见,茶的发现和利用,无疑是中国人民为世界所做的一项重大贡献。同时,茶业的国际化与全球茶业经济一体化使得人们对茶业经济的效益追求与茶业经济管理成为必然。

一、源远流长的中国茶业

(一)茶在中国古代的传播与发展

我国是世界上最早发现和利用茶的国家,已有约5000年的历史。在漫漫的历史长河中,茶从最初被当做药用,而后发展为食用、饮用;从最初利用野生茶,到因需求日增而发展为人工栽培;从其最早的生产和消费中心巴蜀,逐渐传播到全国。这些都充分说明了茶的发现和利用给人们的生活所带来的巨大影响。同时,茶的传播和发展的过程本身,也大大丰富了中华茶文化的内涵。我国古代茶的传播和茶业发展,大致可分为四个阶段。

1. 第一阶段：巴蜀成为茶业中心的阶段

这一阶段是指公元前221年以前，我国历史上从原始社会到奴隶社会时期，这段时期是我国发现和利用茶的初始阶段，已从最早发现和利用茶，发展到开始人工栽培茶树的阶段。茶的生产和利用局限于巴蜀地区，但已有茶作为贡品的记载。

东晋常璩的《华阳国志》记述周武王时，茶已作为贡品了。《华阳国志·巴志》中记载"周武王伐纣，实得巴蜀之师，……武王既克殷，以其宗姬封于巴，爵之以子。……丹漆、茶、蜜……皆纳贡之"，且追述当地"园有芳蒻、香茗"，表明在西周初期，巴蜀一带已开始种茶纳贡。此外，《华阳国志》之《巴志》、《蜀志》、《南中志》等卷中，均有当时产茶的州、郡、县的记载。

2. 第二阶段：茶业东移的阶段

这一阶段自公元前221年到公元589年，即历史上从秦、汉到南北朝的时期。

在这一阶段，随着封建社会的发展，我国茶业也有了发展。茶的栽培区域逐渐扩大，茶业开始东移，茶叶已成为商品向全国各地传播，并作为食料、药料、饮料及贡品、祭品等被广泛利用，饮茶之风在南方已成时尚，这些都大大促进了茶业的发展。

3. 第三阶段：古代茶业兴盛阶段

这一阶段自公元589年到公元1368年，即历史上的隋、唐、宋、元时期。

这一阶段是我国封建社会的鼎盛期，也是古代茶业的兴盛阶段。茶从南方传到中原，再从中原传到边疆少数民族地区。消费层次扩展至庶民百姓，茶逐渐发展成为"举国之饮"。栽茶规模和范围不断扩大，使其生产贸易重心转移到长江中下游地区的浙江、福建一带。植茶、制茶技术有了明显的进步，茶类生产开始由团饼茶向散茶转变。茶书、茶著相继问世，茶会、茶宴、斗茶之风盛行。

4. 第四阶段：古代茶业走向衰落阶段

这一阶段自公元1368年到公元1911年，为历史上的明清时期。明清时期从总体上来说是我国古代茶业从兴盛走向衰落的时期，但这一时期的茶业仍取得了一些实质性的进展。台湾茶区得到开发，栽培面积、生产量曾一度达到有史以来最高水平，古代茶叶生产技术和传统茶学发展到了一个新的高度，叶茶、芽茶一跃成了生产和消费的主要茶类，茶叶产品大量走出国门，销往世界各地，茶叶外贸机构得到了发展。但由于鸦片战争后，帝国主义列强的殖民统治、社会的动荡不安和全国经济、文化的萎靡不振，我国的茶业在痛苦的挣扎中逐渐走向衰落。

(二)20世纪以来中国茶业的发展

1. 20世纪上半叶的中国茶业经济

20世纪上半叶的中国茶业经济走向衰落，产量下降，出口萎缩，茶业经济和茶叶对外贸易减少并跌至低谷。1886 年,我国茶叶出口量高达 13.41 万吨,为历史最高水平。以后茶叶出口开始下降。1949 年我国茶叶出口量只有 0.99 万吨,仅为 1886 年最高出口量的 7.38%,为 1900 年的 11.82%。19 世纪 40 ~ 60 年代是我国茶叶出口的发展期,70 ~ 80 年代为兴盛期,90 年代茶叶出口量开始下降,20 世纪上半叶进入衰退期。

20 世纪以前,我国出口的茶类主要是红茶、绿茶,其次是砖茶。1899 年出口红茶占 57.36%,绿茶占 13.11%,其他茶(主要是砖茶)占 29.53%。进入 20 世纪,出口茶类比例发生重大变化,红茶、砖茶比例大幅下降,绿茶增幅很大。1909 年出口红茶占 41.35%,绿茶占 18.79%,其他茶占 39.86%,1949 年红茶占 8.29%,绿茶占 80.57%,其他茶占 11.14%。

同 19 世纪相比,20 世纪上半叶,我国茶叶出口量大幅度减少。英国出口的茶叶,1887 年出口量曾高达 7.93 万吨,1912 年跌至 0.59 万吨,1900 年再降至 0.21 万吨,1939 年只有 0.9 万吨。美国的茶叶出口量,1894 年曾高达 4.03 万吨,1912 年降至 0.95 万吨,1918 ~ 1939 年间,出口量最高的年份只有 0.85 万吨,最低的仅有 0.10 万吨。俄国的茶叶出口量,1894 年达 7.7 万吨,1912 年降至 5.07 万吨,1917 年再降至 4.43 万吨。"十月"革命后,出口前苏联的茶叶大幅减少,1918 年为 0.57 万吨,1920 年降至 0.06 万吨,以后几年有所回升,但随后又继续减少。1938 年只有 0.02 万吨。第一次世界大战以前,我国每年出口法国和德国的茶叶为 0.4 ~ 0.5 万吨,战后一度锐减甚至中断。

2. 新中国成立后茶叶经济的发展

(1)茶业经济成就巨大,我国重新成为世界茶业大国

茶叶产区北延西扩,新增了西藏、山东茶区和上海种植区,全国产茶省(除台湾)、市、自治区扩大到 20 个,山东为江北茶区,西藏为青藏高原茶区。全国茶园面积从 1950 年的 16.95万公顷增加到 2007 年的 153 万公顷,增长了 8 倍。全国茶叶产量由 1950 年的 6.22 万吨增至 2008 年的 124 万吨。各类茶中,绿茶和乌龙茶增幅较大。茶叶产量位于前 5 位的省份是:浙江、福建、云南、湖北和四川。全国茶叶出口量由 1950 年的 1.87 万吨增至 2006 年的 28.6 万吨,增长超过 15 倍。我国茶叶出口 80% 集中在亚、非地区,其次是欧洲和北美洲。2006 年绿茶出口 21.8 万吨,红茶出口 3.1 万吨,出口茶产品中,红茶、绿茶、特种茶比例为 1:7:1.4。2006 年我国茶叶出口国家与地区达到 116 个,比 2000 年增加了 22 个。进口量排前五位的市场分别为摩洛哥(5.68 万吨)、日本(2.77 万吨)、乌兹别克斯坦(1.90 万吨)、美国(1.88 万吨)和俄罗斯联邦(1.66 万吨),上述国家和地区的进口量、金额占当年中国茶叶出口总量、总金额的 48.45% 和 45.34%。

(2)茶叶内销量扩大,茶叶消费多元化

全国茶叶内销量 1951 年为 5.82 万吨,2006 年增加到 66 万吨,全国人均茶叶消费量为 460 克。在茶文化热、名优茶兴起等多重因素下,茶叶的传统区域性消费习惯正在走向分解,取而代之的是更为现代的、多元化的茶叶消费趋势。在很长一段时期内,花茶的消费一直占据着北方茶叶消费份额的 90% 以上;而现在,这个比重已下降到不足 60%,绿茶、乌龙

茶、普洱茶等迅速成为北方地区的消费新宠，增长势头迅猛，尤其是绿茶，近几年的增长速度一直超过20%。

与此同时，名优茶的发展也呈跳跃式发展。据统计，在20年前，国内名优茶的市场总容量不过万吨，而到2007年，名优茶产量达43.5万吨，比1991年增长了15倍，名优茶产值约240亿元。包括龙井、武夷岩茶、安溪铁观音、洞庭碧螺春、黄山毛峰等在内的，在2002年前后通过国家原产地保护的名优茶，因每年产量有限，出现供不应求的局面。

有机茶成为近几年茶消费的一个热点。近些年来，有机茶成为大众茶消费中的新宠。有机茶的推出，既是中国茶业应对国际茶市“绿色壁垒”的利器，也是茶业经济发展的一种必然选择。2005年10月，沿用17年的《茶叶卫生标准》被新的《食品卫生标准》取代，在新的标准下，有机茶认证生产、加工和管理等必将得到进一步规范，在卫生和质量符合消费需求的同时使茶叶贸易更好地与国际接轨。

另外，功能性保健茶也成为茶消费的新趋势。青睐这些保健茶的大多为时尚女性和中老年顾客，主要目的很明确，要么美容润颜要么强身健体，销售势头很不错。新兴的保健茶在保持传统茶香的基础上，还根据不同的消费需求，加入了诸如玫瑰、金银花、决明子等保健中药材，满足了相当一部分消费群体的要求，具有较高的附加值。

（3）茶叶营销出现从“名茶”到“名牌”的转变

我国有众多名茶，但名茶并不等于名牌，茶业强势品牌的缺失已成为我国茶叶经济发展的障碍。提到茶叶品牌，很多人自然想到龙井、碧螺春，不错，它们确实代表了原产地的牌子，可实际上它们代表的只是一种炒制工艺。如今的茶叶企业已经认识到了茶叶品牌的重要性，正在创立和维护自身品牌上下工夫，但在全国都有影响力的品牌还是凤毛麟角。如在浙江省内较有影响的龙井茶为数不少，比如狮峰龙井、大佛龙井、龙冠龙井、卢正浩龙井等，而其他各类牌号的龙井也有数十种之多，但没有一家能做到全国知名。

（4）茶饮料市场不断壮大

近些年，包括娃哈哈、康师傅、统一、三得利等在内的知名品牌纷纷涉足茶饮料市场，可口可乐、雀巢等一批外资饮料巨头也先后进入茶饮行业，茶饮料市场竞争进入白热化阶段。据悉，茶饮料市场以每年30%的速度增长，以简捷、方便的特点吸引了一批消费者，同时也为我国中、低档茶叶找到了一条出路。

（5）茶馆业发展方兴未艾

近年来，茶馆业的迅猛发展极大地带动了茶叶的消费。据统计，目前全国茶馆、茶坊5万余家，从业人员近百万人，年营业额达200亿元。在广东、重庆和四川等地，茶馆甚至成为地方的一种文化标识。而在北京、上海、大连等大中城市兴起的茶艺馆，越来越为城市消费群体青睐。茶艺馆的兴起，对拉动茶叶消费、扩大市场显示出积极的意义，同时对于传播茶文化、提升茶消费水平，具有很强的促进作用。

（6）多种经营共同发展

在茶叶精制加工、拼配包装和流通行业中，过去国有制占绝对支配地位。“十五大”以后，国有经济布局作了战略性调整，多种经济共同发展，茶叶行业中的集体经济、私营经济比例上升，成为茶业经济发展的新增长点。

(7)茶文化促进茶叶消费

如今的茶叶早已走出了单纯农作物的范畴，已经形成一个横贯一、二、三产业的庞大产业链。茶叶景区旅游、茶文化交流以及各种以茶为主题的博览会、文化节等，都将成为茶叶经济发展的新亮点。全国和部分省市先后成立茶文化研究会、研究中心、促进会，多次举办茶叶节、茶文化节、茶文化研讨会、茶叶博览会、国际名茶博览会，兴建中国茶叶博物馆以及大中城市涌现的茶艺馆等，都有力地促进了新时期茶文化的发展和茶叶消费的持续增长。中国茶叶经济呈现持续健康全面增长的发展趋势。

二、茶业的国际化与全球茶业经济一体化

(一)茶业的国际化

中国是茶叶的原产国。自古以来，茶叶与丝绸、瓷器就是我国的传统出口商品。在今天，西方各国语言中的“茶”，大多源于古代海上贸易港口——福建、厦门及广东方言中的“茶”读音。可以说，中国给了世界茶的名字、茶的知识、茶的栽培加工技术和灿烂独特的茶文化。世界各国的茶业，直接或间接地都与我国茶叶与茶业有着千丝万缕的联系。历史上中国茶的对外传播有多种渠道：第一，通过来华的僧侣和使臣，将茶叶带往周边的国家和地区；第二，在互派使节过程中，茶成为随带的礼品或用品，在国与国之间交流；第三，通过贸易往来传输到国外。

此外，茶的世界性传播，还与资本主义国家的殖民政策及其贸易价值取向分不开。他们从生产国掠取低价的茶叶，运往其殖民地推销，从中牟利。茶比咖啡价格低廉，又有药效作用，因而受各地欢迎。19 世纪，非洲、南美洲、澳洲和北美洲等地先后“感染”饮茶习惯。资本主义的殖民政策对茶的传播有过一定的积极作用，但不能不对其本质加以认识。至今为止，世界上有 50 多个国家生产茶叶，而消费茶叶的国家和地区却达 160 个左右。

1. 茶在亚洲的传播

(1)茶入朝鲜半岛

朝鲜半岛在 7 世纪前，高句丽、百济和新罗三国鼎立。唐高宗显庆五年(660 年)后逐渐统一。南北朝、隋、唐时，百济、新罗与我国交往颇多，其中有宗教的内容。到唐朝时，已多达百次以上。新罗人因仰慕而来唐学习佛法，在他们回去时带去唐朝的茶事。唐太宗后期，新罗使节大廉由唐朝带回茶籽，种于智异山下的华岩寺周围。朝鲜半岛从此开始了茶的种植与生产。

新罗人对中国的茶俗、茶风也有所了解，并不断学习。唐宋茶道的主流形式发生变化后，新罗也跟着学习宋代的点茶法。公元 828 年，朝鲜使者已携回茶籽，且当时的礼仪教育

中还有类似“茶艺”方式的研习。李奎报(1168～1241年)的《南行日记》云:“……本想煮(茶)贡晓公,但无泉水,突然岩隙涌泉,其味甘如奶,故试点茶。”说明新罗人不仅善点茶,且善于艺茶和品水。新罗的茶礼仪有不同的类型:一吉礼时敬茶;二齿礼时敬茶;三宾礼时敬茶;四嘉礼时敬茶。释龙云的《高丽时代敬茶仪式研究》中提到,高丽时代迎接使臣的宾礼仪式有五种,迎接宋、辽、金、元的使臣按北朝敬茶仪式进行。

(2)茶向日本的传播

日本是个非常善于吸取他人长处的民族。唐朝日本僧人大批来华,称为“学问僧”,当时中国的各佛教寺院,已形成“茶禅一味”的一套“茶礼”规范,茶在民间也已“比屋皆饮”了,所以茶和佛教也结伴传去日本。

唐德宗贞元至唐顺宗永贞年间(785～805年),空海和最澄两位高僧携茶和茶籽去日本推广引种,空海即弘法大师,最澄、唐代名僧鉴真、俊花、道元、隐元都对茶的传播起了推动作用。而为茶与茶事传入日本做出重要贡献的,当属宋代来华的禅师荣西。

荣西(1141～1215年),于1168年入宋,学于四明、丹丘,朝拜天台山。逗留浙江5个多月。1187年第二次入宋,再登天台山至1191年回日本。荣西在中国学茶,亲身体验了宋代的茶艺及饮茶的效用。荣西归国时,在从日本最西端的九州平户岛登陆处到回京都的路上,一路点播茶籽,后又将茶籽送给拇尾高山寺的明惠上人。这些地方都是日本最古老的种茶之地。拇尾茶更是被人们称为“本茶”,以区别其他“非茶”。品尝区别本茶与非茶是室町时代斗茶的主要内容。1214年2月,镰仓幕府第三代将军源实朝醉酒,一夜不解。作为其导师的荣西听说后,马上进茶一碗,同时献上他著的《吃茶养身记》。源实朝饮茶后,顿觉体轻神爽,对《吃茶养身记》一书也大加赞赏。从此,日本再度兴起了饮茶之风。荣西所传入的绿色末茶冲点法一直为以后的日本茶道所沿用。另外,荣西还传入了南宋的叶茶贮藏方法和贮茶器物,衍变成当今日本茶道中一种极为重要的茶道具。

(3)茶向其他亚洲国家的传播

毗邻中国的缅甸、泰国、越南等,估计在秦朝统一以后,就有茶传入的可能。至于茶近年来在东南亚各国的传播,与华侨有很大关系。华侨嗜好饮茶,渐渐影响了当地人民。菲律宾、新加坡、马来西亚、泰国和印尼的饮茶习俗,均与闽粤华侨共通,由此可得证明。茶叶向东南亚其他国家地区的传播,还有可称海上“丝绸之路”的途径。海上丝绸之路,其起点应为泉州一带,这里在唐代就是著名的海外交通大商港之一,宋元时期,泉州是我国对外贸易的中心。而当时毗邻泉州的茶叶产地不少,茶从此向东南亚传输,实乃正常。

印尼于1684年引籽种茶,但在数十年后,种茶始见成效,其植茶的大发展与殖民宗主国的指使和支持是分不开的。印度很早就自西藏传去茶的吃法。约在1780年,由东印度公司操纵引种茶叶,稍后连英国的植物学家也参与茶的培植,但成功地发展茶叶生产是在鸦片战争前后,其引种的大批武夷茶籽,是在得到多方面的支持后获得的,殖民主义政策在其中起了直接的推动作用。

斯里兰卡,曾在荷兰人占领时就输入中国茶籽,但没有栽种成功。其茶叶生产的大发展在于其咖啡业失败后，以茶业替代而成，时间大约在1875年。

马来西亚的茶业发展则在20世纪初，茶树的品种都来自中国。1848年种茶技术传至高加索地区及土耳其等地。

2. 茶向欧、非、美洲的传播

(1)茶传播到欧洲

除去通过“丝绸之路”传播的可能外，茶叶向欧洲的传播有海、陆两条途径。如现独联体中的一些国家当时也与我国接壤，茶叶传入可谓是“近水楼台”。罗马人马可·波罗(1254~1324年)在13世纪就与茶有了联系。《马可波罗游记》中有述说中国饮茶的趣事。欧洲人此时已知道茶了。葡萄牙、荷兰等在海上运输能力强大后，先后来东方“淘金”，通过运输茶叶赚钱或作他用。欧洲诸国茶叶从海上输入的时间有差异。根据史料记载，中国茶销欧州始于荷兰经澳门贩茶。威廉·乌克斯所著的《茶叶全书》中记述：“明神宗万历三十五年(1607年)，荷兰海船自爪哇来中国澳门贩茶转运欧洲，这是中国茶叶直接销往欧洲的最早记录。”此后荷兰、英国等欧洲国家都先后派商船到澳门来贩茶。1609年荷兰东印度公司的船舶首先开抵日本沿海，后因为日本商人排斥而被驱逐，船舶停泊和茶叶贸易便转向中国。葡萄牙也是较早从事茶叶贸易的国家之一，英国的饮茶风俗与其有关。与我国接壤的俄罗斯等国，很早就知道饮茶。1567年就有哈萨克人把茶叶传进俄国。1664年(清康熙三年)英国东印度公司在澳门设立了办事处，负责办理购置中国茶叶事宜。1689年《中俄尼布楚条约》签订之后，有人组织运茶商队把茶叶由陆路经蒙古、西伯利亚运往俄国销售，且数量很大，当时的恰克图城因是茶叶的中转贸易地而热闹非凡。

1658年，英国出现第一则茶叶广告，也是至今发现的最早的售茶记录。刊载这则广告的茶商名叫托马斯加尔韦，他还写过一本有关茶的小册子，是英国最早的茶书。中国红茶能在英国风行，其原因可以追溯到葡萄牙的凯瑟琳公主。她在1662年嫁给英王查理二世，在宫中积极推行饮茶。在17世纪，英国咖啡馆禁止女性入内，红茶便逐渐受女性欢迎，茶在英国渐渐风行起来。英国的东印度公司于1669年首次派遣船只从广东进口茶叶。在此后的两个世纪，英国政府便把亚洲贸易的重点放在进口中国茶叶上。

德国人近来也喜欢饮中国的绿茶，他们从科普读物中得知长期饮用绿茶对人体健康有益。德国人原本喜欢饮红茶，且以袋泡茶居多。在开水杯中放进茶袋，略泡两三分钟，取出茶袋，加糖及柠檬汁即饮用。他们也是用此方法饮用绿茶，目前这种“不良”习惯逐渐向中国式饮茶靠拢。德国近来有关茶文化的出版物增多，并有一所茶叶学校诞生，这种情况在欧洲其他国家还是很少见的。

地处东欧的波兰，饮茶是从18世纪开始的。现今波兰，年人均消费茶叶在1千克左右，仅次于英国，茶与波兰人的生活密不可分。“茶还是咖啡”，不仅是波兰咖啡馆、吧的用语，也是主人见到客人时的礼貌用语。

(2)茶向美洲、非洲的传播

美国最早为荷兰人所管辖,后归英国统治。英国人为从茶叶贸易中获取暴利,在美国大肆推广饮茶,直至波士顿毁茶事件爆发。美国独立战争胜利后,1784 年 2 月,美国自己的第一艘商船"中国皇后号"来中国广州运茶,并于次年返回,获利丰厚。从此,中美之间的茶叶贸易一发而不可收。有不少美国茶叶商人因经营茶叶而成巨富。20 世纪初,中国向美国出口的茶叶品质受到人为破坏,使得美国不得不转向从其他国家进口茶叶。美国政府及商人为从茶叶中得到好处,曾把中国茶籽引入美国种植,但 1858 年和 1880 年的两次引种,均告失败。

1812 年巴西开始从中国引种茶,1824 年中国茶籽输入阿根廷。中国茶传到非洲,可以以摩洛哥为例。据摩洛哥有关史料记载:早在 4 世纪,中国茶就传入了摩洛哥。茶在摩洛哥传播甚快,到 19 世纪,茶成为风靡全国的大宗消费品。摩洛哥与其他西非诸国,地处世界上最大的撒哈拉沙漠周围,天旱少雨。北非人又以肉食为主,缺乏瓜果蔬菜,因而尤其需要喝茶,以解渴、去腻、消食、增加维生素。加上该地区普遍信仰伊斯兰教,严禁喝酒,使茶的饮用得以普及。茶在摩洛哥成为居家必备的物品,饮茶之风的盛行大体经历了四个阶段:大约在 19 世纪初,只有"有闲阶级"才能享用茶;在 1830 ~ 1860 年间,茶的消费逐步推进到城市各阶层;1861 ~ 1878 年,饮茶之风刮到农村;1879 ~ 1892 年,茶叶消费遍及整个王国。

东非于 20 世纪初开始种茶,其势发展迅速,后劲足。在 20 世纪六、七十年代,中国曾对少数非洲国家发展茶叶生产进行技术援助。

总体而言,随着茶叶消费的国际化,世界茶叶贸易规模和水平也逐渐扩大,茶叶的种植和生产、加工也日渐遍及全球。首先是南亚印度、斯里兰卡等国,作为拥有庞大茶叶消费需求的欧洲英国和荷兰等强国的殖民地,靠近中国,拥有与中国茶树生长相类似的自然环境,这些条件促使其宗主国首先选择它们作为茶叶种植和生产加工基地,力求借此把握茶叶的产业发展链条。之后东非肯尼亚、乌干达,南美阿根廷,大洋洲巴布亚、新几内亚和前苏联等国家茶业也相继发展,茶叶成为世界性种植业、加工业,全球茶业正式形成与发展。

据有关统计,2005 年世界茶叶总产量为 343 万吨,其中中国和印度产量分别为 94 万吨和 83 万吨,占世界总产量的比例分别为 27.4% 和 24.2%,遥遥领先于其他国家。斯里兰卡与肯尼亚产量较为接近,均为 30 万吨左右,分别占世界总产量的 8.5% 以上。2007 年,世界茶叶贸易总量小幅下降了不到 2%,茶叶出口总量达到了 152 万吨,而 2006 年为 155 万吨。自 2008 年初以来,世界茶叶价格持续上涨。1 ~ 8 月,联合国粮农组织茶叶综合价格平均为 250 美元/千克,同比增长 35%。价格上涨的主要原因是需求的持续增长和茶叶产量的减少。事实证明,世界茶业发展方兴未艾。

(二)全球茶业经济一体化

茶业的世界性发展带来了全球茶业经济的蒸蒸日上。茶叶产品的纷呈创新,茶叶贸易规模与水平的不断扩大,来自世界各地的茶叶经营者围绕着茶叶市场这块蛋糕群起逐鹿,这一切都构成了当今生机勃勃的全球茶业经济现象。

20世纪80年代提出的“全球化”是基于人类追求相互依存、共同关心、协作发展的理想而产生的概念。人们期盼通过“全球化”实现信息、资源与市场的共享，使全世界的人们能够在开放的环境中感受不同于自己久已熟悉的经历，体验可能来自世界任一角落的机会。但并非如最初所想象的那样，“全球化”仅仅是全世界的相互依存、共同关心和协作发展。事实上就如同最早开始的世界经济一体化一样，虽然世界性的经济体系已初步建立，各国各地区的经济发展无论是依存还是协作关系都在加强，人们在享用由此带来的经济社会成果时却发现由于工业社会的急剧膨胀，却不得不面对突出的能源紧张、原材料短缺、贸易纠纷以及环境污染等种种所谓的“全球化”后遗症。一方面是更多开放的急切要求，另一方面却可能是各成员趋利避害的新一轮竞赛。也许，从本质上说，“全球化”就是这样一个充满矛盾的过程。

茶业的全球经济一体化也不例外。尽管从客观上说，全球茶业经济一体化已经具备相当的基础和规模。但随着国际贸易壁垒的逐渐取消和全球化浪潮的带动，世界各国的茶业发展事实上正处于激烈的市场竞争和依照自然资源、要素禀赋和技术优势等比较利益重新整合时期。在茶叶消费成为全世界的风潮，茶文化影响日益广泛的同时，市场的扩大却使得利益的争夺前所未有地激烈。茶业的经营者想方设法扩大实力，谋求跨国经营运作。以在世界茶叶市场起主导作用的欧美立顿、勃洛克邦、里昂泰特来、特文宁、芬莱、劳瑞、东方等跨国公司为例，他们的经营布局正逐渐向茶叶生产国延伸。联合利华等一些世界著名的茶叶跨国公司正着手实施建立全球的茶叶加工、拼配和营销网络。同时世界一些主要茶叶生产国亦开始注重国内茶叶品牌的培育，参与世界茶叶市场竞争。产业的发展促使各国竞争者不仅将竞争的焦点放在茶叶原料的生产和取得方面，更表现在对茶叶原料的增值性开发方面。迄今，茶多酚、茶皂素、茶色素、脂多糖、咖啡碱等经济成分的生产已形成相当规模，并被运用到食品、轻工、医药等多个行业，极大地拓展了茶叶的价值范围与经济意义，延伸了茶叶产业链条。更具影响力的是，各国、各地区为在茶叶经济全球一体化的过程中最大限度地攫取利益，纷纷制定相应的政策法规来鼓励和保护自己的茶叶产业发展，同时尽可能削弱来自其他竞争者的利益争夺。这方面冲突最为激烈的就是茶叶进口国和茶叶生产国之间的利益纷争。以世界上最主要的茶叶进口国和地区——欧盟、日本和美国为例，他们在近年来相继制定了严格的茶叶贸易技术标准，给产茶国如中国的茶叶生产和贸易造成了巨大压力。从他们的角度来说，在茶叶国际贸易市场上，这些茶叶进口国几乎垄断着茶叶拼配、加工、包装、分销等产业链的“引擎”环节，且拥有雄厚的技术和资本，继续保持这种优势，并且更进一步将产品、资本输入茶叶生产国以控制资源与市场是他们扩张利益的首选目标。而茶叶生产国们也不甘被动，它们不仅成功地使世界茶叶贸易重心从消费国转向生产国，更期盼通过茶叶资源的挖掘利用、价值提升与产品的创新和操控能力来把握产业利润。因此，所谓的茶叶经济全球一体化实际上是一个更大平台的造就。它在为全球消费者带来令人愉悦的茶叶产品享受的同时造就了一个更大范围的竞争空间，如同古罗马竞技场一样汇聚了来自全世界的茶业竞争。

三、茶业经济的效益追求与茶业经济管理的必要性

（一）茶业经济的效益追求

提高茶业经济效益，有利于茶农增收，充分发挥茶业生产积极性；对于茶业企业来说，有利于增强茶业企业的市场竞争力，充分发挥自身的优势，在激烈的市场竞争下居于不败之地；对于茶叶产业来说，有利于发展壮大茶叶产业，增强茶产业的国际竞争力。因此，提高茶业经济效益，对于一个国家、一个行业、一个地区、一个组织乃至个人都至关重要。

要实现茶业的经济效益，不仅需要产量上的提高，更需要从质量乃至产品附加值上进行提升，通过科技创新来精、深开发茶叶，通过发展无公害茶、绿色食品茶和有机茶来提高茶叶卫生安全质量，通过走可持续发展之路来发展生态茶业，通过树立品牌、文化营销来实现茶业经济效益的全面提升。

1. 茶业经济效益应从精度、深度进行开发

我国的茶园面积和茶叶产量均居世界前列，但茶业的总产值和茶叶附加值并不高。要想做大做强我国茶业，就必须走以精深加工为核心技术的产业化之路，才能提高我国茶叶的附加值，推动茶业快速、健康发展。

2. 茶业经济效益应从安全卫生质量进行挖掘

茶叶农药残留问题及卫生质量问题是制约我国茶叶向国外市场发展和扩大的主要障碍。茶叶市场的竞争归根结底是质量的竞争，提高茶叶产品质量是茶业工作的奋斗方向，具体改进措施可以考虑：一是推进生态茶园建设；二是大力推进标准化无公害生产，严格按照无公害农产品生产标准和操作技术规程组织生产，严格控制投入品的使用，确保茶叶产品达到无公害标准，提高市场竞争力，从而提高经济效益。

3. 茶业经济效益应从经营管理改善获取

随着社会主义市场经济的发展，一些茶业企业尤其是国有茶业企业、集体茶业企业的制度渐渐不能适应市场经济的发展需求，表现出低效率、低活力、低效益。要提升整个茶产业经济效益，就必须从茶业企业开始着手，创新管理模式，实施经营机制民营化、股份制改革，加快盘整有效资产，使茶业企业发展壮大，成为有较强经济实力、市场竞争力、起到“领头雁”作用的龙头企业。发展产加销一条龙、产学研紧密结合、贸工农一体化的茶叶产业化经营模式，从而加快实现茶业经济效益。

4. 茶业经济效益应从文化营销方式实现

在茶叶的销售中，出售的不仅仅是茶叶的品质，还应该注重销售茶叶产品所蕴涵的文化价值。借助文化和当代科技进行营销，创新营销策略、营销方式、营销渠道，树立茶业企业和茶叶产品的市场形象、品牌形象等，发展电子商务、连锁经营、文化旅游等营销方式，拓展营销渠道，深入发掘茶叶的文化价值，提高茶叶产品的附加值，实现茶产业链的延伸，提升经济效益。

5. 茶业经济效益应从可持续发展进行提升

茶园生态系统是整个大自然生态体系的一部分，皮之不存，毛将焉附？生态茶业，就是不再单纯追求经济效益，而是从维护和改善茶园生态环境着手，充分合理地利用自然资源，统筹林业、农牧业发展，提高茶业生产实力，逐步实现可持续发展。中国茶业应顺应时代的发展趋势向生态茶业转变，这就要求行业的每一个层面首先树立可持续发展的观念，采取一系列切合实际的具体措施和行动来发展生态茶业，走可持续发展之路，从而实现良好的经济效益。

（二）茶业经济管理的必要性

茶业经济管理就是对茶业部门和茶业企业在生产、交换、分配和消费等经济活动中及其各个环节上占用和消耗的人力、财力、物力等方面，进行正确有效的决策、计划、组织、指挥、协调、核算和控制。即通过决策和计划，确定出切实有效的经营目标；通过组织和指挥，维持正常的生产和营销秩序，以保证经营目标的实现和效益的取得；通过协调和控制，及时解决、修正生产和流通中出现的各种矛盾和问题，确保茶业企业沿着既定的经营目标轨道向前发展；通过核算和控制，检查计划的执行情况，从而保证茶业部门和企业经营计划的执行和决策目标最终实现。

经济全球化和科学技术的发展，使茶叶产业发生了巨大的变化，同时社会的进步也使得消费者的消费需求日益多元化，这些都将把茶叶生产推到一个新的高度。茶叶生产不再是过去的“要生产什么”，而是现在的“该生产什么”。同时，从我国茶业经济发展的实践来看，虽然由于政府的扶持和行业管理制度的改善，中国茶业经济近30年来飞跃增长。但是总体而言，目前我国茶业经济管理还存在诸多问题——如茶叶市场混乱无序，茶商市场规则意识不强，茶叶企业组织化程度低、经营保守、管理落后、技术力量不足等，加之国际茶叶经营者虎视眈眈，不断强化世界茶叶市场利益争夺的力度。内忧外患都要求人们加强茶业经济管理，探索茶产业发展方略已成为我国茶业经济持续健康发展的必由之路。因此，茶叶产业的发展不仅需要自然科学知识，还必须借助于科学的管理方法，从茶叶运作要素的管理与协调入手，通过分析微观的企业生产管理和营销管理以及宏观的茶叶产业化管理和文化管理等，实现各种资源的最优化配置，生产出消费者满意的茶叶。寻求提高茶叶企业经济效益的途径，以实现茶叶企业的效益最大化，最终带动整个茶叶产业的发展。

四、茶业经济管理的内容和任务

（一）茶业经济管理的内容

茶业经济管理的内容主要围绕效益这个中心，探讨茶业经济运行中的基本经济规律，包括茶叶生产、交换、分配、消费的基本规律和茶叶市场、茶叶企业、茶叶产业的运行调理准则。关注茶叶资源市场运作中的各相关行为主体，如供应商、经销商、消费者乃至政府经济管理部门的具体行为运作，以确保通过尽可能的科学管理来提升茶业经济的效益获得，实现茶叶资源的最优配置。

(二)茶业经济管理的任务

茶业经济管理研究的中心任务就是提高茶业经济效益，即在充分合理开发利用各种资源的前提下，以尽量少的活劳动消耗和物化劳动消耗生产出尽量多的符合社会需要的茶叶产品，在各种生产要素和经营环境约束的范围内，达到经济效益的最大化。

提高经济效益，反映了经济活动的根本目的和社会主义市场经济的基本要求，这始终是我国茶业生产和建设的核心问题。我国的茶业生产和建设，要从我国的实际情况出发，走出一条投资少、效益高，农民能够以此迅速增加收入，逐步走上富裕的道路。只有这样，茶业经济管理学的学科发展才具有意义和较强的生命力。当然，提高经济效益的同时，还必须重视茶业的社会效益和生态效益，三者不可偏废。因为经济效益、社会效益和生态效益是相互影响、相辅相成的，要使经济持续健康发展，必须要同时提高社会效益和生态效益，走可持续发展的道路。

思考题

1. 经营与管理有何关系？
2. 阐述企业经营管理理念的内容并说明经营理念对于企业发展的重要意义。
3. 你认为中国茶业经济的发展还需要从哪些方面努力？
4. 你如何看待全球经济一体化对世界茶业经济发展的影响？

例证

国际化的安溪茶叶需大财团介入

“茶叶国际市场潜力巨大，安溪铁观音如能提高技术含量，丰富口味，还可以争取到更多的出口市场份额。”在参加完商务部组织的考察活动后，安溪铁观音集团董事长林文侨如是说。

据介绍，日本每年消费的茶叶约12万吨，日本本土年产6万吨，每年还需进口6万吨。在这6万吨中，乌龙茶约2万吨，绿茶约2万吨，其他茶叶约2万吨。不过由于宣传不够及缺乏品牌，再加上中国出口日本的茶叶企业分布范围广、茶叶种类多，我国每吨茶出口日本的价格仅约为3美元。

“由于出口价格低，出口的铁观音都较为低端，但这也说明日本市场潜力巨大。”林文侨说。在日本期间他与日本茶业商会曾就高档铁观音出口日本进行交流，尽管日方对高档茶叶的口感赞不绝口，但价格仍是日方首先考虑的因素。

“事实上，铁观音在其他国家也越来越受欢迎。”林文侨说。他以独联体市场为例——独联体国家是世界主要茶叶消费国和进口国，近年来独联体国家的消费者越来越青睐中国茶。2006年1~11月，中国对独联体国家出口茶叶数量同比增长4.6倍，其中对俄罗斯出口茶叶数量同比增长8%，金额增长32%，这是独联体国家中最具消费潜力的市场。预计今年我国对独联体国家茶叶出口将继续呈上升态势。

尽管欧盟对茶叶进口的农药残留标准近乎苛刻，但林文侨还是认为随着出口企业建立了有机茶、无公害茶叶生产基地，有效控制了茶叶农药残留含量，提高了茶产品质量，铁观音在欧盟市场上的销售仍有较强潜力。

对于抢占国际高端市场，林文侨也有自己的见解。他建议应突出其原产地特色，塑造精品意识，树品牌，先出贵族化精品，占领高端市场后再推出低价产品。

“欧洲需要口味重的，而东南亚则喜欢新鲜清香的。”林文侨认为，不同国家对茶叶的口感要求不同，因此需要在铁观音的深加工上做文章，提高产品的附加值，并根据不同国家的消费习惯生产出对应产品。

“在国外，多数是大财团在经营茶叶，铁观音走向国际化，也同样需要大财团的介入。中国经营茶业的企业数量多，但龙头企业少；家庭式、小农性质的企业多，现代全球化企业少；产品品牌多、名牌少。安溪铁观音名头响，但经营的企业较弱，通过大财团介入等多种形式，能有效地改变原来小作坊的运作方式，打响品牌，提高中国茶叶企业的国际竞争力。”林文侨说。

[资料来源：http://www.tzncy.com/news.asp? NewsId=361 2008-11-26]

第一章 茶叶产品特性及其消费的基础知识

茶叶具有与其他产品不同的特性:茶叶本身丰富的物理与化学属性决定了茶叶产品的庞大市场空间;茶叶生产与加工投入有一定程度的资产专用性;鲜叶容易腐烂,因此决定了鲜叶外部化交易会有很高的交易成本;茶叶品质评定缺乏客观的标准化操作程序,一般消费者没有感官审评专业知识,从而使得成品茶交易存在着质量信息的不对称性和茶叶消费的文化性等。这些属性决定着茶产业组织模式及其市场运行有着自身的特点与规律,也造就了茶叶经济体系的独特性。本章从茶叶产品的物质特性出发,透析茶叶的交易特性、消费特性及其他特性,为茶叶经济的展开与发展奠定基础。

第一节　茶叶产品的物质特性

茶，“取天地之灵气，吸日月之光华”，有着独特的性质，在漫漫历史长河中演绎出独特的茶叶产业群。透视茶叶产品的物质特性是研究茶叶产制、经营的基础，在此，我们有必要对其作一番探讨。

一、茶叶的物理特性

茶叶物料特定的形状、尺寸、面积、质量、体积、密度、容重和空隙率等基本物理特性决定和影响着茶叶独特的力学特性、热学特性、电学特性、光学特性等物理特性，进而影响制茶工程和茶叶品质。据曹望成和龚琦研究，茶叶物料的力学特性有摩擦特性（如摩擦系数和休止角）、流变特性（如强度、弹性、塑性、应力应变规律和流变模型）及流体力学特性（如阻力系数、悬浮速度和黏度）等；热学特性一般是指物料在加热、冷却、冷冻和干燥过程中表现出来的性质，如比热、导热系数、热扩散系数和平衡含水率等，但在制茶工程的设计和计算中，有时还要考虑鲜叶呼吸热和化学反应热；电学特性包括电阻、电导、介电常数、介质损耗和生物电特性等，生物电特性在医学和农业上已得到广泛应用，但在茶叶上尚未得到研究和利用；光学特性是指物料对光（包括可见光和不可见光）的反射、吸收、透过和光致发光性能，它广泛应用于农产品的粒度测量、品质评价、化学分析、等级区分、成熟度和新鲜度判别等。在制茶工程中，主要利用的光学特性有透光率、反射率、光密度、红外线和延迟光效应等。

通过对茶叶各种物理特性和品质等级的研究，建立数学模型，为茶叶机械的设计、进一步阐明制茶原理、有效地进行茶叶加工及产品的品质监控都提供了非常实用的基础数据。茶叶的物理特性研究进一步转向对茶叶深加工产品（如速溶茶、浓缩汁、茶饮料）在浸出、加热、冷却、干燥过程中的物理特性研究，并且由纯物理特性的研究扩展至物理、化学特性的研究。这些物理化特性的研究结果，对茶饮料工艺技术的制定、生产设备的选型、产品质量控制均具有十分重大的现实意义。

二、茶叶的化学特性

研究表明，茶叶中含有多种化学成分，这些成分对茶叶的色、香、味以及营养、保健起着重要的作用。在茶的鲜叶中,水分约占75%,干物质为25%左右。茶叶的化学成分是由3.5%~7.0%的无机物和93.0%~96.5%的有机物组成。构成茶叶的有机化合物或以无机盐形式存在的基本元素有30余种。到目前为止,茶叶中经分离、鉴定的已知化合物有700多种,其中包括初级代谢产物蛋白质、糖类、脂肪及茶树中的二级代谢产物——多酚类、色素、茶氨酸、生物碱、芳香物质、皂苷等。茶叶中的无机化合物总称灰分,茶叶灰分(茶叶经550℃灼烧灰化后的残留物)中主要是矿物质元素及其氧化物。

茶叶中的碳水化合物包括三类:一是单糖,含量在0.3%~1.0%,溶于水,主要有果糖、葡萄糖、甘露糖、半乳糖、核糖、木酮糖和阿拉伯糖等。二是双糖,含量在0.5%~3.0%,溶于水,主要有蔗糖、乳糖、麦芽糖、棉子糖。单糖与双糖具甜味,是茶叶滋味物质之一。三是多糖,占茶叶干物质的20%以上,不溶于水,主要是淀粉、纤维素、半纤维素、木质素和果胶等。据研究表明,从茶叶中提取出的多糖具有非特异性免疫功能,在抗辐射损伤,升高血液白细胞数量方面都有明显的作用,同时还有降低血糖的功效。因而认为,茶叶多糖可望成为糖尿病的防治药物。目前,已经将茶叶多糖制品加工成"降糖茶"用于糖尿病的辅助治疗。

茶多酚是茶叶中的一类重要化合物,含量为20%左右,主要包括儿茶素、黄酮类、花青素和酚酸等。现代医药学对儿茶素、黄酮类研究最多,已经发现和证实的功效主要有抗氧化、防龋、防癌抗突变、杀菌抗病毒、消臭、抑制动脉粥样硬化、降血压、抑制口腔溃疡、抑制脂肪吸收、防治肾炎等。茶叶中的茶多酚对红细胞溶血、脂质过氧化物丁二醛(MDA)及过氧化氢等的生成均有明显抑制作用。经动物试验证实,茶多酚、茶色素可诱导代谢酶活性增高,能使大鼠肝微粒体多种脂质过氧化小分子产物明显减少,多种抗氧化酶的活性增强。此外,以习惯性吸烟者为对象,分别饮绿茶、红茶和混合茶以及茶多酚片作为干预措施,结果表明各饮茶组试验对象的血浆总抗氧化作用增强,尿中MDA和8-羟基脱氧鸟嘌呤的排出量明显减少。目前,利用茶多酚为原料已制成"心脑健胶囊"等药物和保健食品。这种"心脑健胶囊",由于对心血管伴高纤维蛋白原症及动脉粥样硬化、肿瘤放、化疗所致的白细胞减少症有防治作用,已被列入国家中药保护品种。茶多酚还能增强酪氨酸酶的活性,抑制酪氨酸脱羧酶的活性,可用作护肤品的调理剂和增白剂。在农业方面,茶多酚对农作物的病原细菌有独特的抑制作用,可作为一种新型的生化激素农药和植物生长促进剂,对水稻、豆类、胡萝卜和番茄等都有明显的增产和抗病虫害的作用。另外,茶多酚可去除污水中的铅等金属离子,可望在污水处理方面获得应用。

咖啡碱是茶叶中生物碱的一种,含量为2%~4%,它的作用主要是兴奋中枢神经和增强心脏功能,加大大脑皮质中枢的活动。因此,饮茶可以消除疲劳,使人精神振奋,提高工作效率。生物碱还能利尿平喘,促进胃液分泌,消食化积,解除油腻味,主要是咖啡碱和芳香族化合物密切配合的功效。在我国一些以肉食为主的高寒山区和少数民族聚集地,茶叶是一种重要的生活必需品。人们有饮茶的习性,有的甚至还需要饮用浓茶。此外,咖啡碱还具有利尿、强心的功效。酒后饮茶能使酒精迅速从尿中排出。咖啡碱还能促进脂肪分解,有利于肥胖者消解脂肪,这也就是饮茶减肥的机理之一。

茶叶中含有近20种游离氨基酸，绝大部分都是人体必需的，泡茶时能溶于茶汤中。茶叶中特有的茶氨酸，对人体有重要的保健功效，已引起国内外医药研究者的重视。茶叶蛋白质一般占15%~30%，溶于水的为清蛋白(3.74%)。清蛋白中氨基酸的组成较丰富，不仅直接补充了一些人体所必需的氨基酸，还可间接提高食用蛋白质的营养。如鸡蛋由于苏氨酸含量少，使其营养价值减少了9%，喝茶补充了苏氨酸，就等于提高了鸡蛋的营养价值。在这些氨基酸中，茶氨酸的含量最高，占茶叶中游离氨基酸总量的50%以上。茶氨酸是1950年日本学者酒户弥二郎首次从玉露茶(一种日本高级绿茶)中分离得到并命名的，其化学名称为N-乙基-γ-L-谷氨酰胺。除了茶以外，茶氨酸只在一种蘑菇和少数山茶属植物中微量存在。因此，茶氨酸被认为是茶叶的特征氨基酸，甚至被作为鉴别真假茶的重要化学成分指标。

茶叶中含多种维生素和肌醇等，对人体有特殊的生理作用，尤以维生素B和维生素C最重要。维生素B可预防脚气病，维生素C有防治坏血病等药理功能。人体每天对维生素C的需要量为60~70毫克，好的绿茶每100克干茶维生素C含量高达200毫克。维生素B、维生素C均溶于茶汤中，其他则多为脂溶性。在以吃牛羊肉为主的少数民族地区以及缺少新鲜蔬菜的情况下，茶叶就是补充维生素的重要来源，所以在很多少数民族地区，饮茶是生活中的必需，有“不可一日无茶”的说法。

茶叶中矿物质元素含量虽少，但对人体却十分重要。茶叶中的无机成分已发现有多种元素，包括钾、磷、镁、钙、铁、氮、硒、锌等。这些元素在茶叶中多数以有机结合态存在，饮茶后经过消化系统的分解才能被人体吸收，对人体的生长发育和器官机能的正常发挥都非常重要。夏天天热，出汗较多的情况下，饮茶能补充钾元素，维持体液平衡，喝茶能生津，因此夏日饮茶是最好的解渴、消除疲劳、恢复体能的办法。有很多茶叶富含硒和锌，“富硒茶”、“富锌茶”已制成保健饮品，常饮这类保健茶，对人体健康肯定是有益的。

三、茶叶的其他特性

(一)茶叶的香味特性

“香”是茶的一大特征，其天然、独特，不加任何香料，是通过茶叶加工而挥发出来的。刚采下来的茶叶，并无芳香气味，只有一股浓烈的青草气。在茶叶加工过程中，这种具有青草气味的物质不断挥发，大部分都散失了，而具有芳香的物质一般由于沸点较高，能较多地保留下来，形成芳香扑鼻的优质茶。茶叶香气组分和形成过程非常复杂，已有的研究表明：茶叶含有香气物质650多种，但茶鲜叶中仅含80多种，其他大部分的香气物质是茶鲜叶中的香气前体在加工过程中通过不同的生化途径形成的。不同的制茶品种、不同的加工工艺，其成品茶中香气组分、香气物质百分含量都有较大差异，各茶类的香气特征也各有特色：

1. 乌龙茶的香气特征

乌龙茶为半发酵茶，鲜叶经萎凋—做青—炒青—揉捻—干燥而成，各种内含物种类丰富，含量适中，滋味醇厚爽口，天然花果香浓郁持久，饮后回甘留香，汤色橙黄明亮。乌龙茶以花香为其突出特点，含有100多种香气物质。乌龙茶的香气成分主要是在加工过程中形成的。张秀云研究发现，乌龙茶的香气主要来源于加工过程中萜烯类和芳香醇配糖体的水解，脂肪酸的氧化裂解和胡萝卜素类的氧化降解产物，而特有香气主要是在晒青和摇青过程中形成的。另外，在加工过程中，茶叶水分含量的控制也很关键。张方舟和陈荣冰发现在相同的温度条件下，在75%的相对湿度下做青，香高且持久。吴秋儿和唐良生发现机械萎凋程度以鲜叶失水7%～10%时制得的乌龙茶香气最佳。

2. 绿茶的香气特征

绿茶为不发酵茶，鲜叶经杀青—揉捻—干燥工艺加工而成，绿茶中多酚类物质含量较高，氨基酸、维生素等营养丰富，滋味鲜爽清醇带收敛性，香气清鲜高长，汤色碧绿。绿茶类各茶种间由于不同的加工工艺，香气特征差异较大：炒青茶因杀青时间长，苯甲醇、香叶醇等高沸点成分以及热物理化学反应生成的吡嗪、吡咯类等焦糖香物质含量较高，通常具有栗香或清新的香气；蒸青茶因蒸青时间短，鲜爽型的芳樟醇及其氧化物等低沸点香气成分含量较高，青草香较明显。

3. 红茶的香气特征

红茶为全发酵茶，鲜叶经萎凋—揉捻—发酵—干燥工艺加工而成，多酚类物质产生较为深刻的酶性氧化，形成多酚类的氧化产物——茶黄素和茶红素等，所以红茶滋味甜醇、浓厚，香气具甜香（蜜糖香）。萎凋和发酵是红茶香气形成的关键阶段。夏涛和童启庆认为，萎凋是奠定红茶香气形成的基础，萎凋过程和发酵早期，萜烯类和芳香醇类配糖体大量水解，提倡采用自然萎凋，时间12小时左右，含水量以68%左右为宜；揉捻（切）、发酵是红茶香气形成的关键工序，多酚类、类胡萝卜素的氧化及脂肪酸的氧化降解大多发生在发酵过程中；干燥是形成红茶香气的重要工序，低沸点芳香物质散失，而吡咯、吡喃、β-紫罗酮醛、酸性化合物会大量产生。

4. 其他茶类的香气特征

白茶对所采摘的细嫩、叶背多白茸毛的牙叶，加工时不炒不揉，晒干或用火烘干，使白茸毛在茶的外表完整地保留下来。白茶的品质特点是：毫色银白，具“绿妆素裹”之美感，牙头肥壮，汤色黄亮，滋味香醇，叶底嫩匀。黑茶大多经过长时间的渥堆，多酚类物质在湿热条件下和渥堆中产生微生物的作用下产生复杂氧化作用，形成滋味浓厚、醇和且耐泡，具特殊的陈香，香味纯正不苦涩，茶性温和的黑茶。黄茶制茶过程中进行闷堆渥黄使显其黄色，黄茶的品质特点是黄叶黄汤，香味鲜醇。

(二)茶叶的保健性

"神农尝百草,日遇七十二毒,得茶而解之"。茶对人体的保健作用在中国古籍中早已有记载,20 世纪 70 年代以来,中、日、美等国开展大量茶与人体保健功能的研究,特别是 20 世纪 80 年代以后,通过医学界与茶界人士的合作,人们对茶的保健功效和药效进一步深入研究,取得了许多突破性的成果。茶被越来越多的人所认识。

1. 茶叶的抗癌作用

根据 Itaro OGUNI(1985)的流行病学调查结果表明:饮茶较多的地区的癌症发生率明显低于平均水平,并发现茶叶中的高硒含量与癌症的低发率存在明显的相关性。据悉,我国茶主产区的 145 种绿茶对亚硝基致癌物的阻断率在 90% 以上。绿茶中的主要成分 EGCG,能防止人类肿瘤的生长。

2. 茶叶的防心血管病作用

茶叶中的主要成分茶单宁、咖啡碱等,能抑制动脉平滑肌细胞的增殖,具有明显抗凝及促进纤维蛋白的溶解,抗血液中斑块的形成,降低毛细血管的脆性和血液的黏度的作用。因而有防止高血压、冠心病、动脉粥样硬化,增强血管弹性,改善血液循环,防止血栓形成等作用。

3. 茶叶的抗衰作用

茶叶中含的儿茶素类有抗氧化、降血压、降血脂等作用,利于长寿。科学研究表明:人的自然衰老是由于细胞膜中不饱和脂肪酸过氧化作用的结果。茶叶中的 EGCG 对脂肪的抗氧化能力约为维生素 E 的 16.5 倍;茶多酚和 EGCG 可抑制皮肤组织线粒体中脂氧合酶活性和脂质过氧化物形成,因而具有抗衰之功效。

4. 茶叶的防龋防口臭作用

据报道,茶叶中的氟和茶多酚类化合物可杀死齿缝中的乳酸菌及其他龋齿细菌;茶多酚还能抑制龋齿连锁球菌;茶叶中还含有芳香物质和棕榈酸,可消除口腔中的腥臭味和异味,从而起到防口臭的作用。茶叶中的氟类和酸类,不但可以防止毛细血管出血,而且对牙周炎、咽炎、喉炎、口腔溃疡等有消炎作用。

5. 茶叶的减肥作用

茶叶中的芳香族化合物和鞣酸能促进胃液分泌,溶解脂肪。《本草拾遗》载:"茶久饮令人瘦,去人脂。"中老年肥胖患者,长期饮茶有显著疗效。

6. 茶叶的抗疲劳作用

茶叶通过其所含的可可碱和芳香油的综合作用,促进尿液从肾脏中滤出。茶叶通过利尿作用,使体内的乳酸得以排除,可消除肌肉的疲劳。

7. **茶叶保健功能最新发现**

近年来,大量的试验表明,美国对茶叶保健性能的研究又有了新进展:(1)茶水可促进新陈代谢;(2)茶水可降低胆固醇;(3)茶水可提高胰岛素活性;(4)茶叶含有丰富的类黄酮,可增强血管弹性。

茶叶中含有的功能性成分及其保健作用见表1-1。

表1-1 茶叶中含有的功能性成分及其作用

成 分	作 用
β-胡萝卜素	预防夜盲症和白内障、抗癌
维生素B	预防皮肤病、保持神经系统正常
维生素C	抗坏血酸、预防贫血
维生素E	抗衰老、抑制动脉粥样硬化、抗氧化、平衡脂质代谢
维生素P	血管强化、降血压
维生素U	预防消化道溃疡
儿茶素类	抗氧化、防龋、抗癌、抗突变、杀菌、抗病毒、消臭、抑制动脉粥样硬化、降血压、抑制脂肪吸收
咖啡碱	中枢神经兴奋、利尿、强心
叶绿素	消臭
粗纤维	助消化、降低血中胆固醇
多糖	降血糖、治疗糖尿病
黄烷酮类	降血压、消臭、增强血管弹性

注:资料来源于陈宗懋.茶对人体健康的功能[A].第三届中国饮食文化学术研讨会论文集[C],1993.9

(三)茶叶的文化性

中国是茶叶的故乡,伴随着上千年的茶树栽培历史,茶叶演绎过许多动人的传说或脍炙人口的诗、词、歌、赋、画,并形成丰富多彩的茶艺、茶俗和茶道。中华茶文化源远流长,是我国传统文化的精髓之一。如前所述,茶文化从内容上看涵盖茶的自然科学与社会科学两个方面。前者包括茶叶科学技术、工艺设备、产品材料;后者包括茶的历史、茶区人文环境、饮茶习俗和茶文化艺术等诸多方面。其表现形式既有物质形态的,也有精神形态的。表现物质形态的,诸如茶书、茶画、茶具、茶的各种历史文物、茶的品饮等;表现精神形态的,诸如茶文化艺术的欣赏、茶德、茶叶消费的各种文化功能以及与茶相关的文化对社会各方面的影响等。

自古以来,茶叶的消费上达高官贵族,下至平民百姓。茶文化既是高雅文化,也是大众文化,“琴棋书画诗茶酒”反映了皇宫贵族、文人墨客的生活情形;“开门七件事,柴、米、油、盐、酱、醋、茶”,足见茶和百姓生活之间的密切关系。客来敬茶、以茶会友是我们中华民族好客的一种体现,也是大众文化的一个具体内容。茶叶消费“既是物质消费,也是文化消费”已成为一种时尚。茶文化在茶叶经济的发展过程中也起到了很大作用，主要有旅游、商务、促销等三大经济功能：

一是旅游功能。茶区的人文环境、茶的生产与制作、茶俗、茶文物和各种茶文化遗迹等都可以用作开发茶文化旅游的资源。近年，台湾观光茶园的发展，就是发展茶文化旅游的一个典例。福建武夷山大红袍母树、安溪铁观音发源地每年也接纳成千游客。

二是商务功能。茶文化商务功能的一个很重要载体就是茶馆。茶馆以其特有的文化品位和文雅之处成为现代工商界人士洽谈业务的理想场所。据统计，目前全国茶馆、茶坊近10万家。在广东、重庆和四川等地，茶馆甚至成为地方的一种文化标识。茶馆是大众聚会、休闲的场所，起着信息集散地的作用。茶馆的兴起，对拉动茶叶消费、扩大市场显示出积极的意义，同时对于传播茶文化、提升茶消费水平，具有很强的促进作用。

三是促销功能。茶文化对茶叶的长期熏陶和维系，就像给茶叶这一普通的食品镶上金圈，使茶叶区别于一般的饮料，而拥有不绝的营销潜力和宣传亮点。茶叶在几次世界饮料大洗牌中都立于不败之地，一个很重要的原因是茶叶有着源远流长、博大精深的茶文化在护驾。茶文化不仅促进本国的茶叶消费，还有力推动茶叶的国际化。日本成为饮茶大国并盛行“茶道”，首先是由日本僧侣从我国先后传入“宫廷佛寺赐茶”等饮茶文化而逐渐形成的。

（四）茶叶品质的不稳定性

每一批好茶都是“天时、地利、人和”的结晶，即不仅要有优越的天气状况、良好的地理条件和品种资源，还要求加工人员有很高的经验指数和加工技术。这些因素的存在使得茶叶的品质难于保持稳定。鲜叶原料状况、气候状况、工艺得当与否等因素，都会独立地对茶叶产品的某一品质因子产生深刻的影响。如鲜叶原料等级低，内含物少，虽气候工艺等因素无碍，成茶品质在前泡次尚能有较好表现，但往后耐泡性则差。再如，鲜叶原料，内含物丰富，却因气候作祟或工艺上走水不足，使得成茶浓度可能有较好的表现，但不可避免地会出现滋味青涩的问题。又如，原料好，气候好，前期工序工艺也恰当，唯在最后一道干燥工序中，火功失当，温度太高或时间太长，那么成茶茶汤中多种品质因子都可能有良好表现，但老火问题就来了。因此，在审评实践中，常常出现的情况是同份茶有的品质因子优良，有的因子就表现一般，有的低下，反映出品质的不均衡性特点。正是这种不均衡性使得茶叶品质高中有低，低中有高，花色丰富，规格齐全，琳琅满目，也使得茶叶在生产、技术的提高和发展上永无止境。

（五）茶叶的其他物质特性

茶叶有吸附水分的特性。成品茶含水分约为5%～7%。因其有很强的吸湿性，故随空气中湿度的增高而增加茶叶的含水量。如吸收的水分超过20%就易引起霉变。茶叶有陈化性。茶叶内含有各种化学成分，随着茶叶贮藏时间的延续，这种现象会渐渐消失，即茶叶的自然陈化性。茶叶的陈化，实际上是茶叶的慢性氧化。陈化后的茶叶香气消失，茶汤浑浊发暗，滋味变劣。茶叶有串味性，茶叶具有强烈的吸异性，能被香料、化妆品、海味、煤油、樟脑球、葱蒜等异味传染。串味的茶叶会直接影响其香气、滋味、色泽的变化,品质质量降低,严重时会失去饮用价值。

第二节　茶叶产品的交易特性

作为世界三大传统饮料之一,茶叶始终保有世界性饮料的地位。即使是在饮料市场竞争日益激烈的形势下,茶叶经营在饮料市场中仍占有重要地位,构成了一个独立完整的行业与市场。而茶叶交易是茶叶经营的一个重要组成部分,是茶叶生产和消费的中间环节,受制于茶叶的生产和消费。茶叶产品种类多、规格繁杂、品质难以精确度量,交易具有灵活性高、时间性强和信息不对称等特点。在茶叶生产社会化大流通的背景下,市场范围的延伸和交易空间的扩展,使得茶叶产品交易特性越来越明显。

一、茶叶产品的资产专用性

从交易费用理论角度分析,茶叶交易的首要特性是茶叶的资产专用性。

所谓资产专用性指的是在不牺牲生产价值的条件下,资产可用于不同用途和由不同使用者利用的程度。据苏祝成研究,茶产业中茶园经营、初制加工和精制加工等环节都存在不同程度的资产专用性。

苏祝成认为,茶园经营的资产专用性主要表现在茶树培植过程中资产投入的专用性和场地的专用性等。由于茶园经营的资产具有极强的资产专用性,这种资产的转置价值很低。因此,在市场出现"卖茶"难时,会存在"茶园荒芜而无人理睬"的情形。场地的专用性和鲜叶生产地有关,也就是说,此地的鲜叶对远在他处的加工企业来说可能没有什么意义,这是因为鲜叶容易腐烂,一般要求现采现制,远距离的运输会导致鲜叶的腐烂变质。由于茶园经营资产的这些特点决定了茶园经营主体在市场竞争中的弱质性。茶树培植资产专用性和鲜叶的易腐性极易诱导企业的"道德危害"行为。正因为如此,在 20 世纪 80 年代前,茶园经营主体一般同时拥有初制加工设备,而在 20 世纪 80 年代后期承包制的实施中,常将初制加工厂的附带作为承包茶园的先决条件之一。

初制加工同样存在资产专用性和场地专用性问题。由于设备资产专用性和茶鲜叶生产季节较短等特点,初制加工设备的闲置率很高。初制加工企业的原料是茶鲜叶,而鲜叶不宜长距离运输,这决定初制厂一般依茶园而建,所以初制加工企业也会面临场地专用性带来的原料供给风险。茶园和初制厂场地专用性的共同特性致使茶园和初制厂常是组合式的安排。但进入20世纪90年代后,因茶园经营规模趋小,对于绿茶来说,这种组织制度的安排有了新的变化。和初制加工相比,除了设备资产的专用性外,精制加工的场地专用性要弱得多。这是因为精制加工企业所需原料可以通过长距离运输,而不受场地的约束。对茶叶生产经营主体来说,可以适当实行茶类的多元化经营,充分发挥设备和场地的使用效能,同时还能起到平抑茶类供需结构性失衡的作用。

二、茶叶产品的交易灵活性

茶叶按色泽或加工方法一般可以分为红茶、绿茶、乌龙茶、普洱茶、黄茶和白茶等六大类,而每类茶又可细分为不同的类,如乌龙茶分为闽北乌龙(武夷岩茶、水仙、大红袍、肉桂等)、闽南乌龙(铁观音、奇兰、水仙、黄金桂)、广东乌龙(凤凰单枞、凤凰水仙、岭头单枞等)、台湾乌龙(冻顶乌龙、包种、乌龙等)。每一类茶又有许多等级标准,比如根据原料、做工分为"特级"、"一级"、"二级"等;按外形可分为针形、扁形、圆形、不规则形状等。

茶叶的这种产品种类多,规格繁杂的性质,决定了茶叶消费具有可选性,促使交易更加复杂化。世界上消费量最大的茶叶是红茶,但绿茶的消费量也在日益提高。日本人喜欢喝绿茶,英国人偏爱红茶。单从中国看,南北地区的人们饮茶习惯也各有不同,比如福建、广东、台湾喜欢饮用乌龙茶,上海、江浙一带以饮绿茶为主,北方如北京、天津等地区多饮花茶,边区则饮砖茶。人们最喜爱纯天然、无污染,并具有调节人体代谢平衡,增强人体免疫功能的健康食品,我国特有的高山绿茶、乌龙茶、普洱茶等正是顺应这种时代潮流和流行趋势的产品。茶叶饮用习惯因地、因人而异。茶叶的交易要灵活地结合当地风俗、口味风格、时尚潮流方向等实际情况,才能确保交易的顺利进行。

三、茶叶产品的交易季节性

茶叶产品交易季节性强,主要原因有三个:

其一是茶叶生产的季节性强。茶叶是产之于大自然的经济作物,其生产受到自然环境、气候条件的制约,并且每一次采收后要经过一个多月到几个月的生长,具体多长时间采一次因不同季节而异,以冬季为最长、夏季最短。而且,不同季节产出的鲜叶质量不一致,一般以春季产出的鲜叶质量为最好,因为经过一整个冬季的生长,使得叶芽肥厚、内含物丰富,有利于成茶的品质;夏季产出的鲜叶质量最差,因为夏季温度高,生长快,叶片较薄,物质积累较少,不利于高品质茶叶的制作。鲜叶季节性差异对绿茶、红茶、白茶等品质的影响特别明显。另外,每一季的叶芽生长也有一定的时效性,农谚说:"茶守一夜粗","前三天是宝、后三天是草",要保证高质量的鲜叶,就得在较短的时间内分批分次采摘。

其二是成茶具有特殊的变质属性。茶叶是易吸湿、吸味、陈化的食品，茶叶潮湿易发生霉变，吸了有异味的商品又会使茶叶品质下降甚至失去饮用价值。尽管采取一些保鲜、储存措施，但仍然无法完全阻止茶叶本身的陈化过程，陈化就会使茶叶变味。除了普洱茶和其他一些要求陈化的特殊茶叶外，一般新茶、嫩茶是茶叶竞争的优势，因为茶叶品质十分讲究茶色、香气、滋味，陈茶、老茶是不受欢迎的。比如，“清明节”前后新上市的早春绿茶最受欢迎，质优价高，而一个月后，茶叶价格会逐渐跌落。

其三是茶叶消费有一定的季节选择性。就拿绿茶和红茶来说，有人认为红茶是热性的，绿茶是凉性的。绿茶相对红茶含有较多的茶多酚，味较苦涩。因此，人们饮茶常作这样的安排：春、秋季喝花茶，性温而芬芳；夏季喝绿茶，或在绿茶中添加几朵杭白菊、金银花或几滴柠檬汁、薄荷汁，更能增加清凉消暑的作用；冬季喝加糖红茶或牛奶红茶，具有和胃暖身的作用。另外，一年之中的节日较多的季节茶叶消费量特别大，尤其是有中秋节和春节的农历八月和十二月、正月，此时家人团聚、朋友见面，泡上一壶乌龙茶，边谈心边喝茶，别有一番情趣。

此外，茶叶产品交易季节性强还表现在其市场价格的季节性差异上，一般的规律是：对于绿茶、红茶、白茶等茶类，春茶价格高于秋茶，夏茶的价格低于秋茶；春茶采摘期早的茶叶，其卖价高于采摘期晚的茶叶。这除了与茶叶品质差异有关外，还涉及供求关系，因为经过一个冬天的消费，茶叶消耗殆尽，新茶初产供不应求，价格就上升。对于乌龙茶来说，秋茶总体的品质虽然略弱于春茶，但是因为秋茶所处的季节节日多，茶叶产量又比较低，卖价也就相应地抬高。

四、茶叶产品交易信息的不对称性

茶叶的品质特征复杂，质量难于完全利用仪器来检测、分级，需要通过感官对“色、香、味、形”进行评定，难免存在一定的模糊性和歪曲性。另外，茶叶的产地和声誉也影响消费者的心理评价，审评品质相同的茶叶时，也倾向于选择产于原产地的茶叶。比如，同样品质的华安铁观音和安溪铁观音，消费者可能认为安溪铁观音提供更多的心理效用，因而愿意支付较高的价格。这为茶叶的产地假冒提供了诱因。诸如此类的因素决定着销售者对自己商品拥有一些“私人信息”，从而导致茶叶市场交易的信息不对称性，主要表现在下列方面：

（一）消费者购买茶叶时的犹疑行为

在茶叶市场交易中，茶叶流通的最后一个环节，即销售商和消费者之间，市场交易经常在不对称信息结构中进行：由于消费者对茶叶的品质、价格等信息的取得十分困难，往往凭新闻媒体的介绍而产生对某种茶叶的品质和价格的印象，难以获得客观具体的信息。这样，一方面，从产生购买意图开始直至购买完成，消费者可能对卖方始终抱有怀疑态度，这种怀疑构成了做出购买决定中最大的心理障碍；另一方面，企业期望消费者熟悉本企业产品的情况，进而产生信任感，这种期望也因为消费者的怀疑态度而难以实现。

（二）茶叶企业在营销中的“道德风险”

茶叶企业为了实现利润最大化，利用信息不对称来欺骗消费者，这种现象被称为“道德风险”，即拥有信息优势的茶叶企业在营销时发布虚假信息欺骗处于信息劣势的茶叶消费者，通过损害后者的利益来为自己谋利，其主要手段包括茶叶价格品质方面的欺诈和营销手段的欺诈两个方面。如将毛蟹、本山等乌龙茶品种冒充为铁观音进行销售，把生产地不在杭州西湖的绿茶龙井包装成西湖龙井上市等；营销欺诈的形式则多种多样，如在广告中使用含混不清的茶叶术语来误导消费者，还有的假借“优惠”之名，搭售劣质茶、陈茶、滞销茶等，以上各种无一不是利用茶叶消费者的信息劣势来获得成功的。

（三）茶叶企业对消费者需求信息的“弱势”

信息不对称造成了营销与顾客需求产生偏差，从而降低了营销的效率，无法达到预期的效果。茶叶产品不能适销对路的主要原因就是由于信息的不对称，其表现有两个方面：一方面是茶叶企业没有获得茶叶消费者真实需求的有效信息，因此生产出来的茶叶产品或营销中提供的服务无人问津；另一方面，茶叶企业由于信息的不对称没能找到某些特定茶叶产品或营销服务的真实有效消费者，没能告知现实或潜在的消费者，它能够提供满足其某方面需求的茶叶产品或营销服务。最后，茶叶企业只能“孤芳自赏”而不能转化为利润。所谓茶叶消费者“不识货”，其实是茶叶企业的信息传递和买卖双方的信息不对称而引发的问题。

（四）买卖双方对茶叶品质理解的“偏差”

由于在茶叶营销市场中的信息不对称，茶叶消费者在评价茶叶产品质量时，受到主观理解的影响，所采用的茶叶评价标准以及对各标准所赋予的权重与茶叶企业评价产品质量所采用的标准和权重可能并不一致，有时甚至出入很大，茶叶消费者可能利用对决定茶叶内在质量只具有较小重要性的线索来评价产品质量，也就是说，相当一部分消费者选择的可能是近在咫尺的“合适”的产品。

第三节　茶叶产品的消费知识

在当代，茶叶成为世界性消费的饮品不容置疑，但在茶叶成为世界性饮料之前，茶叶的消费经历过消费的形成、对茶叶消费的新认识而扩大消费的过程。因此，实际上茶叶成为世界性饮料，并在美国等国家超过咖啡和可口可乐等碳酸饮料，成为最理想的饮料，不是一蹴而就的事，而是一个历史的过程。

一、茶叶消费的基础知识

(一)茶叶消费内涵

借鉴尹世杰和柳思维关于消费的解释,可以这样定义"茶叶消费":茶叶消费包括生产消费和生活消费,生产消费指茶叶产品生产过程中发生的各种生产资料及劳动者体力、脑力的消耗,是生产客体与主体的使用与消耗,包含在生产之中;生活消费指为满足个人或家庭和群体对茶叶的物质生活消费需要与精神生活消费需要而使用、消耗茶叶产品及茶文化的过程。我们通常所说的"茶叶消费"是指狭义的消费,即茶叶的生活消费。本节也将重点讨论茶叶的狭义消费所具有的特性。

(二)茶叶消费的四要素

文启湘指出"任何消费过程都包含三个要素:一是消费者,即人,是消费的主体。人只有在消费中才成其为现实的消费者;二是消费客体,也称消费对象,指被消费的物质产品、精神产品及劳务;三是消费工具,指将消费者和消费对象联结起来的媒介物,又称消费手段。"柳思维补充了第四个要素,即"消费环境"。他认为"任何消费活动都总是在一定环境下进行的。消费环境是影响和制约人们消费活动过程的各种自然因素、社会因素的统称"。

茶叶消费过程也包括四个要素:一是茶叶及茶叶相关产品的消费者,即茶叶消费主体;二是消费对象即茶叶及茶叶的相关产品;三是消费工具,即茶叶消费者为了取得和使用茶叶及茶叶相关产品所需要的各种用具、用品,还包括提供茶叶及其精神产品(茶文化)消费的场所和技术物质设施等。消费场所可以是茶馆、茶叶店、茶叶专柜等茶叶销售地,也可以是家庭、办公室、工地等茶叶的具体消费点。四是消费环境,即影响和制约茶叶消费者活动的各种自然因素和社会因素的统称,主要指宏观方面的地理位置、自然环境、风俗习惯和国家或区域的政治、经济、文化等社会背景。比如,长期生活在牧区、高原、缺水、无蔬菜的少数民族,习惯把砖茶(边销茶)捣碎,兑奶熬制成奶茶饮用,对于以肉食为主的群众,可以去膻化食、补充水分和维生素等,奶茶渣用来喂大牲畜,避免由于缺水、疾病和饮食习惯的原因,人畜肠胃鼓胀而死。因此,在牧区有"宁可三日无饭,不可一日无茶"之说。

(三)茶叶消费的属性

饮茶,不仅能品尝到茶叶的色、香、味、形,解渴和健身;还可用来陶冶情操、以茶养性、交朋结友和以茶养廉,品味生活的清纯与温馨。因此,茶叶消费具有两重性,即物质属性和文化属性。茶叶消费的物质属性指茶叶在自然磨损、损耗与消耗的过程中所发挥的使用价值是用来满足人们生活需要的,尤其是解渴、保健等生理需求。茶叶消费的自然属性是茶叶生理、茶叶营养、茶叶商品等领域研究的对象。

茶叶消费的文化属性是指茶叶消费者精神上的消费，是茶文化给予人的怡情和陶冶。这种消费可以是消费者独自沏上一杯茶，放开思维，在茶文化的宇宙里静静遨游，悠然自得；也可以是几个朋友围在一起，边泡茶边论道，谈笑风生、其乐融融；还可是政治、商务谈判的好助手和调节剂，大家以和为贵、借茶交友。

二、茶叶消费的形成与发展

（一）茶叶消费的形成

茶叶的消费是与茶叶的生产、贸易互为条件的。消费促进生产和贸易，贸易又反过来推动生产和消费。正如茶叶的种植、生产、贸易自中国而起一样，茶叶的消费也源自中国，并经政府、商人和科技人员的共同努力走向世界，影响所及达到 160 多个国家的全球近一半人口。进入 21 世纪，世界性的茶叶消费已超过每年 300 万吨。

在中国，茶叶消费已有几千年的历史，大致经历过药用、蔬食、温饮并派生出品茶艺术几个阶段。一般认为，药用阶段始自“神农尝百草，一日遇七十二毒，得茶而解”的神农时期，止于秦汉之际；蔬食阶段始自三国，在张辑的《广雅》中称饮茶为“煮茗”，实际就是煮茶食用，止于唐朝；温饮并派生出的品茶饮用阶段，则始自唐朝并一直延续至今。

茶叶消费在中国的兴起，据文字记载和考证，是秦统一巴蜀之后而传播开来的。顾炎武曾经指出：“自秦人取蜀而后，始有茗饮之事”，也就是说，中国和世界的茶叶消费发端于巴蜀一带，并由其带动和发展起来。西汉成帝时王褒的《童牧》内“烹茶尽具”及“武阳买茶”两句，说明在当时即今成都一带，在西汉时不仅饮茶成风，而且出现了专门的用具，表现出茶叶已有一定的商品化特征，出现了诸如“武阳”这样一类的茶叶市场，这个市场据考究可能是世界上最早的茶叶集散中心。这种集散中心的出现，不仅催化了茶叶在中国消费的形成，还因此推动了中国的茶业从巴蜀向外扩散，并因政治经济文化中心和茶叶种植技术的推广而向南转移。且随着中外文化交流和商业贸易的发展，影响了国外消费，最先是日本和朝鲜，之后印度、巴基斯坦等南亚、东南亚国家，而后流传至欧洲各国并带到美洲大陆及波斯、俄国等国，逐渐扩大了茶叶的世界性消费区域。

英国对推动更多的国家与人民加入到饮茶队伍中影响更大，英国是世界上最早直接进口茶叶消费的国家，英国人饮茶消费讲究，称茶为“健康之液，灵魂之饮”。占 2/3 的英国人每天都要饮茶，茶叶消费占饮料消费的 1/3 以上。在茶的喝法上又分为早茶、上午茶、下午茶、晚餐茶、晚茶和夜茶等，分类明确，喝法讲究。有绅士风度之称的英国对饮茶如此情有独钟，对带动欧洲人消费茶叶、兴起饮茶，进而影响到以欧洲人移民为主体的美洲人饮茶，和与欧洲文化密切交融与关联的俄罗斯人饮茶，并把饮茶的习俗和风气带到了或与之开展生意往来、商业贸易或大多为殖民地的中东国家功不可没。由此使饮茶之风得以风靡起来，并经几个世纪的不断影响、推陈出新和技术改造、喝法变化，喝茶人口越来越众，形成了茶叶消费的大众化、世界化。

(二)茶叶消费的新认识

1. 茶叶消费的传统认识

其一，茶能解渴治病。中国的《茶经》有云："茶之为用，味划，为饮，最宜精行俭德之人，若热渴、凝闷、脑疼、目涩、四肢烦、聊四五啜，与醍醐甘露抗衡也。"说的是茶既为凉性，饮用之不仅可解渴，还可提神、破困、消食、除闷、明目、解乏、保养身心，其效力可与甘泉玉露相媲美，最宜言行简朴、品德高尚的人饮用，提倡物德与人品相济。清代黄宫绣在《本草求真》中记载："(茶)味甘气寒，故能入肺清痰利水，入心清热解毒，是以垢腻解降，炙灼拿解，凡一切食物积不化，头目不清，痰涎不消，而便不利，消渴不止，及一地吐血、便血等服之皆能有效，但热服则宜，冷服聚痰，多服少睡，久服瘦人；空心饮能入肾消火，复于脾胃生寒，万不宜服。"这说明在清代中国对茶的认识已经相当深入，既提到饮茶的好处，也指出不当饮茶的危害。

其二，茶能养生益寿。《旧唐书》有载，唐宣宗大中三年(公元 849 年)，皇帝宣召一位 130 岁的高僧进宫，问养生秘诀是什么？此僧答道：我是贫贱出身，从来不吃药，就好嗜茶，无论到哪儿，总是要喝茶，百碗不厌，可见喝茶与益寿有着密切的关联。

清朝执政时间最长的皇帝乾隆，一生好茶，曾亲自品评泡茶的泉水，在 85 岁想退位那年，大臣们劝他："皇上不能退，国不可一日无君"。乾隆则调侃地说："君不可一日无茶"。由此可窥，茶与乾隆皇帝的渊源及对健康的助益。茶字："二十"加"八十八"，一百零八岁是也，故有"茶寿"之称。

归纳起来古人对茶的功效认识为：生津止渴、清热解毒、安神少睡、醒酒消食、去痰明目、利尿下气、通便治痢、去肥除腻、祛风解表、疗疱治瘘、固齿安心、疗肌益力、延年益寿，具有增力、增智、增美、增寿和抗癌、抗肥、抗衰老的"四增三抗"作用；并进一步发展为茶与其他中药一起制成药剂，增强效力，还发明了一些茶食品，为现代对茶功用的开发，奠定了良好基础和智慧的启迪。有人惊叹：茶叶东西好，全身都是宝。

2. 茶叶消费的新认识

正如前文对茶叶物质特性的分析所示，现代科学研究对茶叶构成及其价值特性有了更深入与更广博的认识。比如茶叶的化学成分是由 3.5% ~7% 的无机物质和 93% ~96.5% 的有机物质所构成——其中无机物质主要是磷、钾、硫、镁、锰、氟、铝、钙、钠、铁、铜、锌、硒等 27 种，有机物质主要是蛋白质、脂质、碳水化合物、氨基酸、生物碱、茶多酚、有机酸、色素、香气成分、维生素、皂苷、甾醇等；茶叶中含有化合物达 500 多种——其中有些对人体有益，如氨基酸、维生素、蛋白质等，对人体有较高的营养价值；而生物碱、茶多酚等则对人体有保健和药效作用。总之，茶叶具有药用、营养、美容、保健和精神享受等价值。

(1)药用价值　主要体现在以下几方面:一是茶叶中咖啡碱、茶碱、可可碱的作用,可对人体产生醒脑、消除疲劳、利尿等效果;二是茶叶中茶多酚的作用,能抑制血管硬化和动脉粥样硬化,可预防内出血、高血压、冠心病,抗菌杀菌,治疗痢疾、急性肠胃炎、尿液感染、活血化淤,促进纤维蛋白溶解,抗原子辐射等,并可抑制大肠杆菌、葡萄球菌、肺炎球菌、霍乱弧菌、伤寒杆菌的生长;凝固水中的悬浮物并使之沉淀,可防止霍乱、伤寒、赤白痢等传染病;与乙醇、烟碱发生作用,可解酒、解烟;又能消除自由基,具防癌抗癌功效;三是茶叶中的儿茶素的作用,可抗氧化,提高超氧化物歧化酶活性,延缓体内脂褐素形成,有利机体对自由基脂质过氧化物的消除,产生抗癌、抗心血管病变、抗糖尿、抗过敏、抗菌、抗病毒等作用,可延年益寿;还可降低胆固醇和中性脂肪在人体血液和肝脏中的积累,尤其是乌龙茶、普洱茶是减肥的良药。美国 Purdue University 研究证实,绿茶中的儿茶素 - EGCG(epigaloctechin - 3 - gallit)能抑制癌细胞生长所需的酵素,杀死实验培养的癌细胞,而不伤害健康的细胞。美国科学家在 2003 年出版的一期《美国科学院学报》上公布:茶叶中含有的茶氨酸可使人体抵抗诸如非典的感染能力提高 5 倍;绿茶、乌龙茶等茶叶制品中提取的 L-茶氨酸,能非常有效地提高免疫细胞的工作能力。日本的调查发现,1945 年 8 月 5 日、9 日广岛和长崎遭受美国原子弹袭击,造成 20 多万人死亡,在剩下的人口中,有长期饮茶习惯的人,所受的核放射性物质伤害较轻,存活率较高,因而茶叶还可起到抗辐射作用。实验证明,长时间看电视、用电脑的人,常喝茶有保护视力的作用。因此,茶被日本人称为原子时代的饮料,是健康、长寿、防癌的佳品。

(2)营养价值　一是茶叶中的多种维生素,能被人体吸收而具有营养价值。如茶叶中含有的水溶性维生素 C 和维生素 B 族;而脂溶性的维生素因难溶于水,可将茶叶制成超微细粉,添加食品中,制成茶豆腐、茶面条等来获得茶叶的营养;二是茶叶中的蛋白质、碳水化合物和脂类,也是人体所必需的营养物质;三是茶叶中所含的磷、钙、钾、钠、镁、硫等常量元素和铁、锰、锌、硒、铜、氟和碘等微量元素,对调节人体的生理机能有着重要的作用;四是茶叶中的有机酸和维生素 C 可促进唾液分泌,以及茶叶中的多酚化合物、氨基酸、游离糖和皂苷化合物,可与口腔中的唾液产生反应,使口腔生津湿润,达到清凉解渴的效果。

(3)美容价值　茶叶中含有丰富的化学成分,使它成为天然的健美饮料。常饮茶水,有助皮肤光洁白嫩,可推迟面部皱纹出现和减少皱纹,消除疲劳、振奋精神,用茶水沐浴,可促进皮肤光滑细嫩;用茶水洗头发,可促进头发变黑变美。清代慈禧太后处在乱世纷争、宫廷内斗激烈的年代,年过七旬后,仍能保持肌肤白嫩,光彩照人,与她讲究饮茶用茶不无关系。慈禧饮茶有一套独特的方法,白天喜欢喝金银花茶,晚上临睡前喜用糖茶,每隔十天还要用茶水送服珍珠粉滋补。据慈禧侍女官德龄记载:慈禧的用茶方法为:“一个太监送一杯茶来,茶杯是纯的美玉做的,茶托和茶碗都是金的。接着又有一个太监捧着一只银托盘,里面有两只和前一只完全相同的白玉杯子,一只盛金银花,一只盛玫瑰花,杯子旁边还放有一双金筷。两个太监都在太后面前跪下,将茶托举起,于是太后揭开金盖,夹了几朵金银花放进茶里。”

足见慈禧太后是多么注意饮茶养生。

(4)精神享受价值　现代人饮茶关键在一个“品”字,细品慢饮茶叶,不仅能营造一种心静的氛围,且可感受茶是得天地之精华的大自然恩赐,有利于身心平衡与健康。品茶时,袅袅茶烟,悠悠茶香,瑟瑟茶汤所营造出的舒心怡神、淡然悠远的茶趣意境,能提升精神享受,达到养生目的。品茶品人生就是其写照。唐代刘贞亮将茶饮的好处概括为利于“十德”:“以茶散郁气,以茶驱睡气,以茶养生气,以茶除病气,以茶利礼仁,以茶表敬意,以茶尝滋味,以茶养身体,以茶可行道,以茶可雅志”。“一人独品得神,两人对品得趣,众人聚品得慧”,饮茶使人高尚,饮茶使人精神焕发,饮茶使人志趣提高等。从远及近,人类对茶叶妙用的不断认识和对人体有益的不断发现,茶叶消费渐成为世界性的便是自然之举。

三、茶叶消费特性

(一)茶叶消费具有嗜好性

茶叶对于一般消费者来说是一种嗜好品,并非生活必需品,而且喝茶是培养出来的,人不是天生就喜欢喝茶,就会喝茶。因此,从总体上看,当收入较低时,茶叶需求对价格和消费者收入变化会表现出富有弹性;当消费者收入增加并达到一定水平时,因为其年茶叶消费量是有限的,所以茶叶需求将缺乏弹性。这种需求特性可用图1-1表示。但是,茶叶需求弹性不是一成不变的,而是依茶叶类别、等级、消费者收入、地区偏好等差异和饮料替代品的变化有所不同。从茶类结构来看,由于茶类之间的可替代性和茶类品质的差异,不同茶类的需求价格弹性是不相同的;从等级来看,一般低档茶叶的消费随收入增加而减少,高档茶叶的消费将随收入增加而增加,并且高档茶叶的需求弹性大于中、低档茶的需求弹性;从地区来看,一般非产区市场的茶叶需求弹性值大于产区市场的茶叶需求弹性值。

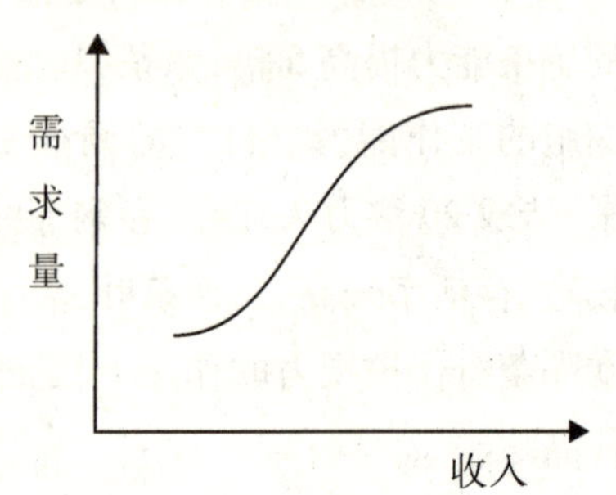

图1-1　茶叶需求收入弹性曲线

(二)茶叶消费具有多样性

多样性是茶叶消费的明显特征。因为社会经济、文化、政治的差别以及自然环境的差别,人们在经济收入、职业、文化程度、生活习俗等方面存在各种不同程度的差别,会形成各自不同的生活爱好、兴趣和消费需要;不同地区的消费者,由于地域文化的影响和自然地理条件的制约,在消费结构、内容和方式上也会产生差异,如福建、台湾喜乌龙茶;浙江喜绿茶,边疆地区喜黑茶等;此外,不同民族、不同宗教的消费者因受特定宗教信仰或禁忌的影响,也会形成不同的生活偏好与消费习惯。因此,不同的茶叶消费者在对茶叶及茶叶相关产品的消费需要、消费行为、消费结构、消费方式等方面都表现出千差万别。即使是同一茶叶消费者，由于所处年龄段的不同和所处自然环境、社会环境与经济环境的差异，在消费需要、消费行为、消费结构、消费方式等方面也都会有所不同。现代社会茶叶消费主体呈现出多元化的格局：家庭、企业、政府共同构成社会消费的主体。同时，在个人或家庭消费的基础上还有公共性集体消费的领域。而且，随着社会生产的发展，科学技术的进步，文化教育的发达，知识经济的兴起，茶叶消费的多样性将长期存在，并将越来越显著。

（三）茶叶消费具有多层次性

人们的消费不仅是多种多样的，而且是不断发展变化的。这就是说，消费不仅有多样性、差异性，而且有多变性、层次性。一般说来，茶叶消费可分三大层次：一是生存性消费，为满足生理需要，保证人的生命存在或延续所进行的消费。《晏子春秋》记载："晏子相景公，食脱粟之饭，炙三弋五卵茗菜而已"。这里的"茗"说的就是茶。说明当时人们把茶叶当作一种菜而食用。明显这里茶叶的功效主要是满足生理的需要。二是享受性需要，不论什么时代，什么民族和阶层，人们的生活总要有休闲，也就是说，总要有一定享受的消费。现今"吃"茶不仅仅是生理的需要，而是一种放松身心的休闲方式。三是发展性消费，消费不仅是为了生存，还要有一定享受，而且是要发展，要求得智力、体力等多方面的发展。即人们消费茶叶不再是为了生存和享受，而是为了丰富精神生活，是为了提高自身的素质和修养。茶叶消费的这种多层次性对茶叶市场的发展，茶产业结构的升级起到重大推动作用。

（四）茶叶消费具有示范性

任何人的消费都不是孤立的个人行为，而是与其他人，与各个方面建立一定联系，发生一定关系的社会行为。茶叶消费，除了受经济收入、供应数量、品种结构、价格等因素的影响外，还受到周围人们的消费观念、消费行为、消费习俗的影响。闽南有这样一句谚语，"烟、茶，公家的"，就是说不管谁买烟、谁做的茶，大家在一起你就得分给大家一点，以示友好和大方，尤其是茶叶，更是大家交流的媒介、共享的蛋糕。这样吸烟、喝茶的习惯对旁人就有很大的影响和示范性，尤其是那些识烟味、通茶道的人旁边都不乏"同道中人"。

四、茶叶消费的趋势分析

据专家研究预测，未来的茶叶消费将出现以下三种趋势：

（一）茶叶消费从大宗茶为主转向以名优茶、名牌茶为主

随着人们收入的增加和生活水平的提高，对茶叶质量的要求也越来越高，导致在目前茶

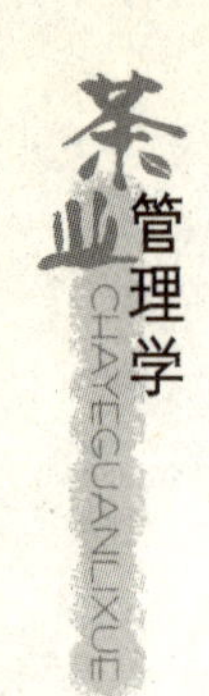

叶消费市场中，低档茶滞销，大宗粗茶积压，而价格昂贵的名优茶、名牌茶走俏，高档茶畅销不衰。据统计，在20年前，国内名优茶的市场总容量不过万吨，到2006年，名优茶的市场销量已超过20万吨。业内人士指出，包括龙井、武夷岩茶、安溪铁观音、洞庭碧螺春、黄山毛峰等在内的，在2002年前后通过国家原产地保护（2005年7月15日起，统称“地理标志产品保护”）的名优茶，因每年产量有限，在未来几年内，将出现供不应求的局面。

另外，人们对茶叶的消费也逐步从“物质”转向“感觉”消费。这就要求不仅要“名茶”，更要有“名牌”。铁观音、龙井、碧螺春……我国确有许多名扬海内外的名茶，但名茶并不等于名牌。实际上，龙井代表的只是一种炒制工艺，大凡炒制成扁平状的绿茶都叫龙井，浙江生产龙井，四川也可以生产龙井；铁观音代表的只是一个品种，安溪生产铁观音，华安也照样生产铁观音。名茶经常具有品名的共享性，个别主体容易产生机会主义思想，也存在较大的“道德风险”，从而影响名茶的永续、强势发展。名茶很难形成像名牌那样，具有“品质的保证、质量的象征”的功能。名茶给消费者经常只是一个概念，很难让消费者形成购买决定。因此，继续把代表区域品牌的“安溪铁观音”和代表企业品牌的“天福茶叶”的中国驰名商标做成世界驰名品牌，继续培养和壮大其他茶叶品牌，形成中国茶业的名茶、名乡、名牌完整的品牌系列，这样才能符合消费者的“感觉”，从而形成概念化消费。

（二）茶叶消费由单一同质化传统茶转向多元化系列产品

从茶类来看，已形成多茶类并进的局面。在茶文化热、名优茶兴起等多重因素下，茶叶的传统区域性消费习惯正在走向分解，取而代之的是更为现代的、多元化的茶叶消费趋势。比如，在很长一段时期内，花茶的消费一直占据着北方茶叶消费份额的90%以上；到2006年前后，这个比重已下降到不足60%，绿茶、乌龙茶、普洱茶等迅速成为北方地区的消费新宠，增长势头迅猛，尤其是绿茶和乌龙茶，近几年的增长速度一直超过20%。

从茶叶的衍生产品上来看，将形成茶饮料、茶叶功能性提取物、茶食品、茶叶日用品等枝叶并茂的局面。茶饮料以简捷、方便的特点吸引了一批消费者，消费量正以每年超过10%的速度递增，同时也为我国中、低档茶叶找到了一条出路。据报道，茶饮料是2001年最畅销的饮料之一，全国茶饮料的夏季销售量较上一年增长95%，成为饮料中增长最快的一种。近些年，包括娃哈哈、康师傅、统一、三得利等在内的知名品牌纷纷涉足茶饮料市场，可口可乐、雀巢等一批外资饮料巨头也先后进入茶饮行业。除直接消费茶叶外，通过对茶叶有效物质的提取，包括茶色素、茶多酚等在内的茶叶提取物及其有关产品正广泛地影响着我们的生活：在日用品领域，以茶为主题的牙膏、香皂、香波等产品深受消费者喜爱；在医药领域，由茶多酚制成的药品和保健品开始得到人们的认可；而在食品领域，茶油、茶粉、茶糕点、茶糖果、茶餐等已经成为一种消费时尚。随着科技手段的提升，茶叶将进入更为广泛的领域，茶的魅力还将得到更为充分的展示。

(三)消费者更加追求饮茶的生理和心理双重需求

喝茶已成为一种生活方式,不仅要喝好茶——解渴、舒心,更要喝出品位、喝出文化、喝出健康,即消费者对茶叶的消费逐步走向追求生理和心理的双重需求。因此,茶叶除了良好的色、香、味、形和富有健康功能、文化内涵之外,本身的卫生质量也是消费者所重视的一个重要因素。伴随欧盟、日本、美国等食品进口卫生标准的提高,我国 2005 年 10 月 1 日起也开始实施《食品卫生标准》,沿用 17 年的《茶叶卫生标准》(GB9679 - 88)也融入了新的食品卫生标准,QS 认证也是茶叶市场准入的基本要求。在新的标准下,有机茶认证生产、加工和管理等必将得到进一步规范,在卫生和质量符合消费需求的同时使茶叶贸易更好地与国际接轨。另外,有机茶作为国际通用的标准,更是消费者的追求。有机茶热成为近几年茶叶消费的一个热点。

思考题

1. 简述茶叶产品的交易特性。
2. 试述茶叶的消费特性,并分析人们对茶叶消费的新认识。
3. 简述茶叶的保健功能。
4. 论述茶叶的文化性及其经济功能。

例证

现代的多元化的茶叶消费趋势

通过对北京、上海、广州、成都等大中城市的调查发现,一个显著的变化是,在茶文化热、有机茶热、保健茶热、名优茶兴起等多重因素下,茶叶的传统区域性消费习惯正在走向分解,取而代之的是更为现代的、多元化的茶叶消费趋势。自去年以来,福建乌龙茶、云南马帮普洱茶先后千里进京献茶,均引起了较大的影响。种种迹象表明,中国茶业正面临着从传统走向现代的一个新的发展阶段。

"茶叶本质上是农副产品,应该遵循这个行业发展的内在规律。一个现实的路径是茶区把这些繁杂的小牌子统一起来,重点培养、扶植一两个具有竞争优势的品牌。"农业部农村经济研究中心专家刘年艳打了个比方:假如一家茶厂做广告需要 20 万元,那么 20 家茶厂就是 400 万元,如果把这 400 万元整合到一起来打造一两个品牌,那样的效果会有很大不同。

一、茶推介——从传统走向现代

"在国际茶叶市场上,由于绿色壁垒影响和品牌问题,尽管我国茶叶出口量一直在增长,但价格却在下降。"曾长期供职中国茶叶总公司、现任中国国际茶业博览会组委会负责人的王彤指出:我国有众多名茶,但名茶并不等于名牌,茶业强势品牌的缺失已成为我国茶行业发展的障碍。中国茶业要加大名茶转化为名牌的工作力度,关键是增强知识产权意识和品牌意识,尽快形成中国茶业的名茶、名乡、名牌完整的品牌系列。

2006年4月,浙江省农业厅在北京宣武区的马连道茶城向首都消费者推介浙江名优绿茶。在这次集体推介中,西湖龙井、安吉白茶、松阳银猴等浙江省十大名茶全都在内,羊岩勾青、长兴紫笋茶等浙江众多名优绿茶也都一起前往。为了顺利落实此事,3月中旬,浙江省农业厅还特别邀请了北京市宣武区区长到杭州,商谈浙江茶叶进京事宜。

“我认为这是件好事。由地方政府牵头组织茶农卖茶,不仅把单个农民不能解决的事情解决了,还有利于促进地方茶产业的发展,形成较强的区域经济优势。”中国茶叶流通协会常务副会长王庆说。

二、茶种类——从“单一”走向“多元”

以北方地区为例,在以北京为中心的北方茶市,以往一提起茶,大伙首先想到的就是花茶。事实上,在很长一段时期内,花茶的消费一直占据着北方茶叶消费份额的90%以上。而现在,这个比重已下降到不足60%,绿茶、乌龙茶、普洱茶等迅速成为北方地区的消费新宠,增长势头迅猛。尤其是绿茶,近几年的增长速度一直超过20%。

与此同时,名优茶的发展也呈跳跃式发展。据统计,在20年前,国内名优茶的市场总容量不过万吨,而现在,名优茶的市场销量已超过20万吨。业内人士指出,包括龙井、武夷岩茶、安溪铁观音、洞庭碧螺春、黄山毛峰等在内,在2002年前后通过国家原产地保护的名优茶,因每年产量有限,在未来几年内,将出现供不应求的局面。

有机茶热成为近几年茶消费的一个热点和新宠。最先打出“有机”概念的“更香茶叶”成为该领域的一道风景。更香有机茶与卡夫食品、蒙牛、茅台酒、EMS等九大国内外知名品牌一起当选。

另外,功能性保健茶也成为茶消费的新趋势。在北京的几家超市和茶叶连锁店,各种花样的保健茶都占据显赫的位置。销售人员介绍,青睐这些保健茶的大多为时尚女性和中老年顾客,主要目的很明确,要么美容润颜,要么强身健体,销售势头很不错。专家指出,新兴的保健茶在保持传统茶香的基础上,还根据不同的消费需求,加入了诸如玫瑰、金银花、决明子等保健中药材,满足了相当一部分消费群体的要求,具有较高的附加值。

三、茶品牌——从“名茶”走向“名牌”

我国有众多名茶,但名茶并不等于名牌,茶业强势品牌的缺失已成为我国茶行业发展的障碍。关键是增强知识产权意识和品牌意识,尽快形成中国茶业的名茶、名乡、名牌完整的品牌系列。

“提到茶叶品牌,很多人自然想到龙井、碧螺春。不错,它们确实代表了原产地的牌子,可实际上它们代表的只是一种炒制工艺,大凡炒制成扁平状的绿茶都叫龙井,四川现在也产龙井。”中国茶叶流通协会常务副会长王庆的一席话让人颇感惊讶。

据悉,在浙江省内较有影响的龙井茶确实为数不少,比如狮峰龙井、大佛龙井、龙冠龙井、卢正浩龙井等，而其他各类牌号的龙井也有数十种之多。为了维护自身品牌，各家在营销上都颇下工夫。中国农业科学院茶叶研究所下属的杭州龙冠实业公司是“龙冠”西湖龙井的拥有方，公司总经理姜爱芹副研究员坦言：为了让消费者明白、放心地消费，“龙冠”的做法是在继续强化“龙冠”这一大品牌的基础上，同时推出注明原产地的系列品牌产品，如龙冠西湖龙井、龙冠钱塘龙井等，以满足消费者的需求。

四、茶市场——从“小国”走向“大国”

中国是茶叶的故乡，但现在还不是“饮茶大国”，还有很多国人不经常饮茶。农业部农村经济研究中心刘年艳研究员介绍说：“尽管在过去的20年里，我国人均茶叶消费量增加了近3倍，但现在，我国人均年茶叶消费量仅为0.4千克，还不到世界人均0.5千克的消费水平。这也说明，我国的茶叶消费市场蕴涵着无限商机，这也是为什么我们把茶产业称为21世纪最有发展前途产业的原因之一。”

刘年艳研究员给我们算了一笔账：我国目前有净饮茶人口2.6亿，他们的年人均消费量为1.54千克，如果每人每天沏茶增至3杯，那么年人均消费量将达到3.28千克。国内饮茶人口每增加1%，消费量即可增加4万吨；如果饮茶人口达到50%的话，茶叶消费量将达到200万吨。抛开国际市场不算，光国内的茶叶消费也将形成一个潜力巨大的市场。“任何一个企业只要把国内市场做好，都会创造出一个很大的品牌。”

五、茶产业——从“饮料”走向“文化”

近些年，包括娃哈哈、康师傅、统一、三得利等在内的知名品牌纷纷涉足茶饮料市场，可口可乐、雀巢等一批外资饮料巨头也先后进入茶饮行业。据悉，茶饮料市场正以每年超过10%的速度递增，以简捷、方便的特点吸引了一批消费者，同时也为我国中、低档茶叶找到了一条出路。不过，专家指出，茶饮料业还需要不断创新，提高自身的科技含量。

如今的茶叶早已走出了单纯农作物的范畴，已经形成一个横贯一、二、三产业的庞大产业链。茶叶景区旅游、茶文化交流以及各种以茶为主题的博览会、文化节等，都将成为未来茶业发展的新亮点。2008年北京奥运会的成功举办，中国的茶文化和茶礼仪必得到了广泛传播。

六、有机茶渐成市场新宠（市场探究）

时下，喝茶已成为一种生活方式，不仅要喝好茶，更要喝出品位、喝出文化、喝出健康，有机茶因此渐成市场新宠，一些有远见的品牌企业设立了有机茶叶生产基地，打起纯天然、无污染的有机茶生态牌。

有些企业盯上了有机茶的市场商机，自称销售的茶叶来自某某无污染的高海拔山区，是真正的有机茶，但却无法提供相应的证书和证件。这让许多消费者感到困惑：到底什么是有机茶？

有机茶指的是在无任何污染的产地，按有机农业生产体系和方法生产出鲜叶原料，在加工、包装、贮运过程中不受任何化学物品污染，并经有机茶认证机构审查、颁发证书的茶叶。

因此，有机茶是纯天然、无污染的保健饮品。

有机茶最早出现在斯里兰卡，随后，印度、坦桑尼亚、日本、肯尼亚及中国也开始建立有机茶园，生产有机茶。从整个茶业市场的情况来看，有机茶市场目前尚处于成长期，呈供不应求的状态。

有机茶是我国第一个获得颁证出口的有机食品。1990 年 6 月，荷兰颁证组织到浙江临安东坑、裴后茶园进行了有机考察颁证，由浙江省茶叶进出口公司出口。目前，浙江省各地都积极开发有机茶，已经有不少茶叶生产单位和贸易公司获得有机颁证，产品主要出口美国、日本、德国、荷兰等国，产生了较好的经济效益和生态效益。江西、江苏、福建、云南、湖北、湖南、河南等地也积极开展有机茶开发。

业界分析认为，随着人们对健康的重视，有机茶正成为茶叶市场新宠，具有很大的发展潜力，也是茶业发展的趋势。开发生产有机茶，不但可以获得较高的经济效益，而且还可减少因大量施用化学肥料、农药给土壤与环境带来的污染。

[资料来源：中国餐饮运营网 http://cy110.com/Drinks/tea/30487.html，2007－07－19]

第二章 茶叶企业及其经营环境分析

随着世界经济一体化和贸易自由化的进一步发展，当前全球茶业竞争中令人瞩目的现实是——虽然自然资源、要素禀赋优势仍然对各国茶业的发展有着重要的竞争意义，但它们已不再能够保证茶业的持续竞争优势。而能够做到这一点的只能是各国茶业自身技术创新和组织创新的能力。在这里，由于技术创新的关键在于技术创新主体激励机制及能力的培养，其培育的机制又内生于一定的市场结构和产业组织制度中，因此，茶业组织机构优化和组织制度创新就成为各国茶业维持持续竞争优势的关键。而加速产业竞争的核心组织载体的组建，增强茶叶企业自身素质和生存发展能力，培育一批能参与国际产业分工竞争的企业群体就成为茶业经济发展的最关键之处。本章围绕此中心，阐述中国茶叶经营的企业化发展以及对日益全球化市场的环境适应和战略对策。

第一节 茶叶经营的企业化与茶叶企业发展

企业是一个历史范畴,自然经济和简单商品经济并不采取企业这种组织形式。企业是随着资本主义的发展而形成的,它一开始就同比较发达的社会分工和商品经济联系在一起。随着社会分工和商品经济的普遍化,企业取代家庭,成为基本的经济组织。历史证明,企业是最为适应市场经济的经济组织形式,因此企业的发展决定着经济的成熟程度。对于茶叶经营来说,茶业的组织形式企业化是茶业经济发展的基本要求。

一、企业及其使命

(一)企业的起源与边界

企业(Enterprise),是指商品经济中以营利为目的,从事独立的商品生产或商品流通等经营活动的经济组织,是现代社会的基本经济细胞,也是生产社会化和商品经济的产物。

传统的企业理论主要从协作效益、规模经济等生产技术因素分析企业产生的根源,把企业看成是一种以最少的投入获得最大产出的生产函数。这样的解释具有一定的道理。但是科斯开创的制度经济学却从另一个角度为企业的产生提供了更为信服的理由。

在科斯看来,任何社会经济活动或协作生产都需要一定的组织方式去调节。现代市场经济中就存在两种基本的组织方式——市场组织和企业组织。在市场经济中,在企业之外,经济活动由市场组织、市场交易以其特有的有效方式,把成千上万经济活动当事人的活动联系起来,结合成一个社会的经济体系;而“在企业之内,市场交易被取消,伴随着交易的复杂市场结构被企业家所替代,企业家指挥生产”。于是,这里就产生了一个问题:既然市场是协调经济活动的一种有效方式,那为什么还需要用企业这种组织方式来取代市场呢?对此,科斯利用交易费用理论分析了企业存在的原因。它认为市场和企业作为资源配置的两种可相互替代的手段,都是要花费成本的。他们之间的不同表现在:在市场上,资源的配置由非人格化的价格来调节;而在企业内,则通过权威关系来完成。这中间事实上就存在一个交易成本大小的比较问题。在企业内,由于人们的活动受统一计划或指挥权威的支配。在存在企业的条件下,“企业家”只需在企业外部与其他生产要素所有者签订少量合约,就可把从事协作生产的一切必要资源置于自己的控制之下,并根据己愿组织生产。这样就可能以低于市场交易费用的成本完成同样的交易活动。这就是企业产生的关键原因。

但是,如果企业作为一种经济组织形式永远因节约交易费用而优于市场组织方式,那么,在利润最大化的动机下,企业就会无限扩大,最终完全取代市场,使整个经济变成一个大企业。然而,事实上企业与市场总是并存并相互依赖。这是因为企业运行本身也是有成本耗费的。当企业规模扩大造成的内部管理和监督费用的边际增加,正好与节约下来的市场交易费用的边际减少相等时,企业规模便停止扩大,这时企业规模与市场规模就处在"均衡状态"上。超过了这个规模,企业的管理与监督费用就会过高,不如通过市场组织,即通过协议买卖,交易费用来得更低些。不难结论,在企业内部组织一笔追加的交易的费用刚好等于在市场上完成这笔交易的费用的地方,就是企业的边界所在。

(二)企业使命

彼得·德鲁克指出:"一个企业不是由它的名字、章程和公司条例来定义,而是由它的任务来定义的。企业只有具备了明确的任务和目的,才可能制定明确和现实的企业目标。"

任何一家企业都要思考这样的一些问题——企业应该向用户提供什么样的产品或服务,企业提供的产品或服务主要满足哪些用户的哪些方面的需要,企业应该使用怎样的技术和管理手段来满足用户对产品和服务质量的要求,企业产品或服务应当以怎样的价格提供给用户并使自身从中获利,如何处理企业与员工、企业与各类利益相关者之间的关系等。简而言之,就是要考虑"我们的事业是什么?"以及"我们要成为什么?"这两个关于企业自身价值的最根本问题。

在今天,我们用"企业使命"来定义企业对自身价值的根本思考。它反映了企业生存和发展的根本性目的,是企业价值观的系统体现。不仅如此,它还是企业内部资源与经济、技术、社会以及自然等环境资源相互作用的结果,是企业对自己社会角色的基本定位。对任何企业来说,其最基本的社会功能都是将有限的资源转换为有用的商品服务,满足社会的某种需要。因此,尽管身处不同行业不同发展阶段的企业可能拥有各自独特的发展历程,各自奉行不同的价值观和经营宗旨,但它们对于企业存在的价值和发展的最终目的的认识都应当如美国历史学家詹姆斯·哈斯特所指出的,企业必须建立在"社会效用和社会责任"的基础上。即企业必须通过商品生产和商品交换,把社会的有限资源转换为满足社会需要的商品和服务,并借以实现企业的经济效益和作为"社会公民"应当履行的社会义务。

当前,"企业使命"被认为是规范和指导企业所有生产经营活动的最重要依据。因此,明确企业使命对于企业发展是很重要的。这一点对于茶叶企业来说,亦不例外。现实中,我国的茶叶企业普遍规模小,经营分散,企业主在经营思想上往往还冲不破小农意识,追求"小富即安",导致茶叶企业发展思路模糊,发展空间有限。尽管国外市场竞争激烈,技术壁垒成我国茶叶发展的最大无形阻碍,国内又面临外国公司的品牌优势竞争及其对国内资源占有的扩大化,我国的许多茶叶企业却还处于或惶惶然不知何以应对,或听天由命、安之若素,或空有千般抱负却无从下手的尴尬。究其根本,对为何做企业和要达到什么样的境地没有明确的目标。也就是说,没有使命感,做到哪里算哪里,投机性强,导致企业难以步步为营,难以做大做强。境界决定高度。茶叶企业要发展，就必须为自己设定正确而明晰的目标和追求，并依此规划和发展自己的生产经营活动。这也是我们在做企业前必须明确的基本公理。

二、中国茶叶经营的企业化发展

中国是世界上最早进行茶叶商品化生产的国家。早在唐至明朝期间就已经出现了茶叶种植农户、商贩和茶馆等产业组织雏形；到了清朝，则产生了专门从事原料采集和原料精制加工的产业组织；20 世纪 50～80 年代的计划经济时期，我国主要对茶叶进行垄断经营和产业组织制度的强制性安排；直到 1984 年茶叶正式退出国家统购统销体制之后，伴随着市场的发育和市场经济的转轨，原来茶叶生产、流通的主体开始不断衰败、倒闭和退出；真正意义上的茶业市场经济主体——茶叶企业才开始崛起并发展。

（一）承包制的推行及茶户和乡镇茶叶生产组织的兴起

早在 20 世纪 50 年代初期，中国政府就鼓励广大茶农积极垦荒，开辟茶园。在农村合作化运动之后，全国茶叶栽培生产环节主要存在两大系统：一是人民公社体系，主要是一些茶叶专业生产队和人民公社；二是农业、农垦、司法、侨务部门兴建的国营茶场。至 1988 年全国国营茶场有 630 多个，茶园面积近 8 万公顷，茶叶产量达 52 500 多吨，产值 5 亿多元，分别占全国茶园面积、产量、产值的 7.4%、9.6%、18%，成为我国茶叶生产的一个重要组成部分。

生产社队和国营茶场有利地推动了我国茶叶生产的高速增长。但在高产量的同时，并不意味着高效率。这里面的原因很多，比如农业生产中的监督不足、动机不足以及组织结构中行政式的交易关系可能使茶叶收购组织与茶叶精制加工企业缺乏提高经营效率的动力，从而带来茶业运行“租值”的损耗等。因此，随着人民公社的解体，茶叶专业社队也分崩离析，退出历史舞台，同时也奠定了农户家庭作为茶叶生产基本经济组织的地位。与此同时，集体所有制茶场也开始了经营制度的改革——普遍推行联产承包责任制。这些改革的直接后果使得农户成为茶叶栽培和初加工的基本经营单位。由于茶叶初加工的技术要求不高，固定资产投资不多，造就了大量的乡镇、个体小茶厂在我国茶叶产区遍地开花。由于技术的低劣，加之对茶叶资源出于承包期的短期性而进行的“掠夺性”开发，导致中国政府在茶叶经营的态度方面逐渐由政府行政干预转向自由经营政策。

（二）茶叶精制厂和供销社的退出及个体茶叶工商企业的兴起

作为中国有限的具有竞争优势的大宗资源型产品，中国政府对茶叶生产与流通非常重视，将其纳入国家统购统销体制，以求通过对茶叶经营的控制为国家外汇收入增加和经济建设发展提供更多保障。但是由于农业生产的发展和承包制的实施，国家对农产品始于 20 世纪 50 年代的统购统销制度受到挑战，面临解体的现实。1984 年 6 月 7 日，国务院（1984）75 号文件批转商业部“关于调整茶叶购销政策和改革流通体制的报告”。报告指出，党的十一届三中全会以来，我国茶叶生产发展很快，1983 年全国拥有茶园 110.47 万公顷，当年新增茶园 5.6 万公顷，全国茶叶产量 40 万吨，商业收购 31 万吨，茶叶长期供过于求的状况得到改变。但是现行的茶叶购销政策和流通体制与当前茶叶商品生产快速发展的新形势已不相适应。对此，商业部提出调整和改革的思路是边销茶继续实行派购；内销茶和出口茶彻底放开，实行议购议销，按经济区划组织多渠道流通可开放式市场，把经营搞活，扩大茶叶销售，促进茶叶生产继续发展，出口茶可根据国际市场需要和国家对外贸易任务，由供需双方签订年度购销合同或长期协议，严格按合同执行。年度购销合同外的茶叶，地方可以委托外贸公司代理出口或自行出口。上述调整和改革意见经国务院批准后，1984 年试点，总结经验；1985 年全面展开，直接刺激了个体茶叶工商企业的兴起与发展。

与此同时，国营外贸系统的茶叶精制厂作为国家直属企业，它们的盈亏仍然归属于整个计划经济系统。为了力保茶叶出口计划的完成，这些茶叶精制厂不仅要维持生存，而且必须采购原料进行生产。然而，80 年代以来的中国茶叶鲜叶市场对外贸精制茶厂的供给已经由于家庭茶场和乡镇茶厂的争夺，出现了减少的趋势。其结果就带来了茶叶鲜叶价格的普遍上扬，导致了部分地区的“茶叶大战”。“大战”的结果是 1986 年、1987 年两年整个中茶公司系统亏损 2 亿多元人民币。为了消除亏损，中茶公司的选择是降低出口茶叶的价格。即压低精制厂茶叶的出厂价。对于精制厂而言，一头是茶叶制品的出厂价被压低，一头是茶叶鲜叶价格不断抬升，两者共同作用的结果自然是亏损的幅度越来越大。到最后，就是精制厂的普遍倒闭破产。

这样，在茶叶栽培环节，农户家庭取代了茶叶社队和国营茶场，在初制环节，家庭茶厂和乡镇茶厂战胜了社队和茶场兴办的初制厂；在精制环节，原有的外贸系统精制厂几乎全部倒闭；与这些演变相对应的是，在流通环节，个体厂商不断兴起，他们瓦解了供销社在茶叶流通中的垄断地位。具体情况可参见表 2－1。于是，伴随着 1984 年茶叶市场化改革的启动，真正意义上的茶业市场经济的主体——茶叶工商企业在茶产业发展的各个环节中开始全面发育与发展。茶农开始面对市场展开生产、茶商开始面向市场收购、初制厂和精制厂也纷纷面向市场展开生产。

表 2－1　国营和供销社占流通的比重

年份	1957	1965	1978	1980	1985	1987	1988
肥猪	0.994	1	0.992	0.94	0.523	0.578	0.572
水产品	0.684	1	0.986	0.859	0.39	0.465	0.423
茶叶	0.982	1	0.98	0.977	0.775	0.656	0.624
棉花	0.998	1	0.999	0.9996	0.978	0.9578	0.954
粮食	0.885	1	1	0.931	0.842	0.844	0.85

资料来源：根据各年《中国农村统计年鉴》计算

（三）20 世纪 90 年代茶产业制度变迁下的茶叶企业发展

如前所述，伴随着 1984 年茶叶市场化改革的启动，真正意义上的茶叶市场经济的主体——茶叶工商企业在茶产业发展的各个环节中开始发育与发展。但是在经济转轨的初期，产、供、销各环节还缺乏必要的利益连接机制，导致行业效率一直难以得到有效的提高。因此，其后茶业经济发展的重点在于将茶叶行业培养成为一个产业，在产供销各个环节之间形成一套稳定的、协调的利益联结机制。加上90年代我国市场化的政策环境使得市场主体拥有可进行充分选择的机会，此时期无论是在茶产业组织内部的微观层面上，还是在茶产业组织的中观层面上，都开始进行产业制度的变迁与重组。

对于生产环节的茶场来说，此时主要处于产权制度和治理方式的演变过程之中。20世纪80年代初集体茶场在农村家庭联产承包责任制改革风潮中主要采用集体承包方式，而后又普遍推行了合伙承包制。这种经营制度的主要功能是在一定程度上分散了经营风险和提高筹资能力，但从企业内部产权治理结构角度分析，这种经营制度是不彻底的。因此在90年代，随着融资成本的降低和微观主体抗风险能力的增强，合伙承包逐渐为个人承包的制度形式所取代。和集体茶场经营制度改革不同的是，国营茶场普遍采用"二田制"经营管理方式，即集体统一经营和分到家庭经营两种制度并存。具体的做法是：从茶园中划出一部分按两费（生产成本和工资）自理、定额上缴和自负盈亏原则分户家庭经营，而另一部分进行统一承包经营。80年代后国营茶场经营模式经历了几次调整，"二田制"和家庭经营成为发展的主要方向。这种制度创新可能适合于当前我国国有茶场的现状。首先，从内部产权治理结构来看，家庭式经营激励机制是比较完善的，而集体承包、合伙承包等形式仅是制度创新过程中的过渡形式，其在产权治理结构的激励方面不彻底。另外，茶园管理技术类似其他农业生产，规模经济不明显，因此茶园可采用分户式经营进行管理。其次，"二田制"中保留了一部分茶园进行统一管理，便于进行科学研究、技术创新与示范推广。

除了生产环节外，在茶叶加工和出口经营环节我国茶叶企业也逐步进行了产权制度的改革，包括一些加工企业的私有化、股份合作制改造以及通过产权重组实施组织横向或纵向整合等。

第二节　茶叶企业经营环境分析

茶叶企业既然是茶业经济市场化组织的最终选择，那么茶叶企业运营管理的市场化、科学化就成为茶业经济健康发展的必然要求。而所谓"知己知彼，百战不殆"，对市场经营环境的熟悉与了解是企业依据市场规律行事的首要条件。因此，茶叶企业依据企业自身所处的外部环境情况与内部资源能力条件，准确组织市场定位，寻找最适合、最高效的战略，推动企业获得竞争优势及可持续发展就成为茶叶企业科学化运营的第一步骤。

一、茶叶企业外部环境因素分析

企业经营环境的范畴包括一切对企业生产经营活动及其生存发展发生影响，而企业又无法控制的因素。通常，我们将这些环境因素分为外部环境与内部环境两部分。各种环境要素对企业生产经营活动的影响错综复杂、相互交织。外部环境分析的意义，不仅在于确认和评价政治、法律、经济、技术和社会、人文，甚至生态等外部因素对企业战略目标和战略选择的影响，而且能够直接指导企业为未来的发展制定总体目标和发展方向。

(一)政治法律因素

政治法律因素是指对企业经营活动具有现存的和潜在的作用与影响因素的政治力量，同时也包括对企业经营活动加以限制和要求的法律和法规等。具体说来，它涉及社会制度、政治结构、政府的政策倾向和国家的法律法规等。从经营角度分析政治法律因素主要是培养企业对该类因素的敏感性，从而把握住给企业带来的机会。如对于茶叶企业来说，2006 年农业特产税的停止征收就对我国茶叶出口的成本竞争力提升是一大好消息。敏感的茶叶企业在考虑企业国际化发展的时候就可以有效利用这一点。

目前，我国大部分茶叶企业法律意识不强，企业法制建设明显落后。这样的企业在市场经济体制下进行经营活动很容易吃亏，会因为法律问题而使企业受到重大创伤，甚至被迫宣告破产。例如，企业如果没有足够的工业知识产权意识，就容易侵犯其他企业的合法权益，或因不懂应用产权法律制度维护自身权益，使自己辛辛苦苦打拼出来的品牌受到别人莫名侵犯，财源白白流失，甚至会被别人抢先注册商标而使自身的努力付诸东流。再如，企业如果没有足够的合同法知识，不懂得充分应用合同法来维护自身权益，有时会白白地把茶叶送到别人手中，收不到货款。诸如此类问题都会给企业的长足发展带来极大的不利影响，因此，茶叶企业要把法律风险列入考虑范围，将依法办事、依法经营原则融入企业的经营管理过程中，降低企业风险，提高企业的经济效益和社会影响力，并且善用法律手段来保护企业发展。

(二)经济因素

企业的发展必须要有良好的宏观经济环境，因为它直接影响了社会的物品、货币、能源以及信息等方面的交换活动。在影响企业的诸宏观经济因素中首要的是整个国民经济的总体发展状况。以茶制品消费为例。我国经济这几年的发展大家有目共睹，当前人们生活水平提高，对生活质量要求也日益上升。在经济繁荣的带动下，泡茶成了人们休闲娱乐的一种时尚方式。茶叶企业如果能够抓住这有利的市场契机，也就为企业拓展了更加广阔的发展空间，市场蛋糕也就会越来越大。

而以具体的行业经济发展概况来看,总体的情况大致如下:

近几年来,我国的茶业发展态势良好,国内经营环境改善,国际市场开放,给我国茶叶企业带来了巨大的商机。伴随绿色消费风潮的兴起以及人们对茶叶功能的新认识,中国茶叶越来越受到国内外消费者的青睐。

就国内行业发展环境而言,当前茶叶行业发展已经纳入中国发展规划。商务部门积极、稳妥的茶叶出口政策为茶叶出口提供了良好的外部环境。质检部门强化茶叶出口检验管理为提高产品质量提供了有力保障。茶叶行业组织加大了拓展茶叶市场的力度,为企业扩大茶叶出口营造了环境和条件。2007 年我国茶园面积达到 161.33 万公顷,茶叶总产量成为历史上增长数量最大的一年,达 116.55 万吨,茶叶种植面积和产量均居世界第一。2007 年我国茶叶出口量近 29 万吨,仅以几千吨之差屈居世界第三,占世界茶叶年出口量的 18.3%,占我国茶叶年生产总量的 24.9%。出口金额为 6.08 亿美元,比上年增长 11.2%,茶叶出口在我国农产品国际贸易中占有重要地位。

但与此同时,国内市场的有序性与竞争合法合理性存在着较为严重的问题。市场上普遍存在"有名茶无名牌"现象,市场销售混乱,让消费者很难辨别真伪。

虽然中国有着悠久的茶文化历史,但中国茶叶的科技含量和附加值低,国际知名品牌少。如龙井茶叶虽享誉中外,可"龙井"只是一个品种、一个地名,而不是一个窗体顶端窗体底端商标品牌。没有品牌作为依托,我国的茶叶很难在市场上立足。与此同时,中国国内茶叶市场不再封闭运行,国际先进的茶叶企业、跨国公司,甚至产茶国的脚步已经踏入极具吸引力的国内茶叶市场。以茶叶产品为例,现阶段我国茶叶企业产品仍以传统的茶饮为主,来自台湾、日本、香港等地的茶饮料、茶食品等新兴茶制品正在崛起。这些外来者或独资,或与国内厂家合资,如上海的三得利集团的乌龙茶水,以及重庆顶津食品有限公司才开发的康师傅绿茶饮料等。这些新产品迎合消费者求新的心态,符合未来绿色消费的趋势,对我国企业的传统茶叶产品构成很大威胁。

另外,市场信息难以及时反馈,茶叶市场开发不够。长期以来,在计划经济体制下,我国的茶叶经营管理存在条块分割,产供销脱节的状况,虽说这几年有所改变,但变化不大。由于条块分割的管理体制和目前国有企业自身体制的约束,产、供、销三个环节的企业存在扩张的阻力和相互重组的阻碍,产供销不畅通,国内外市场的信息不易及时充分有效地反馈到生产经营各环节,市场的导向和调节作用难以有效发挥,导致茶农的生产缺乏方向,盲目经营。

在国际市场方面,对茶叶消费的热情高涨。从联合国粮农组织的年度报告来看,虽然每年全球茶叶生产供应保持上升势头,但国际市场茶叶价格却不见下降迹象,这足以证明世界茶叶消费前景看好。中国加入 WTO 后,茶叶有更多的机会进入国际市场。由于进口国关税的降低,中国茶叶的价格竞争力增强。此外,国际市场对绿茶的需求上升,也在一定程度上有效地提升了中国茶叶产品的品种竞争力,毕竟中国是世界上绿茶供应的最主要基地。但同时,技术贸易壁垒却成为中国茶走向世界的最大障碍。以欧盟为例,其修订过的茶叶中农

药最高残留限量，很多都可以说是针对中国茶叶中农药残留过高所提出来的。除此之外，日本也参照欧盟标准，大幅度扩大农药限制范围，使中国茶叶遭遇冷落。与此同时，印度和斯里兰卡等国扩大茶叶产量，价格更加低廉。中国茶叶在与其他国家的竞争中正日益失去优势，这也是中国茶叶进入全球化市场碰到的严重问题。

（三）技术因素

技术因素是影响企业经营宏观诸因素中最活跃的因素。新技术的出现往往会改变产业结构和战略均势。但令人困扰的是，当前许多的中国茶叶企业仍然将茶业视为传统种植业，认为技术创新对于这类企业不具有很大的现实意义。而现实却不断显示出茶叶企业技术创新的必要性。随着竞争日益激烈，茶叶企业的经营不断向产业的宽度与深度发掘。不仅推出了袋泡茶、茶饮料等新型茶叶饮品，而且依靠分离技术开发出的儿茶素、茶多酚、茶色素、茶皂素等制品正在食品、医药及化工行业中逐渐被广泛应用。创新已成为茶叶企业的生命线。因此，中国茶叶企业必须改变观念，注重技术因素在茶业经营中的作用发挥。

（四）社会文化因素

文化因素对企业经营具有特殊的意义。它是人们的价值观、思想、态度、社会行为等的综合体，其核心是价值观念。不同社会、不同国家、不同民族的社会文化具有很大差异，从而也强烈影响着人们的不同消费方式和购买偏好，进而影响着企业的经营方式。因此企业必须了解社会行为准则、社会习俗、社会道德观念等关键社会文化因素的变化对企业经营的影响。

对于茶叶消费来说，茶文化带动茶叶产业发展，这是必然。茶叶作为一种文化内涵深厚的产品，特别是在出口国际市场过程中，更多的是中国文化的载体。这样的产品才是在“心”经济时代，具有竞争力的商品。从企业角度看，我国茶叶企业多属于中小企业，企业文化体系不健全，导致生产出来的产品缺乏文化个性，大量产品雷同，企业竞争限于低端的价格竞争，以至严重影响了我国茶业经营的竞争力累积。

（五）自然（生态）因素

自然（生态）因素对企业经营影响的主要动向是：自然资源日益短缺、能源成本趋于提高、环境污染日益严重、政府对自然资源管理的干预不断加强、气候变动趋势、地理环境特点等，所有这些都直接或间接地给公司带来威胁或机会。对于我国涉农企业来说，企业经营对自然资源依赖性较大，产品品质明显受地理和气候条件影响，因此要特别强调注重树立资源战略意识和环境的保护意识。茶叶作为农业种植业的一部分，自然环境因素对产量自然也有着极大影响。我国的茶叶命名多以地方特色突显，正反映了茶叶的自然地理特性。如何在经营过程中利用这种地域特性是我国茶叶企业需要考虑的一个重要问题。

二、茶叶企业内部环境因素分析

所谓企业的内部环境或条件,是指企业能够加以控制的内部因素。一般说来,一个企业的内部环境要素包括组织结构、企业文化、企业资源和企业管理等各个方面。对企业内部环境的分析主要是为了能够准确识别出企业自身所具有的优势与劣势,为企业下一步的经营决策提供现实依据。

(一)组织结构

企业组织结构是指企业内部的人员、职位、职责、关系、信息等五大要素的相互联接方式,也就是企业内部如何分派人员角色、处理好人际关系、以满足实现企业使命与目标要求的正式结构。这五大要素犹如"砖木沙石灰"构成建筑物的基本要素一样,是构造企业这座"大厦"的基本构件。其中,人和职位是构筑企业组织的"硬件",而各个职位的职责、职位之间的相互关系和信息交流则是构筑企业组织的"软件"。企业组织结构不同,对企业发展起支持或制约作用的因素也就不同。在现代企业中,经常使用的组织结构类型主要有直线制结构(或称简单结构)、职能制结构、事业部制结构、矩阵制结构以及集团制结构五种。

我国的茶叶企业经营规模普遍偏小,组织结构简单,在激烈竞争中很难应对风险。因此应当首先强调中小茶叶企业要把握现代企业管理发展趋势,结合茶叶生产特点及企业本身的实际情况,探索新的企业管理模式,及早地完成向现代企业制度的根本性转变,明确法人治理关系和产权归属,真正建立符合市场需求的自主经营、自负盈亏、自我发展、自我约束的经营机制和管理模式,全面推进企业管理现代化,提高企业的决策水平和决策效率,增强市场竞争能力。其次,重视茶叶企业的规模经营,鼓励茶叶企业资产合理重组,组建、扶持"龙头"企业,加快茶叶产业发展的集中度;积极引导中小加工企业发展,搞好专业化协作,使大的更强、小的更专。同时大力发挥茶叶协会作用,把茶叶协会建成茶农之家,成为联系千家万户的桥梁。

(二)企业文化

人始终是企业中最为重要的因素。要调动与发挥人的作用,除了通过合理的组织结构将人有机地结合起来之外,了解人的需求,激发人的积极性也是关键。在这一方面,主要的工作是企业的文化塑造与整合。

严格地说,企业文化是指为企业全体成员所接受与共享的固有价值、思维方式、行为习惯、心理期望与信念体系,它渗透于企业的各个职能活动领域,影响与决定了能为企业全体人员所接受的行为规范。作为一种企业存在,企业文化是企业成员在企业长期发展过程中积累而产生,并经有意识升华提炼而成的。它一旦形成,往往很难人为地在短期内加以改变。因此,了解这种特定的组织氛围和价值取向,注重并有意识地引导企业文化建设,对于借助企业文化力量，调动企业成员作用，顺利实现企业成功发展是企业内部环境分析的必然要求。

茶叶企业企业文化，是茶叶企业，如茶叶公司、茶厂、茶场、茶叶店、茶馆等，从事茶叶生产和经营活动中所创造的精神文明和物质文明，包括企业价值观念、企业精神、职业道德、企业形象、企业科学技术和文化素养、企业荣誉观及产品信誉等，是企业在长期生产和经营活动过程中，逐步生成和发展起来的。作为茶叶企业而言，这个主导因素应该是中国传统茶文化的深厚内涵与文化底蕴，这样的企业文化会提高产品的文化力与亲和力以及整个经营方式的文化内涵。加入中国传统文化的茶叶产品将提高整体的附加价值，为品牌营销和推广打下坚实基础。

20世纪50年代以后，中国的国有茶叶企业，经过三四十年的建设发展，在弘扬中国传统的茶叶经营之道基础上，发挥国有经济在资本和科技投入方面的优势，吸收现代科学文化，建立起茶叶文化，确立企业经营方针，规范企业行为，严格产品生产规程，实行严密的产品检验制度，保证产品质量，树立企业荣誉观和企业优良形象。货真价实，遵守合同，注重信誉，特别是塑造出良好的国有茶叶出口企业形象，一直是我们在海外推销祖国茶叶的人士引以为耀的关键。自20世纪90年代中期起，由于国际茶叶市场的变化以及国内茶叶厂商恶性竞争，使经过几十年发展起来的中国茶叶企业文化，特别是中国茶叶出口企业文化遭受践踏，享誉国际茶叶市场的厂家不再垄断全球绿茶市场，中国绿茶在国际市场的价格不断下跌，原标准品质规格不能保证，以致出现降价降质、以次充好的现象，茶名不变，茶叶品质规格面貌全非，中国茶叶企业的声誉受到很大的影响。为此，社会呼吁复兴茶叶企业文化，塑造良好的企业形象，做到货真价实，保证质量，注重信誉，遵守合约，恢复和保持中国茶叶在国际市场上的信誉。

（三）企业资源条件

资源泛指企业在从事生产经营活动或提供服务所需要的人力、资金、物料、机器设备、组织管理、信息等方面的能力与条件。考虑到企业的各种资源都是体现在企业职能活动中的，因此，分析企业的资源条件实力可着重从营销、财务、研究开发、生产制造和人力资源五个方面展开，并通过与行业平均水平、企业主要竞争对手、企业自身历史业绩的比较来具体进行纵向与横向评估。

对于中国的茶叶企业经营者来说，如何挖掘组织所拥有的各项资源，善加利用，据以构筑企业的竞争优势是一个关键性问题。对此，我们认为，技术应该成为未来茶叶企业最大的资源。科学技术是第一生产力，技术可以保障效率和质量。多年来的实践证明，中小企业与科研院校合作是促进企业科技进步和企业发展的一条有效措施。目前我国中小茶叶企业大多生产成本较高，茶叶品质较差，这些企业要想在竞争日益激烈的市场上站稳脚跟，逐步走向发展壮大，必须加强与科研单位和高校合作，积极引进和应用先进、适用的生产加工技术，不断改造更新现有工艺设备，提高企业的生产效率及茶叶品质，降低生产成本，实现产品与技术的优化和升级，依靠高品质、低成本及名、特、新，最终赢得市场竞争优势。此外，中小茶叶企业在重视自身技术创新力提高的同时，还要注重与其他公司进行合资、股权转让等形式的合作，以此借鉴对方的先进技术和管理手段，实现优势互补，开发和建立新的经济增长点。

总体而言，中国茶叶企业在迅速发展的同时也存在诸多问题。虽然中国茶叶收获面积与茶叶产量均位居世界第一，但茶叶产品占据的世界市场份额却难敌一家英国立顿，立顿茶业年产值相当于中国茶业年产值的七成。主要的原因在于，中国茶业生产销售企业规模小，专业化程度低，生产经营环节不健全。我国茶叶加工业，在众多的农产品加工业中，是比较落后的工业，20 世纪 50 年代初中期，茶与烟的加工业同时起步，今天的卷烟加工业已基本达到自动化加工水平，而茶叶加工仍处在机械化、半机械化、甚至手工作业的水平。不少茶场生产设备落后，工艺粗糙，管理水平低下，很难在国际竞争中占据优势。此外，在企业竞争方面，最突出的是恶性竞争，降质降价，争夺客户，出口茶价跌入谷底，令茶叶生产者、茶叶出口商难以招架。从国内茶叶企业的动作来看，目前各茶叶企业还忙于巩固各自的市场份额，无暇顾及来自国外的潜在竞争对手；另外现在国内的茶叶企业还缺乏规模大、资金雄厚、技术领先、知名度高的企业集团；只有不多几家国有大中型企业稍有实力，但都缺乏综合发展的力量，其产品大多集中于传统的茶饮，很难适应未来消费者的多变的需求，更不要说与国外企业抗衡。

第三节　茶叶企业基本战略态势分析与选择

不管是维持原状，还是收缩或扩张，企业都需要在业务上做战略性调整。通常来说，企业的战略调整根据业务范围展开可分为集约、整合、多元三类；按照业务组合可分为进入、推出、调整三类；按业务目标分为稳定、收缩、成长三类。企业可根据自身实际情况，选择相应的业务展开途径。但在进行选择之前，还有一件很重要的事情需要弄明白——即企业战略立场明确。

一、茶叶企业战略设计要义

当前我国茶叶生产经过十多年的产品结构和市场结构调整，名茶、优质茶和大宗茶产品全面走向内销和外销市场，茶叶的品种也不断增加，出现了茶叶深加工、精加工产品，市场竞争能力大大提升。同时，国际国内市场茶叶消费前景看好，市场的广度与深度日益增长。茶叶企业面临十分有利的市场局面。但同时，我国茶叶企业自身却存在着诸多问题困扰，比如产业组织化程度低、经营保守、管理落后与技术力量不足等。因此，中国茶叶企业在进行战略筹划与实施时，更要注意结合企业自身的实际情况与市场特定情势，调整好企业战略方略的具体规划与侧重之处。

我们认为，中国茶叶企业在竞争过程中尤其应该关注以下要点：

（一）产品开发战略

我国许多茶叶企业产品结构较为单一，而全球化的国际市场却对茶叶产品的开发定位和策略提出更新更高的要求。中国茶叶企业应该从产品的生命周期出发，针对不同顾客的需求对产品的包装以及品质做出区分，比如加强高档茶的出口，以中低档茶叶占领市场份额等。还可以根据消费者的口味增加产品种类，提升我国茶叶企业整体的产品结构，走多元化、集约化到规模化、产业化的发展道路。

（二）质量战略

高品质保证审核的产品可以增强顾客的满意度，从而提升我国茶叶在国际市场上的地位。建议加强茶叶标准化和质量体系建设。从茶园管理、原料供给、茶叶加工、包装及贮运等方面，实现茶叶生产的全程标准化；根据茶叶产品定位及特点，申报无公害茶、绿色食品茶或有机茶等相关质量认证，办理卫生许可证、出口茶叶企业卫生注册等；建立 HACCP 质量安全控制体系，实施 IS09000 质量体系及 QS 质量安全认证等。同时依据茶叶产品本身独特性，企业可以结合自身情况，采用清洁生产技术。

（三）品牌发展战略

茶叶企业宜根据自身发展战略、产品质量特性及市场营销需求，进行科学、明晰的品牌定位；并不断通过各种不同的营销方式加强产品的宣传，如电视广告片、广告牌等。注意产品的品牌与企业文化的协调，增强品牌的文化力与营销方式的文化内涵，真正持久与稳定地提升我们的品牌。以茶叶制品包装为例，我国传统观念认为，“好酒不怕巷子深”，优质的产品才是最主要的，而包装和宣传不必太过讲究。但实际上，现代包装却是产品品牌塑造的主要载体之一，是吸引消费者注意的主要商品元素。因此，必须关注茶叶包装问题，必须意识到茶叶作为快速消费品面对着多元化市场，市场的定位与细分要求茶叶包装应符合现代消费理念的变化，从包装材质、外形、装饰、规格及包装设备等方面入手，不断推出符合时代潮流、适应市场需求的包装。茶叶包装应在坚持中国特色的同时，重视与国际包装惯例接轨，茶叶包装的选材、款式、规格、图文、标注等内容须符合进口国的法律规定、文化特点及消费习惯，以促进中国茶叶获取更高的国际市场份额和经济效益。

（四）销售渠道战略

销售渠道指企业产品在销售过程中的路径。我国茶叶产品的销售分散，销售渠道主要有厂商直销、区域代理、省级直销与市县代理结合，跨区域综合市场批发、区域代理与市场批发结合，买断包销等；销售中间商（批发商），如茶叶公司和一些综合性公司；此外还包括综合卖场、超市、便利店、食杂店、茶叶专营店（茶庄、茶楼）等。以著名产茶大省福建为例，省内除了天福茶叶的销售有品牌连锁店外，其他基本都是一些散户销售的状态，市场不规范，容易对顾客的购买产生误导。因此，我们认为，渠道分销应该成为茶叶企业重点考虑的问题。比如每个地区，结合自身生产的茶叶产品特点，走品牌整合的道路，即产品、销售一条龙，一个牌，打响品牌，做强产品。只有这样的战略才能帮助企业摆脱原来那种分散经营、价格混乱、品质不一的局面。

在销售渠道方面，厂商对下线分销商、代理商、销售商要严格把关，建议进行统一定价，统一品牌代理，包括门店装修、售后服务等销售环节，都应该考虑在内。在此值得一提的一种现代销售方式是文化营销，即增强产品销售方式的文化内涵。企业可以结合文化特色，宣传茶文化的同时促销本企业产品。比如可以建立茶文化俱乐部，给顾客办理茶文化会员，适时结合产品的推广举办各种活动。我国现今有很多的茶叶协会，在茶叶行业发展中起巨大推动作用。企业可以联合协会搞一些大型活动，有利于提高企业在社会的影响力。

（五）价格战略

价格因素直接影响商品茶的市场竞争力、市场份额与经济效益。高端产品（名茶）的价位是产品形象和质量档次的象征，销售途径及消费群相对固定，礼品馈赠比例很大，应保持名茶的珍贵形象。中低端产品（大宗茶）属于大众化消费品，价格弹性大，应坚持薄利多销、数量为主的订价原则，追求批量化的规模效益。建议加强对我国茶叶品质及相应价格的管理，健全市场体制，出台统一标准的考核措施，以保证市场竞争的公平与合理。

二、战略方案评价

战略方案的设计通常都具有多样性，以综合考虑应对可能的环境变化。但是对于现实中的企业而言，其最终的行动方案却只能有一个，因此，就面临着对不同环境方案的评价与选择问题。

人们在进行多个战略方案的评价时可以使用诸如专家评议法、类比法、民主审议法等定性评价方法，也可使用平衡表分析、盈亏平衡分析、成本控制模型等定量分析方法。这里，我们主要介绍一种常用方法——定量战略规划矩阵法。

定量战略规划矩阵法是在战略方案筛选与分类的基础上，通过评价同类经营战略方案之间相对吸引力大小来选择最满意战略方案的评价方法。其具体做法如下：

第一，列出至少五项企业内部优势与劣势，外部机会与威胁（即企业战略环境的关键要素）。

第二，为每一关键要素确定一个权重，以反映各要素对于战略方案吸引力作用的相对大小；通常用 1，2，3，4 表示这种作用很弱、较弱、较强、很强。

第三,列出要比较评价的战略方案。

第四,确定各方案对应于每个关键要素的吸引力得分值;通常用1,2,3,4表示就所涉及的战略要素而言,给定战略方案不可接受、勉强可行、可以接受、最受欢迎。对于那些与战略方案相对吸引力无关的要素不指定得分值。

第五,计算各方案相对于各要素的加权吸引力得分值。

①计算综合加权吸引力得分值;

②进行战略方案的比较选择。

表2-2 茶叶企业定量战略规划矩阵示例

关键战略要素	权重	备选战略方案				引力评分依据
		国际化战略		产品多元化战略		
		AS	TAS	AS	TAS	
内部要素:						
高层经理有15年管理经验	4	4	16	3	12	具有15年茶叶生产经验
有2000万元盈余营运资金	3	3	9	3	9	多元化开发费用为2000万
产品大量出口	3	3	9	1	3	出口欧洲等地
研究与开发部门非常杰出	3	5	15	5	15	
外部要素:						
国际贸易管制放开	3	3	9	4	12	管制放开有利于茶叶出口
国内人民收入提高	2	3	9	2	6	民众收入提高对茶叶需求增加
国际对茶叶需求猛增	4	4	16	2	8	
国内政策的扶持	2	1	2	4	8	国内政策支持有利于改善整体经营境
综合加权吸引力得分值			86		73	

(该表中AS与TAS分别表示吸引力得分值与加权吸引力得分值;对于内部要素而言,权重值分别取1,2,3,4表示主要弱点、一般弱点、一般优势、主要优势;对于外部要素而言,权重值分别取1,2,3,4来表示主要威胁、一般威胁、一般机会、主要机会。)

结论:国际化战略的吸引力大于产品多元化战略。

三、战略选择的影响因素

在实际的经营战略选择与决策过程中,由于各种战略方案之间客观上总存在着一些不可比的特点,从而使得战略方案的最终选定,还是不可避免地受到各种难以量化的主客观因素影响，在某种意义上成为非理性过程。因此，必须考虑战略评价与选择过程中的非理性因素。

具体来说，影响企业战略选择的非理性因素主要有：

（一）企业管理阶层对于风险的态度

战略方案的吸引力往往与其隐含的风险呈正相关关系，这就是说，盈利潜力大的方案往往所包含的风险也大。由于对于战略成功可能性的估计严重依赖于个人的主观价值判断，所以，企业战略方案的最终选择将在很大程度上取决于企业管理阶层对于风险的态度。

（二）源自外部环境的压力

即决策者必须考虑源自企业任务环境各利益集团的压力，考虑企业的用户与股东、潜在职工、地方社团、一般社会公众、供应商、政府机构等对于企业的期望和要求。

（三）企业文化的影响

脱离企业文化要求进行战略管理是十分危险的，特别是在企业战略与企业原有文化可能发生强烈冲突的情况下，试图忽视企业文化因素对于企业战略的作用是非常愚蠢的做法。

（四）企业战略决策者个人需要与欲望

企业战略决策者泛指一切对企业成败负全责或主要责任的个人或领导成员。企业战略决策者个人需要与欲望，对战略方案的选择起着十分重要的作用。这里所存在的企业战略决策者个人的需要和欲望对企业战略选择的非理性影响，有时会给企业经营带来灾难性的后果，所以，在企业战略方案选择中，必须清楚表述企业战略使命和目标，根据企业战略使命和目标的要求妥善处理好企业战略决策者个人需要与战略方案优化的关系。

（五）企业内部的政治关系，即企业内部正式与非正式团体以及个人相互之间所结成的一种活动联系

企业实践证明，围绕企业战略决策的关键问题将会存在许多不同的正式与非正式团体，这些团体基于共同的信念与利益关系而形成，在战略选择上往往倾向于首先关心小团体目标，其次才考虑企业整体目标。所以，企业战略决策者必须注意引导这些团体的形成，努力培养企业整体的观念，以便取得企业中主要团体及个人对企业战略管理的支持。

茶叶企业应该根据自身的具体情况，结合上述影响因素，对企业的战略选择作出进一步的评价。比如经理层对战略看法是否一致，如何加强管理人员的风险意识和战略观念，再比如企业文化的建立等。尤其是我国的茶叶企业文化还在摸索阶段，如何根据实际情况，在一次大的战略调整中树立起适合企业的个性文化，将影响茶叶企业以后的长足发展。

第四节　茶叶企业战略变革

尽管近年我国茶产业取得了长足发展，但是，目前茶叶生产和出口依然面临着一些亟须解决的问题。中国茶叶企业要赢得持续生命力，关键在于适应新的市场发展需要，进行战略发展思路变革，重新考量企业成长路径。

一、当前茶叶企业生存困扰

概括而言，中国茶叶企业的发展障碍主要包括产业组织化程度低、经营保守、管理落后与技术力量不足四个方面。

（一）茶业产业组织化程度低，企业规模小，经营分散，难以形成产业协力与整体竞争优势

当前，我国茶业发展仍然体现着浓郁的小农经济特点。20 世纪 80 年代开始，虽然以“分包”为特征的家庭联产承包责任制极大地调动了农业生产者的积极性，但这种制度安排也日益体现出它在资本运营、技术创新和市场竞争方面的一些缺陷。以茶业发展而言，从农村家庭联产承包责任制实施以来，茶叶生产也和其他农业生产一样，由原来的集体经营变为一家一户小规模经营。到 2008 年，全国 160 多万公顷茶园中就有 70% 为农户分散经营。大部分茶农经营规模很小，每户多则几亩茶园，少则不到 1 亩。全国有茶厂 6.7 万家，平均每个茶厂年加工茶叶仅 10 吨，产量小，市场规模也小。在产茶区，大量个体小茶厂出现，有的甚至一户一个茶厂。这种千家万户的小规模生产，使先进的技术难以推广，机械化水平低，茶叶质量无法保证，企业的市场竞争局限于以价格为主的低层次竞争，难以形成规模经济和整体竞争优势，导致我国茶叶在国际上的综合竞争实力不高。

同时，从产业链的角度看，茶产业的组织化内容还应当包括茶叶原料生产、加工和贸易等环节之间的整合程度。但令人遗憾的是，我国在茶产业的纵向整合方面组织化程度并不高。有数据显示，2004 年我国需要到消费地市场再包装的大包装茶叶出口量、产值占茶叶总出口量、值的 70.5% 和 62.7%，可见我国茶业发展重心仍限于茶叶原料生产与销售，而在加工和贸易方面却鲜有进步，比如我国的茶叶加工技术整体水平至今还处于 20 世纪 70 年代水平。在茶叶贸易方面，流通渠道发展滞后——目前茶叶出口还主要依靠伦敦市场或专业公司函电贸易成交，是世界五大产茶国中唯一没有自己茶叶拍卖市场的国家。上述状况对

我国茶产业整体发展协力的形成造成了一个很大问题。并且这种状况反映到茶叶企业身上,就体现为我国大多数茶叶企业经营范围局限,规模小,实力弱,缺少真正能够在产、供、销各环节均占主导地位的产业龙头。分散而弱小的企业生存现实一方面导致各经营主体无法站在茶叶产业的高度对企业本身和行业的未来发展做出预测和进行长远规划,无力大举投资科研开发,促进企业自身战略的实现,更谈不上运用科学技术来促进茶业产业的发展;另一方面又导致各经营主体在无法开创自己独特产品和品牌的情况下,不得不在低层次、低水平上相互进行残酷的竞赛,以致出现行业性的亏损。

值得一提的是,随着市场经济的发展,我国近些年也出现了“公司 + 农户”和“公司 + 基地”的茶叶产业化模式。这种模式对形成统一品牌,统一加工,统一质量标准,使得茶叶经营能够很快跨越产、供、销领域,形成经营规模确实有很大帮助。但毕竟这种产业化模式才刚刚开始,在实施中还存在着诸多现实问题。如农户与公司之间的关系是一种单纯的买卖关系,使得国内外市场信息不能及时有效地反馈到生产经营各环节,市场的导向和调节作用难以发挥,进而导致茶农生产缺乏计划,利益缺乏保障。再者,茶鲜叶和成品质量不易标准化,因此其品质和价格很难在合同中写明,即使公司和农户建立了契约关系,事后的交易也将存在极高的交易成本。农户在交易中还不得不承受来自加工企业的“道德风险”以及由于信息不对称造成的结构利益扭曲等。另外,政府扶持龙头企业,受益最多的是龙头企业,茶农受益不多,不利于调动生产者积极性。因此,还有必要对茶叶产业化的组织形式和具体实施进行进一步的探讨。

(二)茶叶企业经营思路保守,市场观念淡薄

目前,我国已经是全球茶叶面积最大的国家,2007 年茶叶产量突破 116 万吨,居于世界第一位。但真正意义上出口的茶叶不超过 29 万吨,出口产值仅有 6.08 亿美元。截至 2007 年,我国平均茶叶单产每公顷 745 千克,出口茶在国际市场上每千克仅值 1 ~2 美元,平均茶价比印度低四成,比斯里兰卡低六成多,甚至比肯尼亚的茶叶价格还要低 20% 。专家认为,中国茶叶规模化、产业化、股份制联合路子之所以步履艰难,很大程度上是茶农茶商经营意识尚未提高。

众所周知,茶产业是我国的传统产业。茶业历史悠久,文化底蕴深厚。以茶的名称为例,如蒙顶茶、祁门红茶以及如今风靡天下的西湖龙井、峨眉竹叶青、信阳毛尖、武夷岩茶等,其名称或者突出了茶的外形及特色,或者显示了茶的产地及地方文化特色。这种命名方式固然体现了中国地大物博、茶叶名品众多的特点,但也显示了中国茶叶在消费和文化感染方面的地域性。这直接导致我国各地的茶产业基本上也都是以地方特产的模式来面对市场,这种地域性的经营模式在今天显然不足以适应全球大市场的竞争格局。毕竟茶叶在现代的世界市场更多的是被定位为具有保健功能的健康饮品,世界各地的人们对其消费的侧重点在于口味而非地域特征。过于强调地方特色并不一定能够引起消费者的共鸣。以驰名全球的英国“立顿”红茶为例,其母国——英国本土并不产茶,而是通过对其他国家生产的茶叶进

行包装加工推向市场来获利。不仅每年可以获得数十亿美元的利润，而且获得最具价值茶叶品牌的美誉。"立顿"的成功实质上就在于淡化茶叶的地域性，成功改造地域茗茶为世界范围的消费饮料。而同时，受制于茶业产业化程度低，企业规模小，经营分散的小农经济特点，中国茶叶企业经营者本身却既无实力，亦无眼界来跳出地域视野的界限，树立大市场、大品牌概念，提升企业的经营境界。对于大多数的茶叶企业经营者来说，现实的苦恼在于——自身的茶叶生产集约化程度低，经营规模小，大多数还停留在小农经济式生产、家庭式经营的状态，对市场缺乏调查研究，对经营缺乏规划，对产品开发缺乏论证，发展的盲目性很大……因此，对他们而言，较为稳妥的发展思路就是按照传统的地域经营模式，人为地割裂市场，力求在当地市场或者同一类型市场中站稳脚跟并扩大占有率。这样的经营方式其结局就是不仅使得市场过于局限，还加大了本地同行间竞争的残酷性，造成各种扭曲的竞争现象出现。

中国茶叶企业经营思路的陈旧与保守不仅体现在他们对传统茶业经营模式的留恋与坚持方面，更突出地表现在经营者的市场观念淡薄，营销意识落后上。由于我国茶业现存的原始交易方式和管理方式的存在，多数企业只是茶产品流通公司，出口大多以原料茶为主，竞争仍仅限于以价格竞争为主的低层次水平上，市场营销的概念在茶叶行业中比较淡薄，听任产品自然销售，致使茶叶经营模式难以形成市场规模。同时，我国茶叶市场经营秩序混乱，无序竞争突出，部分企业自律、互律意识较差，尚未形成团结、统一、联合对外的协调机制，对外形不成拳头，致使市场稍有风吹草动，企业即陷入低价竞争中，这是现行茶叶经营管理体制所导致的严重弊端，也是影响我国茶叶国际竞争力的关键因素。以茶叶出口为例，与世界主要产茶国相比，我国的茶叶出口价格始终偏低，平均茶价比印度低四成，比斯里兰卡低六成多，甚至比肯尼亚的茶叶价格还要低20%。究其原因，除了我国市场体制关系方面的问题外，最主要的就是在于我国的茶叶企业一直以来自觉或不自觉地实施以量取胜战略，不注重茶叶品质的提升和茶叶产品价值的深挖掘。此外，不注重创建自己的品牌，运用品牌来进行非价格竞争，也是制约中国茶业发展的一大障碍。

（三）生产管理方式落后，产品质量不稳定

从我国茶叶企业的实际情况来看，当前茶叶企业规模小，经营分散，大多数的茶叶企业还停留在小农经济式生产、家族经营状态，管理体制不合理，管理手段落后。首先，从整个产业发展的角度看，长期以来茶业经营缺乏综合统一的产业政策与导向，整个国家的茶叶经营管理处于条块分割，产供销脱节的困境中。近几年产供销无序化问题进一步加剧，已严重威胁到生产的发展和企业的生存。其次，从企业角度看，茶叶企业由于规模小，实力差，直接导致一方面各经营主体无法站在整个产业的高度，来审视和预测企业自身和行业的发展，也无力大举投资科研开发，促进企业长远规划；另一方面，各自为政的小企业也只能搞粗放式经营，在低层次、低水平上进行相互摧残的竞争，企业经营呈现出短期利益追逐倾向。总体而言，由于体制、规模以及实力原因，中国的茶叶企业经营管理水平远远达不到产业持续健康发展的要求。

管理的滞后造成了竞争实力的落差。比较国内外茶叶产业的发展，可以看到我国茶产品品质差异较大，名优茶产量偏低，茶叶农药残留问题严重。尤其是自20世纪90年代以来，随着绿色消费需求趋势的兴起，日本、美国、欧盟逐渐成为我国茶叶出口的主要市场，其中，出口欧盟数量约占我国出口总量的20%，销往日本的绿特茶占绿特茶出口总量的50%以上。这些国家经济实力强、技术水平先进、标准化程度高，而且消费者对自身健康及生存环境极为关注。因此，这些国家成为技术性贸易壁垒的发源地，欧盟是绿色壁垒的发源地。2000年以来，欧盟不断地推出新的农残检测标准及相应的茶叶检验制度、认证制度，我国茶叶对欧盟出口的门槛越来越高，严重制约我国茶叶出口。相比较而言，我国茶叶标准化程度低、规范化管理意识淡薄。不仅现行的茶叶卫生标准检测项目过少，而且检测项目标准过低。这方面不仅大大落后于发达国家标准，甚至滞后于我国茶叶生产发展。这样的管理现状直接影响了我国茶叶质量的不稳定局面，出口茶叶中因农药残留量、有害生物含量、重金属含量、夹杂物、食品添加剂等卫生质量问题而遭遇退赔等现象时有发生。

(四)技术力量不足，资源运用与新产品开发能力差

与世界其他主要茶叶生产国相比，我国茶产业在技术方面存在较大差距。目前我国茶叶种植生产技术和管理仍是小农生产方式，而初制与精制加工技术仍停留在20世纪70年代水平，生产工艺和经营管理水平远远落后于后起的印度、肯尼亚等国。具体来说，技术方面的差距主要表现在：

第一，茶叶单产过低。自20世纪80年代以来我国一直拥有世界上面积最广阔的茶园，但是由于我国的单产量非常低，截至2008年，我国茶园面积虽占全球茶园总面积的52%，但产量只占世界茶叶总产量的31.6%。这与我国茶叶故乡的称号和悠久的茶叶种植历史是很不相称的。2007年我国茶园单产为745千克/公顷，只有世界平均单产的61%左右。与世界先进水平差距更大。单产较低的原因是茶叶生产的科技投入不足，茶数良种普及率过低。我国目前无性系茶树良种普及率只有19%，而日本为93%，肯尼亚为90%，斯里兰卡为55%，印度为30%。

第二，茶叶加工落后。我国茶叶加工业，在众多的农产品加工业中，是比较落后的工业。20世纪50年代中期，茶与烟的加工业同时起步，今天的卷烟加工业已基本达到自动化水平，而茶叶加工仍处在机械化、半机械化，甚至手工工作的水平。在日本，茶叶加工和加工设备已达到自动控制水平，即使在斯里兰卡等中等发展中国家，茶叶加工也已实现了生产的连续化。我国却由于缺少资金及工业基础、加工设备不足，而放慢了研究和开发步伐。加工的落后导致产品未能形成产业化和规模化生产，科技对茶叶增产增值中的作用较小，茶产品的加工附加值也小。

第三，茶叶资源利用不够，综合开发更显落后。我国茶树品种资源丰富，茶类花色品种齐全，是五大产茶国中唯一一个进行全部七大类茶叶生产的国家。虽然近年来国内名优茶有较快的发展，但总体来讲，由于科技投入不足，茶叶的资源开发与利用不够，至于茶叶深加工产品，以及高附加价值的开发更显不足。

二、中国茶叶企业的机遇与挑战

有人曾预言,茶将成为21世纪的饮料之王。从当前世界饮料的发展趋势和茶饮料所具有的优势看来,这种判断并不为过。作为天然的植物性保健饮料,茶叶消费与世界性的绿色健康风潮趋向非常一致。数据显示,世界茶叶生产量由1995年的251.4万吨,增加到2007年的380万吨;世界茶叶贸易量从109.1万吨增加到了152万吨。同时根据联合国粮农组织综合价格的数据显示,2006年茶叶价格上升了11.6%;2007年上升了6.5%,达到1.95美元/千克;2008年价格继续稳步上升,1~8月茶叶均价达到2.5美元/千克,比2007年同期增长了35%。全球茶叶的市场前景极具魅力。

令人更为兴奋的是,国际茶叶市场近年来在过去以红茶为主导消费取向的产品结构基础上逐渐转向追求绿茶和特种茶的更为突出的保健功能的消费倾向,为中国茶叶企业走向世界提供了极好的市场机会。前面说过,作为世界上唯一进行全部七大类茶叶生产的国家,我国茶叶企业所拥有的独特资源优势是其他任何一个产茶国都无法比拟的。并且,相对于红茶在国际市场竞争中的弱势地位,我国茶产业在绿茶及特种茶的生产和供应方面确实有着其他竞争对手难以逾越的天然优势。比如我国的绿茶产量占世界绿茶总产量的85%以上,列世界第一,且茶叶品种和品质均领先潮流。2007年1~9月,我国绿茶出口16.78万吨,出口金额3.15亿美元,平均单价1877美元/吨,出口量和出口额分别占同期出口总量和总额的77%和70%。同期,乌龙茶出口1.8万吨,出口金额近4600万美元,与上年同比分别增长7%和11%;花茶出口6770吨,同比下降9%,出口金额2966万美元,同比上升9.82%。这些数据证明了我国茶叶企业的国际市场前景日益走好。

与传统茶叶产品风行的同时,世界茶叶经济正日益转向茶叶价值的延伸和挖掘,如茶药品、茶食品、茶水饮料、茶保健品等。这些新开发的茶叶产品功能技术含量高,附加值大,利润空间显著扩充,其产值大大超过传统茶产品。茶叶经济的这种延伸走势对于我国茶叶企业提高茶资源的利用率,改变中国传统茶产品结构,最大限度地提高企业效益来说,无异于提供了更大的市场空间和运作舞台,是我国茶叶企业发展的又一大市场机会。

但机遇总是与风险结伴的。在茶叶市场的蛋糕日益丰美的同时,中国茶叶企业也面临着内外部种种环境因素的制约和困扰:

首先,是来自TBT的挑战。所谓TBT,实际上就是指技术性贸易壁垒。它是当前国际贸易中最普遍、最隐蔽、也最难对付的非关税壁垒之一。我国茶业所面临的TBT目前主要有三方面,一是发达国家的农药残留限量标准越来越苛刻;二是发达国家的茶叶检验项目名目繁多;三是发达国家的技术法规、标准和合格评定程序复杂多变。上述规定已经在现实中对我国茶叶走向世界产生了直接威胁,并且极有可能会影响到我国茶叶的世界声誉和国际竞争力。而相对于发达国家的重重技术壁垒,我国对于自身进口茶叶的技术性壁垒却还没有构建起来,目前的相关技术标准、法规不健全,或者低于国际相关标准。在这样的情况下,国内茶叶企业在面临世界市场进入的高门槛同时还要对付进入国门的竞争对手,其生存困难可想而知。

其次,是来自国内不成熟市场环境的制约。目前,我国茶叶市场的主要问题有以下几点:一是缺乏制度和规则,例如产品质量标准、市场准入制度、竞争机制、行规行约等;二是管理缺位,过去是行政管理,以政代企,现在经营放开了,行政职能缩减了,有制度、有规章,但无人落实、无人监督管理,缺位现象严重;三是企业的自律意识不强;此外还有市场秩序混乱,无序竞争严重;市场条块分割,信息不畅;社会服务体系不健全……这些问题都妨碍了中国茶业的健康发展,也在一定程度上制约了中国茶叶企业生命力的迸发。

最后,是茶叶企业自身问题。这方面内容我们前面已经说过,这里就不再重复。

三、茶叶企业的战略思路变迁

企业为什么要进行战略变革?最根本的原因可能在于我们费尽心力所构造的战略状态已经不符合实际的环境状况了,是环境要求变革。但不管怎样,如果变革将要或者已经发生,对企业来说,更为实际的做法是面对它,调整并适应它。

如前所述,中国茶业已经进入了一个新时期,发展与困难并存,机遇与挑战同在。此时进行中国茶业经济发展新思路的重整,研讨和提出茶叶企业新的战略构想具有极为重大的意义。它对中国茶业走出传统产业、技术、产品、市场、经营方式的老路子,实现中国茶业发展的根本性转变和可持续发展将产生积极的推动作用。

据此,我们提出中国茶业战略思路变革的必要对策思路:

(一)积极推进中国茶业产业化发展

茶业产业化是以市场为导向,以茶叶为龙头,以客户为基础,以公司或合作经济组织、科技协会、专业市场等适合当地的多种形式,把分散的个体茶农组织为农工贸一体化的联合组织。茶业产业化的实质是茶农与市场的连接,而企业、公司、专业协会等组织是连接的中介,其基础形式是市场 + 中介组织 + 茶农。当前,中国茶业基本上还没有走出传统产业、技术、产品、市场、经营方式的老路子,茶叶经营管理体制还处在条块分割的困境中,产、供、销严重脱节,整个行业几乎处于放任自流的状态,更谈不上行业自律,难以构筑产业发展的利益联接机制,促进产业效率提升。因此,积极推进茶业产业化发展,通过农工贸一体化模式,可以扩大茶业的资金来源,使茶叶增值,增强茶业应用科技的能力,引导茶农进入市场,协调茶产业链条的利益联接机制,提高茶业的经济效益和竞争效率以及茶业的自我发展能力。

(二)实现经营主体多元化,企业规模化

计划经济时期我国茶叶经营是垄断性的,内销为国营,外销为外贸。随着改革开放的深

入发展，茶叶经营主体发生很大变化。内销市场全部放开，出现了公有制形式多样化和多种经济成分共同发展茶业的局面，逐步消除所有制结构不合理对生产力的羁绊。出口茶经营从改革开放前少数单一的外贸专业公司，发展成如今30多家各类国有外贸企业和具有对外经营权的生产企业组成的群体，初步形成贸工、贸商相结合，国有外贸企业、生产企业、科研单位和外商投资企业等几路大军共同参与的经营格局。

但是从总体上看，我国的茶叶经营企业当前仍处于规模小、实力弱的初期发展阶段。从全国范围来看，截至2007年，茶叶年销售额在10亿元以上的公司仅有1家，即中国茶叶股份有限公司，销售额11.67亿左右；年销售额在5亿元以上的公司也屈指可数，包括浙江省茶叶进出口有限公司、湖南省蔡业有限公司及安徽茶叶进出口有限公司3家。2008年1～4月我国私营企业达151家，茶叶出口5.57万吨，出口金额1.23亿美元，占1～4月我茶叶出口总量和总金额的58%和57%，出口数量和金额比去年同期增长了6.39%和22.45%；国有企业59家，茶叶出口2.91万吨，出口金额5952万美元，占总量和总金额的30%和27%，数量、金额比去年同期分别下降14.43%和8.58%；集体企业20家，茶叶出口7596吨，金额1221万美元，同比分别下降14.80%和17.63%；三资企业33家，茶叶出口数量4450吨，金额2196万美元，同比分别增长35.59%和116.78%。

我国的茶业经济发展急需扶持和发展一批名牌龙头企业，扩大市场占有份额，提高效益，带动茶叶商贸。要从战略上调整国有经济布局，公有制实现形式可以而且应当多样化。对个体、私营等非公有制经济要继续鼓励、引导，使之健康发展，促进茶业经济增长。要积极发展经营主体多元化这一格局，深化改革，促进企业改制、改组，继续赋予有条件的生产企业、科研单位等各类经济实体以对外经营权，进一步调动茶业和相关行业参与外贸活动的积极性。国有茶叶外贸企业那种小规模、窄范围的经营难以继续下去，必须以市场为导向，以资本为纽带进行资产重组，组建集团公司，以增强市场竞争能力，发挥优势，提高经济效益。以适度的规模经营，发挥优势互补，降低成本费用，实现茶叶出口统一市场、统一渠道、统一价格、统一销售，并有计划地开发新产品。茶叶外贸公司还可通过内部体制改革，搞内部职工持股的有限责任公司。以资本为纽带，把员工的利益捆绑在一起，在公司内部建立现代企业制度。

（三）迎合现代市场需求变化，实现茶叶商品系列化

茶叶是传统商品，历来以传统茶类为主。但当今世界茶叶消费呈多样化，袋泡茶、速溶茶、茶水饮料成为茶叶消费新的增长点，而且都具有科技含量和较高附加值。美国进口茶叶9万吨，大多是中低档茶，经过加工，销售金额却高达40多亿美元，折算成人民币约330亿元，高出我国61万吨茶叶产值的3.8倍。日本茶饮占饮料第一位，茶饮中的乌龙茶占有重要地位，年人均消费乌龙茶水一箱。中国台湾搞了个轻发酵的冻顶乌龙，相对于传统的重发酵乌龙茶是个创新。在台湾，茶饮也居饮料首位。加之随着现代科学研究的发展，人们对茶叶的功能用途又有着更大层面的开发。因此，对待茶叶企业的战略发展，我们强调应当从大

市场的角度出发,全面评估与衡量茶叶商品的市场价值和功效,创新茶叶产品。比如对于传统意义上的茶饮而言,开发的产品可以既有传统茶类,又有现代茶饮;既有冲泡茶,又有泡沫茶,还有保健茶。此外还可以设计与开发各种茶叶加工制成品、茶叶提制品,包括茶多酚和儿茶素在内的社会及医药用品。有了这样的新思路,就能够开发新产品,开拓新用途,促进茶消费,以刺激生产,开辟财源,增加效益。

(四)实施名牌战略是中国茶叶企业的必由之路

在市场经济条件下,企业成为市场主体,名牌不仅成为茶叶产品和销售服务的标志,还成为茶叶市场主体的名字。市场竞争,包括同其他饮料的竞争,实质上是产品质量和售后服务方面的竞争,这种竞争又往往是通过名牌竞争体现的。实施茶业发展的战略思路变革,关键是企业要增强名牌意识,彻底摆脱计划经济的束缚,转变落后观念,使用名牌,主动去参与市场竞争,占领市场,扩大市场。

实现茶叶名牌战略,其前提是企业要有规模、实力,茶叶要高质量、有信誉。立顿成为世界名牌,就是靠这四大因素。我国名茶特别多,但名牌却很少。原因之一是茶叶企业缺规模、缺实力。在具体操作上,要建立健全名牌营销网络,坚持发展名牌专营商。坚持有特色茶叶的开发,实现差别化经营。积极参加全国或国际上大型茶叶博览会,既跟踪同行的动态,更为重要的是通过与著名茶叶同台亮相,扩大知名度。

(五)建立全国性中介组织,管理服务行业化

茶叶生产、加工、流通和出口四个领域分属农业、供销、商业和外贸管理,各自为政,政出多门,形成圈子里小茶业。要实现茶业经济的市场转轨,就要从传统的小茶业局限中跳出来。实施宏观管理要着眼于整个行业,制定政策要从全局出发,考虑到有利于行业企业业务的发展。政府部门要从微观事务管理中解脱出来,变直接干预为宏观调控,变行政管理为以经济、法律的手段管理为主,完善调控体系。工作重点应是制定政策、法律、法令和行业规章,制定发展战略与规划,协调商贸活动,为中国茶业经济发展创造良好的外部环境。行业管理需要协会,协会要搞好服务,要发挥协会对茶叶产品结构调整、产业结构升级和企业技术进步的作用。

思考题

1. 简析中国茶叶经营的企业化道路。
2. 请简述我国茶叶企业发展的经济环境状况。
3. 你认为中国茶叶企业发展存在的问题主要有哪些,该如何应对?
4. 简要说明中国茶叶企业战略设计要义。

例证

立顿何以风靡全球

1890年,苏格兰人托马斯·利普顿创立了"立顿"红茶。如今,立顿红茶的年销售额已经突破了15亿英镑(约合28亿美元)。

喝茶是一般人眼中再普通不过的事情,但在立顿的消费专家看来却非同小可。立顿每年要拿出占销售额0.7%的资金来研究顾客的需求。涉及的内容很多,其中包括顾客饮茶的习惯、饮茶的流行趋势;如何沏茶;对茶叶颜色、味道、包装形式的喜好;影响顾客茶叶选择的原因等。

根据这些信息,立顿的研究人员在不同国家和地域开发出多种多样的产品。比如,根据美国人喜欢喝冰茶的习惯,他们开发出一种名叫"冷冲"的红茶。这种茶用冰水就能冲泡,而且不会丧失颜色或者口味,还省去了冰镇的繁琐,在美国销路极广。

为了开发各种产品,立顿的研发队伍对茶叶本身进行了深入研究。茶叶中含有的茶氨酸能使人在保持清醒的状态下放松,这种物质只存在于茶叶和一种特殊的蘑菇中;茶叶与咖啡一样有提神醒脑的作用,而茶叶中的咖啡因含量仅相当于咖啡的一半,不会使人过于亢奋;茶叶特有的茶黄素能够降低胆固醇,茶叶中的儿茶素能够瘦身减肥;另一种茶叶成分γ-氨基丁酸则有降压功效。据悉,立顿的研发队伍正在设法提高γ-氨基丁酸的含量,生产降压茶。

为了更好地利用茶叶的这些功效开发出顾客喜欢的产品,立顿奉行"以消费者为本"的研发理念。在研发基地有一个特别的项目实验室,叫做"感官项目室"。在进行此类研究的时候,研发人员首先要召集一组没有特别喜好、性格平稳、能够表达自己意见的研究对象,对产品的细节特征进行客观评判。然后,他们通过计算机统计的方法评估各种产品的特性,为开发新产品提供依据。

非洲、南美和东亚都盛产茶叶,唯有立顿成为走遍全球的品牌。目前,立顿每年销售360亿个茶包、7万吨茶叶,产品打入了110多个国家的市场。"立顿"成功的决窍,主要是坚持大批量优良而稳定的质量,也就是说,无论你在世界任何地方购买到的黄牌"立顿红茶",其优良的品质几乎都是一样的。英国曼彻斯特有立顿最大的拼配包装厂,从世界各地采购来的红茶,按既定的质量标准进行十几种小样拼配后,挑选出成本最低而质量符合标准的配方,然后大批量生产,发往世界各地。"立顿红茶"在西方世界几乎是每人早餐的必选饮料,也是英国及很多欧洲国家的"下午茶"。"立顿"品牌的经验是值得借鉴的。

立顿茶的年销量额约为30亿美元,是全球最大的茶叶品牌。总结立顿成功的经验主要是:有一个好的品牌;有一个稳定的质量;有一支高素质的研发队伍;有一个讲信誉的营销网络;有一批稳定的消费对象。

立顿红茶的稳定质量是如何形成的呢?一是靠摸清大众消费的质量需求,二是靠品质设计,三是靠拼配技术,四是靠科学实用的包装。

[资料来源:中国茶叶信息网,http://www.teainfo.cn,2007-3-29]

第三章 茶业生产要素组合与管理

茶叶企业生产要素是指进行茶叶生产时，投入于茶产品生产过程中各种必需的资源因素的总称。按照系统论的观点，生产要素的科学组合，并不是生产要素的简单相加，而是诸生产要素通过相互联系、相互作用而组织化、有序化、集成化的产物。它既是一个具有生产功能的人造系统，又是与环境经常有物质、能量、信息交换的开放系统。在这个组合系统内，由于有物质、能量、信息三大基元的流动，就会出现同类物质、能量、信息的数量在空间和时间上的叠加或不同类物质、能量、信息的互补。由此可见，各生产要素经过有序的组合，就发生了质变，形成了新的生产力。本章就茶叶企业的信息、人力、资本、技术等生产要素展开组合阐述，并探讨其内在的管理规律，以期为茶叶企业的科学化运作提供理论指导。

第一节 茶业信息化

随着信息化时代的到来,以信息为手段,以经济和科技实力为基础的企业及行业间竞争日趋激烈,其中以多媒体、网络、人工智能为代表的信息收集、处理、加工技术又扮演着十分重要的角色。信息作为一种潜在的生产力,将成为未来竞争的热点。

一、茶业信息化的相关内涵

(一)茶叶企业信息化

茶叶企业信息化就是茶叶企业利用现代信息技术,通过信息资源的开发和利用,不断提高生产、经营、管理、决策的效率和水平,进而提高企业经营效益和企业竞争力的过程,其核心是降低成本和改善管理水平。茶叶企业信息化体现在产品设计的信息化,生产过程的信息化,产品服务、销售的信息化,经营管理信息化以及决策信息化等方面。

信息化是为企业管理服务的,有助于提升茶叶企业驾驭市场经济的能力。茶叶企业可以通过信息化建设,如基础数据的信息化、企业基本业务流程和事务处理的信息化、企业内部控制及实施控制过程的信息化、人的行为规范管理的信息化等,确保企业在规模不断扩大和业务迅速发展的过程中保持坚实的管理基础和繁殖内核,促进企业的可持续发展。

(二)茶叶企业信息化的内容

这里首先需要明确的是茶叶信息的具体内涵。卜可华研究认为茶叶信息首先是茶叶产品市场供求信息,这是茶叶信息中最重要的内容,是企业组织生产、茶农进行种植的重要依据;其次是茶叶科技信息,茶叶科学在不断发展,科学技术在其中起着关键作用,科技的每一次进步都会推动茶叶企业,乃至茶业产业的迅速发展;第三是茶叶生产资料的相关信息,如茶机的价格、发展趋势等,这是企业进行生产需要掌握的基本信息;最后还有整个行业发展的信息。

基于上述对茶叶信息的理解,茶叶企业信息化应包含的内容包括企业管理信息化、生产信息化、流通信息化和教育信息化。

1. 企业管理信息化

企业管理信息化的基本内容包括:

(1)建立适应信息技术要求的企业生产经营活动模式包括企业的业务流程和管理流程，完善企业组织结构、管理制度等。

(2)以管理模式为依据，建立起企业的总体数据库。该总体数据库分为两个基本部分，一个基本部分是用来描述企业日常生产经营活动和管理活动中的实际数据及其关系；另一个基本部分则是用来描述企业高层决策者的决策信息。

(3)根据不同类型企业情况，建立起相关的各种自动化及管理系统，如计算机辅助设计(CAD)、计算机辅助生产(CAM)、管理信息系统(MIS)，这些各种各样的信息技术及管理系统构成企业信息技术的核心内容，实现企业生产经营活动及管理活动中各项信息的收集、存储、加工、传输、分析和利用，为企业高层提供决策依据。

(4)建立 Internet，提供企业内部信息查询的通用平台，并利用这一网络结构，将企业的各个自动化与管理系统及数据库以网络的方式进行重新整合，从而达到企业内部信息的最佳配置。

(5)联通 Internet，企业可以通过 Internet 获取大量与企业生产经营活动有关的信息，充实自己的信息资源，同时，还可以向外部发布企业生产经营等公开的信息。

企业管理信息化的基本目的是确保企业在变化激烈的环境中保持坚实的管理基础和繁殖内核，提升茶叶企业驾驭市场经济的能力，促进企业可持续发展。

2. 生产信息化

作为茶叶产业链的最初阶段，在生产中及时地获取和合理利用信息，对于实现生产的信息化很关键。所谓的生产信息化，实际上就是要求茶叶企业在组织生产的过程中保持与市场需求的对应及与企业生产能力的连通。首先茶叶生产要有的放矢，不能进行盲目地生产。必须对市场有较为充分的了解，知道市场的需求、产品的价格等相关信息，从而在生产中采取相应的措施，有针对性地进行生产。其次不断追踪科学技术的日新月异，通过获得最新的生产技术信息并将其用于生产实践中，以提高茶叶产品生产效率。

3. 流通信息化

这实际上是对企业信息化过程中的内容侧重。在当今茶叶流通领域的大背景下，要实现茶叶企业的信息化，在内容上应强调通过互联网获取市场信息并实行尽可能的网络交易，大力发展茶叶企业的电子商务事业。同时通过互联网实现茶叶企业物流管理的高效化，提高企业的配送水平。

4. 教育信息化

茶学教育和培训的信息化，首先要做到教育的内容要更新，传授给学生的知识和信息必须是最新的，而不能是陈旧的知识，这也就要求及时获取最新的茶叶专业知识信息；其次教育的方式也要新，可充分利用现代高新技术实现跨空间和时间的教育，使茶学教育变得更加方便；最后在加强茶叶生产者和经营者培训的过程中，信息化也是重要的教学手段。

(三)茶叶企业信息化的实施

茶叶企业的信息化,就是综合利用信息技术、网络技术和现代管理技术,通过对茶叶生产中的各个生产要素和产供销等业务活动进行集成管理,从而提高企业,乃至整个产业的生产、经营、管理、决策的效率和水平。实施茶叶企业信息化必须经过两个层面的共同努力:

1. 茶叶产业信息化的导入

由于长期以来茶叶产业信息管理方面基础较差,整个产业对信息化都缺乏深入的认识,所以首先必须提高整个茶叶产业对信息化的认识和建立信息化基础平台。同时在导入信息化的过程中,结合产业的实际情况,制定适合产业实际需求的相关信息化标准。具体包括:

(1)进行广泛的宣传和培训,增强产业对信息化的认识,提高茶叶企业对信息化的重视程度;

(2)升级完善网络干线,为茶产业信息化打下良好的基础;

(3)制定茶叶产业信息化的总体规划,确定近期和远景目标;

(4)制定茶产业信息化的相关标准。

2. 茶叶企业信息化的实施

(1)茶叶企业成立信息化决策机构和信息化实施领导机构;

(2)确定本企业信息化的实施方案,并开发和选用相关的软件,如整体 ERP 或部分 ERP;

(3)企业逐步实现自身在物流、资金流、信息流的集成管理,建立完善的管理控制流程;

(4)分阶段实现企业的生产数据、产品质量与企业财务管理系统的信息集成,并最终实现企业的采购、销售、库存、调拨的全过程企业信息化。

二、茶叶企业信息化的问题及对策

茶叶企业的信息化问题绝不仅仅只是单个企业的内部问题。基于历史的成因以及中国茶叶产业发展的现状,当前对茶叶信息资源的开发是茶叶企业组织生产和茶叶行业加强宏观管理的重要内容。随着茶叶市场的放开,各级茶叶学会和茶叶流通协会逐渐成为茶叶信息网的中心,茶叶产业的信息化正一步步展开,为茶叶企业的信息化奠定了良好的基础。但是,无论茶叶产业的信息化,还是茶叶企业的信息化,目前都还存在着很多的问题需要解决。

(一)茶叶企业信息化存在的问题

1. 资金投入问题

现阶段对茶叶信息化影响最大的因素就是资金问题。实现茶叶信息化,需要相应的软件和硬件,这都需要大量的资金投入。但是由于缺乏资金,大量现代化的信息技术和设备得不到应用和普及，导致企业及产业的信息化程度一直处在很低的水平上。

2. 专业人才问题

高新技术的使用和普及，需要一支专业的人才队伍，实现茶叶的信息化，不仅需要相关的茶叶专业知识，还要对计算机技术、网络技术、管理技术等相当了解。在我国茶叶信息化的过程中，这种复合型人才极其缺乏，影响了茶叶信息化的发展步伐。

3. 信息意识问题

对于茶叶信息化，很多人缺乏相应的意识，尤其是处在茶叶生产种植最前线的茶农。这些茶农信息化意识往往比较薄弱，主动利用信息的自觉性比较差，大大影响了茶叶信息化的推进。而各级管理者对茶叶信息化的重视程度及了解程度也很不够，因此对于茶叶信息化的扶持力度也偏小。

4. 系统建设问题

实现茶叶信息化，需要相配套的软硬件系统。当前在有些地区和企业，已经拥有了硬件系统，如电脑、网络等。但是对于如何使用这些硬件设备却知之甚少，造成了资金的大量浪费。而在其他一些地区和企业，尽管拥有了高素质的人才和相应的信息资源，却由于种种原因没有相应的配套硬件。所以在茶叶信息化的实现过程中，一定要搞好系统的均衡建设。

5. 信息市场问题

我国茶叶的信息市场，长期以来缺乏相应的管理和引导，导致信息市场交易行为不规范。一方面茶叶相关信息流通不畅，茶农无法获取最新茶叶信息；另一方面又存在许多虚假信息、劣质信息，误导甚至坑害茶农，这些都严重妨碍了中国茶叶信息市场的健康发展。

(二)茶叶企业信息化对策

1. 提高领导重视程度，争取政策引导扶持

企业的发展离不开政府的支持和调控。要实现茶叶企业信息化，需要国家在政策、法规上给予正确的引导和扶持。提高各级政府主管部门和领导对于茶叶信息化的重视，将实现茶叶产业信息化和茶叶企业信息化作为一项基本的、长期的任务来抓，有助于茶叶产业和企业早日实现信息化。

2. 建设茶叶信息网络，加速茶叶产业信息化，为茶叶企业信息化打造行业平台

建设茶叶信息网络，可以加速实现茶叶产业的信息化。首先要求在省、市电子信息网站中建立茶产业网页，面向全国、全世界介绍茶叶，并通过此种途径获取国内外茶产业的最新技术和动态；其次要求在县、乡建立产业信息分站，通过个人或行业组织或企业建立信息网站，了解同类产品销售情况，从而为自身产品的开发、生产组织和销售价格及策略决策提供参考基础。

3. 加大基础设施建设，改革信息投入机制

茶叶信息化基础建设，绝不仅仅局限于茶叶信息网彻底建设，还应当包括茶叶信息硬件

软件的建设。通过基础设施建设,可以拉动茶叶信息服务、茶叶信息收集、加工、处理、分析以及茶叶信息中介、网上茶叶教育、网上茶叶交易、网上结算、物流配送等一系列茶叶生产、流通活动。建设茶叶信息网与进行茶叶信息的基础化建设需要大笔资金的投入。因此要争取通过各种渠道吸纳资金,增加信息投入,千方百计促进茶叶的信息化发展。

4. 制定相关标准法规,加强信息资源开发保护

围绕信息化的需求,在推动茶叶领域各种信息资源的开发和利用的同时必须研究制定信息资源和信息安全的政策法规与标准规范。用法律的形式将这些资源很好地保护起来,有利于信息资源更好地被利用。

5. 加强人力资源开发,加快专业队伍建设

茶叶的信息化离不开一支高素质的人才队伍,而要将茶叶信息这种潜在的生产力转变为现实生产力,也要求应用茶叶信息的人具有相应的知识水平。所以在实现茶叶信息化的过程中,要加强人力资源的开发。可采取的方式包括:一是在农业院校开设信息课程或设立信息专业,二是举办各种形式的培训班或专家讲座的方式对在职人员进行培训。

6. 组织茶叶信息流通,规范茶叶市场行为

通过广泛收集茶叶信息,加强行业内部的信息交流,不仅有利于企业正确的分析市场,把握机遇,合理的配置资金和流动资金,发展高科技产业,还可以进一步规范茶叶市场,减少价格战等不正当的竞争行为。

第二节 茶业技术创新与标准化管理

创新(innovation)是茶产业生存与发展的必要保证。茶叶企业需要通过技术创新,寻找新的增长点,实现茶叶生产方式的转变,提升茶叶的附加值,提高茶叶经济增长质量,使茶叶企业更具市场竞争力,从而推动茶叶企业的持续发展。同时,加强茶叶企业标准化生产管理,实现同国际标准的接轨,对于实现和提高我国茶叶企业的经济效益,具有十分重要的作用。

一、茶业技术创新

(一)茶叶企业技术创新的界定

茶业技术创新主要是指茶叶企业以市场为导向,以提高企业经济效益为中心,以创造和发展新的生产力，提高企业竞争能力为目标，通过利用新技术和新设备，研发新工艺，最终对生产要素、生产条件、生产组织进行重新组合的活动。茶业技术创新不仅包括技术含量较高的产品创新、工艺创新和设备创新等硬技术方面的创新，也包含茶叶企业在产品营销、企业管理等软技术方面的创新。

茶业技术创新的涵义又有狭义与广义之分。狭义的茶业技术创新是指茶叶产品和工艺创新，即指茶叶生产新技术的发明或新技术的研发过程。而从广义上来看，茶产业涉及的范围很广，它不仅包括以农业生产为主体的茶叶生产（第一产业），还沿着产业链延伸到以工业生产为主体的茶饮料、茶食品、茶叶深加工（第二产业）以及以市场营销为主体的茶文化、茶艺等（第三产业）。因此，广义的茶业技术创新包含了茶叶生产和销售过程的茶叶生产技术创新、茶叶加工技术创新以及市场营销技术创新三大系统，具体包括茶树品种创新、栽培技术创新、产品创新、工艺创新、设备创新、市场创新、能源和原材料创新以及生产组织和经营管理创新。

表 3－1　茶业技术创新体系

<table>
<tr><td rowspan="9">茶业技术创新体系</td><td rowspan="3">茶叶生产技术创新</td><td>茶树品种创新</td><td>产量、品质、抗性、功能性</td></tr>
<tr><td>栽培技术创新</td><td>栽培模式、种植技术、繁育技术、灌溉技术等</td></tr>
<tr><td>茶园机械创新</td><td>耕作机械、施肥机械、节水灌溉机械、修剪机械、采茶机械、茶叶加工技术创新</td></tr>
<tr><td rowspan="4">加工设备创新</td><td>加工设备创新</td><td>初制加工机械、精加工机械、深加工机械</td></tr>
<tr><td>工艺创新</td><td>传统工艺创新、深加工技术创新</td></tr>
<tr><td>产品创新</td><td>茶饮料、茶食品、袋泡茶、速溶茶、保健茶、保健品、茶树花果产品</td></tr>
<tr><td>储运包装技术创新</td><td>包装材料和设计上的改进，品种花色的创新、市场营销技术创新</td></tr>
<tr><td rowspan="2">市场营销技术创新</td><td>营销模式创新</td><td>改变传统营销观念，以市场和消费者的需求为主</td></tr>
<tr><td>销售服务技术创新</td><td>市场调查技术、促销技术、分销技术</td></tr>
</table>

（二）技术创新与中国茶叶企业发展

技术创新能够多方面降低企业生产成本。技术创新对降低成本的影响是通过技术的变革来实现的，通过改进产品设计可以降低制造成本，采用新的生产工艺可以降低消耗、提高生产效率，采用新的原料或改进原料配比可以获得更加质优价廉的产品。持续的技术创新可以消除企业产品成熟化、替代化的不利影响，克服产品生命周期后期利润快速下降的现象，使产品形成一条不断上升的曲线，避免了衰退和死亡，使企业获得持续稳定的效益。技术创新有利于企业形成核心能力,实行差别化战略,使企业形成不同于竞争对手的特性。

FAO 曾对 1963 ~1995 年世界茶叶生产的投入和产出进行了模型分析。在这段时期里,世界茶叶生产从 1963 年的 101 万吨增加到 1995 年的 259 万吨,增长 1.56 倍,但物源的投入增长率远低于产出增长率。如化肥的应用在这段时间里增长 65%,劳动力的投入则减少 34%,茶园面积则增加 90%,而茶园单产增加 38%。这表明科技创新和技术创新对茶产业的快速发展起着重要作用。

从我国长达 5000 多年的茶叶发展史来看,技术创新对茶业的发展起到重要的推动作用。从神农时代到唐朝末期(公元 960 年)前后约 3000 年的时期里,我国制茶技术经历了从生煮羹饮、晒干收藏,到制饼烘干,饮用时碾碎冲泡。这一时期的制茶技术不断更新,蒸茶、榨茶、研茶、造饼、烘干等生产工艺相继出现,蒸青团茶生产技术相当普及,为我国古代茶业发展奠定了基础。从公元 961 年到 1368 年约经 400 多年,我国制茶技术经历了大的变革,先是由蒸青团茶改为蒸青散茶,后由蒸青散茶改进为炒青散茶。从蒸青到炒青,虽仅一字之差,但却是我国制茶史上的一次重大技术创新,它改掉了蒸青茶香气不高、滋味不浓的缺点,又把我国茶业向前推进了一大步。从公元 1368 年至 1700 年的这一段时期里,虽然也是历时约 300 年,但由于制茶技术创新多,茶业发展大大加快,六大茶类在这一时期里得到完善。

从世界范围看,进入 20 世纪以来,技术创新的速度加快。无性系茶树品种的推广与应用,改变了世界茶树种植业的面貌,短穗扦插繁殖技术促进了茶树良种的繁殖和推广,茶叶缺素症的营养诊断,平衡施肥,茶树病虫害预测体系的建立及生物防治技术的应用,对提高茶叶的单产起了重要的作用;红茶加工技术的改进,使红茶的内在品质提高,生产成本下降,销售价格提高,对目前世界红茶市场格局起到了重要的作用;采茶机的推广与应用,极大地降低了茶叶的采摘成本,提高了工效;茶叶对人体保健功效的研究,促进了茶叶的消费和茶业的发展。

总体而言,技术创新对茶产业发展作用巨大。20 世纪 20 年代初出现的袋泡茶和 40 ~50 年代出现的速溶茶,使得茶叶饮用方式简便、卫生、快捷,更适合调饮,从而也大大拓宽了世界茶叶市场。1980 年日本经销商伊藤园株式会社以福建乌龙茶为原料创制罐装茶水获得成功。罐装乌龙茶水的研制成功开创了世界茶水饮料的先河,同时促进了福建乌龙茶在日本的销售,使日本一跃成为福建乌龙茶的最大进口国。从 20 世纪 80 年代开始,随着液态茶饮料制造技术的创新和走向成熟,液态茶饮料正风靡全世界,广受清费者青睐。仅在日本,2000 年生产罐装的茶饮料占总饮料市场的二成以上,产值达 800 亿日元。1997 年起中国的茶饮料飞速发展,从不足 20 万吨增加到 2005 年的 380 万吨,增加了 18 倍,产值达 120 亿元。如果以 2005 年 380 万吨茶饮料产量计算,茶和水的比例按 1:100,那么消耗茶叶约 3.8 万吨,占我国 2005 年茶叶产量的 4.24%,但产值占总茶叶产值的 30%。

二、茶业标准化生产与管理

(一)茶叶企业标准化生产管理的界定及目标

1. 茶叶企业标准化生产管理的界定

茶叶企业标准化生产管理是以茶叶企业的生产系统为对象,采用标准化的方法,对生产系统生命周期全过程,即对生产系统进行选择、设计、试运行、正常运行、更新和终止等各项管理工作的总称,它是企业管理的主要组成部分。茶叶企业标准化生产管理主要是研究如何建立与企业外部环境相适应的生产系统,针对不同的生产类型和生产条件,如何把企业有限的生产要素,如人、机、料、法、环等最充分地利用起来,实现各种投入要素与产出要素的最佳结合,使企业内部潜在的生产力变为现实的生产力,实现全面长期的生产效率和经济效益。

2. 茶叶企业标准化生产管理的目标

对于一个茶叶企业,标准化生产管理应该把做好以下几方面的工作作为自己的任务和目标:

第一,为保证实现茶叶企业的经营目标,组织生产过程按计划要求高效运行,全面完成茶叶产品品种、质量、产量、成本、交货期和环保安全等各项要求。

第二,有效利用茶叶企业的资源,不断降低物耗,降低生产成本,缩短生产周期,减少在制品,压缩占用的生产资金,以不断提高企业的经济效益和竞争能力。

第三,为适应市场、环境的迅速变化,要努力提高生产系统的柔性(应变能力),使茶叶企业能根据市场需求不断推出新产品,并使生产系统适应多品种生产,能够快速地调整生产,进行品种更换。

(二)茶叶企业标准化生产管理工作内容

1. 生产能力的平衡

生产能力是指一个生产系统在正常条件下,单位时间能提供的最大的产量。茶叶企业生产管理部门要不断地进行生产能力与生产任务的负荷平衡,既要保证完成生产任务,又要使生产能力得到充分的发挥。

2. 生产标准的制定、执行与修改

生产标准是生产系统运行预期达到的生产定额时作业标准,如原材料储备定额、消耗定额、产品质量标准、劳动定额等。它是对生产系统进行计划、控制与评定考核的基准。因而它是生产管理经常而重要的工作。

3. 生产计划的编制

生产计划与生产作业计划是规定茶叶企业及其各个生产环节的年、季、月生产任务,使各生产环节中品种、数量、质量与期限上前后衔接、协调平衡,是组织标准化生产活动的基本依据。

4. 库存管理

库存包括原材料、在制品与产成品的库存,它是储存起来的生产能力。库存管理就是妥善处理库存与生产、销售之间的关系,使各类库存经常保持在保证生产与销售需要的最低数量。

5. 生产控制

它是为保证生产系统的实际运行与生产标准、生产计划相一致的管理活动,生产控制是通过对实际执行结果的计量、计划进行比较以及发现偏差,及时采取纠正措施,主要是指控制生产进度、库存和成本,它需要从生产能力、生产标准、生产计划和库存等方面取得信息,才能实行控制。

(三)茶叶企业标准化生产管理工作重点

1. 制定和完善茶叶品质系列标准

(1)茶叶产品标准应逐步与国际要求接轨

随着我国加入 WTO,各国关税税率已降到较低水平,但以欧盟为首的少数发达国家和地区以食品安全为由借贸易技术壁垒大兴贸易保护主义,已经严重影响我国茶叶贸易的发展,对茶叶出口影响非常大。欧盟从 2000 年 7 月 1 日起开始执行新的茶叶农药残留限量标准,项目达一百多种,且一些限量指标越来越严。美国部分公司提出茶叶要检测三氯杀螨醇和大肠杆菌等;俄罗斯则要求检测茶叶黄曲霉毒素和霉菌数(要求霉菌≤1000 个/克)以及金属磁性物和放射性总量;还有的国家对食品标签也有较严格的要求,如我国茶叶要按有机茶出口到欧盟,必须先经欧盟有机食品相关认证机构现场考核,取得相应认证证书,才有资格出口到欧盟,且证书有效期只有一年。因此,要打破国际贸易技术壁垒,我们必须从现在做起,从源头抓起,从茶树栽培开始从严制定相关标准,并严格按照国际要求组织生产,逐步使产品达到国际要求。

(2)在适度的行业标准基础上,各企业还应制定更严格的内控标准

在制定行业标准中,主要考虑的是满足国家及行业发展的要求,考虑大众企业的生产条件和技术水平。在这个基础上制定行业标准时既要考虑其先进性,高标准、严要求,也要考虑其可行性。但是,为了使自己的产品更具竞争力,企业还应在确定自己产品的发展方向基础上,制定更严格的内控标准,努力使产品达到一个更高的水准。例如,名优茶水分含量一般企业标准可定为 7.0%,但为了贮藏保质,则内控标准应控制在 5.5% 以内。

(3)在文字标准基础上,还应重视实物标准样的制定

茶叶色、香、叶实际上是茶叶内含物质成分的综合外在表现。至今,茶叶品质好坏还没有一个很好的定量检测方法,主要还是依据人们的感官审评来判断。然而,在产品的文字标准中,茶叶品质的描述一般都很难给茶叶品质一个准确的定义,尤其是一些细小的差异很难描述清楚。因此,在制定文字标准的同时,必须制定实物标准,并反复对照文字标准和实物标准,尽量使之吻合一致。我国的实物标准样分为两类,一类是中准样,另一类是最低标准

样，各企业可根据自己的具体情况，选择制定一种标准样，并要定期更换；标准样制好后，要采用现代保鲜技术（如复合铝箔袋密封＋脱氧剂＋冷藏）保管，确保标准样质量水准，从而严格履行“对样评茶、按质论价”。

2. 成立茶叶系列标准实施组织

制订标准，旨在应用。茶叶系列标准的实施工作能否顺利进行并达到预期效果，将直接影响到农业标准化工作，成立相应的实施组织是必要的。茶叶企业在进行标准化生产时成立茶叶标准化生产领导小组。其主要职责是指导、检查和监督茶叶标准化的实施、应用，使茶叶标准化工作一开始就纳入规范实施的轨道，并促其顺畅发展。

3. 抓好企业的标准化培训工作

茶叶企业的职工多具有较丰富的茶叶生产实践经验，但对茶叶生产的理论知识，尤其是与之相关的质量、技术等方面的法规知之甚少。茶叶企业应该培养全场（厂）职工实践茶叶标准化的自觉性、时效性，增强市场经济条件下的质量、法规意识。企业要不定期地组织他们认真学习质量管理方面的有关法律、法规，如《产品质量法》等。同时，学习企业系列标准及所引用的相关标准等方面的知识，从而在理论与实践的结合上提高广大职工的综合素质。

4. 认真按照标准生产，保证茶叶质量

在茶叶市场竞争日趋激烈的情况下，茶叶质量是决定因素。正如美国著名质量管理专家朱兰博士曾预言：“将要过去的20世纪是生产效率的世纪；将要到来的世纪是质量的世纪”。保证茶叶质量是制订标准、施行标准的出发点和归宿，也是茶叶企业市场竞争力的根本来源之一。

三、与茶业产品质量安全相关的国际规定

（一）ISO9000国际质量管理体系

1. ISO9000国际质量管理体系概述

ISO是国际标准化组织的英文简称，9000是标准编号，通常所说的ISO9000标准实际为ISO9000族标准，它由多个标准构成。1987年ISO组织颁布了第一版ISO9000标准，1994年ISO组织对ISO9000进行了修订（第2版），2000年ISO组织再次进行了修订并颁布了2000版ISO9000族标准。经修改后的2000版ISO9000国际标准已不局限于刚颁布时的制造业，它普遍适用于各种类型、各种规模的组织，并得到世界各国承认。它由四个核心标准组成：ISO9001:2000质量管理体系——基础和术语、ISO9001:2000质量管理体系——要求、ISO9004:2000质量管理体系——业绩改进指南和ISO19011:2000质量和环境管理体系审核指南。我国于80年代末期将其作为国家推荐标准。ISO9000标准主要是为了促进国际贸易而发布的，是买卖双方对质量的一种认可，是贸易活动中建立相互信任关系的基石。

2. 茶叶生产管理中导入IS09000质量管理体系的意义

(1)IS09000质量管理体系是茶叶生产部门改进和加强管理的客观需要

近年来,茶叶生产部门做了大量的工作,使茶叶生产管理水平有了很大的提高。但总体上看,我国的茶叶生产管理还属于粗放式的管理,基础管理相对较弱,存在不少漏洞。比如,还没完全建立全过程、全方位的科学、完整、系统的茶叶生产内部管理体系,管理上存在空白点。这些都需要茶叶公司去完善和改进,而建立IS09000质量管理体系的质量和监督体系后,这些问题将迎刃而解。

(2)IS09000质量管理体系适用于茶叶生产

IS09000质量管理体系之所以被世界各国广泛推行,不仅在于其高度概括、总结和提炼了世界各国质量管理理论的精华,统一了质量管理的原理、方法和程序,更在于其的通用性和适用性,不受行业和产品的限制,对各行业均有兼容性。茶叶生产部门当然也不例外,通过在茶叶生产管理中建立一套完善的茶叶质量管理体系来对茶叶生产管理全过程实施监督控制,促进茶叶生产管理工作的有效开展;通过定期审核和评价工作结果等形式,及时发现和解决存在的问题,改进管理方式,改善管理效果。

3. 茶叶企业运行IS09000质量管理体系工作的具体措施

(1)动员培训到位

培训是质量管理体系工作中非常重要的一环,就是“洗脑”。在各个阶段、各个过程都要开展有针对性的培训工作。培训方法可以采用集中授课、部门组织学习等形式,并在合适的时间专门组织管理体系知识考试,达到以考促训的效果。

(2)运行实施到位

质量管理体系要求各项工作都必须按文件规定办,文件规定的内容必须全部做到,要避免“说一套、做一套”的现象。

(3)检查监督到位

管理体系运行中必然会出现一些偏离文件要求的情况,因此,必须加强检查监督。用内审制来强化管理体系的自我约束能力,保证管理体系的正常运行。

(4)改进完善到位

质量管理体系认证不是单单为了拿一张证书,而是要取得实实在在的效果,不能搞肤浅的、形式的东西。因此,管理工作应该不断得到改进和完善,这也是质量管理体系对体系运行持续改进的要求。

(二)HACCP食品安全管理体系

1. HACCP食品安全管理体系概述

管理体系是在欧美国家广泛应用且被国际粮农组织、国际食品法典委员会推荐的先进的保证食品质量的管理技术。该体系的特点是通过对整个生产工艺过程中影响产品质量的危害因素进行分析，确定具体控制意义的各种因素及流程，并针对这些危害控制点进行有效监督和控制以及包括采摘储存、环境卫生及运输等程序的监督和控制，从而能几乎100%的保证最终产品的卫生安全的一套安全保证系统技术。

为进一步促进中国农产品、食品的出口，满足进口国政府和进口商的要求，国家认监委于2002年3月20日发布了《食品生产企业危害分析与关键控制点HACCP管理体系认证管理规定》。我国茶叶企业进行HACCP研究及应用最早报道始于上个世纪末，引起我国茶叶界普遍重视是本世纪初。近两年来，在我国主要产茶区也陆续有企业建立了各自企业的HACCP体系并进行了应用。

2. 茶叶企业推广应用HACCP食品安全管理体系

具体而言HACCP系统主要分为七个项目，即危害分析；确定关键控制点；建立关键限值；建立关键控制点监控；纠偏行动；建立验证系统；建立记录保持程序。建立HACCP计划是茶叶企业在国际市场上提高竞争力的有效手段之一。HACCP体系必须由每一个企业根据产品预期目标结合具体的生产流程而制定的，不同目的企业所设计的生产流程各有不同。

在茶叶企业推行应用HACCP体系时，首先企业管理层要在思想理念上达成共识，企业管理人员通过必要的HACCP知识培训，组建领导小组，制定可行性实施方案；其次对产品可能产生的危害进行分析评价（HA），确定关键控制点（CCP），设立关键限值和建立相应的标准，制定控制程序。质检、质控人员按HACCP实施小组制订的关键点控制手册执行，在生产控制中实行定岗、定位、定责，严格填写各种控制记录表格，确保每一项记录都有可追溯性，使潜在危害得到识别，从而最大程度地保证产品质量。一般而言，茶叶加工企业应建立原料验收、捡剔和烘焙等工序的关键控制点，并从物理、化学、生物危害等方面进行控制。

（三）食品质量安全市场准入制度

1. 食品质量安全市场准入制度概述

食品质量安全市场准入制度就是为保证食品的质量安全，具备规定条件的生产者才允许进行生产经营活动、具备规定条件的食品才允许生产销售的监管制度。为从食品生产加工的源头上确保食品质量安全，国家质量监督检验检疫总局根据有关法律法规的规定出台了食品质量安全市场准入制度。2002年先后发出了《关于进一步加强食品质量安全监督管理工作的通知))（国质检监函〔2002〕282号）和《关于印发（加强食品质量安全监督管理工作实施意见）的通知))（国质检监［2002］185号），拉开了我国食品质量安全市场准入制度的序幕。自2005年1月1日起，国家对茶叶等食品实施食品质量安全市场准入制度。

2. 食品质量安全市场准入制度的实施对提高我国茶叶产品质量的作用

（1）审查发证，为合格茶叶产品的生产奠定了基础

食品质量安全市场准入制度的实施，使那些不具备条件的小企业或家庭作坊被淘汰或者重新组合。另外，审查发证时对质量体系的审核，能使合格企业拥有一个保证合格产品生

产的质量体系,为合格茶叶产品的生产奠定了基础。

(2)强制性出厂检验,从源头上控制不合格茶叶产品流入市场

通过强制性出厂检验,使企业自觉对茶叶产品进行自检或送法定检验机构检验。该制度的推行,能使产品出厂检验制度化,使产品质量和质量检验深入每一个企业、企业管理者和消费者心中。通过各级技术监督系统和消费者监督以及茶叶质量检验机构的每次检验,我国茶叶产品质量得到提高。

(3)加贴 QS 标志,对提高茶叶产品质量具有引导作用

QS 标志的使用,不仅将那些不具备市场准入条件的生产企业的产品挡在门外,也有利于阻止不合格产品流入市场。

3. 茶叶企业应对市场准入的措施

(1)开展茶厂标准化改造,改善加工条件

长期以来,茶叶仅被当作初级农副产品来看待,生产条件被严重忽视,落后的茶厂条件已成为当前应对"市场准入制度"的首要障碍。因此,要以省地方标准《茶叶加工场所基本技术条件》为依据,按照《食品质量安全市场准入审查通则》及《茶叶生产许可证审查细则》的要求,加大投入,更新厂房设备,完善配套设施,改善加工环境,消除卫生安全隐患。

(2)建章立制,强化加工过程和从业人员卫生管理

总体目标是通过建立与完善茶叶加工技术规程,健全质量管理制度,建立加工档案,实现加工过程规范化,实现产品质量的全程控制。作为一个加工企业,对茶叶加工、包装、贮存各个过程均应有相应的质量管理制度,且应制定相应的卫生管理制度,并明示。

(3)重视茶叶生产流程中关键环节的质量控制

针对在茶叶加工过程中容易或者可能出现质量安全问题的主要环节,采取有效措施,确保质量安全。

(4)完善检验设备,加强从业人员培训

一是配套完善茶叶感官和理化检验设备与专门场所,二是茶叶加工企业中承担茶叶感官审评的人员应参加培训并取得评茶员职业资格。

第三节 茶业项目投资决策与资金管理

项目投资决策,有时也称资本预算,其基本目标是在不确定和竞争的环境下,正确地选择投资方向和投资项目,以实现企业有限资源的最优配置。为了实现这一目标,企业的决策者必须对企业所面对的各种投资机会或项目做出科学、合理、及时的评价。因此,投资项目评价方法就成为项目投资决策的基本内容。

一、茶业项目投资决策

(一)传统的项目投资决策理论及方法

传统的项目投资决策方法以折现现金流方法占据主导地位。其中,由于净现值法(NPV,Net Prent Value)具有的价值可加性以及与股东财富最大化目标相一致的优点,成为最具有代表性的资本投资决策方法。净现值法的基本思路是先估计项目未来的预期现金流,然后用资本资产定价模型选择与项目风险相适应的折现率来计算项目的净现值,如果净现值为正则接受该项目,反之则拒绝。它的理论基础是新古典投资理论,即当资本的边际成本等于边际收益时企业就可以投资。由国家发改委、建设部标准定额研究所共同编写的《建设项目经济评价方法与参数》建立了以净现值、内部收益率为核心的评价指标体系。财务评价包括财务盈利能力分析、清偿能力分析、项目外汇效果分析及不确定性分析。

- 投资项目财务评价
  - 盈利能力分析
    - 现金流量表:净现值、内部收益率、投资回收期
    - 损益表:投资利润率、投资利税率
  - 偿债能力分析:资产负债率、流动比率、速动比率
  - 创汇、节汇能力分析:外汇净现值、换汇成本或节汇成本
  - 不确定性分析:盈亏平衡分析、敏感性分析

图 3-1　投资项目财务评价体系

1. **盈利能力分析**

项目盈利能力分析主要计算财务净现值、财务内部收益率、投资回收期、投资利润率、投资利税率等指标,其中净现值和内部收益率为财务评价的主要指标。

(1)财务净现值(NPV,Net Prent Value)

指将项目经济寿命期内各年的净现金流量按行业的基准收益率或规定的贴现率折算到寿命期期初的现值之和。其表达式如下:

$$NPV = \sum_{t=0}^{n}(CI - CO)_t \cdot (1 + i0)^{-t}$$

CI:现金流入量,包括项目销售收入、项目寿命期末回收固定资产残值和回收流动资金等。

CO:现金流出量,包括固定资产投资、流动资金投资、经营成本、销售税金及附加、所得税等。

(CI - CO)t:第 t 年的净现金流量

i_0:行业基准收益率或规定的贴现率

n:项目经济寿命期

在利用净现值这一指标来评估项目时,如果 NPV > 0,说明项目的实际收益率大于行业

基准收益率；若 NPV = 0，说明项目的收益率刚好等于基准收益率；若 NPV < 0，表明项目达不到基准收益率，项目不可行。净现值指标反映项目在整个计算期内总的获利能力的动态指标。依此指标对项目进行决策的评价标准为：所有 NPV≥0 的独立项目。

(2)财务内部收益率(IRR，Internal Rate of Return)

指在项目计算期内，各年净现值累计和等于零时的贴现率。其计算公式为：

$$NPV = \sum_{t=0}^{n}(CI - CO)_t \cdot (1 + IRR)^{-t} = 0$$

内部收益率反映项目占用资金的盈利能力，而非项目初始投资的获利能力。用内部收益率法进行单方案分析时，要与行业基准收益率 i0 相比较。若 IRR≥i0 时，说明项目投资效果达到了要求的水平，则项目可行。若 IRR≤i0 时，则项目不可行。对于贷款项目，内部收益率必须大于贷款利率。

(3)投资回收期

指项目投产后用所获得的净效益抵偿全部投资支出所需的时间，亦称投资返本期。通常从建设期算起，如从投产年算起，应予注明。按是否考虑资金时间价值可分为：

静态投资回收期 Pt = 累计净现金流量开始出现正值的年份数 - 1 + |上年累计净现金流量|/当年净现金流量

动态投资回收期 Pt = 累计折现值出现正值的年数 - 1 + 上年累计折现值的绝对值/当年净现金流量的折现值

该指标反映了资金的回收能力，一般说来，投资回收期越短，反映资金回收的速度越快，资金利用效率越高，风险越小。在使用该指标时，要将项目的投资回收期与行业的基准回收期 Pc 比较：当 Pt≤Pc 时，项目在财务上是可行的；当 Pt > Pc 时，项目不宜采纳。

(4)投资利润率

投资利润率 = 年均利润额/项目总投资

年均利润额 = 年均销售收入 - 年均成本费用 - 年均销售税金及附加

若项目的投资利润率大于行业平均投资利润率，说明该项目单位投资盈利能力已达到本行业的平均水平，项目是可行的。

(5)投资利税率

投资利税率 = 年均利税额/项目总投资

年均利税额 = 年均利润额 + 年均销售税金及附加 = 年均销售收入 - 年均成本费用

若项目投资利税率大于行业平均投资利税率，说明该项目单位投资对国家积累的贡献水平已达到本行业的平均水平。

投资利润率、投资利税率是考察项目单位投资盈利能力的静态指标。

2. 偿债能力分析

项目偿债能力分析指标有资产负债率、流动比率、速动比率，考察项目寿命期内的财务状况与偿债能力。根据“资产负债表”计算。

(1)资产负债率

衡量企业利用债权人提供资金进行经营活动的能力,以及反映债权人发放贷款的安全程度。

资产负债率=负债总额/资产总额

表明企业每百元资产有多少需偿付的债务。该指标值应小于50%为宜。

(2)流动比率

流动比率=流动资产/流动负债

表明项目每百元流动负债有多少流动资产作为支付的保障。该比率应当大致在1.5~2间,若太高,可能是项目单位未很好地利用资金进行有效的投资活动。一个正常生产经营的项目,资金应当有效地在生产经营中运转,若过多滞留在流动资产形态上,也会影响项目效益。

(3)速动比率

速动比率是速动资产与流动负债的比率,应在1以上为好,是流动比率的补充,衡量项目每百元流动负债有多少速动资产作为支付保障。

速动比率=速动资产/流动负债=(流动资产-存货)/流动负债

3. 创汇、节汇能力分析

当项目涉及产品出口创汇或替代进口节汇时,还应进行项目的外汇效果分析。

(1)财务外汇净现值

指以一定贴现率计算的外汇净流量现值之和。用以衡量项目投资对国家外汇的净贡献(创汇)与净消耗(用汇)。

$$FNPVF=\sum_{t=0}^{n}(FI-FO)_t\cdot(1+i)^{-t}$$

FI:外汇流入量,包括出口创汇收入、替代进口节汇收入、外汇借款

FO:外汇流出量,包括固定资产投资中外汇支出、进口原材料、借款的还本付息、生产期支付技术转让费。

$(FI-FO)_t$:第t年的净外汇流量

(2)换汇成本:指创收1美元外汇所需要的人民币金额,以项目寿命期内生产出口品所投入的国内资源的现值与出口品的外汇净现值之比表示,其计算式为:

换汇成本=国内资源现值/财务外汇净现值

(3)节汇成本:当项目产品属于替代进口时,应计算节汇成本,即节约1美元外汇所需要的人民币金额。它等于项目计算期内生产替代进口品所投入的国内资源现值与生产替代进口品的外汇净现值之比。

节汇成本=国内资源现值/财务外汇净现值

评价标准:创汇、节汇成本≤市场汇率

4. 不确定性分析

不确定性分析,就是分析投资额、产量、产品售价、产品成本等不确定因素发生不利变化

时对项目经济效果的影响，从而推断项目可能承担的风险，进一步确认投资项目在财务、经济上的可行性。

常用的不确定性分析法有盈亏平衡分析法、敏感性分析法。

(1)盈亏平衡分析法及其应用

盈亏平衡分析，又称损益临界分析、量本利分析。是指在一定时期内，一定市场容量、生产能力及技术水平、经营管理条件下，根据项目正常生产年份的产品产量、成本与利润之间的关系，计算使拟建项目的收益与支出相平衡时的产出水平和价格水平，以评价项目承受风险能力的一种分析方法。

盈亏平衡分析关键在于找出盈亏平衡点 BEP(Break - Even - Point)。根据盈亏平衡等式"年产品销售收入 - 年销售税金 = 年固定成本 + 年可变成本"，可求得盈亏平衡点的以下几种表达式：

①用产量表示的盈亏平衡点 BEP_Q(保本产量)

BEP_Q = 年固定成本/(产品销售价格 - 单位产品销售税金 - 单位产品可变成本)

②以生产能力表示的盈亏平衡点 BEP_W(保本生产能力利用率)

BEP_W = BEP_Q/设计生产能力 = 年总固定成本/(年销售收入 - 年销售税金 - 年可变成本)

③以价格表示的盈亏平衡点 BEP_P(保本销售单价)

BEP_P = 单位产品成本 + 单位产品销售税金

BEP_Q、BEP_W、BEP_P 越低越好，说明项目承受风险能力强。

在项目财务评价中，BEP 通常根据项目正常生产年份的产品产量(销售量)、可变成本、固定成本、产品价格和销售税金及附加等数据估算。

(2)敏感性分析法及其应用

敏感性分析是研究当某个或某些经济因素发生不利变化时，如产品价格下降、投入物价格上涨、工期延长等，对项目经济评价指标的影响程度，从中找出对经济指标影响大的因素即敏感因素，并测定其敏感程度。敏感性分析所涉及的不确定因素有：产品产量、产品价格、生产资料价格、可变成本、固定资产投资、建设工期等。敏感性分析不仅可以使决策者了解不确定因素对项目经济评价指标的影响程度，从而提高决策的准确性，还可以启发评价者对那些较为敏感的因素重新进行分析研究，以提高预测的可靠性。敏感性分析的步骤和内容包括：

①确定待分析的经济效益指标　评价一个项目投资效果的经济指标很多，但并非所有的经济指标都要进行敏感性分析，而应当针对投资项目的特点、要求及项目的实际需要，选择那些最能反映项目经济效益、影响经济决策的指标作为敏感性分析的对象。一般可选用的指标有净现值、投资回收期、内部收益率等。

②选择主要不确定因素，并确定其变化范围　一般选择价格、产量、总投资、经营成本作为主要的不确定因素进行分析。

③计算、判断项目的敏感性因素　最简单的敏感性分析，即单因素敏感性分析，是在假

设其他因素不变的条件下计算某一不确定因素在一定幅度内变化时对项目经济效果的影响。单因素敏感性分析忽略了各因素间的相关性，它不能反映两个或两个以上因素同时变化的结果，具有一定局限性；而多因素敏感性分析则是考察多个因素同时变动对项目经济效果的影响。

④绘制敏感性曲线图　敏感性曲线图可直观地反映各因素的敏感性，并确定敏感因素允许变化的范围。

传统的项目投资决策分析方法基于以下理论假设：一是能够准确估价或预期项目在生命期内各年所产生的净现金流，并且能够确定相应的贴现率或风险调整贴现率；二是项目是独立的，即其价值以项目所预期产生的净现金流大小为基础，按给定的贴现率计算，不存在其他任何关联效应（包括项目间的关联和项目对企业战略管理的关联）；三是在项目整个生命期内，投资内外部环境不发生预期以外的变化，市场条件和竞争状况严格按照预定方式发展；四是决策者只能采取"刚性"决策，即只能在"现在投资/永远不投资"间作出选择；五是在投资项目的分析、决策和实施过程中，企业决策者和管理者仅仅扮演被动的角色，静观其变，而不能进行相应决策，即决策者不能针对不期发生的市场条件和竞争状况进行决策变更，不存在管理柔性；六是传统分析方法不考虑项目无形资产的价值。

传统的项目投资决策分析方法的缺陷源于其理论方法的假设与实际情况的差异。它是一种高度标准化的决策方法，对于评估现金流比较稳定的项目来说非常适用，但对于未来的现金流量不确定性很高的项目以及含有期权的项目来说，却不是很合适。这些方法忽略了项目投资的机会价值，主要体现在管理柔性和战略适应性两个方面。而实物期权法是一种在不确定性环境下的投资决策方法，通过分析创造或利用投资机会的成本与收益的期望值，以决定是否投资。面对较大的环境不确定性，实物期权法则显得更为有效和科学。

（二）实物期权理论及其对投资决策方法的优化

实物期权方法是近年来兴起的一种全新的投资决策分析工具。其在投资领域中的应用研究是最热门的前沿课题之一。将成熟的金融期权理论运用到项目投资决策中，即是实物期权方法。实物期权（Real Option），是以期权概念定义的现实选择权，是指公司进行长期资本投资决策时拥有的、能根据决策时尚不确定的因素改变行为的权利。实物期权是在不确定条件下与金融期权类似的实物资产投资的选择权。根据选择权所处的不同时期，项目中的实物期权可以划分为以下几类：推迟投资期权（Option to Defer Investment）、扩张投资期权（Option to Expand）、收缩投资期权（Option to Contract）、放弃投资期权（Option to Abandonment）、转换期权（Option to Switch Option）和增长期权（Corporate Growth Option）。

实物期权的思想最初由 Myers（1977）提出，他认为项目的价值不仅来自项目所直接带来的现金流量，还来自成长的机会；他将金融期权定价理论引入实物投资领域，首次提出将投资机会看成是"增长期权"的观念，认为由战略投资的管理适应性引起的不对称可以反映出项目价值的两部分组成，即传统的直接现金流 NPV、经营柔性和战略相互作用的期权的价值。

由此,项目投资决策中应用实物期权理论的基本思路是,一个投资项目的真实价值(ENPV,Effect Net Prent Value)等于项目净现值(NPV)加上该项目所包含的实物期权的价值(VO,Value of Option),其基本模型可表示为:ENPV = NPV + VO。

根据以上公式,实物期权的应用可分为如下四个步骤:

一是按照 NPV 方法收集项目数据并计算项目的 NPV 价值。大量全面占有项目数据是所有投资决策方法中共同的第一步。实物期权法需要的数据与传统投资决策所需数据基本相同,收集的类别、步骤相同。

二是构造实物期权的应用框架。项目中实物期权较为隐蔽,分析、辨别项目中隐含的实物期权是构造实物期权应用框架的重要环节。为了迅速识别项目投资中的实物期权,我们可以从对决策的描述出发,首先要明确或有决策是什么,决定决策的可观测变量是什么,谁有权利执行决策。这些或有决策构成了不同层次、不同时段、不同类型的实物期权,它们的组合就是实物期权的应用框架。

三是选取实物期权的定价模型和数据并计算实物期权价值。实物期权的定价模型常用二叉树期权定价模型和 Black—Scholes 公式(B - S 模型)。二叉树模型采用动态规划方法,罗列出实物期权有效期内标的资产的可能价值,将未来价值和现金流折现返回到当前决策点,用反向递推方式解决决策问题。B - S 模型采用解析的方法,期权价值用一个等式表示为输入量的直接函数。在这两个模型中,需要的大部分资料已在 NPV 方法中收集到。计算标的资产的现在价值、现金流、每个不确定性的波动性、获取无风险收益率的资料后,建立期权的定价公式,计算出期权的价值。

四是计算项目的 ENPV、反馈优化后做出决策。依据前述公式计算项目的真实价值。为保证结果的科学合理,还要对选择的模型和计算过程进行检查分析,主要侧重检查定价结果、检查制定决策的临界值、检查策略空间、检查决策风险特征等。同时进一步讨论是否可以通过项目投资阶段和模块数目的增加创造出更多的期权;是否存在具有相同性能的其他备选方案。经过多次重复,可以极大地提高运用实物期权评价项目价值的客观性和实用性。

实物期权法除了考虑传统意义上的以现金流量为基础的项目价值外,还充分考虑了项目管理柔性价值,从而能够更完整、合理地评估项目的整体价值。随着技术的日新月异、市场的全球化,竞争越来越激烈,企业面临的经营环境的不确定性越来越大,传统的投资决策方法已无法适应环境变化的需要,实物期权的投资决策方法为企业在不确定性情况下的投资决策提供了一种全新的分析思路和方法,在实践中会有越来越重要的应用价值。

二、茶业经营的资金筹集与成本控制

随着我国资本市场的不断发展和完善,如何科学筹资已成为茶叶企业经营管理中的一个重要问题。从一定意义上讲,能否聚集和融通资金是企业求得生存和发展的关键所在。

科学的投资决策方法有助于提高投资效益,减少盲目投资。而对投资项目的成本核算和控制,则是保证茶叶产业持续发展的重要途径。两者内容的结合是确保茶叶企业资金流正常运行及资本运营产生期望效益的必然要求。

(一)茶叶企业的资金筹集

茶叶企业筹集资金,就是茶叶企业根据其生产经营、对外投资和调整资本结构的需要,通过筹资渠道和资金市场,运用筹资方式,经济有效地筹措和集中资金。茶叶企业进行资金筹集,首先必须了解筹资的具体动机,把握筹资的渠道与方式,依循筹资的基本要求。

1. 筹资的动机

企业筹资的基本目的,是为了维持自身的生存与发展。企业具体的筹资活动通常受特定动机的驱使。企业筹资的具体动机(Financing Motivate)是多种多样的。例如,为了重置设备、引进新技术、进行技术和产品开发而筹资;为了对外投资、兼并其他企业而筹资;为了资金周转和临时需要而筹资;为了偿付债务和调整资本结构而筹资等。在实践中,筹资动机归纳起来主要有三类,即扩张动机、偿债动机和混合动机。筹资动机对筹资行为和结果产生着直接的影响。

(1)扩张筹资动机(Expansive Financing Motivate)

扩张筹资动机是企业因扩大生产经营规模或追加对外投资的需要而产生的筹资动机。具有良好发展前景,处于成长时期的企业通常会产生这种筹资动机。例如,企业生产经营的产品供不应求,需要增加市场供应;开发生产适销对路的新产品;追加有利的对外投资规模;开拓有发展前途的对外投资领域等,往往都需要筹集资金。

扩张筹资动机所产生的直接结果,是企业资产总额和筹资总额的增加。

(2)偿债筹资动机(Debt Refunding Motivate)

偿债筹资动机是企业为了偿还某债务而形成的借款动机,即借新债还旧债。偿债筹资有两种情形:一是调整性偿债筹资,即企业虽有足够的能力支付到期旧债,但为了调整原有的资本结构,仍然举债,从而使资本结构更加合理;二是恶化性偿债筹资,即企业现有的支付能力已不足以偿付到期旧债,而被迫举债还债,这表明企业的财务状况已有恶化。

(3)混合筹资动机(Multiple Financing Motivate)

企业因同时需要长期资金和现金而形成的筹资动机,即为混合筹资动机。通过混合筹资,企业既扩大资产规模,又偿还部分旧债,即在这种筹资中混合了扩张筹资和偿债筹资两种动机。

2. 筹资的渠道与方式

企业筹集资金需要通过一定的渠道,采用一定的方式,并使两者合理地配合起来。

(1)筹资渠道

筹资渠道是指筹措资金来源的方向与通道,体现着资金的来源和流量。认识筹资渠道的种类及每种渠道的特点,有利于企业充分开拓和正确利用筹资渠道。

总体而言,企业筹集资金的渠道有如下七种:

①国家财政资金　国家对企业的投资,历来是国有企业,包括国有独资公司的主要资金来源。现有国有企业的资金来源大部分是过去由国家以拨款方式投资形成的。国家财政资金具有广阔的源泉和稳固的基础,今后仍然是国有企业筹集资金的重要渠道。

②银行信贷资金　银行对企业的各种贷款,是企业重要的资金来源。银行一般分为商业性银行和政策性银行。商业银行以盈利为目的,为各类企业提供商业性贷款。政策性银行主要为特定企业提供政策性贷款。银行信贷资金有居民储蓄、单位存款等经常性的资金源泉,贷款方式多种多样,可以适应各类企业的多种资金需要。

③非银行金融机构资金　非银行金融机构主要有信托投资公司、租赁公司、保险公司、证券公司、企业集团的财务公司等。它们所提供的金融服务包括信贷资金投放、物资的融通、为企业承销证券等。非银行金融机构所提供的资金量相对比银行小,但发展前景广阔。

④其他企业资金　企业在生产经营过程中,往往形成部分暂时闲置的资金,同时为了一定的目的也需要相互投资。另外,市场经济条件下企业间的商业信用形成企业间的债权债务关系,形成债务人对债权人的短期信用资金占用。企业间的相互投资和商业信用,为筹资企业提供了资金来源。

⑤民间资金　企业职工和城乡居民的节余货币,可以对企业进行投资,形成民间资金渠道,为企业所利用。

⑥企业自留资金　指企业内部形成的资金,主要是计提折旧、提取公积金和未分配利润而形成的资金。这是企业的“自动化”筹资渠道。

⑦外商资金　外商资金是外国投资者以及我国香港、澳门和台湾地区投资者投入的资金,是外商投资企业的重要资金来源。

(2)筹资方式

筹资方式是指企业筹措资金所采取的具体形式,体现着资金的属性。认识筹资方式的种类及各种筹资方式的属性,有利于企业选择适宜的筹资方式和有效地进行筹资组合,以提高筹资效益。企业筹集资金的方式一般有下列几种:

①吸收直接投资　按经营方式分,吸收直接投资包括合资经营与合作经营两大类。

合资经营由出资各方共同组建有限责任公司,各出资方共同经营、共担风险、共负盈亏。出资各方可依法以货币资金、实物、工业产权等向合资企业投资,形成法人资本,投资方对所投入的资本负有限责任,并按出资额分配税后利润,享受所有者权益。

合作经营是契约式或合同式的合营。在这种经营方式下,合作各方的投资或合作条件、收益或产品的分配、风险和亏损的承担、经营管理方式,以及合作期满后的财产归属等合作事项,均由合作各方在签订的合作合同中规定,它是一种比较灵活的直接投资方式。

②发行股票　发行股票是股份有限公司筹集自有资本的方式。股票持有者是股份有限公司的股东。按股票的票面金额依法对公司承担有限责任,并依法享有权利。股票是一种

所有权证书，股票的持有者就是公司的所有者之一；股票是一种永不返还的有价证券，没有还本期限，持有者不能要求还本退股，要想收回投资，只能通过转让的方式将股份有偿转让给他人；股票的价格和收益具有不稳定性。

③借款　借款是指企业向银行等金融机构以及其他单位借入的资金，包括信用贷款、抵押贷款和信托贷款等，主要用于固定资产投资和流动资产投资。现代企业既可以向国内的商业银行、非银行金融机构申请贷款，也可以通过一定途径向国际货币基金组织、世界银行、国际金融公司、亚洲银行等申请贷款。

④商业信用　商业信用是指商品交易中的延期付款或延期交货所形成的借贷关系，是企业之间的一种直接信用关系。利用商业信用融资，主要有赊购商品、预收货款等形式。

⑤发行债券　债券是现代企业为筹集资金而发行的承诺债权人按约定的期限还本付息的一种有价证券。我国企业要发行债券，必须具备一定的条件，并经过有关部门批准。企业债券按不同的标志分类，有记名债券与不记名债券，担保债券与无转换公司债券等。与股票相比，债券主要有以下特点：第一，债券代表着一种债权债务关系，企业要按规定的日期还本付息，债权人无权参与企业的经营管理，无权参与企业的盈利分配。第二，债券具有分配上的优先权，企业一般要在分配股息和红利之前，先偿还债券的本息。公司破产时，股东须在偿还债券本息之后，才能收回一定的股资。这就使得债券投资的风险小于股票，因而要求的报酬一般也低于股票。债券的市价受银行存款利息率变动的影响，存款利息率下跌时，债券价格一般要上升。

⑥租赁筹资　租赁是指出租人以租赁方式将出租物租给承租人，承租人以交纳租金的方式取得租赁物的使用权，在租赁期间出租人仍保持出租物的所有权，并于租赁期满收回出租物的一种经济行为。租赁已成为现代企业筹资的一种重要方式。现代租赁有融资租赁、生产经营租赁等方式。

3. 制约筹资决策的主要因素

分析影响筹资的各种因素旨在提高资金筹集的综合经济效益。制约筹资决策的因素主要有以下方面：

(1)资金需要量　无论通过什么渠道、采用什么方式筹集资金，都应预先确定资金的需要量，使资金的筹集量与需要量达到平衡，防止筹资不足而影响生产经营或筹资过剩而降低筹资效益。

(2)资金成本　资金成本是企业为筹措和使用资金而付出的代价，包括筹资过程发生的筹资费用和资金使用中支付的利息。企业应综合考察各种筹资渠道和筹资方式的筹资难易程度、资金成本和财务风险，以实现最优的筹资组合，降低综合的资金成本。

(3)资本结构　企业的资本结构指权益资本和债务资本的相互关系及数量比例。筹资时应使企业的权益资本和债务资本保持合理结构，既要防止负债过多，导致财务风险过大，偿债能力过低，又要有效地利用负债经营，提高权益资本的收益水平。

(4)资金投放时机　筹措资金要按照资金的投放使用时间来合理安排,使筹资与用资在时间上相衔接,避免取得资金过早而造成投放前的闲置或取得资金滞后而贻误投放的有利时机。

(5)国家相关法规　企业的筹资活动,影响着社会资金的流向和流量,涉及有关方面的经济权益,为此,必须接受国家宏观指导与控制,遵守国家有关法律法规,实行公开、公平、公正的原则,履行约定的责任,维护有关各方的合法权益。

(二)茶叶企业成本控制

1. 茶叶成本控制对象的界定

茶叶成本是茶叶生产经营过程中所发生的生产要素的耗费,其表现为生产成本及期间费用和税金,它是茶叶成本控制的落脚点和最终表现形式。但茶叶成本控制除对茶叶成本本身进行控制外,更重要的是对引起成本发生的各种因素及其之间的相互关系及方式进行控制。从微观上来看,茶叶成本控制的对象是茶叶生产经营过程的各种生产要素的耗费,具体表现为茶叶成本的各成本项目。从宏观方面来看,茶叶成本控制的对象是对茶叶成本产生及形成具有重大影响的生产规模、生产结构、产品质量、经营形式及科学技术等成本动因。由此可见,茶叶成本控制的内容,远超出了茶叶成本核算的内容,茶叶成本控制不仅包括对茶叶成本本身的控制,还包括对形成茶叶成本动因的控制。

2. 茶叶成本控制方法和程序

茶叶成本控制是指在茶叶生产经营过程中,根据一定的控制标准,对形成成本全过程进行指导、限制和监督,并采取有效措施及时纠正脱离标准的偏差,使实际成本的各种支出被控制在规定的标准范围之内,以保证达到降低茶叶成本的目的的一种管理活动。

目标成本控制和标准成本控制是现代成本控制的重要方法,但这些方法主要是针对制造企业而言的,其很难独立地在其他行业直接应用。郑少锋根据农产品生产的基本特征,利用目标成本管理的“倒扣法”和标准成本管理的“顺算法”相结合的方法,确定了农产品成本控制的基本程序。这一基本程序为:(1)制定农产品成本控制的标准;(2)计算实际发生的农产品成本;(3)进行成本差异分析;(4)采取措施控制成本。其中,农产品标准成本的制定是成本控制的关键。从理论上讲,农产品标准成本的制定不仅要考虑农业生产本身的技术水平和管理水平的高低,而且还要考虑市场变化对成本的可接受程度。“顺算法”是根据农业生产本身的技术水平、管理水平等内部状况来确定标准成本,由“顺算法”确定各成本项目的标准成本。“倒扣法”是把由市场需求决定的目标售价和期望目标利润(即纯收入)这两个因素求得的目标成本作为标准成本,由“倒扣法”确定出单位农产品的标准含税成本。在实际中,往往采用目标成本管理的“倒扣法”和标准成本管理的“顺算法”相结合的方法确定农产品的标准成本。茶叶成本控制属于农产品成本控制的范畴,农产品成本控制方法可为其提供借鉴。

第四节 茶业人力资源管理与开发

在现代社会中，资源的获取和信息的传递变得相对容易，使得通过成本领先和产品差异获取竞争优势已变得越来越困难。而对于人力资源的开发和管理，却是涉及一整套系统规范的管理和规划，是不易被模仿学习的，这种差异性也会延伸到产品的成本和特性上，从而通过成本优势和产品差异获得竞争优势，所以人才优势正变得越来越重要。

一、竞争优势与茶业人力资源的内在关联

(一)竞争优势

所谓竞争优势，就是一个组织相对于其竞争对手所拥有的一种优势，这种优势使组织在竞争中获取利益。竞争优势主要通过成本领先和产品分化两种手段来获取。

成本领先，就是两个公司向消费者提供相同的服务和产品，其中一个公司的生产成本较低，从而可以比另一个公司获取更多的利润。一般来说，成本领先所采取的方法包括使用新技术来提高生产率、采用先进的管理措施降低管理费用、对整个产品价值链进行整合来降低物流费用等。

产品分化，则是指两个公司向消费者提供产品或服务，其中的一个公司提供的产品和服务质量更好，甚至是竞争对手所没有的产品和服务，归纳起来，就是这个公司所提供的产品和服务具有独特性和不可替代性，从而为该公司带来竞争优势。

(二)竞争优势与人力资源管理开发

从管理学的角度来看，一个组织的人力资源管理开发同样可以创造竞争优势。因为有效的人力资源管理可以创造出成本领先和产品分化，从中获取优势。克雷曼 1993 年的一项研究表明，具有健全人力资源管理实践的组织其年利润、利润增长和总体绩效的水平比那些较不健全的组织通常要高。人力资源开发管理，已同物流管理、客户关系管理一起，成为企业获取竞争优势的主要手段。

通过人力资源管理实践对企业竞争优势产生的影响大致可以分为直接影响和间接影响。

1. 直接影响

人力资源管理成本涉及招聘、挑选、培训、报酬等。如果能通过有效的人力资源管理实践,减少人力资源管理成本,就可以达到成本领先,获取竞争优势。但是通过减少人力资源管理成本这种途径可能会产生副作用,如招来的员工能力不高,反而会导致生产率下降,抵消成本的降低。

2. 间接影响

劳伦斯·S·克雷曼研究人力资源对于竞争优势的间接影响后,建立了以下模型,他认为人力资源对于竞争优势的间接影响,主要是通过以下这种模式形成的:人力资源管理实践——以雇员为中心——以组织为中心——获取竞争优势。

人力资源管理实践——以雇员为中心:就是企业在招聘时要从若干求职者中识别、挑选出那些最能干的人,给他提供良好的培训和颇具吸引力的报酬,通过对其工作绩效做出评估,指出其存在的缺陷,并加以矫正,这样可以保证员工具有较高的工作能力。

企业在人力资源管理实践中,通过挑选和生产率改进方案的实施,挑选出具有良好工作习惯的工作者,并通过为其达到某些绩效标准而提供财务奖励或授权重要的工作决策,使其对工作更加满足,从而保证员工的动机。

在员工与工作相关的态度方面,对员工要公平对待,使他们拥有较高的工作热情,抱有更大的组织忠诚和组织承诺,愿意帮助组织实现其目标。

以雇员为中心——以组织为中心:当以雇员为中心的结果有利时,员工通常具有一种正面的工作态度,既有较高的工作能力,又有较好的工作动机,员工有做好工作的能力和欲望,因此他们一般有较高的生产效率。而且由于他们受到公平的待遇,对公司的不满度会降低,所以会减少员工的离职率,降低与诉讼公司有关的人力资源管理的可能性,并创造出良好的企业形象。

以组织为中心——获取竞争优势:当以组织为中心的结果有利时,公司就可以获取竞争优势。员工的生产效率高,拥有较高的生产热情,这能直接创造出成本领先的竞争优势,而员工流动率低,也会减少不必要的开支,当避免因未依法行事而产生的法律诉讼时,会进一步提高成本领先程度,实现产品的分化。通过组织的有效雇佣和管理实践,培育企业的创新精神。

二、茶叶企业人力资源管理与开发

(一)茶叶企业对人力资源的特殊要求

茶叶产业的发展具有其自身的特点,这一系列的特点决定了茶叶企业对人力资源需求的特殊性。

1. 季节性

茶叶鲜叶的生产主要集中在春、秋两季，因此，在这两个季节内，茶叶生产企业对人力资源的需求特别旺盛。从茶园的采茶工到茶叶加工一线的技术工，都是茶叶生产企业急需的人力资源。在这两个季节，茶叶企业在人力资源上的投入占全年人力资源投入的大部分。而夏、冬两季对人力资源的需求相对较少，企业的投入也较少。

2. 广泛性

茶叶的生产和销售实际上涉及种植业、加工业、运输业、食品制造等诸多产业，其生产可以带动一个整体产业链的发展，所以，茶叶企业对人才的需求也相当广泛，茶园采摘工、茶厂技术人员、公司管理人员、研发人员、物流管理人员等都是其人力资源获取范围，这些人员的学历从初中毕业到本科、硕士、博士等，这为茶叶企业的人力资源管理部门合理开发和管理人力资源提出了新的问题。

3. 流动性

茶叶生产人员的流动性大，这主要是针对茶园工人及茶厂的一线生产工人而言的。由于其所从事的工作较容易被替代，且由于茶叶采收的季节性，他们常流动于不同的茶叶产区，或在非茶季从事其他的工作，只有当茶叶生产旺季到来才从事茶叶采收工作。这也为茶叶企业的人力资源管理带来极大的难题。

4. 专业性

茶叶企业对其人力资源的要求具有一定的专业性。上至茶叶企业领导人员，下至茶园管理人员，都必须具备一定的茶叶栽培、加工知识，或者具备从事茶叶生产的经验，才能从根本上促进茶叶企业的发展。目前，许多先进的技术由于缺乏相应的具备运用能力的人才，而无法得到推广和应用，茶叶企业无法发挥最大的生产效率。因此，茶叶企业在对人才进行甄选时，必须注重对象是否具备一定的专业知识、技能和相关的工作经验。

(二)当前我国茶叶产业人力资源管理与开发存在的问题

作为茶叶的发源地，我国拥有悠久的茶叶种植、加工历史，改革开放以来，茶叶生产迅猛发展，生产加工技术日新月异，与此形成鲜明对比的却是茶叶专业人才的不适应，这集中反映在以下几个方面：

1. 重视程度不高

目前，许多人认为技术、信息是竞争的主体，是获取竞争优势的重要手段。因此，茶叶企业、茶厂都千方百计地去降低成本，获取信息，创造产品的差异性来提高竞争力。对于人才，尤其是茶叶专业人才的培育和利用不是很重视，影响茶叶发展后劲。

2. 专业人才不稳

在我国当前的茶叶科技干部队伍中，存在着待遇偏低、工作条件差等现象。这使得现有的茶叶科技人员工作积极性不高，甚至萌发换岗的念头。导致茶叶科技人员流动性增加，茶叶专业人才难以保持稳定。

3. 专业知识老化

茶叶技术发展日新月异,但是许多茶叶科技人员的知识仍建立在过去所学的理论基础上,由于缺乏相应的再培训和再教育,知识结构已经跟不上时代的发展,不符合现代实际工作的需求,阻碍了先进技术的推广和应用。茶农缺乏专业知识现象则更为突出。

4. 创新能力不强

我国现有的茶叶人才,大多理论基础较强,但由于缺乏相应的动手实践经验,创新能力不足,反映在产品上就是茶叶产品缺乏创新性。

5. 可持续发展弱

对于人才的培养和使用,大多数企业仍将其放在降低成本和创造差异性之后加以考虑。而当成本降低与人才培养发生冲突时,很多企业选择放弃人才来确保成本优势,导致人才的培养缺乏长期性和持续性。

(三)竞争发展对茶叶企业人力资源管理与开发的新要求

1. 必须重视提高茶园管理人员的素质

作为直接面对茶叶生产的一线人员,我国目前大部分茶园管理人员整体素质不高,导致相关技术和政策难以得到贯彻和实施,例如:农药残留问题部分原因就是茶园管理人员不能按相关标准喷施农药所致,这大大影响了先进技术的推广和使用。针对这种情况,需要企业对茶园管理人员进行相关业务的培训,增强他们的专业技能,提高他们的素质,让茶园管理人员意识到先进生产技术给茶叶生产带来的诸多好处,使他们主动在实践中掌握采取新技术。

2. 必须加强对企业技术人员的培训和管理

企业一方面要积极组织人力资源部门对茶叶企业的技术人员进行多种形式的再培训和再教育,一方面要制定合理的规章制度,充分发挥科技人员的作用,调动他们的积极性、主动性和创造性,提高茶叶科技人员的整体知识水平和创新能力。

3. 必须实现人力资源的可持续开发

对于人力资源管理的可持续实践,要将其作为一个基本目标。人力资源管理很少能被人完全模仿,因此通过人力资源管理获得的竞争优势就可能给企业带来长期利益。所以,茶叶企业要将人力资源管理放在战略地位加以考虑。对于茶叶这种特殊的商品来说,实现人力资源管理实践的长期性更加重要,人才拥有的专业知识不仅会给企业带来直接的竞争优势,更有利于企业长期快速稳定的发展。

(四)加强与完善我国茶叶企业人力资源管理与开发

1. 增强茶叶企业对人力资源的重视

企业是社会的经济细胞,而企业生存的核心力量,决定于企业的人力资源。现在茶叶企业的领导通常比较重视通过技术、资金的优势和自然资源的配置来实现成本领先和产品差异,获得竞争优势,往往忽视了对于人力资源的开发和利用,所以要加强宣传,增强企业家对于人力资源开发利用的重视。

2. 提高茶农的科技种茶意识和素质

作为直接面对茶叶生产的一线人员,我国目前的茶农整体素质不高,导致相关技术和政策难以贯彻和执行,大大影响了先进技术的推广和使用,像农药残留问题的存在就是茶农不能正确按相关标准喷施农药所致。所以需要通过宣传来提高茶农的科技种茶意识,并结合培训增强他们的素质,让茶农意识到先进技术给种茶所带来的诸多好处,使他们主动在实践中采取新技术。

3. 加强对茶叶技术人员的培训和管理

"科技兴茶"的关键在人,尤其是茶叶科技人员。所以要充分发挥他们的作用,调动他们的积极性、主动性和创造性,采取多种方式培训茶叶科技人员。培训内容既要有针对性,又要有实用性,并规范和完善茶叶科技人员管理制度,稳定科技干部队伍,提高茶叶科技人员的整体知识水平。

4. 强化茶叶高等专业人才的培养

跨世纪的高层次茶学人才,将是我国今后茶叶开发和应用的主流,他们素质的高低将直接影响到我国茶叶的发展。所以要强化对高层次茶学人才的培养,通过强调基础理论,加强专业知识学习,重视实践技能的培训,建立一专多能的课程体系,使他们成为符合多方面需要的复合型人才。

5. 积极培育茶叶企业家队伍

茶叶企业家是茶叶企业经营管理的组织者和领导者,他们犹如战场上的统帅和将领。茶叶企业发展的一个制约因素,是缺少企业家,造就企业家是茶叶产业经济腾飞的关键。江泽民同志在与亚太经合组织领导人及工商咨询理事会代表对话时强调:企业是推动经济发展的动力。面对经济全球化和知识经济的挑战,一个企业要在激烈竞争中立于不败之地,就必须提高自身的发展能力和参与国际竞争的能力。而要做到这一点,企业家的素质已成为现代企业发展和促进经济增长的重要因素。因此,要办好茶叶企业,可以通过"走出去"、"请进来"等方式培养具有国际商业头脑和全球化经营战略的企业家。"走出去",即通过诸如社会调查、参观访问等活动,深入到丰富多彩的茶叶经济活动中去了解中国茶叶国情,国际茶叶市场发展,拓宽视野。"请进来",即通过诸如聘请具有较高的茶叶理论素养和丰富的茶叶实际经验的杰出人士的方式,为茶叶企业经营管理的组织者和领导者讲课、座谈、作报告,从而实现培育茶叶企业家队伍的实效性。

思考题

1. 当前我国茶叶企业信息化的困境主要有哪些？该如何突破？
2. 茶叶技术创新所包含的内容体系是什么？
3. 茶叶企业资金筹集渠道主要有哪些？
4. 如何看待茶叶企业人力资源管理与开发对茶叶企业竞争力提升的联系？

例证

八马茶叶成功应用U8

一、公司简介

八马茶业是一家集茶叶、茶具及相关产品的生产、加工、销售为一体的大型专业化公司，八马茶业定位于中国茶叶专家，始终坚持以市场为导向，狠抓产品质量，注重“可持续性发展”战略。是全国第一家进入沃尔玛的茶叶专卖店。八马茶业现已在深圳开设50多家专卖店，稳居业内第一。在稳定广东、福建市场的同时，公司又相继在东北、山东、湖南、上海、四川、重庆等国内大中城市设立了上百家自营专柜。

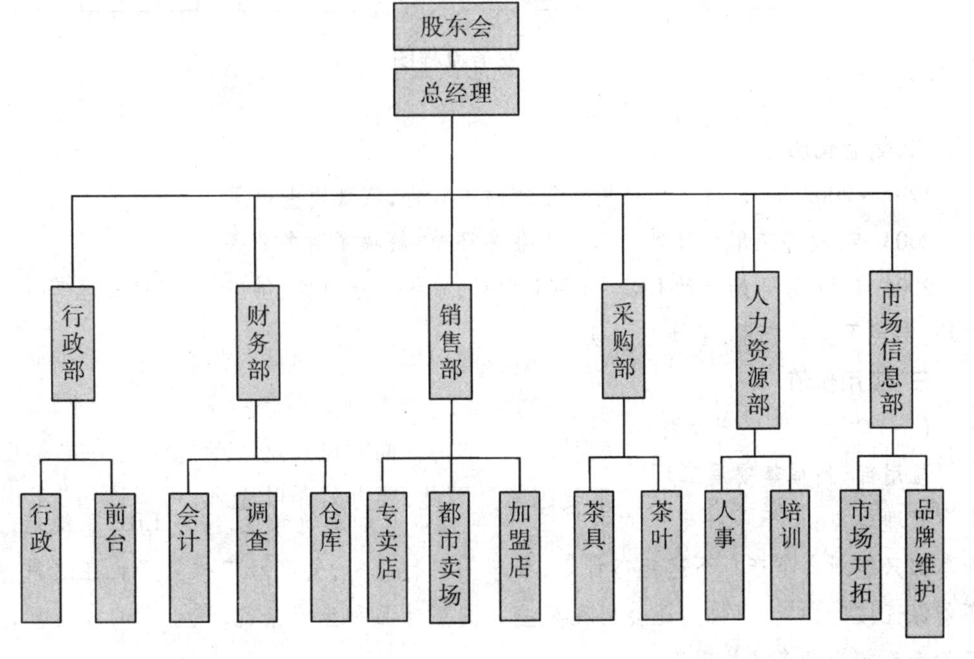

组织构架图

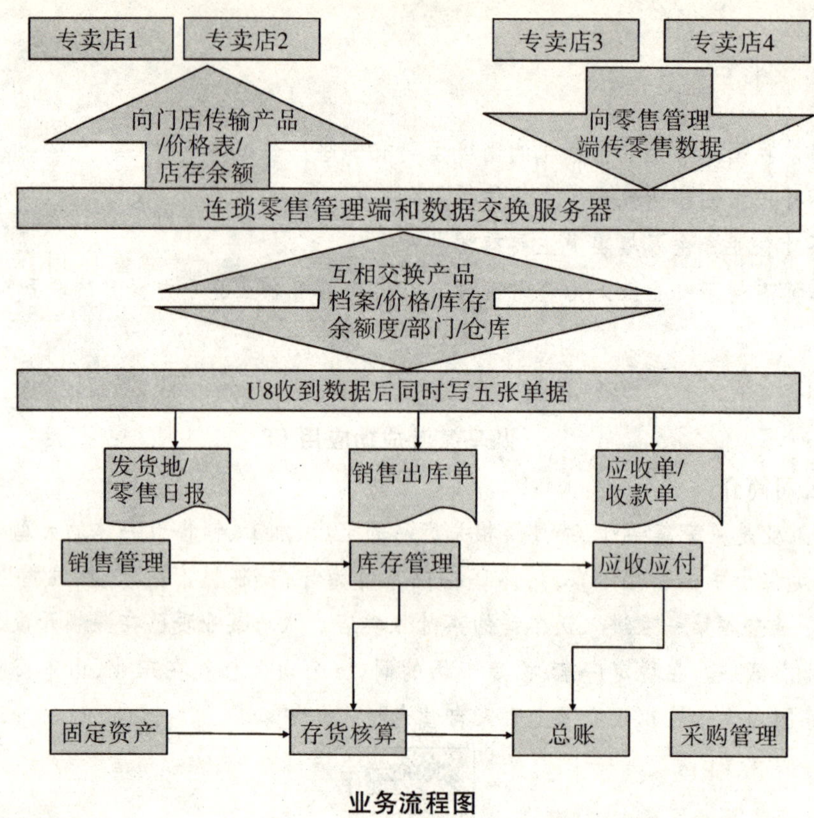

业务流程图

二、信息化历程

1997~2002年，以财务部应用为主的财务软件，实现财务电算化。

2003年，软件应用扩展到购销存等业务环节，解决了财务业务一体化。

2006年11月开始启动ERP-U861项目，系统包括财务、供应链、零售管理等共计18个模块，实现了全员应用，替换原有软件。

三、应用价值

（一）建立合理生产计划

应用部门：福建安溪工厂

管理难点：由于茶叶生产的季节性、时间性以及加工特殊性，实施ERP系统前，八马茶业总部只能对各生产厂下达粗略计划，各车间自行分解，凭经验安排生产。在这种方式下，不能保证按时交货。同时，还会出现某些关键茶叶品种生产紊乱，该生产的没生产，不该生产的产品却生产多了的现象。

关键价值：应用U8后，八马茶业将以往的粗略计划方式转换成精细化提前计划方式，生产计划直接按照市场需求制定，根据市场反馈情况和ERP系统数据来分析和决定生产品种、数量，实现精细化生产，统筹各车间分解任务，及时响应市场需求，避免不合理浪费。

功能模块：销售管理、库存管理。

（二）有效降低采购成本

应用部门：采购部

管理难点：八马茶业的产品茶叶、茶叶加工、材料成本占产品生产成本的绝大多数，而原料采购的付款方式多为现款现货，特别是外地采购必须提前进行，因而缺乏统筹规划的采购行为，给企业的流动资金造成很大的压力，无形中限制了企业发展，削弱企业竞争力。

关键价值：在合理利用提前计划的同时，八马茶业还通过准确掌握ERP系统中的市场销售情况，结合人工预测与计算机计划消抵的方式，将采购按期间进行批量合并，增加采购批量，减少采购批次，增强与供应商的谈判优势，拿到更低采购单价，有效降低采购成本，避免误差产生。

功能模块：采购管理。

（三）建立精确门店及渠道库存管理

应用部门：仓库部，采购部，销售部

管理难点：上U8之前，八马茶业库存管理混乱，产品库存批次号和有效期等信息数据库缺失，门店及库存数据难以准确掌握，产品出库缺乏指导性，导致库存与销售脱节，产品人为流失、浪费严重。同时，库存最高、最低信息管理滞后，影响生产进程、货物调拨以及前端销售。

关键价值：ERP系统实施后，整理和建立产品有效期、库存批次号数据库，系统根据有效期和批次管理茶叶库存，实行最高、最低库存预警，掌控库存状况，调剂专卖店和总部的货物的调拨等，有效控制专卖店库存。

功能模块：库存管理。

（四）精准收集零售数据

应用部门：销售部、财务部

管理难点：在上零售管理以前，及时收集、统计和分析终端销售数据非常困难，无法根据库存来做出准确采购、生产和销售计划。

关键价值：实施U8后，规范管理流程，调拨、零售和开票回款情况在系统里一目了然。通过ERP系统产生单据和报表，随同送货传至仓库和专卖店管理人员，实时全程监控，降低仓库管理人员随意报损可能性。掌控零售数据，清晰异地库存，精确生产计划，提高客户配套率和总体满意度。

功能模块：库存管理、盘点管理

四、应用效果

通过ERP系统的实施，八马茶业公司在快速响应和精益生产两大方面获得了很强的改善能力，使企业有了不断进步的基础并已取得了一定成效：

ERP系统实施过程中，规范了企业的几十个业务管理流程，以保证ERP系统实施效果为目标，使企业多数业务流程得到了规范。

基础数据和信息实行集中管理，高度共享，保证了企业基础数据的唯一性、共享性、准确

性,同时建立了相应的管理制度和处理流程,保障了系统的持续正常运转。

实现了流程信息化,系统功能覆盖从销售订单到采购订单、采购入库、销售发货、零售开单、收付款的完整业务流程,各业务流程之间有机集成地连接起来,流程所涉及各岗位的工作更加规范高效。

建立产品有效期、库存批次号数据库,根据有效期和批次掌控库存状况。

统计分析终端销售数据,清晰异地库存,精确生产计划。

库存能准确地为采购提供动态信息,提高了管理效率。

库存损失从以前的每年近百万元减少到二三十万元。

[资料来源:http://www.ufida.com.cn/case/080626/20081526011512.shtml 2008-06-26]

第四章

茶叶企业营销

随着茶业的国际化，在茶叶市场扩大的同时，茶叶企业竞争也日趋激烈。“好酒不怕巷子深”的年代已经过去，营销成为企业永恒的主题。到底是茶叶产品、价格、销售渠道还是广告的作用使得我们能够成为消费者的第一选择，这个问题的答案实际上包含了科学与艺术两方面的要求。本章通过对茶叶营销的概述，即茶叶的产品策略、价格策略、渠道策略、促销策略及国际市场茶叶营销发展，结合茶叶品牌管理与茶叶文化营销、茶叶电子商务发展等新兴茶叶营销途径，探讨茶叶的市场运作空间。

第一节　茶叶营销概述

随着茶叶消费的国际化，茶叶市场营销的理论以及实践方式也得到了不断地丰富和发展。在今天，如何围绕消费者的需求与选择，关注消费趋势的变化，采取有效的营销手段，以吸引消费者的目光，获得消费者的青睐，成为茶叶企业营销管理的基本内容。这就要求各个茶叶企业紧紧围绕消费者，关注消费趋势的变化，采取有效的营销手段，制定合理的产品策略、价格策略、渠道策略、促销策略和品牌策略，以吸引消费者的目光，获得消费者的青睐。

一、茶叶产品策略

（一）产品的概念

产品是指提供给市场用于满足人们某种欲望和需要的一切有用的物品及与之相关的服务、场所、组织、思想、主意等。茶叶产品主要以实物为主，又包括核心产品、形式产品和附加产品，其中核心产品是消费者购买茶叶时所追求的效用，一般来说大多数消费者购买茶叶是为了解渴保健，茶叶所具有的解渴保健功效就是茶叶产品的核心作用；形式产品是茶叶核心产品实现的形式，即向市场提供的茶叶产品实体的外观，它通常包括茶叶的色、香、味、形、商标和包装，如茶饮料和袋泡茶、优质茶和普通茶、绿茶和红茶尽管在形态、品质等方面有所差异，但归根结底仍然承载着茶叶保健解渴的功效；附加产品是指消费者在取得或使用茶叶产品过程中所能获得的形式产品以外的利益，如当前的茶叶包装精美，并附带文字说明，让消费者饮茶的同时也了解了茶叶的相关知识。

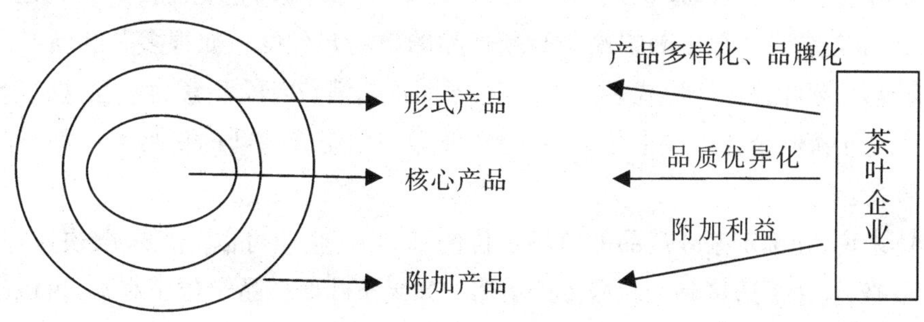

图 4－1　茶叶产品概念图

对于茶叶企业来说，茶叶产品的核心就是茶叶的功效，而良好的功效建立在优质茶叶产品带给消费者效用的基础之上，这就要求茶叶企业首先保证茶叶品质，提供优质茶叶产品。在此基础上再追求创新，走茶叶产品多元化、包装多样化、茶叶品牌化路线，不断丰富茶叶产品的形式，满足消费者的需求。

（二）茶叶企业产品策略

众所周知，任何产品都有一定的市场生命周期，而处在生命周期的不同阶段，对该产品的市场需求也不相同，企业所采取的策略也不尽相同。特别是茶叶产品种类繁多，这就要求企业必须根据不同茶叶产品的特性和所处的市场阶段，制定不同的市场营销战略，以获得长久发展。

1. 茶叶市场生命周期

茶叶市场的生命周期，一般是指茶叶新产品从进入市场到退出市场所经历的市场生命循环过程。只有进入市场，茶叶的市场生命周期才开始，而退出市场后，即使该茶叶仍然被消费者使用，但它的市场生命周期已经结束。茶叶的市场生命周期大致可以划分为投入期、成长期、成熟期和衰退期，但由于受到主客观原因的影响，并不是每一个茶叶产品都会先后经历以上四个阶段。有的茶叶产品长久不衰，长期处于成熟期，而有的产品则由于产品定位和决策的失误，一问世就面临退市。茶叶领域内的众多名茶，如西湖龙井、黄山毛峰等，历经千百年仍然为消费者所喜爱。而在茶饮料发展初期，许多的茶饮料错误地定价或定位，以及众多竞争对手的存在，刚经过投入期就直接进入衰退期，最终被消费者遗忘。对于任何一个茶叶企业来说，必须要承认茶叶产品生命周期的客观性，从而根据茶叶所处的时期采取相对应的措施。

2. 茶叶企业产品策略

从市场生命周期的阶段性来看，各个阶段的特点各不相同，因此茶叶企业必须根据茶叶产品所处的阶段，采取不同的策略。

（1）投入期的企业产品策略

在茶叶新产品的投入期，由于消费者对新产品并不了解，企业需要做的就是把茶叶投放到市场上，通过各种手段不断提高茶叶新产品的市场知名度。如很多茶叶新产品就借助茶王赛、茶博会、茶叶评比等形式多样的活动，不断冲击消费者的注意力。在这一阶段，适当的广告投入对于茶叶企业来说十分必要，但企业必须围绕着茶叶的优良品质即茶叶的核心产品展开宣传。

具体来说，在确定茶叶产品的市场定位的基础上，企业可以分别采取快速掠取策略、缓慢掠取策略、快速渗透策略和缓慢渗透策略。如果茶叶新产品定位于高端，可以采取前两种策略，其区别就在于快速掠取策略实施高价格和高促销，而缓慢掠取策略则以高价格和低促销为主，如立顿就采取高价格、高促销费用的快速掠取策略，很快打开了我国市场。如果茶叶新产品定位于低端,则可以采取后两种策略,其区别就在于快速渗透策略实施低价格和高促销,而缓慢渗透策略则以低价格和低促销为主,如当前的茶饮料市场,许多新进者如娃哈哈都采取低价格和高促销的快速渗透策略,以迅速扩大市场,提高市场占有率。

(2)成长期的企业产品策略

在茶叶新产品的成长期阶段,由于产品已经为消费者所熟悉,产品的销量有所提高。因此企业的重点就是进一步对产品进行推广,不断扩大产品的市场占有率,并逐步确立自身产品的特色,避免与其他产品的同质化竞争。如很多生产有机茶的企业,就在这一阶段开始不断突出自身茶叶产品的优异品质,以与同大宗茶相区别,树立独特的产品形象,相对应的是企业的广告宣传也要由介绍产品转移到宣传特色、树立形象上来,既从对茶叶核心产品的宣传转移到茶叶形式产品的宣传上来。同时,企业也能够利用降价的策略,吸引对茶叶价格敏感的消费者购买茶叶。

此外,茶叶企业也可以利用在新产品上的局部创新,来挖掘细分市场,填补市场空白。如立顿袋装红茶在中国的市场发展进入快速成长期后,联合利华通过对袋装茶叶成分的调整,适时推出袋装立顿绿茶和立顿茉莉花茶,进一步细分了袋装茶叶的市场,获得了良好的经济效益。

(3)成熟期的企业产品策略

进入成熟期,随着茶叶销量的逐步稳定,在该茶叶产品上的经济效益也达到了最大化。这使得很多茶叶企业不思进取,只顾短期利益而忽视长期利益,失去了进一步发展的大好机遇。特别是茶叶作为一种嗜好品,长期的饮用使消费者养成了一定的消费习惯,致使茶叶企业不愿轻易革新,打破现有的消费格局。确实处于成熟期,保持茶叶产品的市场份额很重要,但企业也要运用各种措施来努力延长茶叶产品的成熟期,如进行市场改良、产品改良、实施不同的市场营销组合来吸引消费者。

尤其是茶叶作为一种饮品,在医学、保健方面具有多种功效,而随着科学技术的不断进步,通过对茶叶的功能性研究不断发现茶叶的新功效。茶叶企业可以利用这些新功效,结合各种营销手段,将茶叶产品引入尚未使用过该产品的市场,如统一集团的茶叶与饮料的结合,天福集团的茶与食品的结合等,都是茶叶产品在其他领域的成功拓展。

而在产品的营销方面,企业也可以综合运用产品、定价、促销和渠道四个市场营销主要因素,达到延长成熟期的目的。尽管降低茶叶价格对于企业来说作用最大,但是企业必须根据茶叶产品的市场定位,而不能盲目使用降价策略。尤其是一些市场需求旺盛、需求弹性较小的茶叶产品,如有机茶降价会导致企业效益下降。

(4)衰退期的企业产品策略

衰退期常常与放弃相联系,一旦茶叶产品进入衰退期,就意味着必须选择放弃。尽管茶叶行业的退出壁垒不高,但选择如何放弃、何时放弃对于任何茶叶企业来说仍然十分重要,如果选择合适,进入衰退期的茶叶产品甚至还可以获得丰厚的回报。

一般来说,根据茶叶市场的情况,企业可以选择继续营销策略、集中营销策略、缩减营销

策略和放弃营销策略。如果当前市场上同质产品的竞争对手纷纷选择退出,那么企业加大原有产品上的营销活动,获得老顾客的青睐,仍然可以在相当长的一段时间内获得盈利,特别是在黑茶、花茶、红茶等茶类领域,尽管市场需求量不大,但是仍然具有一定的消费者群体。当其他企业退出时,最终选择留下的企业反而可以获得较好的回报。企业也可以采取将所有的资源集中到企业最具优势的产品或市场上,采取集聚战略,以获取回报;至于确实无法挽救的产品,企业一旦决定放弃就必须坚决彻底,立即撤出资源。

二、茶叶价格策略

(一)茶叶产品定价依据和程序

1. 茶叶产品定价依据

茶叶企业给茶叶产品定价,必须从多方面加以考虑,定价太低,影响企业利益,定价太高,产品销售又不佳。一般来说,茶叶企业会根据茶叶的成本、市场供求以及茶叶市场的竞争程度来确定产品价格。

(1)茶叶成本

任何一个产品的价格构成中,成本所占的比重最大,茶叶也不例外。企业在考察茶叶成本的过程中,重点要注意总成本和边际成本。总成本决定了茶叶的价格,当茶叶的总成本很高时,其价格必然也高,否则企业无法获得利润。边际成本是从单个产品的成本角度来分析,当增加生产一定单位量的茶叶时,如果导致增加的收入小于增加的成本,则对于企业来说必须减少生产量,当增加的收入大于增加的成本时,企业增加产量可以增加利润,而当企业增加的收入等于增加的成本时,这时的茶叶产量符合最佳经济效益。任何企业给茶叶定价,都要一方面考虑总成本,同时要结合管理经济学找出最优的茶叶产量,实现经济效益最大化。

一般来说,在茶叶成本的构成中,主要以人员工资的支出最多。在福建安溪 2004 年的茶叶成本调查中,茶园管理成本最高,达到了 4.46 元/0.5 千克,其中又以采摘成本最高,为 1.78 元/0.5 千克,而在浙江采摘 1 千克的龙井鲜叶成本则需 20 ~ 40 元不等。除去税费的 3.15 元,其他单项成本最高的依次为初制人员工资的 1.85 元、茶园施肥的 1.02 元和精制过程中拣工的 0.71 元,可见人员工资的支出仍然是茶叶成本的重要部分。在茶叶的种植过程中,成本最高的主要是开垦费用,茶苗费用其次,种植成本最低。而就不同茶类的成本构成来看,绿茶和红茶的用工费用也较高,分别占到了总成本的 55% 和 68%。由此可见,茶叶成本的决定因素主要是种植、生产和加工过程中各种人员工资的支出。

表4-1 安溪茶叶生产成本表(单位:元/0.5千克)

管理成本4.46	初制成本2.82	精制成本1.03	销售费用0.67	税费3.15
修剪0.16	燃料0.37	燃料0.06	包装费0.30	特产税1.02
采摘1.78	水电0.39	水电0.05	贮运费0.37	增值税及其他税费2.13
施肥1.02	工资1.85	工资0.18		
除草0.30	机器折旧0.21	拣工0.71		
耕作0.65		机器折旧0.01		
喷药0.55		厂房折旧0.02		

资料来源:福建茶叶,福建省茶叶竞争力分析及发展对策,2003(1)

表4-2 福建主要茶区生产成本表(单位:元/667米^2)

地区	茶叶种植成本(总)	种植	茶苗	开垦
安溪	1159	316	343	500
建瓯	666	91	125	450
福安	810	90	320	400

资料来源:福建茶叶,福建省茶叶竞争力分析及发展对策,2003(1)

其他费用 16.63% 物资费用 27.72%

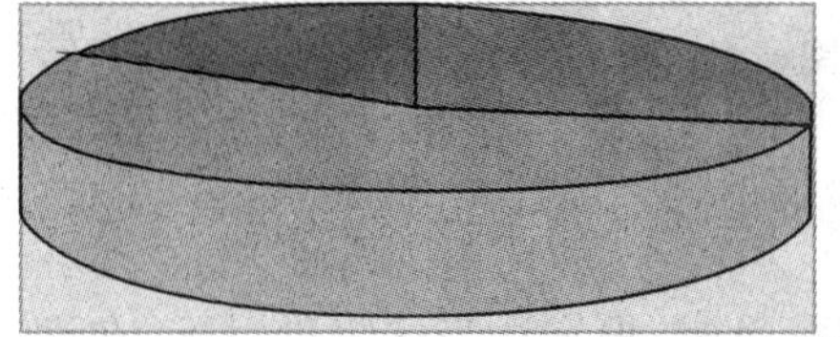

用工费用 55.65%

绿茶成本构成图

其他费用 9.88% 物资费用 27.72%

用工费用 65.68%

红茶成本构成图

图4-2 茶叶成本构成图

资料来源:茶叶,我国茶叶生产成本效益之比较分析,2004.30(1)

(2)市场需求

根据西方经济学中的理论,一个产品的价格围绕着价值波动,并受市场供求的变化,当一个产品供不应求时,其价格会大幅提高,并大于其价值,而当一个产品供过于求时,其价格会下跌,最终可能会小于其价值。由于茶叶产量相对于茶叶需求来说更好控制,所以茶叶企业在定价的时候,重点要考虑茶叶市场需求的状况,以此为依据来制定价格,符合消费者需求的可以定高价，不符合消费者需求的则走低价路线。从我国的现状来看，茶叶已经进入供大于求的时代，消费者直接决定茶叶的畅销与否。因此企业必须改变传统的生产营销观念，从市场的分析中找出热点和趋势，作为生产的重点，并依据市场需求和茶叶产品需求弹性来考虑产品价格。由于对于一般的消费者而言，茶叶是一种嗜好品，在消费者收入较低的时候，茶叶的需求弹性较大，而在消费者收入增加后，茶叶的需求弹性则明显降低。对于具有较多相同产品的茶叶，企业可以考虑采用大众化的价格；而对于具有自身独特优势的茶叶，则利用其需求弹性小的特点定高价获取利润。立顿袋泡茶之所以高价仍然畅销，依靠的是其品牌的强大号召力；而有机茶、无公害茶的高价，则是因为这些产品与消费者的需求相一致，产量暂时无法满足需求所致。

(3)茶叶市场的竞争

从西方经济学理论来看，当一个企业的产品在市场中没有竞争对手或竞争对手很少时，企业可以凭借垄断来获得高额的利润，或者通过与其他企业进行协商共同获得高额的垄断利益。但从茶叶市场的现状来看，由于茶叶市场的进入门槛相对较低，使得当前茶叶市场的竞争颇为激烈，企业不仅难以获得高额的利润回报，甚至在制订茶叶价格时，还必须充分考虑到竞争对手的反应和竞争环境。

综合来看，茶叶的价格，下限是茶叶成本，上限是市场供求，并由于茶叶市场的竞争在上限与下限之间波动，其图如下。

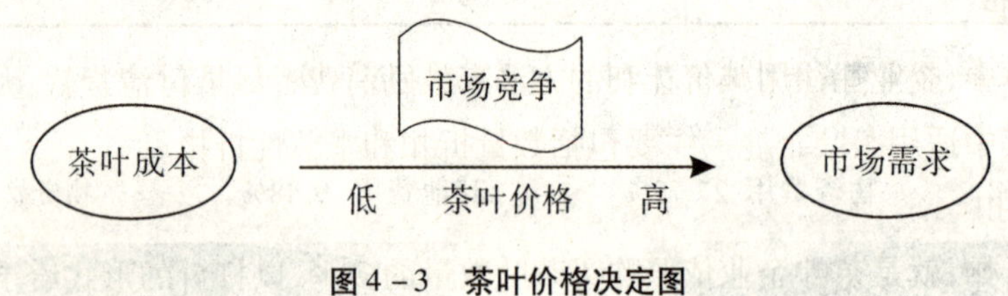

图4-3　茶叶价格决定图

2. 茶叶产品定价程序

茶叶产品的定价程序，就是茶叶企业依据自身的营销目标，根据适当的定价目标，在综合考虑各种因素的前提下，选择合适的定价方法，最终确定茶叶产品价格的过程。一般来说，主要包括以下几个步骤：

(1)测定市场需求

主要是分析市场对该产品的需求情况以及当前市场上该产品的供给量情况。市场对该产品的需求量越大，当前市场上该产品的供给量越少，企业可以考虑定高价，反之企业宜采取低价策略。

(2)测算产品成本

任何茶叶企业均以盈利为目标，而盈利是建立在对企业产品成本准确分析的基础上的。企业不仅要考虑产品的生产成本，还要考虑在采取不同营销组合下的成本是多少。

(3)分析竞争对手的产品与价格

竞争对手的产品与价格直接影响了本企业茶叶产品的价格，因此通过市场调查和消费者调查了解竞争对手的产品价格，并分析对方产品与本企业产品的异同点，思考两者之间的联系。若两者之间呈现高度联系，则要视对方产品价格为制定本企业产品价格的重要指标。

(4)选择定价方法

在做好上述工作后，产品价格的区间基本确定，这时就必须考虑采取何种方法为产品定价。一般来说企业可以分别从成本、需求或者竞争的角度来确定产品的价格，也可以综合这三方面因素，结合企业自身的实际情况，选择定价方法。

(5)确定最终价格

选择定价方法后，通过合理的计算，即可以得出产品的最终售价是多少。当然最终价格的确定，还需要考虑消费者的心理，以及产业链下游经销商等方面的意见。最终的价格一定要既能够为消费者所接受，又可以为企业带来丰厚回报。

(二)茶叶企业价格策略

对于茶叶企业来说，除了茶叶产品价格的制定外，企业还必须根据市场的变化和消费者的需求，及时调整自身产品的价格。一般来说，茶叶企业可以采取价格折扣和心理定价等措施，进一步掌握经营的主动权

1. 价格折扣

在市场竞争中，企业往往用减价让利的方法来鼓励消费者尽早付清货款、大量购买或在淡季购买。而其中适用茶叶企业的主要包括数量折扣和季节性折扣。

(1)数量折扣

所谓数量折扣，就是茶叶企业依照购买茶叶数量的多少，以打折的形式给予消费者减价优惠。一般来说，购买茶叶数量越大给予的优惠折扣也就越大，从而可以鼓励消费者大量购买茶叶。数量折扣通常分为两种方式：一种是累计数量折扣，即规定在一定时期内顾客购买的茶叶达到一定的数量就可以享受一定折扣的减价优惠，这种方法有助于茶叶企业和消费者建立长期稳定的关系；另一种是非累计数量折扣，即根据消费者一次购买茶叶的多少给予一定比例的折扣减价优惠，这种方法可以刺激购买者一次性购买较多的茶叶，提高茶叶企业的销售量。很多超市中的茶叶就采取大小不同的包装，在价格上给大包装予以优惠，使得最终茶叶的单价低于小包装。

(2)季节性折扣

季节性折扣就是生产厂家为鼓励中间商在销售淡季或旺季将来临时提前进货而给予的减价优惠，主要适用于茶叶生产企业。这种方法可以使茶叶生产企业充分发挥生产能力，也可以通过让利于茶叶中间商，提高他们的积极性。如很多茶叶经销商在新茶上市前，对往年的老茶实施降价，可以吸引一部分对价格较为敏感、同时对茶叶品质又不敏感的消费者。茶叶销售企业运用此种方法将手中存货快速销售出去，则可以回笼资金，盘活企业的资金链，

也可进一步稳固整个茶叶销售链。

2. 心理定价

心理定价就是根据消费者购买商品时的心理活动,采取相应的措施,以促进消费者购买茶叶产品。

(1)尾数定价

尾数定价,就是在制定茶叶价格时多采取零头结尾的价格,以便在消费者心理上造成便宜与实惠的感觉,以此促进产品销售。在研究消费者心理的相关实验中,消费者通常在10元和9.9元的商品中选择后者,就在于9.9元较10元少一位数,让消费者产生便宜的感觉。

(2)整数定价

整数定价是将茶叶的价格定为整数,使得价格成为消费者选择和辨别茶叶的主导因素,尤其是那些相对高价格的茶叶或是茶叶新产品,采用该方法能够将本企业的茶叶同其他产品快速区分开,有利于消费者的选择。

(3)分级定价

分级定价就是企业根据本企业茶叶的档次、等级分别制定价格,用价格作为茶叶产品档次的主要识别依据,使消费者觉得茶叶价格的差异是茶叶档次高低的标志。如花茶的价格,在北京很多茶叶零售店就以不同的价格定位于不同的消费者。但是茶叶企业采用分级定价策略时应该注意各个档次的划分,既不要分得过细也不要过疏,价格档次既不要差距过大也不要过小。

三、茶叶渠道策略

(一)茶叶营销渠道

1. 渠道的概念

所谓渠道,是指产品从制造商转移到消费者所经过的各中间商连接起来形成的通道,它与商品的实体转移有区别。如某一单位向茶叶经销商购买大批茶叶,而茶叶经销商必须向茶叶生产企业购买,为了节省流通费用,茶叶经销商可能直接从茶叶生产企业那儿将茶叶运到该单位,而不再经过该茶叶经销商的店铺。但是其营销渠道却没有变,即茶叶实体的转移是由茶叶生产企业到单位,但茶叶营销的渠道仍然是茶叶生产企业到茶叶经销商,再到该单位。

2. 茶叶营销渠道模式

根据茶叶产品本身的特点,一般来说茶叶营销渠道的模式主要有以下几种:

(1)茶叶生产企业→消费者

这种模式也叫直接渠道,是指茶叶生产企业生产出的茶叶产品,不经过任何中间商,直接由该茶叶生产企业销售给消费者,是最短、最直接的营销渠道。一般来说,这样的茶叶生产企业实力较为雄厚，开设自己的店铺进行茶叶的销售。如著名的天福集团，就是凭借自己众多的零售店铺销售天福茗茶。

(2)茶叶生产企业→零售商→消费者

在茶叶生产企业和消费者之间多了零售商，零售商从茶叶生产企业购买来茶叶销售给消费者。很多实力不太强的企业可以采用此种模式，而且借助各地的零售商，企业的茶叶可以实现广阔的销售领域。

(3)茶叶生产者→收购商→批发商→零售商→消费者

这是目前较为普及的茶叶营销渠道之一。其特点就是众多茶农手中的茶叶被茶叶收购商收购，再借助批发商和零售商，使茶叶可以顺利到达消费者的手中，而茶农借助自身的力量则很难实现茶叶的销售。

除了这三种模式外，依据生产者和最终消费者中间环节的多少，还存在多种茶叶营销渠道模式，但在茶叶领域并不常见，在此就不再具体阐述。

(二)茶叶企业渠道策略

1. 影响茶叶营销渠道的因素

对于茶叶生产企业来说，选择什么样的营销渠道，不仅要考虑企业自身的情况，也要考虑营销渠道的变动。因为当前茶叶市场变化较快，营销渠道的模式并不长期稳定，茶叶生产企业对渠道的控制也有限。因此，企业必须仔细研究影响营销渠道的各种因素，通过综合判断和分析，做出最适当的选择。一般来说，企业要考虑的因素主要包括产品因素和市场因素两方面。

(1)产品因素

茶叶产品对茶叶营销渠道的选择，有着很大的影响。首先，茶叶的单价越高，则营销渠道应尽可能短，以使产品的最终价格保持在消费者接受的范围内；其次，茶叶的自然属性如：不易保存、易窜气也决定了茶叶的营销渠道不宜过长，否则茶叶品质得不到保证；第三，茶叶数量的多少，决定营销渠道的长短和宽窄，一般来说茶叶的数量越多，就该采取较长和较宽的营销渠道。

(2)市场因素

从市场角度来看，茶叶市场发展潜力、消费者购买力、零售商规模和竞争对手都会影响营销渠道的选择。茶叶市场发展潜力大，就应该实施宽渠道，以扩大茶叶销售范围，提高销售量；消费者的购买力越强，则应该选择较长较宽的营销渠道，便于消费者购买茶叶产品；零售商的规模越大，可以相应地缩短营销渠道，借助零售商销售商品；竞争对手越强越多，则可以选择长宽的营销渠道，以应对竞争对手。

2. 茶叶企业渠道策略

(1)直接销售渠道和间接销售渠道

直接销售渠道是指生产企业不通过流通领域的中间环节，采用产销合一的经营方式，直接将商品销售给消费者，就如上面所说的由茶叶生产企业直接到消费者的营销渠道模式；间接销售渠道是指商品从生产领域转移至消费者或用户手中经过若干中间商的分销渠道，是一种多层次结构的分销渠道。对于茶叶生产企业来说，虽然中间商的介入会减少企业的一部分利润，但是借助中间商茶叶企业也可以扩大销售面，提高销售量。所以究竟选择直销还是间接销售，茶叶企业必须对自身的产品、市场、营销能力、财务等做具体翔实的分析。一般来说茶叶生产企业大多数规模小，宜采取间接销售渠道，而对于实力强大的茶叶企业来说可以采用直销。

(2)宽销售渠道和窄销售渠道

宽渠道是指企业使用同类中间商很多，分销面广泛，而窄渠道是指企业使用同类中间商很少，分销面狭窄。目前大多数茶叶生产企业采取的是宽渠道的营销模式，通过广泛的分销面，一方面扩大产品销售，另一方面降低依靠单一渠道销售的风险。但是当企业的茶叶产品具有较强的独特性或者是品牌产品时，针对的是特定的消费群体，则可以考虑采用窄的销售渠道。

(3)密集性分销、选择性分销和独家分销

所谓密集性分销是指茶叶企业通过尽可能多的中间商或分销点来销售茶叶，一般来说，这类茶叶大多数为普通产品，市场需求面较广，实施密集性分销有利于顾客的购买，但企业对渠道的控制力有所减弱。选择性分销则是企业的产品往往具有一定的品牌或知名度，并针对一定的消费层，因此企业并不追求中间商数量上的多，而是有选择地使用一个或几个中间商，有效地控制销售渠道。独家分销则是在消费者特别看中品牌的前提下，只在某一区域选择一家中间商或零售商经销其产品，目前茶叶营销领域内的独家分销商不多见。

四、茶叶促销策略

(一)茶叶促销

1. 茶叶促销

茶叶促销，是指茶叶企业通过各种方式向目标市场传递茶叶产品的信息，以启发、推动和创造市场对企业茶叶产品的需求，并引起消费者购买欲望和购买行为的综合性活动。

当前的茶叶市场已经进入买方市场，消费者面对的茶叶产品越来越多，企业只有通过有效的促销，才可以扩大茶叶产品的知名度，加速茶叶产品进入市场的进程，提高茶叶产品的销售额，增加茶叶的销售量。

一般来说茶叶促销的特征有以下几点：首先，茶叶促销通常作短程考虑，有限定的时间和空间，其作用有限；其次，茶叶促销注重的是行动，目标是立即将茶叶产品销售出去，而不是追求长期的发展；第三，茶叶企业可以采取多样化的促销工具、手段和策略；最后，茶叶促销见效较快，销售效果立竿见影，对销售增加实质的价值。由此可见，对于企业来说，茶叶促销只能作为短期提高茶叶销售量的工具加以使用，茶叶企业在促销的同时仍然需要考虑企业的长期发展。

2. 促销方法

按照促销对象的不同，茶叶促销的方法主要包括针对消费者的促销方法、针对中间商的促销方法和针对企业的促销方法。针对消费者的促销方法较多，具体包括优惠券、付现金折扣、赠品、免费试用、销售现场陈列和表演等，尤其是免费试用和现场陈列被越来越多的茶叶企业所使用。现在很多茶叶企业借助茶王赛、茶博会等机会，现场陈列茶叶产品，消费者可以免费试用，以决定购买与否，效果较好。针对中间商的促销方法以购买折让、广告折让、陈列折让和推销金为主，其根本目的就是借助中间商提高产品知名度，扩大销售量。针对企业所采取的促销方法主要是产品展览。

（二）茶叶企业促销策略

1. 影响促销策略的主要因素

对于茶叶企业来说，不同的促销手段具有不同的特点。要想制定出最佳组合策略，就必须对促销组合进行选择，并重点考虑以下几个因素：

（1）产品类型

产品类型不同，购买差异就很大，不同类型的产品应采用相应的促销策略。茶叶作为消费品，具有和烟、酒一样的嗜好品特性，消费群体较为稳定，一旦得到消费者的认可，就可以与之建立起长期的消费关系。因此，茶叶企业可以采取先打广告，等产品达到一定知名度的时候，再进一步实施销售促进、人员推销和宣传，强化消费者对产品的选择行为，稳固消费者和茶叶间的联系。

（2）产品生命周期

对于不同种类茶叶的生命周期，以及处在不同生命周期的茶叶产品，所采取的策略也有所区别。一般来说在茶叶新产品的导入期，茶叶企业必须使消费者认识该产品，使中间商愿意经营，因此在该阶段可以对消费者以广告介绍为主，对中间商则采取人员推销；进入成长期和成熟期，企业为了扩大产品的市场占有率，要以广告促销为主，同时辅以营业推广；而在产品的衰退期，企业的促销要有所减少，以保证获得足够的利润。

（3）市场需求状况

根据茶叶市场需求情况的不同，茶叶企业应采取的促销组合也不同。如中东和非洲的一些国家，茶叶已成为生活的必需品，需求度很高，因此可以较少采用促销。一般来说，当茶叶市场范围小、需求少、潜在顾客较少以及茶叶产品定位较窄的时候，采取促销要以人员推销为主；而对于无差异的茶叶市场，因其消费者较为分散，则应以广告宣传为主。

2. 茶叶企业促销策略

(1)推式策略

是指茶叶企业利用推销人员与中间商促销,将茶叶产品推入渠道的策略。这一策略需茶叶企业利用大量的推销人员推销产品,它适用于生产者和中间商对产品前景看法一致的产品。推式策略风险小、推销周期短、资金回收快,但其前提条件是须有中间商的共识和配合。

推式策略常用的方式有:派出推销人员上门推销产品,提供各种售前、售中、售后服务促销等。

(2)拉式策略

拉式策略是茶叶企业针对最终消费者展开广告攻势,把茶叶产品信息介绍给目标市场的消费者,使人产生强烈的购买欲望,形成急切的市场需求,然后再"拉引"中间商纷纷要求经销这种产品。

在市场营销过程中,由于中间商与生产者对某些茶叶新产品的市场前景常有不同的看法,因此,很多新产品上市时,中间商往往因过高估计市场风险而不愿经销。在这种情况下,生产者只能先向消费者直接推销,然后拉引中间商经销。

拉式策略常用的方式有:价格促销、广告、展览促销、代销、试销等。

(3)推拉结合策略

在通常情况下,企业也可以把上述两种策略配合起来运用,在向中间商进行大力促销的同时,通过广告刺激市场需求。

在"推式"促销的同时进行"拉式"促销,用双向的促销努力把商品推向市场,这比单独地利用推式策略或拉式策略更为有效。

五、国际市场茶叶营销发展

(一)经济特性与茶叶国际营销

国际市场营销的方式、方法及策略与经济环境有着重要的关系。经济环境有众多的要素组成,则经济环境中突出要素不同,国际市场营销受到的影响也不一致。不知晓、了解及熟悉经济环境,则对国际市场营销的整体环境也无从把握。对市场的调查分析,采取的措施也无从着手。结合一般的产品、价格、渠道、促销市场营销组合特点,分析国际经济环境,有利于确定国际茶叶市场的潜力和优先营销的对象。

(二)文化特色与茶叶国际营销

针对文化的国际性而展开茶文化营销,归根结底是一条博大精深的中华茶文化走向世界，并与世界各国的传统文化融为一体，生根开花之路。关于这方面的实例很多，比如日本的茶道、韩国的茶礼就是中国饮茶习俗在其本土化过程中成长起来的一种茶礼仪。要进行茶叶产品的国际营销，就必须了解各国的人文背景与民俗风情，设计出适宜各国风土人情的茶文化产品，只有这样，才能使茶产品具有发展的生命力。

（三）茶叶包装与茶叶国际营销

包装在茶叶国际市场营销中具有重要作用：

1. 广告效用

国际市场营销过程中，茶叶产品包装的广告性作用主要体现在宣传与展示产品方面。通过直观的包装展现，是实实在在的产品推介，实现名声和实际产品与消费者的零距离接触。

2. 产品品质保护效用

茶叶包装是保护茶叶品质、提高信誉及竞争能力的重要环节。通过选用合适的容器或材质，并对容器及材料进行技术加工，从而达到保护茶叶产品的一种特殊的装置。茶叶产品包装不仅仅像广告一样，起到造势的作用，而且还增加了切切实实的作用。

3. 市场传播效用

茶叶产品包装的广告性、实用性为茶叶产品的传播奠定了坚实的基础。广告性是指形象方面引起人们的注意，吸引人们的目光，借顾客良好的口碑，进行宣传传播。从精神实体和物质形态上，茶叶包装起到了真正的传播作用，达到形神具备的效果。茶叶包装的意义，已成为运输茶叶产品、保证质量、传达相关信息的重要媒体。

4. 文化特色彰显效用

其一，表现文化性。无论单纯的物质形态或精神实体，还是达到茶叶产品传播的最终目的，无不弥漫着茶叶产品的文化性。其二，形成文化性。包装设计本身是人类活动的重要组成部分，是人类心智的积极、创造性的行为。在信息多元化的时代，在设计包装时，把握和坚持包装设计的文化性，挖掘、梳理中国茶叶包装设计中优秀丰富的文化内涵，同时将传统的文化思想精髓渗透到当代设计的要素中，突显茶叶包装设计的文化特质。

（四）技术壁垒与茶叶国际营销

茶叶技术壁垒是指国家的政府或非政府机构，以维护国家安全、保护自然界及其生物生命的健康和安全为理由，制定、发布和实施种种较为苛刻的且难以达到的强制性和非强制性的技术性限制措施和规定，包括技术法规、标准和合格评定程序以及产品检验检疫措施、茶叶产品包装及标志和环境要求等。茶叶技术壁垒强调茶叶产品符合进口方所持的技术标准，包括茶叶生长环境标准、茶叶病虫害防治过程中的农药可用规定、茶叶采摘标准、茶叶加工参数标准、茶叶初加工和精加工环境标准、茶叶产品包装材料标准、茶叶产品农药残留量的标准以及茶叶运输过程的监控等标准。在茶叶产品方面，农药残留是最高的技术性壁垒。2006 年 5 月，日本实行修改后的《食品卫生法》，对进口乌龙茶的卫生技术壁垒增高。主要不同之处在于：设定标准的农药从 83 项增加到 144 项；原不设定标准的农药（600 多项）现在有了检测标准，一律为 0.01 ppm；检测方式则从原来的茶水检测转变为干茶检测，设限外农药残留超标将被视为违法。

第二节　茶叶品牌管理

中国有着不下万个的茶叶品牌，但几乎没人知晓，更不用说品牌的美誉度，通过茶业市场的分析，我们不难看出其中存在着很多的问题，诸如市场不规范、结构不合理、制度不完善、技术落后等。这些问题都是表面现象，更深层次的问题是，中国茶叶知名品牌的缺失，茶叶品牌建设、管理刻不容缓。

一、茶叶品牌企划

（一）茶叶品牌内涵

一般情况下，品牌必须具备三个层次结构，第一，基础层，它是指企业产品能够满足使用者的基本需求。第二，功能层，它强调为特定顾客提供特定的需要与期望值。第三，扩展层，也就是“文化层”或“附加值层”，是感性的、人文的东西，是一种消费者难以具体描述的情感或人文价值，而这些价值则是通过市场营销组合等要素而传递到产品中去的，也是使消费者产生忠诚感的核心问题。

茶叶是一种商品，因此茶叶品牌也属于品牌理论所支持的范畴，茶叶品牌也必须具备品牌的三个层次结构，即茶叶必须具有满足消费者消费的需求，能为消费者提供消费者所要满足的期望和需要，且能带给消费者精神层面的享受。

（二）茶叶品牌定位与设计

品牌定位包括的内容有：文化定位、市场定位、消费方式定位、理念定位、功效定位、价格定位、竞争对手定位等。下面根据茶叶品牌的特性，就茶叶品牌的市场定位、文化定位、消费方式定位进行分析。

1. 品牌的市场定位

品牌的市场定位直接以产品的消费群体为诉求对象,突出产品专为该类消费群体服务,来获得目标消费群的认同。把品牌与消费者结合起来,有利于增进消费者的归属感,使其产生"我自己的品牌"的感觉。如金利来定位为"男人的世界";哈药的护彤定位为"儿童感冒药";百事可乐定位为"青年一代的可乐"。因此在品牌市场定位上首先需要清楚行业的市场容量是多大,中国是一个茶叶的消费大国,40%的人有喝茶的习惯,且茶叶还可以作为其他消费用途,市场容量很大,但这个容量主要还是以散装茶为主,品牌在其中的作用不是很明显。接着我们必须了解竞争对手的特征是什么,他们的目标群体是什么,占据多少的市场份额。然后我们必须进行一定的市场调查,这个市场调查必须从年龄、工作、教育、工资、性别等方面进行调查,主要目的就是要了解目前哪些人在消费中国的茶叶以及他们都选择什么样的品牌消费以确定品牌的定位,最后根据收集的数据进行整理分析,积极地寻找市场的空白处,"立顿"在这方面做得很好,他发现80年代出生的人很少有喝茶的习惯,更不用说品茶,于是他就积极地抢占这些市场,提出了"立顿"茶叶的健康、时尚以引领年轻一代的消费者。

消费方式定位是品牌市场定位的一个方面,也是消费者使用品牌的方式和手段。在美国 Campbell 公司多年经营的汤料就定位在供午餐时使用,不停地在午间广播中广而告之。现在,很多 Campbell 汤料都是以调味、浸渍,或给主菜作配料来定位的。而 AT&T 公司(美国电话电报公司)是靠有特殊作用的长途电话来定位的。例如,"伸手去感动别人"的活动就是用与所爱的人沟通的方法来给长途电话定位的。

茶叶消费的特点无非就是饮用、食用、药用。这些特点决定了茶叶品牌消费的方式,主要以饮用方式为主。那么具体是如何饮用的呢?是在茶楼、办公室还是在家里?单独享用还是多人享用?什么时候享用?是送人还是自己享用?当然,在消费方式定位时必须围绕品牌文化的定位而进行,茶叶品牌的文化内涵更多的是茶文化的内涵,因此在消费方式定位上应更多地体现在品茶上,从基础上还可以定位茶叶作为礼品消费的理念等。于是在茶叶品牌的市场定位上,可以采用以品茶消费为主线,以多渠道消费为分线的策略进行。

2. 品牌的文化定位

品牌文化的定位是指企业在市场定位和产品定位的基础上,对特定的品牌在文化取向及个性差异上的商业性决策,它是建立一个与目标市场有关的品牌形象的过程和结果。换言之,即指为某个特定品牌确定一个适当的市场位置,使商品在消费者的心中占领一个特殊的位置,当某种需要突然产生时,比如在炎热的夏天突然口渴时,人们会立刻想到"可口可乐"红白相间的清凉爽口。

将文化内涵融入品牌,形成文化上的品牌识别,文化定位能大大提高品牌的品味,使品牌形象更加独具特色。中国茶叶文化源远流长,国内企业要予以更多的关注和运用。中国茶文化包罗万象,有茶德、茶礼、茶文、茶艺、茶具、茶事、茶风景、茶旅游等。茶是地域性的产

物，由于受到土壤、气候、雨水、人文等因素的影响，具有很强的地方特性，因此在茶文化的表象上也存在很大的差异，但他们都属于中华文化，所以也保持着很大的相通性。

中国人饮茶，注重一个“品”字。“品茶”不但是鉴别茶的优劣，也带有神思遐想和领略饮茶情趣之意。在百忙之中泡上一壶浓茶，择雅静之处，自斟自饮，可以消除疲劳、涤烦益思、振奋精神，也可以细啜慢饮，达到美的享受，使精神世界升华到高尚的艺术境界。品茶的环境一般由建筑物、园林、摆设、茶具等因素组成，饮茶要求安静、清新、舒适、干净。中国园林世界闻名，山水风景更是不可胜数。利用园林或在自然山水间搭设茶室，让人们小憩，意趣盎然。

中国茶文化在中国乃至全世界都发挥着主导者的作用，因此在中国茶叶品牌定位中必须深挖中国茶文化，以提升中国茶叶的品牌内涵，使顾客在消费茶叶时能体会到茶叶所蕴涵的人文价值，提高中国茶叶品牌的竞争力。

3. 茶叶品牌的 CIS 战略

可以考虑在茶叶品牌建设中导入 CIS 战略。CIS 是英文 Corporate Identity System 的简写形式，一般译为企业形象战略，简称 CIS 战略。主要包括理念识别（MI），活动识别（BI），视觉识别计划（VI）。其中，理念识别是经营宗旨方针、精神标语、座右铭，是企业在长期的发展中逐渐形成的具有独特个性的价值体系，是企业成熟和完善的象征，也是企业不断发展壮大的原动力。茶叶品牌的 MI 设计是必须围绕品牌定位展开，根据中国茶文化的特征来进行设计，茶叶品牌的成功与否跟品牌的理念识别，它关系到品牌的文化内涵，关系到品牌渗透出来的精神内涵，使消费者在消费时能体会到产品所传达的意境。活动识别（BI）内容包括：对内指干部培训、员工培训、生产福利、工作环境、内部设备、劳动保护、研究发展，对外指市场调查产品开发、公共关系、广告宣传、促销活动、代销商、主管部门、公益性文化活动。理念识别（MI）是企业在经营理念的指导下，对企业内部的教育和管理活动以及对外的经营活动、公关活动、社会性公益活动，这是在企业的经营理念指导下逐渐培养起来的企业全体员工的自觉行为方式和工作方式。品牌不单单就是一个产品，它跟企业的形象息息相关，企业形象的好坏与企业的全体成员的行为活动密切相关。企业不仅追求经济效益，而且还必须具备社会效益。面对中国茶叶品牌混乱的情况，必须规范茶叶企业的行为活动，以树立良好的企业形象。视觉识别计划（VI）内容包括：企业名称、企业标志、品牌名称、商品标志、企业标准字、商品标准字、企业标准色、企业专用印刷、企业象征物等。传达企业的经营理念，强调企业的个性、主体性和共同性，塑造独特的企业形象。茶叶需要包装，也需要 LOGO。有好质量的茶叶也必须配上符合质量的包装，以体现茶叶的品质和文化内涵。茶叶具有古风古色的特点，在选择品牌的名称时，应挖掘茶叶的文化内涵，根据茶叶的特色来进行命名，在包装的选择上依据茶叶品牌定位来进行。

茶叶的品牌 CIS 战略直接关系到中国茶叶品牌的成功与否，CIS 战略的相关方面紧密联系，缺一不可，因此必须完善茶叶品牌的 CIS 战略，保证 CIS 战略从导入、实施到评价都能对品牌起到支撑性作用。

二、茶叶品牌建设与运营

品牌建设一直是中国茶业企业经营中的致命弱点，中国茶叶品牌建设与运营刻不容缓。概括来说，建设强劲茶叶品牌的策略主要有以下几种：

（一）产品策略

产品是品牌的基础，品牌以产品为载体。人们通常把产品理解为具有某种物质形状、能够提供某种用途的物质实体，事实上，顾客购买某种商品，并不只是获得该产品的物质实体，而是要通过购买产品来获得某方面的满足。因此，从市场营销的观点来看，产品概念的内涵被大大扩展了，我们可以通过产品的设计、产品包装、服务对消费者进行品牌传达。

产品设计要体现产品的功能特色，即便品牌代表的是情感性与自我表现型利益，产品设计也要围绕品牌定位。通过产品的设计来传达品牌的形象，以达到营销的目的，在获取销售量的同时获得消费者的美誉度。没有产品功能的支撑，营销就如同空中楼阁，不可能获得品牌的常青。因此在茶叶的设计中，应增加茶叶的功能性因素，例如可以添加一些绿色元素作为补充，还可以寓文化于其中。

产品包装也就是对产品实物进行保护与美化，茶叶有着悠久的文化内涵，包装上应围绕茶叶的文化内涵而进行选材包装，在风格上体现出茶叶品牌的内涵，其中也必须考虑茶叶的特点，在包装设计时应该做到保护茶叶质量。一件好的商品如果没有好的包装，很难在市场上卖个好价钱，所谓三分靠长相，七分靠打扮，通过一个恰当的包装给消费者留下一个好的印象，为品牌营销作铺垫。

有了产品实物，还必须有产品服务。美国市场营销学专家里维特断言："未来竞争的关键，不在于工厂能生产什么产品，而在于其产品所提供的附加值：服务、用户咨询、消费信贷、及时交货和人们以价值来衡量的一切东西。"海尔品牌的核心价值是"真诚到永远"，服务中的每一细微之处都体现"真诚"。

因此在茶叶品牌的经营过程中，在茶叶质量的基础上提高茶叶品牌的服务，从而提高茶叶品牌的整体形象。

（二）沟通策略

沟通是指企业将其产品及相关的有说服力的信息告知目标顾客，以期在特定的目标顾客中唤起营销者预期的意念，有效地影响目标顾客的行为与态度，促进企业产品销售的市场营销活动。一般的沟通策略有广告、公关、媒介事件等。

广告是品牌传播的主要方式和常用手段。它是打造知名品牌的利器，是品牌成功的关键，也是品牌成功最有效的方式。一个产品要想成为一个品牌，就必须让产品的受众能知道这个产品，且让消费者知道这个品牌的定位，通过广告可以实现这个目标，不仅给人以视觉感受，还给人以听觉感受。在选择广告作为打造品牌的手段时，我们可以采取形象代言人策略，找符合茶叶品牌定位的名人、明星进行代言，因为名人、明星有一定的追随者，他们的行为举止会深深地影响他们的追随者，可以引导购买。在运用广告策略时，我们必须注意以下一些问题：

第一，市场调查是广告运动的基础环节，在广告策划之前，要对市场作认真的分析。第二，确定广告目标，就是要清楚为什么要做广告，针对谁做广告，广告的宣传范围有多大？第三，广告预算的编制，要根据自身的情况来分析，不要盲目的行动，自不量力。

公关，是指企业在从事市场营销活动中正确处理企业与社会公众的关系，以便树立企业的良好形象，从而促进产品销售的一种活动。公关活动的范围很广泛包括：宣传性公关，即运用报纸、杂志、广播、电视、互联网等各种传播媒介，采取撰写新闻稿、演讲稿、调查报告等形式，向社会各界传播品牌、产品、企业等有关信息，以形成有利的社会舆论；赞助性公关，通过赞助文化、教育、体育、卫生等公益事业、支持社区福利事业，参与国家、社区重大社会活动等形式来塑造品牌和企业的良好形象，提高品牌及企业的社会知名度与美誉度；征询性公关，即通过开办各种咨询业务，开展市场调查，进行民意测验，设立免费热线电话，举办信息交流会等活动，经过连续不断的努力，逐步建立起可直接与消费者沟通的信息网络，收集消费者对品牌、产品、企业的意见和建议，为顾客及社会公众提供满意的服务；服务性公关，即通过各种形式为公众服务，如消费指导、消费培训、免费修理等，以行动去获取公众的了解、信任和好评，进而实现既有利于促销又有利于树立和维护品牌形象与声誉的活动。

因此在进行茶叶品牌打造和经营时，必须积极展开公关活动，灵活运用公关手段，在为社会作出贡献的同时也为企业的知名度和美誉度作出贡献。

媒介事件，指社会组织为吸引新闻媒介报道并扩散自身所希望传播开去的信息而专门策划的活动。如国内外许多企业组织都注重利用成为周年纪念日、厂庆之类的活动来邀请或吸引新闻媒介报道他们的各方面情况，以借机宣传自己。

茶叶作为一种具有中国文化传统的农产品，在它身上有很多的文章可以作，把它作为一个世人关注的事件来进行品牌宣传，比如开展品茶大赛、举办茶叶大杂烩等，还可以引入名人、诗歌、茶风景等载体来进行媒介传播，这种媒介传播成本低，且传播的覆盖面很大，极易到达品牌选材的效果。

（三）销售与价格策略

销售策略指产品从制造者中转至消费者所经过的各中间商连接起来形成的方式，它包括了零售商、代理商、用户等方面的内容。价格策略是市场营销组合中非常重要并且独具特色的组成部分。价格通常是影响商品交易成败的关键因素，同时又是市场营销组合中最难以确定的因素。因此在茶叶品牌的营销过程中，必须考虑茶叶销售的渠道是什么，是通过专卖店，还是通过茶楼，还是通过代理商等方式进行。同时，还必须考虑茶叶的价格，因为价格直接关系到销售情况以及收益，价格的定位必须围绕着品牌的定位展开，根据品牌定位的等级不同，价格也不同，这样可以满足各阶层的消费者。

三、茶叶品牌管理

(一)品牌管理所担负的使命是创建、培育以及提升品牌资产

品牌是企业最为重要的无形资产,品牌的重要性在于其是企业的重要资产,品牌具有不可复制性,因此也是企业核心竞争力的组成部分。品牌管理的基本目标是创建、培育以及提升品牌资产的价值。

品牌资产包含品牌认知度、品牌知名度、品牌忠诚度、品牌联想和其他资产。品牌资产是通过长期投资和营销努力,在顾客心目中建立顾客品牌态度。品牌资产的建立需要整体的战略规划,是由内而外的。

由于品牌资产的建立首先在于企业内功的修炼,以及通过整合营销推广的手段,将企业的品牌规划内容与顾客进行深入沟通。注定品牌管理也是由内及外的。对内以品牌为核心目标进行组织结构建设,并制定相应的品牌意识和品牌文化,使品牌成为各个部门的核心目标,从而通过产品品质、顾客服务品质、关注成本、注重企业形象等企业文化内涵,影响外部客户。对外实现与顾客的多维度和立体化沟通,采取广告、公关、促销、人员推广等手段加强顾客对品牌的记忆、理解、认同和忠诚。

品牌管理的基本步骤包含了研究过程、品牌定位过程、品牌规划过程、品牌实施过程和效果评估过程。研究与定位的根本目的是寻求品牌在目标消费群心目中的位置,创建品牌相对于竞争对手的差异性,从而形成独一无二的竞争优势,而品牌规划与品牌实施则是使品牌定位的理念和思想具体化,并通过立体化的传播和沟通手段使企业关于品牌的理想及文化内涵为目标客户所感知和认同。

茶叶品牌也拥有品牌资产的概念,品牌的管理也必须从内到外,没有内部的管理,也就不可能造就外部品牌的坚实,没有外部的管理,也同样没有内部品牌的发挥。茶叶企业在打造品牌时,应把茶叶品牌作为一个资产来进行管理,因为它具有品牌资产的保值、增值、贬值的风险。

(二)品牌管理的三大职能和三大关系

1. 品牌管理的三大职能

品牌管理的基本职能在于三个方面:明确资源、妥善协调和改善经营。

明确资源:明确企业的资源现状以及获取外部资源的能力。包括企业人力资源、财力、物力、技术、创新力、核心竞争力、生产工艺、成本、企业文化建设等各个环节的企业现状,明确企业资源相对于竞争者而言的核心资源区域所在;明确企业现状可获取的外部资源,包括可选择的外部合作伙伴的范畴(调研公司、广告公司、咨询企业等外脑的实力和服务素质,品牌合作企业等),可获得的政府资源等其他方面,从而依据企业的实际,制定出着实有效的品

牌发展规划。作为茶叶企业,也必须明确自身存在的资源,利用好一些天时、地理、人和条件,合理配置资源,达到品牌管理最优化。

妥善协调:从营销链的视角来看,品牌管理不仅要搭建外部营销平台,同时也要搭建内部营销平台。外部营销平台是实现品牌与目标市场的沟通,内部营销平台则是建立销售、生产、采购、人力资源等部门在品牌管理的框架下展开工作。通过与各职能的协调实现以品牌为核心的企业内部作业规范,促进以品牌为核心的企业经营理念的落实。

改善经营:制定品牌战略规划,并通过战术实施促进品牌成长。经营从战略上讲,要确定品牌在消费者心目中的长期地位,通过市场研究及企业资源整合运用制定相应的营销组合、行销策略等实现品牌的稳定成长。

茶叶企业必须根据自身的情况,结合外部情况进行详细的分析,对内必须改善品牌经营,对外与相关部门和消费者做好沟通协调,保证品牌资产不受损失。

2. 品牌管理的三大关系

品牌管理需要处理三大关系:与消费者的沟通关系、与竞争者的竞合关系、与合作者的合作关系。

沟通关系——是针对消费者而言。品牌管理的目标是通过研究明确目标消费者的需求所在,依据总体战略规划,通过广告宣传、公关活动等推广手段,实现目标消费者对品牌的深度了解,在消费者的心目中建立品牌地位,促进品牌忠诚。

竞合关系——是针对竞争者而言。竞争的核心并非是对抗,而是根据市场的实际、竞争者在市场中的地位、竞争者的态度等建立相应的竞争和合作关系。爱立信、索尼联合推出索爱系列手机,就是有效整合市场资源和企业资源,通过合作共促发展。

合作关系——是针对企业合作者而言。合作者包括服务于企业的相关单位,如咨询、广告、调研、策划等企业外脑,以及企业服务的单位,包括通路中代理商、经销商、上游的供应商等,此外,还包括品牌合作者、业务合作者等。合作关系的建立需要企业内部各职能部门的共同努力。

茶叶品牌管理,也存在着这三种关系,因此必须时刻关注品牌的沟通、竞合、合作关系。

第三节 茶叶电子商务发展

作为世界茶叶生产、加工和销售大国,中国茶叶年总产值达300亿元,但在茶叶电子商务领域却几近空白。目前我国茶叶这一传统产品,明显脱节于飞速发展的互联网时代。打开网上有关茶业的网站,除了摆放着少数茶业产品的图片、简单的文字介绍以外,可获取的信息甚少。如何发展电子商务成为业界关注的话题。

一、电子商务概要

所谓茶叶电子商务，即指实现整个茶叶贸易活动的电子化，是指在网络信息技术的基础上，买卖双方不谋面地完成茶叶销售、购买和电子支付等业务流程的一种现代商业运营模式。茶叶电子商务的主要类型有：B2B（企业对企业）、B2C（企业对消费者）、C2C（消费者对消费者）、B2G（企业对政府机构）、C2G（消费者对政府机构）。

二、电子商务所导致的茶叶营销变革及其趋势

（一）有利于茶叶全球市场的拓展

网络时代的到来，缩短了世界人民的时间和空间的距离，甚至有人将地球说成是平的或“地球村”，这些都说明了网络的快速传播效果。茶叶电子商务的应用，可以使茶商的商品信息快速传递到世界各地，不会因为信息的闭塞而错失商机，从而更有利于茶商在全球范围内更好地拓展市场。

（二）有利于现代营销手段的实施和提升茶商市场竞争力

茶叶电子商务的崛起，是时代发展的必然趋势。谁能在该领域占领强势地位，必将在未来的茶叶市场竞争中立于不败之地！其不仅有利于茶商节省门店租金、人员费用、税收费用和宣传费用等，而且有利于他们掌握现代营销手段，提高营销资源的利用效率，进而提升其市场竞争力。

（三）有利于推动茶叶信息化和农村信息化的发展

茶叶电子商务的实施，对于茶叶信息化和农村信息化都具有很好的示范作用，能够带动更多的人运用网络，共同推动茶叶信息化和农村信息化的发展。如由“福建东讯网络科技有限公司”联合“北京大学茶文化经济研究所”以及“福建省茶文化研究会”共同搭建的“和茶电子商务交易平台”于2008年7月被福建省发展和改革委员会及福建省经济贸易委员会共同确立为福建省省级信息化试点项目，并于2008年11月被国家发展和改革委员会确立为国家信息化试点示范项目。

三、茶叶电子商务大发展

（一）提高网上支付安全体系

1. 立法保证

茶叶电子商务的交易过程涉及茶商、茶叶消费者、银行管理者和网络经营者等诸多方

面,其中任何一个环节出现问题,都可能引发纠纷,这就需要有相关的法律法规来进行规范和约束。

2. 技术支持

为了增加消费者在网上购买茶叶的意愿,茶商应提供相应的技术支持,降低茶叶消费者的购买风险。

3. 第三方平台交易

现今,消费者对于在网上购物的行为,还处在怀疑或尝试阶段,为了有效地降低风险,他们一般不直接在生产厂家的网站上购买商品,而是通过第三方平台来购买商品,从图4-4中可充分地看出。

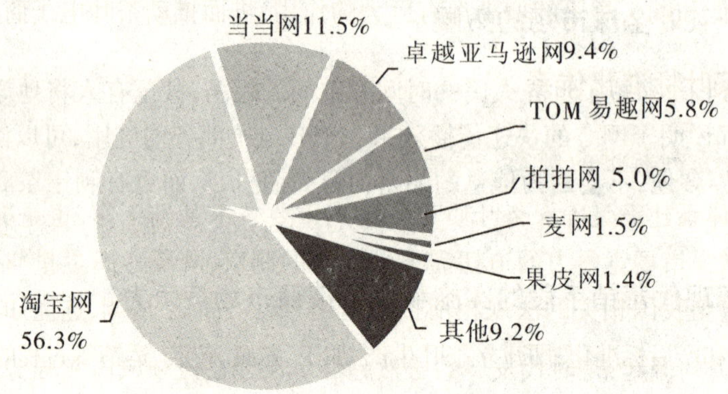

图4-4 网络购物用户市场份额结构图

注:数据来源于中国互联网络信息中心.2008年中国网络购物调查研究报告[Z]

从上图可以看出:现阶段消费者在网上购买商品,至少有90.8%的人通过第三方平台购买,在其他网站上购买商品的仅占9.2%,直接在生产厂家购买商品的消费者就更少了。尹真平研究亦发现,在网上购买茶叶的消费者,多选择在第三方交易平台上购买。因此,茶商在现阶段开展茶叶电子商务,主要借助第三方交易平台进行茶叶销售,如福建福州的"和茶网"和安溪的"中国茶叶商城网"都取得了不错的成绩。

(二)构建茶商信用体系

1. 强化茶商信用评价机制

茶商的信用评价包括茶叶管理部门的信用评价和茶叶消费者的信用评价两部分。在茶叶管理部门的信用评价方面:建议茶叶管理部门成立一个信用评价办公室,制定信用评价考核标准,同时配备相关的专业人员对茶叶产品质量和企业经营状况进行考核,根据考核情况,对不同的茶商给予不同的信用等级,并发放证书和出具证明文件;在茶叶消费者的信用评价方面:建立茶叶消费者联盟,使消费者最大限度地参与到茶商的信用评价中来,他们可以通过论坛、BBS等方式,对自己每次的茶叶消费经历进行交流和评价。

2. 选择资信度较高的第三方为交易保障机构

如果直接在茶叶生产厂家购买茶叶产品，消费者心理没底，感知较大的购买风险，他们的购买意愿会很低。为了降低茶叶消费者的购买风险，增加他们的购买意愿。茶商可以选择资信度较高的第三方作为交易保障机构，以降低消费者购买风险的感知。

3. 建立茶商信用数据库

茶商信用数据库的建立，使茶叶消费者在网上购买茶叶的时候，可以从茶商信用数据库中方便、快捷地查询到茶商的信用，并进行适当的参考对比，放心地在信用等级比较高的茶商那儿购买茶叶。而信用不好的茶商将无人问津，并且直至它的消亡。长此以往，茶商信用体系的建设必将越发完善，从而形成一个诚信、公平和有序的茶叶市场环境。其对茶叶消费者购买风险的降低和购买意愿的增高都有巨大的作用，进而推动茶叶电子商务的良好发展。

（三）健全茶叶标准化体系

1. 加快茶叶系列标准的制定、完善和创新

茶叶标准化体系建设是确保茶叶质量安全的重要技术基础工作，也是提高茶叶产品质量、扩大需求和增强市场竞争力的迫切需要。标准的制定，既要考虑尽量与国际接轨，又要符合我国国情，应与我国相关的法规相衔接。运用“统一、简化、协调、选优”的标准化原则，建立茶叶产前、产中和产后标准化，即建立茶叶生产、加工、贮藏、包装、运销等过程的标准化。

2. 推行茶叶产品市场准入制度

茶叶产品市场准入制度的推行，虽然给茶农和茶企业增加了许多的限制，但从长远来看是非常有利的。因为在没有推行茶叶产品市场准入制度的时候，消费者对茶叶不放心，购买意愿就会很低，会少买或不买；反之，在推行茶叶产品的市场准入制度后，茶叶产品的质量安全能够得到有效的保障，消费者的购买意愿将越来越强烈，并使得消费者的消费信心逐渐建立，那样茶叶的总消费量肯定会不断扩大。

3. 建立茶叶质量安全可追溯体系

茶叶质量安全可追溯体系以标识管理为重点，狠抓茶叶产地安全、生产记录、包装标识和市场准入的全程可追溯管理。所以，通过茶叶质量安全可追溯体系的建立，可较易识别出发生茶叶质量安全的出处和根本原因，及时实行茶叶产品召回或撤销，并可追究相应责任人的责任，维护消费者的合法权益，增强茶叶消费者的购买意愿。

（四）完善茶商服务体系

1. 优质高效物流配送

选择一家资质较好、实力较强的物流企业，使之成为茶商的物流代理，不仅可以使茶叶在配送途中减少损坏或丢失的可能性，将茶叶优质地送到消费者手中，而且物流方会优先配送茶商的茶叶，使茶叶快速地到达消费者手中。

2. 周到快捷的退换货机制

在网站上购买茶叶,不能直接接触到茶叶销售人员和管理人员,如果发现购买的茶叶不合适或有质量问题,很难找到销售人员或管理人员进行交涉或调换,这使消费者感知到较大的服务风险,使得消费者在网上购买茶叶的意愿很低。

因此,茶商应该首先开通24小时热线或24小时在线QQ,使茶叶消费者随时随地能够找到工作人员进行交涉,商讨退换货事宜;另外,茶商应该制定合理的退换货政策和清晰的退换货流程,以规范茶商和茶叶消费者的行为,使大家照章办事。这样,消费者能够很容易地明确茶叶出现什么样的问题可以退换货,什么样的问题不能退换货,并且能够很方便快捷的操作。如果符合退换货政策,茶商应该在规定时间内无理由退换货,并承担物流费用和快速地将合格的茶叶送到消费者手中。

3. 灵活方便付款方式

消费者在网上购买茶叶的时候,为了方便他们货款的支付,茶商应该为他们提供灵活多样的付款方式,使之简单、易于操作。如货到付款、在线支付、银行汇款、邮局汇款、支票支付和手机支付等。

第四节　茶叶营销趋势

随着生活水平的提高,茶叶消费者的消费意识不断提升,消费观念逐渐改变,相应的,茶叶企业的营销观念必随之发生变化,呈现新的营销趋势。

一、茶叶文化营销

(一)文化营销及茶叶独有的文化内涵

所谓文化营销,是指企业在经营活动中,针对企业面临的目标市场的文化环境,采取一系列的文化适应策略,以减少或防止营销与文化的冲突,进而使营销活动适应和融合于当地文化的一种营销方式。虽然文化营销与传统的营销活动都重视顾客的满意度,但两者的区别在于:传统营销活动侧重于顾客对产品本身一些属性的认同,如方便性、经济实惠等,而文化营销则强调通过顺应和创造某种价值观或价值观的集合来达到某种程度的满足感。因此可以说,价值观是文化营销的基础,而核心价值观的构建是文化营销的关键,只有通过发现顾客的价值观并加以甄别和培养,努力创造核心价值观,才能使文化营销得以成功。

我国是最早发现茶和使用茶的国家,茶的历史、茶的著作、茶的传说以及人们在饮茶、品茶中的学问,还包括茶在人际交流和文化交流中的特殊作用和意义等,这些博大精深、浩如烟海而独特清新的人文景观,促成和发展了茶叶所独有的文化内涵,即茶文化。

(二)茶叶文化营销的模式

茶叶开展文化营销,就是要针对茶文化特性、功能与作用在茶叶营销过程中充分表达消费者的价值取向,从而能引起价值共鸣,在价值共鸣状态中达到促销目的,完成茶叶文化营销的过程。

1. 产品文化营销模式

产品文化营销是文化营销的核心,他具体表现为设计、造型、生产、包装、品牌、使用等各个方面。例如,从商品角度而言,"铁观音"是纯粹的商品,但从文化角度而言,它被诉诸了其他商品少有的文化内涵,即所谓"工夫茶文化",由此大大提高了茶叶的附加值:好的铁观音500克甚至可以卖到几千元,这是茶叶产品文化营销的成功案例。将文化寓于产品设计、生产、包装环节中,以文化点缀和装饰茶业产品,创造出全方位、高品位的文化氛围,茶叶就不再是仅仅满足人们饮用的东西了,它增强了产品的亲和力,提高了顾客的满意程度。

茶叶的文化"包装"是文化营销的基础,从命名、选料、加工到包装的选择,诸方面都应充分考虑营销文化的渗透。要根据目标顾客的文化背景和企业营销策略,使产品从各个方面来体现其文化特色。以茶叶包装为例:茶叶包装的实用价值在于防潮湿、防氧化、防异味、防阳光直射和避免久露空间,给茶以合适的温度和湿度,保证茶叶在保质期内应有的品质不变;同时,包装后的茶叶还便于人们购买、携带和存放。但随着商品经济的发展,市场竞争已有物质时代渐渐进入精神时代,包装设计不仅要有实用功能,而且要体现文化的传统特色,符合时代的要求。

2. 品牌文化营销模式

中国茶文化经过长期历史积淀和相当稳固的文化模式,已不只表现在作为文化载体的茶饮本身,更重要的是渗透在民族集体心理的层面,表现为独特的心理模式,包括思想模式、行为模式和情感模式等。因此,茶业企业在实施品牌文化营销中,应该注意充分发挥和挖掘这种内涵,使其表达准确到位。实施品牌文化营销应该做到以下几点:其一,茶业企业在茶叶的设计开发中,应努力从消费者的文化意识和精神享受方面着手,并将茶文化内涵在市场中加以强化。其二,从茶叶市场需求开始,细分市场,选择目标市场,然后定位策划,根据目标市场设计茶叶商品的外观包装等,确定品牌标志的表现方式,让品牌文化深植于消费者心中。其三,品牌的名称、标志必须有助于品牌形象的树立和传播,茶叶品牌标志必须折射出浓厚的文化底蕴。其四,包装设计应体现我国悠久的茶文化传统。茶叶的销售包装及其设计应考虑如何充分地表现茶叶所蕴藏的那种历史形成的在色、香、味、形上的文化积淀。比如,"西湖龙井"的茶叶包装设计倘能表现"龙井问茶"的意境或"色绿、香郁、味醇、形美"的

特色,“蒙顶茶”的茶叶包装设计若能表现“蜀上茶称圣,蒙山味独珍,灵根托高顶,胜地发先春”的境界,“洞庭碧螺春”的茶叶包装设计若能表现“钢丝条,螺旋形,浑身毛,花香果味,鲜爽生津”的情境,那么就能更好地表现出茶叶品牌的文化品位。

3. 制度文化营销模式

制度文化是营销文化的基础,它是根据社会时代制度的变迁和区域制度、文化的需要,把文化融入特定制度背景下的营销。具体表现为文化营销中传统文化的继承、改造与发展。我国茶业具有文化优势和历史传统优势。中国是茶文化的发源地,同时,中国还有上千年的茶叶出口史,海外对中国茶叶比较熟悉,这些优势为中国茶业实施全球化战略创造了极有利的条件。现在,欧洲和东南亚有很多中国茶馆,这些茶馆汲取了中国茶文化的精髓,并结合当地的文化背景和制度背景创新经营,都取得了不错的经营业绩,是制度文化营销成功的典型案例。茶业企业要获得竞争优势,在茶文化的创新上要不拘一格、放眼世界,要大胆地吸收与引进世界各国优秀的茶文化,丰富我国茶文化的内涵,并且要将创新的茶文化打上时代的烙印和地域的烙印。文化营销中应充分考虑制度因素,应把握时代的脉搏,顺潮流而动。

4. 理念文化营销模式

理念文化营销的实质就是企业文化营销,也就是说在营销中充分体现企业的文化理念。其核心就在于寻求顾客所接受的价值信条作为立业之本,从而促进顾客对整个企业包括其茶叶的认同。毋庸置疑,在消费者心理日趋成熟,消费需求多样化、感性化、个性化,市场竞争白热化的时代背景下,文化营销是创立名牌、更新于消费者的价值链关系的有效途径,是商品营销发展的必然趋势。现代消费趋向于绿色消费,因此,企业应树立绿色形象,开发无公害茶、有机茶等,强调茶叶的可持续发展,减少对环境的污染,确立以绿色茶业为目标的企业文化,促进茶叶的销售。

二、茶叶绿色营销

(一)绿色营销的含义

关于绿色营销,各企业及理论界对它的确切定义尚未有统一的表述,不过各种观点归纳起来都认为绿色营销包含两个层面的意思:其一,是从企业自身即微观层面而言的,是为了企业的利益;其二,是从全社会即宏观层面而言的,涉及道义问题。

从道义层面来看,绿色营销强调在营销过程中注重地球生态环境保护,注重全社会的全局利益,促进宏观的社会经济和生态的协调发展,而不只是着眼于企业本身。

从利益层面来看,企业实施绿色营销符合消费者的绿色消费需求,有利于降低成本,有利于在竞争中获取差别优势,从而获取更多的市场机会,占有更大的市场份额,获得更多的利益。同时,绿色营销亦有助于提升企业的良好形象,有助于企业长远的发展。

(二)茶叶实施绿色营销的现实意义

1. 有利于适应时代消费需求,提高我国茶叶竞争力

绿色消费需求为当今人心所向、大势所趋。因此,国际国内茶叶市场的竞争不仅仅是茶叶功能、价格、服务、促销手段的竞争,更是上升到一个新的水平的竞争——生态环保的竞争、绿色形象的竞争。谁的企业和产品拥有绿色形象、环保形象,谁就拥有市场、拥有竞争主动权。

2. 有利于应对“入世”,缩短与国际先进茶业企业的差距

“入世”后,跨国企业进入国内并争夺国内茶叶市场是不容回避的。绿色营销是先进的现代营销理论,同时又是国际上先进企业实施的营销活动。实施绿色营销,是缩短我国茶叶企业同国际先进企业之间差距的一个有效途径。

3. 有利于攻破绿色壁垒开辟广阔的茶叶市场

通过建立生态茶园,引用绿色技术、清洁工艺、无公害包装,产出天然、安全卫生的茶叶,从生产到消费全过程均符合国际环保和卫生检验要求,能从根本上解决茶叶产品卫生质量问题,使我国茶叶产品有效地越过绿色壁垒,顺利进入广阔的国际国内市场。

4. 有利于获得政府“绿箱”政策保护,促进茶业可持续发展

茶业的可持续发展依赖于良好的生态环境、科技的投入、产品结构的调整、经济增长方式的转变。实施绿色营销、环保营销,不仅可促进茶叶可持续发展,还可获得WTO中“绿箱”政策,即绿色补贴对茶业的保护和扶持。

三、茶叶服务营销

随着科技的发展,竞争的激烈,产品之间的差异已经越来越小,要想在竞争中取得优势地位,提供高质量服务就成为一个重要手段,服务营销因此应运而生。服务营销的核心是创造顾客满意,赢得顾客忠诚,从而拥有顾客,即拥有了市场。服务营销思想要求茶叶企业不只是卖产品,还要问顾客需要企业协助的是什么,企业有哪些可供满足需要的方案,能给顾客提供哪些有价值的服务活动等。因此,茶叶服务营销的关键包括:

(一)茶叶企业顾客满意营销

1. 加强员工顾客满意教育,建立“顾客满意”的企业文化

通过教育,使企业全体员工真正树立“顾客第一”的营销观念,充分认识顾客满意的重要性,并形成与之相适应的企业文化,这是实施顾客满意营销的基本和前提条件。

2. 生产顾客满意的茶叶产品

企业必须以顾客需要为出发点,研制、开发和生产能满足顾客需要的茶叶产品。为此,企业要利用多种方法和手段,调查顾客的现实和潜在需求,分析他们购买的动机特点和能力,研究他们的消费传统、习惯、兴趣和爱好,只有这样,企业才能准确地把握市场需求,确定自己的生产方向和生产规模。同时,企业必须关注以下几点:一是加强质量管理,提高茶叶产品的可靠性;二是通过实现规模化生产等途径,努力降低成本,降低茶叶产品价格;三是力求通过完善的服务,降低顾客的购买成本;四是实施产品创新,满足多样化的消费需要。

3. 提供顾客满意的服务

茶叶销售的服务应做好三个方面的工作:首先,提高对顾客反应的敏感度和行动的迅速性;其次,要保证对顾客服务质量、技术等方面的准确性,包括服务的方式、措施和策略等;第三,要保证对顾客服务承诺的可靠性,对确立的服务项目和内容要严格执行。如在北京的马连道茶叶一条街,几乎每家茶叶店都有品茶点,对销售者来说,顾客买不买并不重要,重要的是先泡上一杯茶请光顾者品尝,然后对他讲解茶的特点、功能及泡茶的知识。许多消费者都是在接受销售人员的讲解服务后才选择购买所需要的茶叶满意而归的。

4. 与顾客建立战略伙伴关系

与顾客建立战略伙伴关系或联盟,来实现企业与顾客的相互满意与理解,从而实现双赢。可以邀请顾客参与你的业务,如请他们参观公司的茶叶样品陈列室,观察茶叶加工流程,参与茶叶质量检查,鼓励他们提出服务质量的合理化建议,征询如何才能够帮助顾客节约时间金钱,使他们更健康更快乐……,这将会使企业对顾客的服务水平不断提高,顾客满意度上升,从而产生重复不断地购买,进而获得源源不断的生意和滚滚而来的利润。

5. 适当的选择渠道与促销

企业应建立为顾客提供最大便利的分销渠道,以达到顾客的期望,提高市场占有率。同时运用好心理学、商品学、市场学等各方面知识,摸清顾客消费心理,科学掌握市场经济规律,展开多样化市场促销手段。

(二)培育顾客忠诚

市场竞争就是顾客竞争,争取和保持顾客是企业生存和发展的使命。企业既要不断争取新顾客,开辟新市场,提高市场占有率,又要努力保持现有顾客,稳定市场占有率。具体措施可以包括:选择适当的目标顾客,选准目标市场,准确进行市场定位,开展针对性的差异化服务、个性化服务;了解顾客的需求和期望,提供符合顾客需要的产品或服务;做好关键时刻的管理,为顾客提供全方位的优良体验;建立顾客信息系统,与顾客维持良好的信任关系;培养忠诚的员工,营造以顾客为中心的企业文化;有效处理顾客投诉,消除顾客对企业的不满情绪,把不满意顾客转变成满意顾客。

总之,服务营销思想要求茶叶企业不只是卖产品,还要问顾客需要企业协助的是什么,企业有哪些可供满足需要的方案,能给顾客提供哪些有价值的服务等。通过对顾客的满意服务实现企业营销效率的提升与市场占有率的扩大。

思考题

1. 试述茶叶营销的主要手段与方法。
2. 建设强劲茶叶品牌的策略有哪些?
3. 试述电子商务所导致的茶叶营销变革及其趋势。
4. 试述茶叶文化营销主要有哪几种模式?

例证

中国茶叶营销存在的误区

100 多年前,中国茶叶垄断着世界茶叶市场。

100 年后的今天,世界茶叶销售额为 1800 亿元人民币,而中国茶叶市场规模仅为 180 亿元人民币。

目前,中国茶叶在世界上是面积第一,产量第二,出口第三,创汇第四,处在茶叶大国而非强国的尴尬局面……

笔者多年来一直从事市场营销策划诊断与行销分析工作,帮助过一些中国茶叶企业的发展,本篇只就中国茶叶企业(品牌)的"市场营销能力"表现,谈几点自己的看法:

当代中国茶叶,最缺乏市场营销与品牌建设。

1. 茶叶企业品牌建设不力

纵观中国茶叶市场 20 多年的发展,中国茶叶在"品牌竞争力"建设中明显处在下风,中国茶品牌竞争不赢英国的"立顿"、日本的"三得利"就是品牌建设不力的证明。

2. 中国茶业行业行销能力缺乏

随着竞争的加剧,茶业行业竞争的边界将被打破,茶叶品牌不仅要与其他茶叶品牌竞争,还要跨行业与咖啡及其他饮料进行竞争。20 年来,中国茶叶市场经受过三次跨行业冲击:

(1)第一次是 80 年代"咖啡的冲击";

(2)第二次是 90 年代初"碳酸饮料、果汁、啤酒的冲击";

(3)第三次是"矿泉水的冲击"。

目前,茶叶跨行业竞争不过咖啡就是中国茶业行业缺乏营销能力的证明。

中国茶叶企业在市场营销工作中存在的严重误区。

一、"文化"的误区

茶业在中国有几千年的发展历程,自然有厚重的文化背景与底蕴,历史上也不知被多少

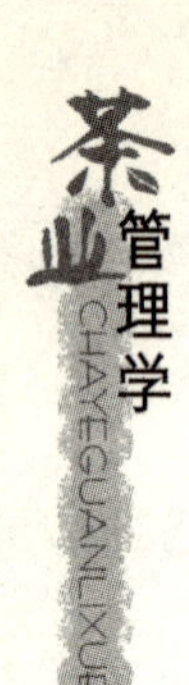

文人墨客盛情讴歌。

但是茶叶行业倡导的“文化”，首先应该是一种“商品文化”，一种“主题包装文化”，一种可以和消费者产生共鸣、促进销售，培养忠诚度的“文化”；而非孤芳自赏、不食人间烟火的“纯文化”。部分儒商、艺术家的“茶以载道”，它只是极少数人曲高和寡的嗜好，只代表个体的艺术品位，而不代表商品定位与产品销售主张(USP)……

企业要发展，“货币承认”才是市场营销行为的第一要素！市场需要“量”的支持，茶叶的销量与产品盈利能力是检验真理的唯一标准。我们要时刻清醒认识，轻飘飘的艺术行为代替不了厚重残酷的商业竞争！柴米油盐酱醋茶！它首先是生活必需品！才能成为艺术品！

市场行为必须分清主、次；分清“皮”、“毛”——正所谓：皮之不存，毛将焉呼?!

“文化”是为了产品服务，而不是产品为文化服务；“文化”是为了产品的销售，而不是牺牲销售来证明自己的品牌(企业)有文化！

茶是商品不是艺术，中国茶叶企业，不能为了文化做文化，更不能被艺术误导：印度、斯里兰卡供养着世界十大排名茶商，中国为何没有世界级大茶商？因为中国人把茶当艺术，而西方人只把茶当商品。

中国茶业营销：“文化过度、营销不足”——快走出“叫好不叫座”的文化误区吧。

二、产品的误区

产品严重同质化，原因是中国茶叶企业只关心“产品”不关心“商品”；只关心“如何卖”不关心“如何买”。认为只要自己的产品好，就应该好卖，而忽略了市场竞争与产品差异化。

没有有效的挖掘、提炼出自己产品的独特卖点，更缺乏品牌的“归核”——品牌内涵的锁定，走进了严重的产品同质化怪圈。因为缺乏品牌区隔，就缺乏品牌的鲜活度，缺乏品牌支撑，产品的附加价就不高，企业的赢利能力就会下降，产品也因此缺乏持久的竞争力与生命力。

实际上，中国茶业市场将在相当长的时间内供大于求，茶叶行业的生产弹性大。只要茶价上涨，茶叶产量当年可以大幅度增加；只要某市场价格较好，库存茶叶马上就会从全国各地涌入。所以，再好的“产品”卖不出去就是“废品”！

——市场将永远根据供需关系发展，永远按市场规律决定生存！

不仅产品同质化，甚至连产品卖点、促销活动、广告媒介宣传传播的方式、卖场布置、产品成列、视觉色彩、专卖店(专柜、货架)装修风格、渠道模式、产品价格全都同质化……让人哭笑不得！

所以，中国茶叶企业(企业家)要学会：

用“比较”的眼光，有“宽度”地看自己的产品；

用“竞争”的眼光，有“高度”地看自己的产品；

用“商品”的眼光，有“角度”地规划自己的产品！

中国茶叶企业，不要被一大堆荣誉奖状的产品迷失！人人都有的“同质化荣誉”不是卖点，赶快回归到商品的本身，走出产品同质化的误区！

三、意识的误区

（一）危险的“机会主义”

不愿做基础工作，投机取巧，梦想一夜成名。对必要的、必需的市场基础工作与最基本的市场投入，都想用“技巧”来解决，希望跳开速成！回避科学的客观的过程，用小聪明来代替严谨的市场行为！

（二）缺乏做品牌的勇气与决心

缺乏市场投入的观念与市场营销策划能力；害怕竞争与风险，缺乏专业运作能力与团队，把“偶然”当“必然”，把“狂潮”当“高潮”。

不注重品牌建设，靠着一知半解的品牌知识，恶意炒作，把轰动的“影响力”当知名度；又把“知名度”当作“品牌”，急功近利，说的是“长远规划”，实际是想捞一把就走！

“叶公好龙”般的做品牌，嘴上挂的是品牌，心理也知道品牌这个“东东”能多赚钱！一旦需要他对必要的品牌建设投入时，一下子就“原形毕露”……

（三）缺乏创新思维

孙子兵法曰：“兵马未动，粮草先行……”，现代商战的“粮草”更多指的是思想，只有创新的思想，才有创新的行动！

一切竞争从设计时开始，最好的竞争手段是避免竞争，决胜终端不如决胜开端！

遗憾的是多数企业都只是从“战斗层面”去考虑问题，没有从“战术层面”、“战略层面”去考虑，没有从源头上领先，往往陷入价格战、同质化的泥潭。

孙子兵法又曰：“上兵伐谋、其次伐交、再次伐兵、其下攻城……”

但由于历史的原因、行业的原因，往往中国茶叶行业习惯了用“经验决策”代替“科学决策”。

习惯思维、意识保守，做市场缺乏系统的思维、长远的规划，只凭“商业感觉”；特别不注重“软件”建设，把市场投入、专业的营销策划思想当“投入”而不当作“投资”！

（四）缺乏专业的鉴别能力与借力发展的思想

不借势、借力、借脑发展。实际上，中国还是有非常专业的营销策划公司，遗憾的是企业往往没有鉴别能力，不能正确地选择营销策划公司，一旦被一些只有“嘴上功夫”却没有真正实战能力的“伪策划、广告公司”误导后，就对营销策划本身的重要价值产生了疑问！封闭了自己与真正专业团队的合作之路，“因腻废食”实在非常可惜！

（五）战略心态不稳健：

茶叶行业，是一个比较特殊、浪漫写意的项目，因为与文化联系紧密，看起来很美！但实质是属长期慢热型、高投入、高风险、高竞争、典型的供过于求的行业。决定了茶叶行业，投入周期长、竞争激烈、回报慢。

所以，做茶叶“产业”不能靠激情，它的成功必须有强大的资源实力做支持！特别是要有打持久战的稳健心态相匹配，要讲科学与规律，要“雄心”与“耐心”并存！

四、营销的误区

中国茶叶行业从“销售时代”正式进入“营销时代”,但多数茶叶企业对营销的专业技能缺乏了解,特别对深度营销、价值管理、渠道建设、营销模式、销售政策、物流配送、产品协销、促销活动、危机攻关、品牌建设、产品陈列、广告传播、产品服务、网络维护、销售团队管理、资源分析、资金链管理等系统过程,缺乏专业度,更缺乏整合资源、产业政策研究、融资、资本运作能力!

在营销的技术与战术中,没有正确解读市场的能力:例如往往错误地认为“概念”就是卖点,“口号”就是卖点(宣传)!“广告”宣传了,就是与消费者沟通了!或者认为只要自己提出了一个“卖点”就是有了产品的定位,消费者就认同了,其实,定位不在产品本身而在消费者的心里!

五、企业管理的误区

由于“历史的原因”与“产业特性”、“小农经营”为主体的茶业经营体系与现代茶业的矛盾还将在相当长时期存在,影响着我国茶业全球化和产业化进程。小生产与大市场的矛盾;小规模生产、小农家庭化经营方式、传统的茶叶加工方式与茶业产业化、全球化经营的矛盾,以及传统而原始的交易方式、管理方式严重阻碍了我国茶业企业的发展。

中国茶叶企业,以“家族式企业、家长制管理”居多,还没有真正向现代企业转型。没有引进专业的营销队伍,汇聚技术、管理、策划、广告、销售、服务、物流等专业技术人才。

由于没有专业人才,市场运作就靠老板凭经验、拍脑袋、靠关系、讲运气。市场策略缺乏组合拳,没有计划性、系统性、比例性、节奏性、连续性,出了问题就救火。

有人的时候,轰轰烈烈,摩拳擦掌,策略却有问题;策略清楚了,资源、锐气却没有了;投入广告的时候,市场工作没有启动;启动市场的时候,又没有了广告支持;建了渠道,却不去维护巩固,渠道流失时,又开始补救;管理庞杂、效率低下、人浮于事、管理成本极高……

【结束语】

茶业是21世纪最有发展前途的产业之一,被称为永不衰败的朝阳产业。只要转换思想,走出误区,道路虽然曲折,前途一定光明!中国茶,品世界。衷心祝愿有更多的中国茶叶企业、有志之士创出品牌,走向成功,恢复中国在世界茶叶行业的强国地位。

[资料来源:中国茶叶网,2007.9.9]

第五章

茶叶企业国际化拓展与管理

中国是茶叶的原产国，但茶叶的消费却是世界性的。在今天，国际茶叶贸易规模和水平不断扩大，茶叶的种植和生产、加工也日渐遍及全球。联合国粮农组织每年发表的全球茶叶报告表明世界茶业发展方兴未艾。然而在茶叶消费成为世界风潮，茶文化影响日益广泛的同时，市场的扩大却使得利益的争夺前所未有的激烈。当前中国茶业发展就总体而言，处于茶园面积第一、产量第一、出口第三、创汇第四的局面。中国茶叶企业要想重新夺得世界茶业霸主的地位，谋求更大的经营空间就必须走向跨国经营运作，在国际市场上参与世界竞争。

第一节　加入WTO与中国茶业跨国发展

自从2001年11月我国正式加入世界贸易组织以来，我国的经济就与全球的经济紧紧地联系在一起，推动了我国外向型经济的持续、快速增长。国家统计局数据显示，我国已成为世界第四大经济体，仅次于美国、日本和德国。2007年我国的进出口贸易总额居世界第三位，占世界贸易总额比重的7.7%，达21 737亿美元。数据说明我国经济外向度很高，与世界经济交融程度很深，这也为我国茶叶企业跨出国门走向世界发展，创造了较为有利的环境。

一、与茶叶经营有关的世贸规则

世贸规划是一个庞大复杂的法律体系，主要涉及货物贸易、服务贸易、与贸易有关的知识产权和贸易争端等领域，其中在货物贸易中与我国茶叶企业跨国经营有关的协议，主要有《实施卫生与植物卫生措施协议》、《技术性贸易壁垒协议》、《农业协议》、《反倾销协议》、《反补贴协议》、《保障措施协议》、《原产地规则协议》、《关于争端解决规则与程序的谅解》等。

（一）《实施卫生与植物卫生措施协议》

该协议的宗旨是保护人类健康和安全、动植物生命和安全而采取的一种技术措施，目的是使人类和动植物：一是免受病虫害、带病有机体、致病有机体的侵入、定居或传播所产生的风险；二是免受食品、饮料或饲料中的添加剂、污染物、毒素或致病有机体所产生的风险；三是免受动植物或其产品携带的病虫害的影响；四是防止或限制因有害生物或疫情疫病的侵入、传播而产生其他损害而带来的风险。同时，这个协议的要求也很科学，贯穿着美好的愿望。即采取这个措施必须：一要在保护人类健康和安全、动植物生命和安全所必需的限度内；二要以科学为原则，采取的措施要有科学依据；三是措施实施要适度，必须基于国际有关标准、指南或建议的要求，不构成对国际贸易的变相限制。但实际上，往往成了变相的绿色贸易壁垒，特别是该协议允许成员国打着保护人类和动植物生命与安全的旗号，实行的标准和措施可以高于国际标准，具有提法上的巧妙性，应用上的隐蔽性，技术上的科学性，影响上的广泛性，正日益成为发达国家阻止或限制发展中国家农产品、食品进入国际市场的重要政策组成部分。对此，茶叶跨国经营企业应当充分了解、积极研究，否则开展有关国际业务将

受到很大影响。如欧盟自2006年起实行新的茶叶农残标准,已使我国输欧茶叶大幅下降。我国十分重视此项工作,专门在国家质量监督检验检疫总局国际检验检疫标准与技术法规研究中心设有SPS通报咨询中心,可为相关企业提供专门的服务。

(二)《技术性贸易壁垒协议》

该协议是一种借助国家的力量以维护国家安全、保障人类健康、保护生态环境、防止欺诈行为、保证产品质量等为由而采取的一些或系列或系统的技术性措施。如日本制定的已于2006年5月29日生效的《食品中农用化学品的肯定列表制度》,这些措施的制定、颁布和执行成了他国产品进入该国市场的障碍。其主要措施是:设立名目繁多或苛刻要求的技术法规、生产标准和合格评定程序。据商务部报道,近年来,每年我国出口的农产品、食品因国外花样百出的技术贸易壁垒,包括实施卫生与植物卫生措施,导致出口损失约90亿美元,其中也包括茶叶在内。技术性贸易壁垒给国际贸易的障碍,占关税等各种壁垒总和的比重,已由原来的20%上升到目前的80%左右。因此,及时掌握此类措施变化,对开展跨国经营的茶叶企业而言,不仅是必修课,更是一种基本功。在经济全球一体化、人类安全卫生要求趋同化、科技发展快速化的今天,对茶叶安全卫生的质量要求只会越来越高、越来越严,如何提高茶叶种植、生产、加工、包装、仓储、运输等全过程的安全卫生水平,将成为茶叶跨国经营制胜的法宝。对于这个协议的研究、评议、通报,我国同样十分重视,在国家质量监督检验检疫总局国际检验检疫与技术法规研究中心内亦设有TBT通报咨询中心,为国内外企业及有关人士、政府相关机构提供与此有关的业务服务。我国茶叶企业开展跨国经营可以充分利用这一服务,加强自身的业务管理,以便更好地与WTO其他成员国的企业开展相关业务,避免因不了解情况或规则而造成损失,影响业务的推进,阻碍企业的发展进程。

此外,对于新型的贸易壁垒,如日本实行的优良农产品认证制度(GAP),将对我国茶叶等农产品出口的限制,由流通环节扩展到生产过程,把贸易壁垒延伸到出口产地;另外,日本的《种苗修正案》,以保护农产品知识产权为由推行贸易保护;美国的食品反恐防线,延长我国农产品出口美国通关时间,增加出口成本;以及预包装食品的强制性标签、强制性原产地标签项目规划,对有机食品的标签制度等,正逐步成为潜在的技术性贸易壁垒。

(三)《农业协议》

在国际贸易中,农产品、食品的贸易十分敏感、极为复杂,历来为各国政府所高度关注。WTO各成员国关于农产品贸易的谈判,最为艰难,多哈谈判、香港谈判都没有取得预期的成果。茶叶作为农产品、食品的范畴商品之一,同样如此。它不仅涉及一国的安全战略、政治因素、经济发展、地理环境、生态气候,而且牵动一国的产业结构、人员就业、“三农”问题、进口国与出口国的利益等诸多方面。因此,茶叶企业开展跨国经营应对该协议进行研究了解。

该协议主要体现在三个部分:

1. 市场准入问题

要求各国采取积极措施，明确削减或消除在农产品贸易中、WTO 各缔约方所实行的关税和非关税市场障碍。一是非关税措施的关税化。如配额管理、进口数量限制、各种进口差价税等应转换为关税措施，并逐步降低关税，以实现自由贸易的目标。二是削减农产品进口关税，如 2005 年日本进口农产品的关税仍为 17.7%，促进开展更多的农产品贸易，其税率仍偏高，应继续减让，但最不发达国家可以不承担关税减让义务。三是关税配额使用。要求其准入量至少应保持现行实际市场准入水平，对准入量内的进口，只征收低关税，超过准入量的进口，才按关税化税率征收关税。但瑞士仍对几乎所有农产品实行进口配额限制，美国还将 50 多种农产品纳入关税配额管理，与履行该协议还有很大差距。四是特保措施。当进口国因进口农产品急剧增加，并对国内产业造成较为严重影响或损害的，《农产品协定》的缔约方可以使用《1994 年 GATT》保障条款、《保障措施协议》及《农业协议》中的特殊保障措施，以避免造成更大损害，维护自身利益。

2. 农产品生产补贴问题

允许动用财政等公共资金进行的补贴，欧盟的农业补贴占其总财政支出的 40% ~42%；日本每年的农业补贴在 4 万亿日元以上，日本农民收入的 60% 来自于政府的补贴。农产品的生产补贴分为绿灯补贴和黄灯补贴。绿灯补贴——对生产者不提供价格支持，对农产品的国际贸易影响微不足道的补贴。包括对环境项目和特定产品的研究、病虫害测报、防治控制、农技推广、检验服务、市场促销以及农业基础设施建设等补贴；对农产品、食品供给保障而提供的补贴；农产品、食品对弱势人员援助的补贴；高于正常年份收入 1/3 以上损失的收入保障补贴；遭受自然灾害的补贴；农业产业结构调整的补贴；区域发展补贴，主要是对明显不利农业生产的地区如不利种茶的地方，政府为鼓励种茶可予适当补贴。但以上这 7 个方面的补贴尽管为世贸规则所允许，却要受 WTO 的监督，以防变相对出口农产品进行补贴，扭曲国际贸易的公平原则。黄灯补贴——主要是对农产品生产形成国内价格支持的补贴，但要承担削减义务。不过对不承担削减义务，出口农产品包括茶叶可补贴不超过当年农产品生产总值的 10%（发展中国家）。我国自加入 WTO 起，取消了农产品出口补贴，承诺将国内补贴支持中的“黄灯补贴”上限约束在 8.5%，低于其他发展中国家水平。随着 2005 年我国入世过渡期的结束，意味着中国农业进入对外开放的新阶段，加快融入经济全球化进程，使我国农业面临的国际竞争压力将全面提升，尤其是中国小规模分散经营的传统农业，与国外大规模现代化农业难以竞争的局面，将在较长时期内不会得到根本改变，但却相对有利于茶叶企业开展跨国经营。

3. 农产品出口补贴问题

总趋势是要求削减直至取消，包括政府等的各种直接补贴、优惠贷款、出口减免税、补贴运输等。

(四)《反倾销协议》

该协议主要指出口商以低于正常价值的价格向进口商出口商品并对进口方产业造成实质性损害的行为。主要包含五方面的内容:一是倾销的确定,即确定倾销幅度及损害程度;二是启动调查程序,开展申诉、立案、调查、初裁与终裁;三是实施反倾销的具体措施,确定临时性措施、价格承诺、征收反倾销税及进行追溯征收;四是代表第三国的反倾销诉讼;五是协商并进行争端解决。

(五)《反补贴协议》

该协议主要在于控制不适当的补贴而导致的国际农产品贸易的扭曲,并损害公平竞争原则,反对贸易保护主义。具体措施有:一是确定补贴及其类型,如禁止性补贴,还是可申诉性补贴,抑或是不可申诉性补贴;二是进行反补贴调查;三是确定因补贴而造成对进口方产业损害的程度;四是采取反补贴措施,可采取临时措施(一般自调查之日起60天后执行,并以不超过4个月为限),补救承诺(即出口成员方作出被诉补贴取消承诺等,并为调查当事的另一方所接受),实施反补贴税,以弥补出口方补贴而给进口方造成的损害。

(六)《保障措施协议》

该协议主要在于使缔约方在特殊情况下免除其承诺的义务,以对因履行义务所造成的严重损害进行补救,避免出现严重后果。实施保障措施应有相应的前提条件:即有关产品因大量进口,导致国内相同产品生产的大幅下降;进口增加是因履行 WTO 义务和因意外情况所引起;对国内相关产业造成严重损害或威胁;事实又明白无误地证明,此种损害与进口的增加系因果间的关系。据以上条件,进口国可被 WTO 允许实施保障措施,并体现为保障措施实施程度的合适性、无歧视性以及不得实行"灰色区域——指私下达成的双边或多边限制出口的协定,法律地位介于黑白之间,透明度很低"。措施和合理的实施期限。

(七)《原产地规则协议》

该协议在于明晰作为商品进行国际贸易流通的货物的身份或来源地,以便一国或多国决定是否享受一定关税待遇。它是一国或多国采取禁止、反倾销、进出口配额、贸易制裁、联合抵制、外贸管制、实施动植物检疫措施的重要依据,因此,在国际贸易中具有相当的重要性。该协议为 WTO 成员国制定了共同的原产地规则,以保证各成员国的原产地规则明确而透明,不会或最小程度地限制、扭曲和干扰国际贸易,并要求各成员方以统一、连贯、合理的方式来施行和管理原产地方面的有关事宜,以促进国际贸易的发展。

(八)《关于争端解决规则与程序的谅解》

DSU 为国际贸易的争端确立了一个共同遵循的准则,搭建了一个为 WTO 各成员所接受的贸易纠纷处理平台。其主要程序包括:一是磋商,由当事双方或多方为解决问题或达到谅解进行交涉的一种方式;二是进行斡旋、调解和调停,这是当事方间同意而自愿选择的程序,若该程序不能达成协议,则投诉方可请求进入下一个程序;三是成立专家小组,一般由 3 人组成,若各方同意亦可由 5 人组成,要求在 6 ~ 9 个月内完成工作,特殊情况应在 3 个月内向“争端当事方”做出报告,并在报告发给各成员方的 60 天内,争端解决机构应作出通过或协商一致决定不通过的报告;四是可上诉复审,由当事方提出,对不满意的解决结果进行上诉;五是裁决实施,目的在于保证争端解决机构做出的建议或裁决得到各有关成员的执行,具体有监督、补偿、交叉报复及赔偿和报复措施的取消四个方面。

二、运用有关规则,促进茶叶企业走向世界

一个企业实行跨国经营、跨国投资、跨国发展,必然要了解所在国或地区的有关政策及要求,更要遵循已有的国际贸易的有关规则,这就是已有近 150 个成员国,并通过实践检验能够比较有效规范有关全球范围内经济活动的 WTO 的一些规则,对其研究应用必不可少。

(一)利用全球化带来的机遇,加强茶叶国际贸易

本世纪已经凸显的趋势和明显的特征是:经济一体化、信息全球化、科技巨变化、投资自由化以及物流快速化。这些发展方向,再好不过地为茶叶企业开展国际贸易带来难得的机遇,并为提升贸易的档次与交易水平,创造了很好的竞争条件。贸易是双向或多向的,在全球化和知识化的浪潮中,国际贸易的动机在于优势互补,借助资源的禀赋差异开展货物交换、买卖关系,以实现在比较优势的置换中,达到创造最佳效益的目的。为此,我国茶叶企业应当善于抓住在 WTO 框架下,实行内外一致、无差别、非歧视、国民待遇的原则,积极去共享利于己方的全球性开放资源,并借助产业分工与合作,权衡把握国际贸易中已有的长处,达到在两种资源、两个市场下,实现最佳的企业经济效益和营销策略,并通过国际贸易中不断变化的贸易壁垒、绿色壁垒、技术壁垒、生物壁垒、环境壁垒等的磨炼、应对与反对,大力提高企业自身的管理水平与跨国管理门道,促进茶叶企业有效开展跨国经营业务。

(二)积极研究规则,跨越壁垒扩大出口

近年,我国茶叶出口增长不大,与整个国家进出口贸易大幅增长形成背离,很重要的原因在于我国传统茶叶贸易市场,如日本、欧盟等不断设置新的技术壁垒。2003 年 5 月,日本修订了《食品卫生法》,依据新修订的《食品卫生法》,日本于 2005 年 11 月 16 日颁布,已于 2006 年 5 月 29 日实行的食品(包括茶叶)中农业化学品(农药、兽药及饲料添加剂等)残留限量“肯定列表制度”,造成我国出口日本的茶叶等农产品受到重大影响,而我国茶叶自身质量,尤其是农药残留偏高的安全隐患,已现实地成为制约出口的主要瓶颈。如根据福建出入

境检验检疫局统计,2005 年 1 ~8 月份,福建安溪县乌龙茶出口 1987.2 吨,产值 438.4 万美元,分别比 2004 年同期下降 34.6% 和 40%,是 2000 年以来的首度下降,且降幅之大令人意外。因此,只有认真研究,主动应对,全面实行茶叶全过程质量管理体系,扎实推动茶叶企业 + 基地或行业协会 + 标准化的新型农产品生产战略,才能使茶叶的安全卫生质量过硬,这样国外的安全卫生方面的“合理”壁垒将不跨自越,扩大出口自然顺理成章。这也是茶叶企业开展跨国经营与管理,必须面对和有效选用的一种策略。

(三)主动开展认证,提升茶叶出口竞争力

随着世界经济增长的势头不减,人民生活质量和消费水平的提高,追求优质安全健康的食品、农产品包括茶叶成为大势所趋。绿色食品、有机食品成为人们,尤其是美、欧、日等国的新宠。这些国家是我国茶叶的主要贸易伙伴国,开展茶叶的绿色食品标记认证,有机食品标记认证,并尽可能取得互认或通过国际认证,成为我国茶叶出口,特别是出口到发达国家的通行证,规避高输入门槛的利器。因此,要通过企业的自主意识、行业的宣传引导、政府的推动促进,加大我国茶叶企业开展绿色食品茶、有机食品茶国际认证的进程,着力于茶叶生产企业、加工企业、贸易企业的 HACCP、ISO9000、ISO14000、ISO22000 等认证,以整体提高茶叶企业的质量控制水平,从而提升茶叶出口的竞争能力,为跨国经营增添了新活力。

(四)实施残留监控,健全产品追溯制度

健全的农兽药残留监控体系、有效的动植物疫情疫病防控机制、全面的产品安全保障与追溯制度,是确保生产、加工、销售安全卫生的茶叶的可靠措施。包括茶叶在内的农产品、食品安全,不仅关乎消费者利益,也关乎生态安全、人民健康、社会稳定,不仅需要企业及企业家的良知与责任,更离不开政府的法律规范与监督管理,需要全社会的参与,因此,由国家强力启动农兽药、重金属的残留监控计划,销售市场监督,官方推动,企业自觉参与,协调统一行动,并确保动植物疫情疫病得到有效、科学、适宜控制,即使用的农药等应以环境所能承受范围,残留符合 CAC、FAO、IPPC 等标准,满足 TBT、SPS 规则要求为度量,安全卫生得到充分保证,产品从种植到进入消费的各个环节都具有可追溯性,使一套健全的企业质量管理体系能够有效实施,则茶叶企业就能以质量赢市场,以质量获得消费者的认同,自立于跨国经营的稳步发展和制胜之地。

(五)制定相应规则,开展反制应对

我国现为 WTO 成员国,当然有义务和责任遵守规则、履行规则、参与制修订规则,但更主要的还应在消化、吸收规则后,努力创新规则的应用。在这方面主要的任务是政府及相关部门,应当抓紧研究制定出既符合规则,与世界水平接轨,又反映我国生态条件、自然资源、种植传统、加工技术等内在要求的茶叶等农产品技术法规、农兽药、重金属残留标准、检验检测方法、合格评定程序,广泛吸收茶叶企业的意见及行业的建议,将规则的要求、政府的立

场、行业的观点相结合,开展进口反制应对,并以市场换市场,加大对外交涉、谈判、磋商的力度,必要时还可"打包"谈判,以我国建设需要进口商品的一些市场开放,反向要求进口国相应让出壁垒高筑的出口市场,合理要求降低门槛,以围魏救赵之策略,合力推动我国茶叶等农产品、食品更多更强地开展面向国际方面的业务。

(六)加大反倾销力度,为开展跨国业务创造宽松环境

长期以来,我国已成为国际反倾销的最大受害者,特别是在 WTO 后过渡期内,我国遭遇国际反倾销更加严重。对华案占国际反倾销案总件数的比重 1980~1989 年为 3.6%,1990~1999 年达 12.7%,2000~2003 年上半年更是上升到 15.2%,平均为 10.2%(见表 5-1)。

表 5-1 国际反倾销案与对华案统计表(单位:件)

年度	国际反倾销案	发达国家					发展中国家	对华案	对华案比例(%)
		合计	澳大利亚	美国	欧盟	加拿大			
1980	134	134	62	22	25		25	2	1.5
1981	130	130	50	14	47	19		3	2.3
1982	266	266	78	61	55	72		8	3.0
1983	206	206	87	47	36	36		9	4.4
1984	207	207	56	71	49	31		3	1.4
1985	203	203	60	65	42	36		10	4.9
1986	253	248	63	71	40	74	5	5	2.0
1987	120	101	22	15	28	31	19	2	1.7
1988	124	112	16	40	27	15	12	11	8.9
1989	97	87	21	24	18	13	10	10	10.3
小计	1740	1694	515	430	367	352	46	63	3.6
1990	167	147	47	34	48	15	20	19	11.4
1991	232	185	68	63	29	11	47	22	9.5
1992	330	261	71	83	42	46	69	37	11.2
1993	304	142	59	32	21	25	162	32	10.5
1994	230	122	15	48	43	2	108	42	18.3
1995	157	73	5	14	33	11	84	20	12.2
1996	224	73	17	22	25	5	151	43	16.7
1997	243	117	42	15	41	14	126	33	14.1
1998	256	80	13	36	22	8	176	28	10.9
1999	356	158	24	47	65	18	198	41	11.5
小计	5979	4746	1391	1254	1103	859	1233	443	12.7

2000	294	125	15	47	32	21	169	43	14.6
2001	366	156	23	76	29	25	210	53	14.5
2002	309	78	16	35	20	5	231	51	16.6
2003 上半年	79	28	1	16	3	6	51	12	15.2
小计	13006	9879	2837	2682	2290	1775	3127	1045	15.2
合计	26012	19758	5674	5364	4580	3550	6254	2090	10.2

注:1980～1994 年数据转引自杨仕辉:《对华反倾销的国际比较》,载《管理世界》2000 年第 4 期。1995～2003 年上半年的数据根据 WTO 官方网站(www.wto.org)公布的统计数据整理。

从上表可见,我国受国际有关国家反倾销调查除 1994 年为最高外,基本呈逐年上升之势,而且,到 2005 年仅福建省受国外反倾销调查的案件就达 25 起。因此,加强研究,加大反倾销工作刻不容缓。据原外经贸部统计,截至 2002 年 10 月,国际反倾销对华案涉及我国出口产品 4000 余种,累计影响我国出口贸易额约 160 亿美元,能否有效采取反制反倾销措施,成为制约我国产品出口的一个重要瓶颈。

第二节　茶叶企业的国际化进程

一个企业为了做大做强,必然要定位于全球,把目光瞄准于世界资源与市场。几个世纪以来,跨国公司的经验已经证明了这一点。在全球资讯能够共享的今天,世界越变越小,市场越做越大,特别是 20 世纪 80 年代中期以来,高科技的迅猛发展,网络的快速普及,各国在全球间的经济,从生产、加工、贸易到投资、金融、服务等方面的活动逐渐密切,竞争愈益激烈,显现了生产要素、管理知识、人力资源在世界范围的组合与配置,各国之间的经济犹如打开了国界的藩篱,相互融合,相互依赖。

在上述背景下,正如邓小平同志所说的,现在是开放的世界,世界离不开中国,中国更离不开世界。任何一个国家的经济发展都不能仅靠自身的资源、信息、技术、资金、市场、管理和人才,而必须自觉地融入世界经济的潮流中,加强分工与合作,发挥已有的优势。实际上,经济全球化已导致了商品和生产要素的跨国界自由流动,资本和资源在世界和区域范围优化组合,促进了整个社会生产力的发展。据报道,仅 20 世纪 80 年代,世界每 6 分钟就有 1 个登记的新发明诞生,不到 10 分钟就有一篇包含新知识的论文发表。这种全球化,一方面导致各国、各地区或在区域范围内、或在世界范围内,促成了经济间的相互交织、相互影响、相互依存,显现出“全球统一市场”的特征;另一方面也摸索建立了比较可行的、能够基本有效规范全球经济行为的规则，形成了为大家所遵从的全球经济运行机制如 WTO、IMF、OECD 等，这种机制有利于各国各地区经济和贸易活动的不断联系，有利于进一步培育和平与发展作为当今世界的主题，有利于利用各自的优势要素在全球发挥作用，实现经济效益的进一步提高，也有利于世界范围内自然、生态、环境的保护，促进人类文明的可持续发展，在这种崭新的世界经济大背景下，不仅为我国经济再发展、大发展创造了良机，也为我国茶叶企业加大实现跨国经营策略创造了难得的际遇。

纵观世界企业的经济发展，国际化进程大致经历以下三种轨迹：

一、自然发展式

企业的国际化进程最初走的是自然发展的轨迹。当时二战刚刚结束不久，被击败的德、意、日经济，遭到了极其严重的破坏，获胜的同盟国中英、法、苏也受到了很大的损失。只有美国是例外，且还因战争反倒促成其经济急剧膨胀。战后，其经济仍以较高的速度发展，仅到 1948 年其经济规模就超过战前的一倍。这时其他国家为恢复和重建家园，大力发展经济，不仅从政策制定上，也从环境营造上，吸引国外特别是美国的商品和资本，为国际化的萌芽与发展提供了一个良好的机会；同时，美国也为扩大自身对国外的全方位影响，制定实质措施，推动企业的海外发展。如二战后美国为了执行帮助欧洲的马歇尔计划，附加条件便是要求受援国实行资产非国有化，允许国外资金自由进出。对内美国还制定反托拉斯法，反对同行业垄断，反对国内垄断，以推动和执行企业的对外扩张，这些措施致使美国企业加快对外投资、加快国际化进程，到了 20 世纪 60 年代发展势头更加明显。

在这个阶段，发达资本主义国家发生了第三次科技革命，对生产过程的影响范围和程度，大大地超过了前两次，对生产力和世界经济产生了巨大的推动作用，显著地改变了人们的生活观念、生产方式，使各国经济更加紧密地联系在一起，交往、合作都为各自带来了实在的好处，快速地变革着世界的面貌。1947 年由美国发起，并与其他资本主义国家一起签订了“关税与贸易总协定”(GATT)，又进一步推动了企业生产要素在国际间的流动，科技革命与 GATT 的相互促进，使世界商品专业化和协作化程度越来越高，市场竞争更趋激烈，联合兼并势头更加显现，并逐步形成少数垄断。而垄断企业面对国内相对狭小的市场，日趋成熟的市场机制出现的回报下降、资源约束，迫使企业寻求更加广阔和有利可图的海外市场，进行投资、设立加工生产基地，寻找廉价原料和劳动力，加快商品销售、加大市场扩张，从而水到渠成地促成了企业国际化的较快发展，建立跨国企业，开展跨国经营。

跨国企业和跨国经营的出现，对世界贸易产生了很大的促进作用。截止 20 世纪末，跨国企业及其子公司对外直接投资总额达 2 万亿美元，占国际贸易份额约 50%，跨国企业的销售额(不包括内部交易)相当于世界出口额的 70%。美国是跨国企业数量最多最大的国家，1960 年对外投资占全世界对外投资的 71.7%，1970 年占 62.9%。1950 ~ 1966 年美国海外公司由7000家增加到23 000家，扩张了2倍多。主要发达国家的资本输出也由1958年的1010亿美元提高到1969年的2850亿美元，可见，增势迅猛。

二、渐进发展式

一个企业从小做到大，是需要从立业、发展、创新、跨越逐步成长起来的，发展到一定阶段，要突破发展的徘徊，尽快产生集聚、集群和扩散效应，立足全球战略无疑是个最好最大的选择，这也是企业发展到一定程度后必然要战胜自我的勇气所在。20世纪80年代，由于世界经济一体化、国际化、科技化进程快速发展，西方发达国家经济发展水平彼此相近，政治经济和投融资体制相仿，市场结构、消费能力接近，因此，吸引了企业和企业家们强烈的相互投资兴趣，一借以优化产业结构布局，弥补相互技术差异；二可以相互借鉴学习管理经验和技术，取长补短，增强竞争力；三能够避开多种投资阻碍，占有当地市场，而当地投资环境的相对稳定，体制的健全，较低的风险，使他们乐此不疲，促进了跨国开展业务的企业数量迅猛增长。

经济国际化的特点在于：产业分工日益国际化，贸易全球化向纵深发展，全球金融业日趋融合，产业投资业务遍布全球，跨国公司在世界各国活动。因此，对企业发展跨国经济活动十分有吸引力。客观上讲，是科技的巨大推动和资本的国际流动，主观上则是经济效益、利润提高的推动。

企业的国际化经营、跨国投资等经济活动，发端于发达资本主义国家企业家的创新思维，也是解决资本主义固有基本矛盾，提高经济发展速度，增加企业利润进行有益探索并取得成功的一条道路。大家知道，20世纪中叶前后，世界在经历第二次大战后，各国经济经过恢复和全力建设后，得到较快发展，特别是20世纪50年代中期到70年代初期，各发达资本主义国家的工业生产、劳动生产率明显提高，GDP年均增长一般都保持在5% ~6%以上。但伴随经济较高增长的同时，彼此间经济不平衡发展加剧，出现了美国、西欧共同体和日本三足鼎立的局面。但到了70年代中期和80年代初期，发达资本主义国家经济，纷纷转入停滞与通胀加剧并存的“滞胀”时期。这一时期，高失业率、高通胀的打击，导致了战后最严重的一次经济危机。战后以美元为中心的国际货币体系业已崩溃，激化了对国外市场的争夺，又由于贸易保护的抬头，促使企业加快在国际上扩张的进程，以寻求新的原料产地和扩大生产销售的空间。通过使用廉价劳动力，就地取材降低成本，提高竞争力，增加利润，缓解本国的经济压力。因而，从一个侧面说，是当时发达国家经济的“滞胀”，反倒促成了企业逐渐走出国门，开展跨国投资、跨国经营。

同时，在当时世界东西方两级，对立逐渐减弱的政治经济格局大背景下，也比较有利于企业从事跨国业务。一是在资本主义经济“滞胀”阶段，帝国主义在亚、非、拉的殖民体系也寿终正寝，在这些地区出现了民族力量的崛起，他们刚取得解放和独立，极欲发展和振兴民族经济，且夹在东西两大阵营之间，渴望得到资金、人才、技术、管理，愿在平等互利的条件下，发展对外经济合作、交流，但又担心经济主权受损，因而对企业的跨国投资经营，采用利用与限制并举的政策。在这种情况下，为了维护资本主义发达国家的既有利益，而且也为了扩大企业开展跨国经营所得到的实惠，国家与资本家集团不谋而合地走到一起，紧密结合，借助国家的力量扶植、鼓励和推动企业跨国经济扩张，进一步促进了企业跨国经济业务的深化、规模的扩大、国际化进程的不断向前。

综上对比分析可见，渐进发展轨迹上的企业国际化进程，由于有国家力量的参与、扶持、推动，因此比企业主要为回避其国内的反垄断措施，而自然发展跨国经济活动的国际化进程要相对迅速，相对成熟，规模也更大。

三、跨越发展式

这一进程的显著特点是，经历了自然发展和渐进发展轨迹后，企业的国际化进程日趋超速，在两个或两个以上国家间开展贸易、投资以及人才、技术流动更加频繁，市场中你中有我，我中有你普遍显见，业务活动规则、有序，国际化的企业经营理念、管理、规模都比较成熟、稳定，国际化步伐更加坚韧，且因其强大的生命力，不断激励着寻求更进一步的发展。

当时，随着苏联的解体，世界政治经济版图的重新整合，以及 20 世纪 80 ~ 90 年代经济的比较持续稳定，加速了企业开展跨国并购、资产重组、业务扩张，成为推动企业国际化进程的又一活力。这种规模化的企业跨国经营活动，不仅推动了企业的国际化进程，而且反过来又因国际化，加强了企业的规模化、集约化和高成长化。因此，有人惊呼，由巨型规模组成的企业方阵所开展的跨国业务，将主宰 21 世纪的全球经济及其活动！

事实证明，国际化经营、跨国业务活动催生的企业是真正的企业。它们的目标、架构、边界、战略等，都具体地诠释了经济界关于企业的种种定义，并在不断创新中继续与时俱进地诠释着。这些企业绝大多数是在竞争中，从自然发展、渐进发展到跨越发展长大的。之所以能从小做大做强，核心在于具有持续的、比较均衡而且兼顾全面的、技术的、管理的尤其是知识的竞争力。它们几乎一致地都制定有一整套不断适应、修正丰富的长远目标和稳健的经营战略。世界 500 强企业中既有美国“通用”这样的“老牌劲旅”，也有“微软”这样的“新生猛虎”，但不论历史长短，它们的共同特点就是在长时期内，稳打稳扎做大做强企业，企业内部专业化分工明显，拥有自己的研发队伍，很注意自己的技术储备，并千方百计掌握产品标准制定的主宰权。这些企业不仅有优秀的企业家，还有大批的优秀员工和由优秀员工组合的优秀团队，从而给予了企业持续发展的强力支撑。它们最显著的特点是，始终具有创新意识，全力投入企业自主创新能力的培育，把原创作为企业提高增长后劲、转变增长方式的主要途径和主要贡献力。它们开阔眼界，放眼世界，通过母公司与子公司的活动，把全球都视为自己的生产车间和销售市场，又通过跨国业务活动的企业的母国，与子公司所在的东道国之间的密切经济联系，形成一个相互关联、相互依存、相互仰赖的整体。这种联系所形成的

“整体”，相互依存度越高，发生对抗和冲突的几率越低，也就越有利于企业做大跨国生意，进而越便于推动国际化进程的跨越发展。

总之，面对这种汹涌而来的企业国际化进程和竞争势头，中国茶产业企业只有积极迎接，主动融入这个“大熔炉”，趋利避害，善抓机遇，才能逐步做大做强，闯出一条光明的道路来。茶叶界的专家普遍认为，中国要从茶叶大国走向茶叶强国，重振作为茶叶发祥地和最先把茶叶推向世界的地位和作为，选择国际化经营、加快跨国业务是唯一必然的策略。据我国农业部调查测算，如果重点发展以农产品为原料的加工品和深加工出口，企业或农民增收幅度一般会比初级农产品出口，增值十几倍甚至几十倍。另据专家介绍，虽然美国农业直接从业人员只有几百万，但与农业相关的产业却提供了20%的就业机会，所以美国的农业预算，成为仅次于国防的第二大政府预算。因此，我国茶叶企业应当勇敢面对，根据自身特点和条件，选好国际化进程的发展轨迹，在注意控制成本、风险管理、目标取向、扩大价格优势的同时，着手品牌的创建，知识的导入，产权的保护，国际销售网络的架构与扩展，管理的创新，研发机构的设立，人才团队的集聚，稳扎稳打，定目标，下计划，并全力打拼，也许有一天你会发现，你的企业已进入了全球茶叶界的前列！到那时以世界的视角感知，我国茶产业的春天也许就真的再次来临了。

第三节　茶叶企业跨国经营的模式选择

选择适宜茶叶企业自身条件的跨国经营战略，是企业成功的基本要素之一。不根据自身条件，盲目投资、盲目贸易、盲目经营不仅会遭致损失，而且有可能出现不能承受的风险，从而导致企业不但不能发展，更有可能出现失败。正如兵法所云：“知己知彼，百战不殆”。商场如战场，同样需要进行调查、考察、摸清情况、制定策略、选择合适的方式，方能在激烈的国际经济竞争中胜出。因此，找准适宜的跨国经营模式，是茶叶企业降低成本、追求效率、实现利润、谋求成功的第一要务。从当前的实践看，跨国经营方式主要有直接的国际贸易方式、间接的国际贸易方式、国际资本贸易方式、相互国际贸易方式、电子商务国际贸易方式和特许经营方式6种。

一、直接国际贸易方式

直接国际贸易主要包括购销国际贸易、期货交易、拍卖、招投标、展会贸易和设立海外公司六种形式。

(一)购销关系也称一般国际贸易(International Trading)

是全球国家或地区间经济活动最基本、最常见的形式。一般原则为:买卖双方或出口商与进口商之间自由选择合作成交的对象,通过签订合同,开具信用证或电话、传真、口头约定等方式,认同彼此间达成的商品交易的品种、数量、质量、重量、安全卫生指标(如茶叶)、规格、包装、运输(海、空、陆运等)、价格、结算方式、纠纷解决方式等的一种国际贸易方式。一般逐笔完成,类似单边出口或单边进口的形式,卖方赚取的是买卖或生产加工后与卖出价格间的差价所形成的利润。这种方式比较简便、灵活,交易效率最高,交易成本最低。其特点是逐批签约,逐批成交,买卖合同是售定关系,买卖对象是货物或商品,双方不得违约。但随着世界商品交换的深度与广度的扩大,这种方式也得到一定的改进。如:一揽子签订合同,分批成交;明确违约责任,违约方履行了违约责任后,仍可继续履行未成交的合约。

(二)期货贸易(Futures Trading)或称国际商品期货贸易

指按照一定的制度安排,借助期货交易所的平台,进行标准期货合约买卖的行为。所谓标准期货合约,是由期货交易所制定的、经买卖双方在交易所内、按已经确定好的交易规则达成的、在规定时限和地点、交割一定期货商品的标准化的契约。其特点是买卖双方达成的交易均为现货交易,也即实物交易,是为满足交易者们转嫁风险或投机牟利的需要,创立的一种独特交易方式。但其又不同于现货交易:一是合同形式不同。期货合同的变量只有价格,其他的诸如品名、数量、质量、规格、交割地点、结算方式等要素都已事先确定好了;而现货合同可自由议定,形式多样。二是交易方式不同。期货交易双方并未谋面,完全通过中间商或经纪人竞价成交,公开、公正、公平;现货交易则可以面谈、电话、传真确认等方式成交,合同内容不公开,交易带有主观性。三是双方合同关系责任不同。期货交易无直接合同责任,而现货交易则需承担合同责任。四是交割地点不同。期货合同需在交易所才能成交,而现货合同不限定交易地点。五是交易目的不同。期货合同以套期保值或投机为目的,以期在到期前对冲取得差价利润;而现货交易以买卖商品为目的,需要进行实物交割。六是交易主体不同。期货交易多为套期保值者、经纪人、投机商,而现货交易多为进出口商、生产商、经销商。七是交易保障方式不同。期货交易以保证金的方式实行无负债运营,确保合约双方到期履约;而现货交易无需保证金,以其他方式保障履约。八是结算方式有别。期货交易需每日结算盈亏;而现货交易则可一次或数次结清。

(三)拍卖(Auction)又称竞买

是一种有着悠久历史的交易方式,为茶叶国际贸易的常见方式。主要在伦敦、加尔各答、科伦坡和科钦。其概念在国际上目前还没有一个统一的说法,一般指通过竞价来销售或出让财产的一种方式,通常由公开竞争中的最高出价人购得。我国辞海则对拍卖解释为:拍卖,也即竞买,是出卖者用叫价的方式把物品出卖给出价最高的竞买者。从贸易的角度来说,拍卖实际上是由从事经营拍卖业务的公司或拍卖行受货主之托,在一定期限和场所,按照一定的章法和规划,通过公开竞价的方式,将货物卖给出价最高的竞买者的一种商品交易形式。

拍卖方式一般分为增价拍卖、减价拍卖和密封递价式拍卖。其共同特点就是:都是一种竞买的现货交易,都在一定的机构内有组织进行的活动,都有自己独特的法律和章程。其最大好处:一是公平性,所有拍卖物品或商品公开展示,整个拍卖过程公平进行。二是公开性,在拍卖场合所有买主的竞买资格平等。竞买机会平等、竞买规则平等。三是公正性,一般都有专业的拍卖公司或拍卖行,对所有参与的买主高度负责,一视同仁,没有欺骗性,也没有偏袒性。

(四)招投标(Invitation Tender and Submission of Tender)

是经营国际贸易中相当常见的一种贸易方式。所谓招标系指招标人在规定的时间、地点,以某种特定的方式发布招标公告,提出自身对特定商品、工程等的使用、服务、技术要求等,邀请符合条件的投标人参与竞标,并按照事先规定的程序,从中选择合适交易对象的一种交易方式。而投标则是指投标人按照招标人的邀请,依据招标人公开明确给出的条件和要求,在规定时限内,向招标人提交自己报价的过程。其特点为:一是招投标交易的有组织性。即招投标通常有固定的组织人、固定的场所、固定的时间、固定的程序和规则。二是具有全开放、程序化、高透明。招标人一般要选定或在指定的报刊或媒体上刊登招标公告,邀请所有潜在的合适投标人参加,招标文件详细、充分、明了,招标人事先要充分展露评定中标者的标准,限定在投标文件截止日当日公开开标,严禁招投标人私下单独谈判。三是体现了公平、公正。招标公告或邀请书发出后,任何有资质的投标者均可参加投标,并要求一视同仁,不得有歧视行为;同时,评标委员会也会客观、公正地对待每一个投标者。四是交易双方一次成交。招投标禁止双方面对面讨价还价,因此只能是一次成交;而一般的或传统的交易往往需要多次谈判才能成交。

(五)展卖(Fairs and Sales)

通常指利用展览会、展销会或博览会、交易会等形式,展出自己商品、产品并进行销售的一种交易方式。通过展卖既可提高商品、产品的知名度,扩大宣传推介的效果和影响,也是寻找交易机会,促进市场销售的一种行为。其特点在于:一可以把展览和推销有机地结合起来,以销为主,以展辅之。二可以宣传自己的商品、产品,利于扩大影响,招揽潜在买主,尤其是在展览中,用实物对参观者进行视觉、嗅觉、听觉、味觉等宣传,可给参观者直观、生动、深刻的印象。三可以发展和建立与客户间的关系,拓展销售地区和范围。在展览中往往可以接触到整个行业或大部分的市场客户,因而对拓展销售地区和范围很有益处。四可以吸纳市场信息,改进商品、产品质量,满足客户需要,增强出口竞争力。专业性的展卖会常伴随举办研讨会、讲座等,加上与客户、参观者面对面交谈,可广泛吸收市场信息和商品、产品消费对象需求。因而,积极参与展卖也是茶叶企业开展跨国经营的一条有效途径。

（六）设立海外公司

这也是茶叶企业跨国经营直接贸易的一种方式。设立海外公司，可以是独立法人，也可以是子公司；可以是独资的，也可以是合资的。其最大好处是可以规避所在国或地区设立的各种各样贸易壁垒，更容易直接进入目标市场，享受到与所在国或地区同等的公司地位及待遇。但是在当地设立法人有更多的资金风险，还要兼顾考虑所在地的政策、法律以及风俗习惯等。

二、间接的国际贸易方式

间接的国际贸易方式常有经销、包销、寄售、代理四种。

（一）经销（Distribution）

是国际贸易中一种常见的出口推销方式。一般指经销商与生产厂家或出口的供货商达成契约，在规定的期限和地域范围内，购销约定商品的一种贸易方式。在国际贸易中经销有两种方式，即一般经销和独家经销。一般经销亦称定销，通常情况，这种方式在协议或约定中是不享有独家专营权的，如同一般进口商和出口商的关系，两者仅是买与卖的关系，但又是相对稳定和长期的购销关系。独家经销亦称包销，是指享有独家专营权的一种经销方式，具有在一定区域和期限内专权经销协议指定商品或货物的一种方式。

采用此种方式有利有弊，运用得当，对茶叶出口开展跨国经营，拓展国外市场，扩大出口销售，会产生较好的推动和促进作用；但若运用不当，也会产生相当不利的后果，因而要注意把握好以下问题。一要慎重选择经销商，一定要找信誉好、信用高、经营能力强的对象，以保证在市场情况不好时，也能尽可能完成经销定额，从而控制风险于最低；否则会作茧自缚，给供货出口商品造成难以承受或不应有的损失。二要把握好经销协议内容，明晰彼此的权利与义务，避免产生贸易纠纷；否则，不仅影响今后的合作，而且也可能造成损失。三要准确了解当地的相关法律法规，如在经销包销协议中，签订“经销包销商不得经销其他出口商或货主的同类商品或产品”、“禁止将经销包销的商品或产品销往协议以外的地域”等，就有可能违反有些国家有关商业行为的管制条例或法令，如美国的反托拉斯法（Antitrust Law）。因此，签订或委托独家经销时，一定要严密且要遵循所在国或地区的相关法律规定。

（二）包销（Exclusive Sale）

通常指出口商通过协议或合同，给予进口商在一定地域和一定期限，包销某种或某类商品的专一经营权，在条件范围内，其经营策略由包销商自行确定的一种国际贸易方式。其特点为自我购买、自行销售、自负盈亏。

采用包销的国际贸易方式，跨国经营企业关键是要选好进口包销商，若有可能，以选两

家包销商进行适度竞争，提高包销质量和服务水平为上乘选案；否则，独家包销有可能出现要么包而不销，影响出口商出口的情况，要么独家垄断，包销质量和服务水平上不去，且有可能导致操纵价格、控制市场，同样会影响出口商产品出口的信誉和市场的扩展。尤其是茶叶作为有一定保质期要求的商品，更要注意这方面的问题，防止包而不销滞库影响质量，操纵价格、控制市场、形成垄断违反所在国的法律等。同时，要注意解决在包销中提升服务内质，增强客户忠诚度，拓展消费群体，利于做大做强。

（三）寄售（Consignment）

是一种通过茶叶出口到进口国委托他人代为销售的国际贸易方式。其特点是按照双方的合同或协议约定，由出口商先将寄售的商品进口通关后，运送给国外代售人，由代售人替货主在进口国或地区当地进行委托销售，货物销完后，扣除约定给予代售人报酬及其他费用后，其余收入全数汇交寄售人。

采用这种方式，茶叶跨国经营企业一定要注意：首先要找准寄售地选好寄售商；其次要找好寄售货物进口国或地区的存放地，满足茶叶存放质量要求和保质要求。寄售办法常见的有：(1)由出口商直接交予代售商存放寄售；(2)出口到进口地的海关保税仓库存放，确定买主后再办进口手续销售；(3)由国际货运物流机构，代为进口到进口地海关保税仓库或保税区或自由港，随时销售随时由国际货运物流公司代为办好手续发送，这是一种新型的方式，在于满足进口方进口产品的零库存要求而创新的一种企业经营方式；(4)通过进口地资信好的银行或其他有开展此业务的金融机构，由银行或其他金融机构售货付款。这 4 种寄售方法中，不论采用哪种方法，关键在于各自诚信的前提下，签好合约，写明条件和双方的权利与义务，以保证货款的安全，使双方合作愉快，做到双赢。

（四）代理（Agency）

是一种最常见的跨国经营方式之一，全球约有一半的国际贸易是通过此方式完成的。其概念按照我国《民法通则》的规定，指代理人在代理权限内，以被代理人的名义实施民事法律行为，承担民事责任。在国际贸易中，代理即指出口商或货主授权进口地代理人代表他在规定的区域和期限内，向第三方招揽生意、订立合同或协议，以卖出所代理的商品，从而取得佣金或其他约定的报酬的一种方式。其特点是代理商不筹集自有资金进行商品买卖，不承担盈亏责任，而是仅代表受托招揽客户、跑跑订单、签订合同、处理或卖出货物、收受货款等。国际贸易中按职权范围大小，代理又分为总代理——指定地区的全权代表，可根据情况自行决定设立分代理，并有权分享分代理人的佣金；独家代理——单独代表受托人按合同或协议约定代表在一定区域内处理有关业务，在这一区域内受托人不能再委托其他的代理人；一般代理——相对于独家代理而言，不享有独自决定设立分代理，在出口业务中，货主可以决定在同一地域内设立多个一般代理方，推销同类产品，展开内部竞争，促进服务提升。一般代理只能取得自身实际推销货物的佣金，委托人直接成交的货物则不付给代理商佣金。

三、国际资本贸易方式

通常采用合资经营、加工贸易、租赁贸易和股权交易四种方式。

(一)合资经营

它是国际贸易或跨国经营中,外国企业回避关税、降低出口成本,利用他国资源以利于己的一种重要而且有效的贸易方式。它可由两个或多个不同国家的法人或自然人在东道国境内依据所在国法律和有关政策,按一定比例或股份共同投资、共同经营、共担风险、共享利润的经营方式。合资经营企业一般可分为股份公司、有限责任公司、无限共同责任公司。

采用合资经营最大的好处在于:一可以利用合资方已有的销售网络及手段进入特定市场,开拓市场速度较快;二可以实现合资双方资本、技术、管理等方面的优势互补、增强竞争力;三可以便利获取原料、资源、人才等,有利于拓展新的业务领域;四可以获得一定的税收优惠,绕过所在地的技术贸易壁垒;五可以避免被反倾销调查,不必担忧产品的数量问题;六可以及时了解所在国的市场信息、法律变化、人文风俗等,以便化解风险、正确决策,推进企业不断发展。不利之处在于:投资双方或多方可能存在目标差异,经营和管理理念不一,市场判断和决策产生分歧,对公司的战略定位不一致等,因此要趋利避害,选好对方,精诚合作,方能有好的成果。

(二)加工贸易

是一个国家利用国外厂商直接投资,实现两头在外、扩大就业的重要形式,也是国际间常见的一种贸易方式。通常包括来料加工、来件装配和进料加工等几种形式。

来料加工指进口国或地区的企业或工厂,按照出口委托方约定好的品质、规格、款式花样和技术要求等,承接国外企业或厂商的原材料,有时附带包装材料、提供专用设备进行加工生产,并把制成品在规定时限内交给对方,以收取加工费的一种贸易方式。

进料加工指加工方从国外自购进口原料,通过加工生产为成品,再出口销往国外市场的一种贸易方式,目的在于以进养出。

而来件装配的这种贸易方式,由于不适合茶叶企业跨国经营,在此不述。

加工贸易的显著特点在于:虽然也存在进口和出口,但通常是同一客户,代加工方一般无需自备资金;承接方对加工的材料只有使用权而无所有权;加工贸易持续的时间一般相对较长。

(三)租赁贸易

指出租人在规定期限内,将商品的使用权出让给承租人,保持所有权并收取租金的一种贸易方式。它的基本特征是使用权与所有权的分离。这项业务源于20世纪50年代,随着全球贸易的不断扩大,租赁业务作为交易的一种方式,已超越国界,在全世界迅速发展。其特点为:由于承租人仅有使用权,故商品的保养、维修一般由出租人承担;租赁可避免因设备更新太快,而出现落后被淘汰导致的损失;租金可纳入营业费用,能够减轻承租人的纳税额,承租人一般对租赁的商品还有优先购买权。

(四)股权交易

即投资者通过在目标国的股票市场上,购买所要企业的股票,而无需直接投资建厂、购买设备、建立组织机构等事宜,就可实现控制某个行业的企业,并进入目标市场的一种交易方式。它是一种新兴的资本交易方式,特点在于可节省很多的时间成本和谈判耗费,便于市场进出。

四、相互贸易方式

相互贸易(Counter Trade)又称对等贸易、对销贸易或反向贸易。它是由易货贸易的基础上发展起来的。其主要方式有:易货贸易、互购贸易、补偿贸易三种。

(一)易货贸易

顾名思义是货物与货物之间,进行等同交换的一种贸易方式。传统的易货贸易是完全货货交换,不用货币支付,没有第三者参与,一次性成交。现代的易货贸易则有记账式和对开信用证两种方式。

记账易货贸易是指一方出口一种货物,用于交换另一方相互事先达成的、进口货物的一种交易方式,双方不用现汇结算,以记账的方式逐笔冲抵货值,达成平衡。若约定期限内,不能达到平衡,可以现汇或商品补齐。

对开信用证方式是指进出口交易双方,商品成交的金额大致相同,双方均以开立对方为受益人的信用证,并规定,一方的信用证须在收到对方开出的信用证后,方能生效的一种支付货款的方式。

(二)互购贸易,也称平行贸易

是指出口商在商品出口以后,同意在一定期限内,向进口商回购相当于出口额的类似商品,或其他产品的一种贸易方式。其特点为:销售与回购商品各签一份合同,出口销售的商品用现汇结算,回购商品的合同仅规定一个义务,不确定具体商品,但有时间限定,且须把两份合同由协定统一起来;两个交易无须同步,但支付方式要双方同意,可分别实施;双方互购商品没有相关联系。

(三)补偿贸易

是对等贸易的衍生物,是信贷基础上的一种关系,即一方给予的进口机械设备或技术,另一方以产品或劳务等方式,分期全额或部分偿还价款,而不用现汇支付的一种贸易方式。其特点为:出口的产品,应是以进口机械设备和技术生产的产品,作抵此项机械设备或技术的本金和利息,因而出口的品种显然受限,偿还期长,进口的机械设备或技术的权属,在交货后一般即归进口方所有,而且机械设备和技术往往又结合在一起。通常在国际贸易中补偿的方式有 4 种,即直接补偿也称返销产品补偿,间接补偿也称间接产品补偿,混合抵偿即用直接产品和间接产品相结合进行补偿,以及劳务补偿。

五、电子商务贸易方式

通常有三种方式,即以 EDI 为平台的电子商务交易,以互联网为载体的电子商务交易,以及融合 EDI 与互联网的电子商务交易。它是近年快速发展起来的一种全新的贸易方式。

(一)以 EDI 为平台的电子商务交易

EDI(Electronic Data Interchange,电子数据交换)是通过电子计算机网络,把标准格式的各种数据、信息在国际与国内、国际与国际、国内与国内有关企业和部门之间,进行传递与交换的一种先进的电子通信手段与技术。它广泛应用于企事业单位、政府部门、仓储、代理、运输、生产、销售、海关、检验检疫、工商管理、银行、税务等众多领域。其结构化的数据,可便于制作各类单证如订货单、保险单、运单、报关单、报检单、信用证、产地证等,从而促进了无纸化贸易,极大地提高效率、降低成本,是今后贸易交易方式的发展方向之一。

(二)以互联网为载体的电子商务交易

互联网在全世界已比较普及,在我国也逐步广泛使用和发展,且因其成本低廉,使用方便,为广大企业和用户所青睐。随着网站开设成本的进一步下降和变得更加容易,社会对电子商务的接受和配套设施的完善,企业拥有通过互联网在线交易手段,成为企业与时俱进的标志,因此,能否通过互联网开展业务是衡量企业人才素质、科技实力、管理水平高低的标志之一。

(三)融合了 EDI 与互联网的电子商务交易

由于通过以 EDI 为平台的电子商务交易,与以互联网为载体的电子商务交易各有长处,又互有不足,因此,整合两者间的优势,基于互联网的 EDI 开始为许多企业所大量使用,也为开展跨国经营的茶叶企业,使用这一功能进行电子商务交易树立了榜样,它也是实力、人才、技术的体现,值得探索推进。

六、国际连锁经营的贸易方式

它主要包括直接经营连锁、自愿经营连锁和特许经营连锁。一般指经营同类商品或服务的两个或多个经营单位,以一定的组织形式结成的联合体,对企业形象、经营方式、服务模式实行标准化管理,规范化运作,以实现规模经营达到规模效益的一种贸易方式,是一种比较创新的商业行为和经营制度。其特点是总部、门店或分部与配送中心,实行统一订货、统一供货、统一结算的"三统一"原则,以及购销相分离的管理制度设计与安排。

(一)直接经营连锁

通常指连锁经营的门店,由公司总部全资或控股开设,总公司直接掌控经营的一种形式。

(二)自由经营连锁

由若干个门店或企业自愿联系起来,开展横向合作关系,避免相互间的无序竞争,在不改变各自资产、资本构成和所有权的情况下,以共同进货类似统一方式开展经营业务的一种方式。

(三)特许经营连锁

是通过加盟门店或企业通过与总部签订合同,统一使用总部规定的商标、商号、营销技术和商品或产品的一种交易方式。也常称合同经营连锁、加盟经营连锁或授权经营连锁。获得特许经营的门店称为加盟店,加盟店均为法人单位,与总部间为纵向的关系。如在我国许多地方出现的麦当劳经营方式。

连锁经营由于其同一性的管理和规模经济效应,是中、小茶叶企业,借助合作伙伴的优势资源克服自身不足,谋求加快发展的良方,也是循此开展跨国经营的可行途径之一,因此,值得研究、重视和应用。

第四节　茶叶企业国际竞争力培育

一国的产业竞争力强弱是衡量国家综合实力的一个重要指标,面对更加激烈的国际竞争,各国都把培育和发展产业竞争力,列为国家优先发展的课题。我国是产茶大国,却算不上茶叶国际贸易大国,更谈不上世界茶叶强国,除产量较低外,关键在于我国茶叶缺乏品牌、有牌无名,价格低、品质不佳,安全卫生标准常常偏高,构不成国际上强有力的竞争力。因此,做大做强我国茶叶产业,着力点首先是培育竞争力。

一、茶叶企业国际竞争力的内涵

(一)国际竞争力内涵

要了解茶叶企业国际竞争力的内涵,首先得了解国际竞争力和产业国际竞争力的内涵。自20世纪80年代西方发达资本主义国家,对国际竞争力研究以来,其理论得到不断的发展,其中最具代表性的当属世界经济论坛(WEF)和瑞士洛桑国际管理开发学院(IMD)的观点。两机构均认为:一国的经济体制与宏观经济环境,决定了一国的国际竞争力,具体指标包括国内经济实力、国际化程度、政府管理、金融、基础设施、企业管理、科学技术、国民素质、法律和政治体制、劳动力市场等200多个。对企业的国际竞争力,认为由变革因素、变革过程、环境、企业自信心、工业序位结构五要素组合产生的效率评价,具体表现为由企业内部效率形成的竞争力,和由企业外部,包括国内的、国际的和部门的环境影响形成的竞争力。是竞争力资产与竞争力过程的统一。

(二)产业国际竞争力内涵

这个内涵介于国家国际竞争力和企业国际竞争力之间。如果说国家的国际竞争为第一层级的竞争力,企业作为国际竞争力的基本单元,为第三层级的竞争力,则产业的国际竞争力应为第二层级的国际竞争力。根据哈佛大学管理学教授迈克尔·彼特的观点,产业国际竞争力是一个国家能否创造一个良好的商业环境,使该国企业获得竞争优势的能力。这个理论的分析,从国家、产业和企业三个层面入手,提出产业国际竞争力的提升,不仅需要企业分析所在产业的国际竞争力构成要素,以确定自己企业在本行业中的优劣势,采取相应的策略,着力于相对竞争优势的发挥,而且国家或行业主管的政府部门,也应该了解本行业在国际上竞争力的优劣势,以努力创造和争取良好的环境,如法规政策制定上,对外谈判磋商上,国际标准参与制修定等,去促进本国企业在本行业国际竞争中发挥优势。

这个理论的最大特点是:为比较全面、科学、正确地分析产业国际竞争力,提供了一个理论基础和分析框架。而厦门大学周星教授等则认为:"产业国际竞争力应等于产业竞争力资产乘以产业竞争力过程",不过这与WEF和IMD提出的国际竞争力观点很接近。并进一步解释:"其所提的竞争力资产指产业现状、拥有的资源条件,它取决于一国的资源条件或产业发展的有利条件;竞争力过程指产业素质变化及产业结构变动,它取决于企业的策略行为和政府支持的力度。"对产业国际竞争力的评价体系,可由产业素质、产业结构现状及趋势、产业发展环境的制度因素,以及产业国际化程度4个方面去考虑。

(三)茶叶企业国际竞争力内涵

概括以上观点,企业国际竞争力:泛指一个企业在国家或地区自由、公平的市场环境下,为争夺有利的生产、投资、营销条件,以便在激烈的国际竞争中,获得最佳的经济效益以及更多更快地占有市场的能力。就茶叶企业的国际竞争力而言,就是茶叶企业在目标国家或地区自由、公平的市场环境下，为争夺有利于茶叶跨国开展生产、投资和营销等条件，以便在激烈的国际分工、合作与竞争中，获得最佳的生产能力、营销能力、利润能力，以及尽可能多地占有市场的能力。它是茶叶生产、产品、服务、品牌、科技、资金、价格、规模、成本、风险控制与管理能力等多种竞争优势的综合与集中表现。其评价体系以2001年国家发改委宏观经济研究院产业发展研究所课题组提出的指标为例，包括茶叶企业国际竞争力的竞争实力、竞争潜力、竞争能力和竞争环境四个方面。竞争实力反映的是茶叶企业在“要素供给”方面的实力，竞争潜力指茶叶企业在国际、国内茶叶产业发展中的潜在能力，也即一个茶叶企业如何把握住发展的有利的国内外条件，如比较优势、先至优势和后发优势；竞争能力指茶叶企业能否把自身的竞争实力、竞争潜力现实地转化为市场占有率、利润创造率、规模扩大率的能力；竞争环境则指茶叶企业参与国际市场竞争面对的国内外环境因素。这四个一级评价指标，又可细分为二级和三级，以更清晰地折射出茶叶企业国际竞争力的关联要素。如下表所示：

表5-2　茶叶企业国际竞争力评价指标体系

一级指标	二级指标	三级指标
竞争实力	人力	大学文化程度劳动者比重 管理者及工人素质 企业家素质★
	财力	产值(规模) 总资产
	技术创新实力	研究开发人员强度 研究开发经费强度
竞争潜力	比较优势	劳动力成本 资金成本
	先至优势	资源禀赋
	后发优势	
竞争能力	市场化能力	规模扩张率 市场占有率 显示比较优势
	资源转化能力	劳动生产率 资金利税率 增加值率
	技术创新能力	创新度(新产品产值率) 专利数比重
竞争环境	茶业企业竞争动力环境★ 茶业企业竞争压力环境 茶业企业竞争活力环境	

注：带★为定性指标

二、茶叶企业国际竞争力构成

由以上概念引申，茶叶企业国际竞争力的构成主要可归纳为生产技术水平、产品质量水平、服务周到水平、品牌认同水平、科技创新水平、资金雄厚水平、价格公道水平、规模适宜水平、成本低廉水平等。

（一）生产技术水平

生产技术水平是茶叶企业国际竞争力的基础。不论是从事实业，还是贸易或投资的茶叶企业，因其离不开茶叶，其国际竞争力强弱，与茶叶的生产技术水平关系十分密切。生产技术水平的高低决定和影响着产品质量、服务的底气、品牌的创建、成本的降低、价格的竞争。大家知道，茶叶是有保质期的产品，受自然条件制约很大，生产技术先进，就能保证产品的质量，生产出符合人类食用或饮用的高品质的、具有安全卫生保证的产品来，有了安全卫生和品质保证作支撑，为客人提供周到服务必然心气充足，也就便于品牌的创建与被消费者所认同，获得一批忠诚的客户，那么就能形成规模效应，从而降低成本，形成价格上的优势，增强企业的国际竞争力。

（二）产品质量水平

产品质量水平是茶叶企业国际竞争力的关键，正所谓质量是企业的生命线，有好的企业生产技术，还得在产品的质量上体现，才能形成和转化为现实生产力，其质量水平的高低决定着竞争的优势，进而影响着品牌的确立、推介服务的信心、客户的认可、成本的控制、价格的提高，影响着企业累积资金、能力创新和持续发展。

（三）服务周到水平

服务周到水平是茶叶企业国际竞争软实力体现的载体。通过周到的服务，可以宣传和推介生产产品的茶叶企业，以扩大影响，进一步赢得消费者和客户。周到的服务可以产生与上下游关联的企业共进共赢的效力，进一步得到企业、社会、消费者的品牌认同，为创建品牌、稳固品牌、发展品牌产生聚力，进一步增加消费面和合作面，利于市场份额的扩大、成本的摊薄，以便为利润增加、科技创新、企业壮大做好扎实的铺垫。

（四）品牌认同水平

品牌认同水平是茶叶企业国际竞争力能否持续发展，持续提升的主要条件。品牌可以是一个，也可以是多个，更可以是系列的。在抓牢主业，拓展多元的同时，把握好品牌为国内、国际认同，是每一个企业发展的中心环节。如世界响当当的 IBM 品牌，就因此而始终保持在世界500强的前列,可资借鉴。有了品牌认同,就会拥有忠实的客户和消费者,吸引更多的合作伙伴,那么就会实现技术上、价格上的竞争力,而有了技术和价格上的竞争力,就能推进降低成本、多占市场战略,从而实现扩大规模、提高效益、增加利润,加大科技投入、提升创新能力,进一步提高生产技术和产品质量,形成不断增强国际竞争力的良性循环。

(五)科技创新水平

科技创新水平是茶叶企业国际竞争力的核心。创新是一个企业的灵魂,是企业永续发展的不懈动力。只有加快提高茶叶企业的科技创新能力,才能拼发出企业发展的强大后劲。具有科技创新能力,必然会有力支撑茶叶企业生产技术的持续改进、新产品的接连面世、产品质量的不断提高。同时,有了创新这个核心,产品、服务、品牌、价格都走在同行业的前列,那么企业竞争力自会增强。

(六)资金雄厚水平

资金雄厚水平是茶叶企业国际竞争力的一个重要因素。资金雄厚是任何一个企业都梦寐以求的事,但光靠贷款不行,还要善于运作资金,提高资金效率,而且要做足本——即靠企业自身自然发展或渐进发展或跨越发展轨道上的发展与积累。这不仅需要企业稳健发展,更需要持续发展,做大做强,形成龙头,定位于国际化的经营战略,充分利用两种资源、两个市场,做行业的领袖。这样,有了持续的积累,资金必然雄厚起来,那么,就能进一步推动科技创新,研究新技术,提高产品的高、新、特、优度,进一步集聚客户,不断释放综合优势,以此强化茶叶企业的国际竞争力。

(七)价格公道水平

价格公道水平是产品取胜的一个重要组成部分,也是茶叶企业国际竞争力的一个重要要素。古人云:财分天下人,取财要有道。现代企业特别是西方发达国家的大型企业,在社会进步浪潮的陶冶下,在有关政府制度的约束下,在公众的参与监督下,也已十分注意承担社会责任。这就是近年之所以要求企业开展 SA8000 认证,即企业社会责任体系认证的原因。在这种社会进步思潮的激荡下,企业逐利要有公德,即在不损害社会公道的前提下,尽可能多地追求利益,而不再是不讲条件去追逐利润最大化为最大目标!因此,价格公道也已经成为企业国际竞争力的一个重要要素。因为公道的价格会形成相对稳定的消费群体,进而通过这些稳定的消费群体,影响潜在的消费群体,产生吸附和扩张效应。有了这个效应,市场可多占,规模可扩大,利润就能倍增,资本就会加快积累,进而就能持续加大科技创新投入,提高生产技术水平和产品质量,为扩大服务影响和品牌含金量增加正效应。

(八)规模适宜水平

规模适宜水平是茶叶企业国际竞争力的外化要求。一个企业的发展与壮大,不完全取决于规模的最大化，关键是规模与市场相统一。如美国微软公司并不是最大规模的跨国公司，但却是世界盈利能力最强的企业。规模大小取决于企业自身条件、特定环境、所处的行业和业务方式，如投资、实业、贸易等形式的不同，就会有不同的情况，关键是要量身订制，做到稳步发展，否则大起大落，于企业发展无益，更与企业国际竞争力增强无补。只有确立好适宜企业自身条件的规模，才会维护好、服务好、发展好企业的实力，从而为利润增长、积累资本、保持公道价格、降低成本水平、进一步创新科技、厚育品牌、提高技术和质量打下坚实基础。

（九）成本低廉水平

成本低廉水平是茶叶企业国际竞争力的中心环节，这也是目前中国的现实决定的。因为我国还是发展中国家，在国际分工和竞争中，最大最优势的资源是劳动力，低成本还是我国产品竞争的优势所在。因此，实施成本低廉战略，不失为我国企业培育国际竞争力，以达到取胜之道。有成本的低廉，就有价格的优势，那么，市场扩张就有保证，品牌影响就能形成，则利润增加，服务提升，科技投入加大，增强企业竞争力便是题中应有之义。

三、茶叶企业国际竞争力的培育

茶叶企业国际竞争力的培育在于内强素质，加强自身在上述分析的几个构成要素中水平的提高，外借政府推力，使之能较快地形成，以便在参与跨国经营中有更多的企业能争得头筹。

（一）提高生产技术水平，营造良好的茶叶发展环境

生产技术的提高，在市场经济条件下，主体只能是企业。一个立足跨国经营的茶叶企业，如果没有自身独特或先进的生产技术，很难想象会在激烈的国际竞争与合作中立于不败之地，更难以想象会做大做强，跻身跨国公司、世界500强之列。茶叶企业开展跨国业务，培育国际竞争力，首先应有自己的生产技术。这不仅有赖于企业，也离不开政府的扶持、帮助。我国茶叶生产的主要优势是区域和资源的优势、科研与人力资源的优势。现有从事茶叶研究机构15个，农业专业院校中有10所设有茶学专业，每年培养本科、硕士、博士生为数众多，这为茶叶生产技术的提高提供了外部保证。但我国茶叶企业规模偏小，科技投入少，安全卫生意识不强，产量偏低，产品与国际主流消费仍有不小的差距，虽拥有8000多万户的茶农，但整体素质不高，是制约国际竞争力培育的关键因素，急需政府的引导，科技的投入，资源的整合，龙头企业的扶持，强化安全卫生意识，促进做大做强，为企业最终自觉成为生产技术提高的主体，营造良好的外部环境。

(二)提升茶叶产品质量,增强出口竞争力

我国茶叶的质量水平偏低,尤其是安全卫生指标常不能满足进口国的要求,是近年困扰出口、竞争力不强的主要原因。据福建出入境检验检疫局统计,2005 年 1 ~ 8 月份因日本提高茶叶农药残留标准,我国茶叶达不到限量指标要求,使福建安溪的乌龙茶,出口到日本市场同比金额下降 40%,重量下降 34.6%。可见茶叶安全卫生质量问题对出口的巨大杀伤力,更是能否增强国际竞争力的重要因素,急需企业高度重视,主动引入公司加基地加标准化战略,从源头抓质量,由田头到茶桌全过程控制质量,借助政府的治理,市场的管制,农药生产、销售、使用的监管,企业的自觉诚信遵守,以及在加工过程中注意微生物、灰分、夹杂物等的把关,以全面提升产品的质量,增强国外消费者对中国茶的安全卫生信心,从而实现竞争力的重塑与增强。

(三)增加投入,增强创新能力,提高竞争力

创新是企业发展的原动力,是核心力量。要通过引进、消化、吸收、联合集成和加强原始创新的多种方式,加快企业创新能力的积累,包括种植技术创新、加工技术创新、服务推介方式创新、包装技术创新、品牌打造创新等。通过企业加大投入、社会推动、舆论引导、政府政策支持、条件创造,努力提高茶叶企业的竞争力。巩固传统绿茶优势,突出发展乌龙茶、白茶、普洱茶等特种茶先至优势,重点解决占世界消费量 75% 的红茶的后发优势,并适度储备,保持持续优势,发展深加工技术,研究广泛的使用范围,如茶叶的生物酶高效分离提取及深加工等,充分挖掘茶叶的利用功效,进行具有广阔应用前景的技术研究储备,我国茶叶国际竞争力必将会有个大的跨越。

(四)实施品牌战略,通过以质取胜,培育持续竞争力

我国茶叶还不能在世界上进入强国行列,不能走出出口第三、创汇第四的怪圈,与无品牌、以散装茶出口密切相关。国外多有报道,中国高档的龙井茶被用于宾馆的洗手茶,而国外中档的红茶却被当做高档饮料饮用,就是一个生动的例子。在知识产权得到普遍尊重和推崇的时代,没有品牌的企业永远是长不大的。目前,20% 的名牌企业控制着 80% 的市场。因此,政府制定品牌战略规划和政策,行业协会积极推动,企业主体主动行动,以质量树品牌、护品牌、展品牌,加大品牌宣传和保护,无疑是培育茶叶企业持续竞争力的一个重要方法。这个品牌战略应当是与公道价格行为、周到的服务水准相结合,同步共振,同频调和,相得益彰。如安溪"凤山牌"铁观音,因注意树品牌,保护品牌,其品牌据专家估值可达 2 亿多元,无形中促进了企业持续快速发展。

(五)主动参与标准制定,掌握茶叶发展的制高点

在科技大发展、知识爆炸的今天,谁掌握了行业产品标准的制定权,谁就掌握了主动权,

谁就成为引导行业的领头雁,就能始终处于优势。正如科技部部长徐冠华所说:“采用谁的标准作为国际标准,对各国产业的国际竞争力影响巨大。在高科技领域谁的生产技术标准领先,谁就控制了未来市场。主要发达国家,在10年前就高度重视科技政策中标准化的作用,把生产技术的标准作为战略性竞争手段”。因此,我国茶叶企业要大力提高国际竞争力,主动参与茶叶国际标准的制修订,是不得不面对的现实,否则,根本就无法在国际市场上驰骋纵横、叱咤风云,更不可能与联合利华等世界茶叶企业强手竞争。

(六)利用世贸规则,推动茶叶企业国际竞争力发育

这项工作主要是由政府来做。2004年,我国茶叶等农产品在加入WTO后,出现了历史上从来没有过的大逆差。作为国际贸易上保护主义最盛行的领域之一,农产品的贸易壁垒之争愈演愈烈,农产品国家竞争力的强弱,越来越大地体现在产品之外的贸易谈判、标准制定、预警机制等高端竞争力上。而我国在这方面恰恰是“短腿”,急需“补课”。据初步估计,入世以来,我国农产品受国外绿色壁垒的限制和影响达到90%左右,因此,加大政府作为,利用规则应付和反对,既认同合理的绿色壁垒对推动社会进步,保护人民健康有利的一面;又反对其过分苛刻,对贸易的变相限制与障碍,特别是对发展中国家少有技术援助、人员培训,过渡时间短又壁垒苛严等不符合规则的做法。在主动应对国外技术、绿色、安全、卫生、认证等形形色色壁垒的同时,通过企业的作为,结合政府、行业、企业三方力量,加大采取反制措施,以制定利于我方、且符合WTO规则的方式进行对等的“讨价还价”,使企业在应对和磨炼中提高竞争力,又反过来以其之矛攻其之盾,造就超越对方的竞争力,真正让我国的茶叶企业茁壮成长并迈步走向世界。

思考题

1. 与茶叶企业开展国际业务、跨国经营有关的WTO规则有哪些?简述其主要内容。
2. 我国茶叶企业实施跨国经营战略可循的途径有哪些?
3. 企业的国际竞争力由哪些因素构成?
4. 我国茶叶企业如何提高国际竞争力?

例证

促进中国茶叶出口贸易发展的思路与对策

一、中国茶叶出口总体状况

近年来中国茶叶生产按照国际和国内市场的要求,大力推广优良品种,积极调整茶类结构,努力提高产品质量,促使茶叶生产朝着优质、高产、高效的方向稳步发展,取得了可喜的成绩。据国家统计局公布数字,2005年全国茶园面积126.7万公顷,居世界第一,茶叶产量

92 万吨，居世界第二；茶叶出口 28.662 万吨，居世界第三位；茶叶创汇 48 400 万美元，居世界第四。中国茶叶出口从 20 世纪 90 代中期的大幅衰退中得到恢复，出口量、出口金额及平均单价逐年增加。

然而，就茶叶出口的总体情况来看，虽然出口数量和出口金额仍在不断增加，出口茶叶的产品结构也在不断变化，但茶叶出口的经营管理体制，茶叶出口的主体、价格、规模、品牌和出口茶叶产品的质量与安全，还存在着这样和那样的问题。一些发达国家，如欧盟、美国、日本等在国际贸易中受关税和配额等贸易壁垒的影响份额不断下降的情况下，兴起了与环境保护相关的新的“绿色壁垒”，通过建立环境标准、技术标准、认证制度、卫生检疫制度、检验程序以及包装、规格和标签标准等，来提高对进口产品的技术要求，设置非关税贸易壁垒。据卫生部门的专家介绍，近年来，中国出口到美国、日本和欧盟等国家的茶叶、蘑菇、肉类、蕨类等农产品和食品因出现食品卫生问题，不少被进口国退货。出口至日本和欧盟等国和地区的茶叶量明显下降，影响了中国茶叶的出口贸易。

二、中国茶叶出口贸易中的主要问题

（一）茶叶出口经营管理体制滞后，出口经营主体素质不高

近年来，由于国际市场竞争的残酷，茶叶出口经营和管理体制滞后和不完善，加上经营主体素质参差不齐，缺乏国际贸易法规、法则、维权等方面的知识，思想准备不足，自律、互律、联合对外意识较差，出现了哪里有销路大家都往哪里钻、一个茶类好销大家都争着上、一个品牌出了名假冒伪劣接踵而来，造成管理失控，经营秩序混乱，同时也侵犯了海外茶叶企业的商业利益，加快了欧盟、日本等进口国对中国茶叶的“设限”速度。由于出口茶叶的质量达不到进口国标准，拒收、退货事件时有发生，从而直接影响出口企业的经济利益和国家的声誉。

（二）出口茶叶产品结构不合理，出口茶叶均价低

在国际茶叶贸易中，红茶类是主要的交易品种。由于地理、气候、品种等因素，中国红碎茶品质总体表现为先天不足，大部分红茶天然质量低于印度、斯里兰卡等国，生产成本又较高，价格低，在国际市场缺乏竞争力。除个别品种外，中低档茶居多。西方发达国家严格的茶叶农残检验标准，使中国红茶出口量逐年减少，生产趋于萎缩。从 1999 年起红茶出口比例仅占到 15% 左右，出口金额只占 10%。中国绿茶出口在世界贸易中一直占有优势，曾占世界绿茶贸易量的 90% 以上，平均单价也一直大大高于红茶。1970 年绿茶出口量只占中国茶叶出口量的 44.3%，出口金额占 57.0%，从 1999 年起绿茶出口比例和出口金额逐年增加。

（三）茶叶生产、出口规模小，缺少世界知名品牌

中国茶叶生产及出口规模小并缺乏世界知名品牌。2005 年全国茶园面积 126.7 万公顷，占世界茶园总面积的 45%，但产量仅为世界茶叶总量的 26%，平均单产仅为世界平均水平的 61%。中国茶叶的种植和初制加工以个体农户、小型乡村集体和合作企业为主。据统计，中国现有茶农 8000 万，平均每户拥有茶园 1 亩左右；茶厂（初、精制）6.7 万家，平均每个茶厂年加工茶叶仅 10 吨左右。从国际贸易发展和茶叶出口经营来看，分散型的生产方式和

出口模式已不能适应现代茶叶贸易的需要,并将在激烈的市场竞争中逐步被淘汰。

(四)茶叶出口产品的质量与安全问题不容乐观

目前中国茶叶卫生质量方面存在的主要问题是:农药残留、有害重金属残留、有害微生物、非茶异物超标和粉尘污染、茶叶陈变与质变,涉及茶叶栽培、加工、运输和贮藏的每一个环节与过程,并与茶树生长的环境有着密切的关系。

三、扩大中国茶叶出口贸易的思路与对策

(一)加强茶叶出口经营的指导与管理,提高茶叶出口主体的素质

商务部、海关总署公告自2006年1月1日起,取消茶叶的出口配额许可证管理,为此,实行多年的茶叶配额制宣告终结,从真正意义上实现了中国茶产业的市场化。随着出口主体的增加,大量没有经营过茶叶出口业务的生产、流通企业进入国际市场,竞相在海外“低价抢市”,造成不应有的相互竞争。因此,国家应通过宏观调控和政策指导,加强对茶叶出口经营的管理,对出口企业进行有关技术和业务知识的培训,提高茶叶出口主体的素质,提高适应市场激烈竞争环境的能力和茶叶出口商品的竞争力。

(二)调整出口茶类结构,提高茶叶贸易额比重

近年来,中国茶叶出口结构依照市场规律自行调整。增加绿茶特别是特种绿茶的生产与出口,降低红茶的出口;增加高附加值茶叶产品的出口,减少散装茶叶的出口;增加高档茶叶产品的出口,降低低档茶叶的出口。“控制红茶(尤其是红碎茶),提高绿茶,发展特种茶和有机茶”已是中国茶叶出口的方向。此外,中国茶叶出口应提升品牌效益,整合国内茶叶品牌,突出茶叶品牌的个性和区域特征,提高中国茶叶品牌在国际市场的知名度,提高出口茶叶的质量、规模和效益,使茶叶出口由数量型向质量型转变。在打造中国茶叶国际品牌时,也可和世界知名的相关企业进行品牌共享或实行双商标的联合战略。

(三)扩大中国茶叶出口与经营规模,打造中国茶叶出口“航母”

从2005年统计数据来看,私营和外商投资企业出口占到中国茶叶出口的一半。出口企业以中小企业为主,往往难以抵御国际市场激烈竞争。为了扩大中国茶叶出口贸易,不断开拓新的市场,降低出口成本,必须走联合之路,组成企业集团,扩大出口规模。同类企业间以资金为纽带,用股权组成紧密的集团,还可根据供应链的原则建立企业联盟。还可以考虑与消费国的企业合作或合资,组建跨国茶叶公司。有条件的企业还可考虑跨国生产与经营,在主要消费国家或地区建立自己(或联合当地的机构和企业)的生产基地,就地生产、加工、经营并逐步向国际化方向发展。

(四)提高出口茶叶产品质量,确保茶叶质量安全

主要包括:政府应从发展方针、产业政策上加以指导、调控,充分发挥政府宏观管理作用;生产者在进行茶叶生产、加工、贮运和销售的过程中严格遵守茶叶出口的标准和要求;经营者应根据茶叶商品的特征和特性及茶叶出口的要求,在经营的各环节中尽可能保持茶叶原有的品质特征。

茶叶是21世纪健康、卫生、安全的饮料，茶叶出口是中国农产品出口内容之一，是解决中国茶叶生产和发展，提高中国茶农、茶叶企业经济效益的重要途径之一。解决中国茶叶出口过程中的问题，不仅需要政府加大宏观管理和调控的力度，还要树立生产者、经营者的产品质量意识、品牌意识、竞争意识、创新意识、安全意识、自我保护意识和对付国际市场风云突变的意识，这样才能促进中国茶叶出口贸易的健康发展，使中国的茶叶事业再现辉煌。

［资料来源：农业经济问题，2007，(5)］

第六章 茶叶产业化发展与服务

当前我国的茶产业已经具备相当规模，并且已经开始从自然禀赋优势驱动转向投资驱动和创新驱动。从趋势看，未来的茶叶经济，单靠扩大茶园面积、提高茶叶产量、发展名优茶生产，极可能会遇到供过于求的困难，经济效益难以持续提高。因此，必须抓紧实施产业化战略——延长产业链条，向产后渗透，扩展市场空间，向市场要效益；追加投入，革新技术，发展“优质高产高效”茶园，发展茶精加工、深加工，向新技术、新产品要效益。通过产业化经营，增加销售收入，降低资源消耗，降低生产成本和交易成本，在增加利润的基础上，追加生产投入，实现茶叶企业生产经营的良性循环。

第一节　茶叶产业化发展

当前实现茶叶的产业化经营是目前理论界和实业界主要关注的方法模式，本节特别讨论市场经济条件下茶叶经济发展的制度变迁，并基于产业化经营的经济成因、特征分析，阐述世界茶业经营的产业化趋势，着重分析中国茶业产业化经营的实施与发展，探讨中国茶业产业化发展的战略选择。

一、茶叶产业化经营

(一)茶叶产业化经营的内涵

茶叶产业化经营是以国内外茶叶市场需求为导向，以资源优势为基础，以提高经济效益为中心，依靠龙头企业及各种中介组织的带动，将茶叶生产、加工、流通、销售及科研各个环节有机结合，实现生产专业化、组织集约化、经营一体化、经济规模化、管理企业化、产品商品化、服务社会化，使茶业生产经营的各种资源优化配置的一种新型的茶业经营方式。简而言之，茶业产业化经营就是农工贸一体化、产供销一条龙的经营方式。

(二)茶叶产业化经营的特征

茶叶产业化经营具有以下特征：

1. 生产专业化

围绕主导茶叶产品进行专业化生产，把茶叶生产的产前、产中、产后作为一个相互依存的体系来运作，使每个环节的专业化服从于产业发展的一体化要求。

2. 组织集约化

依靠科技进步为主，实行集约化经营，实现经营计划市场化、生产专业化、产品优势化、布局区域化、服务社会化。

3. 经营一体化

通过茶叶龙头企业找市场、带基地，通过订单与扶持带动茶农实现农工贸一体化经营。产业内部通过非市场安排使外部经济内部化，提高交易速度降低交易成本。

4. 经济规模化

由茶叶龙头企业或中介组织，通过多种形式可以跨地区、跨部门、跨体制的联合与合作，根据外部的市场状况来安排内部计划，扩大茶叶产品的加工、储运、营销及服务等组织的经营规模，推动茶产业发展的规模化经营，以提高规模效益。

5. 管理企业化

在加强茶叶企业之间、企业与基地之间、企业与茶农之间产品供求关系的基础上。建立风险共担，相互依存与发展的内在机制，使各个产业链环节能获得合理的平均利润，实现茶叶企业管理方式的经营一体化。

6. 产品商品化

在一体化经营中，茶业产业链从上游环节的原材料，到下游环节的产品，最后要形成商品投入市场，实现商品的价值，才能维持茶业产业的运转。这就要求在其组织茶叶生产的每个环节都要渗透商品的属性要求。

7. 服务社会化

茶叶产业化既涉及生产经营方式的变革，又涉及经济体制的转变，是一项全面改造传统农业，逐步实现农业现代化的系统工程。以茶农需求为服务导向，建立和完善茶业产业化全程服务体系，为茶叶产业化提供产前、产中、产后的一系列优质服务，是推动茶叶产业化稳定健康快速发展的社会保障。

二、中国茶叶产业化经营

(一)中国茶产业发展的历史回顾

事实上，我国的茶叶产业化过程在许多茶区早已自发开始。其具体形式有：在家庭联产承包基础上的联户办(或自然村办)茶厂，实行分制分销、统制分销或统制统销；村办或乡办茶厂，收购农户鲜叶，加工销售，县乡各类茶叶贸易公司，收购农户和茶厂茶叶，从事长途运销或设店经营；个体或合伙茶叶贩运户，私营茶商，从事短途或长途茶叶运销，他们与产区农户、茶厂有多种形式的经济联系；县级及以上的供销、商业企业，从事茶叶购销、贩运、批零经营。前两类以加工为主，销售自己的茶叶，以解决加工难、卖茶难问题，经营活动多为季节性。后三类以贸易为主，一般不设厂加工，多以盈利为目的，以销定购，经营的投机性十分明显。但它们的存在和发展，都极大地推动了我国茶业的产业化发展。

大致来说，我国在实现茶叶产业化发展方面所做的努力包括：(1)政府的扶持；(2)制度的改善；(3)市场经济的发展；(4)劳动分工的出现；(5)服务的一体化。

(二)中国茶业产业发展现状分析

2007 年我国茶园面积达到 161.33 万公顷，茶叶总产量成为历史上增长数量最大的一年，达 116.55 万吨，茶叶种植面积和产量均居世界第一。2007 年我国茶叶出口量近 29 万吨,仅以几千吨之差屈居世界第三,占世界茶叶年出口量的18.3%,占我国茶叶年生产总量的24.9%。出口金额为6.08亿美元,比上年增长11.2%,茶叶出口在我国农产品国际贸易中占有重要地位。茶叶是主产茶区农村经济的支柱产业,是茶农和茶叶主产区财政的主要来源。

中国茶业的区域分布明显,特色茶区是茶业产业经济发展的亮点。目前,中国的红茶产区主要在广东、云南;乌龙茶区主要集中在福建;花茶产区主要有福建、广西、云南等;名优绿茶产区有浙江、安徽、湖南、四川等。此外,新昌的龙井产区、平江的银针产区、安溪的乌龙产区、云南的普洱茶区等,都已经形成自身的特色,并在农业综合开发和结构调整中发挥着经济增长点作用。特别是近几年来,随着社会主义市场经济体制的建立和不断完善,以及国内外市场竞争形势的深刻变化,中国茶产业的发展呈现出一些新的特点。主要有:名优茶开发成为整个茶产业发展的重点,虽然产量只占总产量的17%,但产值比例已超过50%;茶叶产业化发展步伐明显加快,品牌战略开始在茶业中崭露头角:无公害、绿色食品和有机茶成为中国茶业的一个热点,食品质量和生态安全型食品已经引起各方面越来越多的关注;茶叶的精、深加工尤其是茶饮料的研究与开发尽管起步较晚,却已显现出强盛的发展势头,潜力巨大。

但是,当前中国茶叶生产与经营中仍然面临一些不容回避的问题:

第一,基础差,茶业的生产力水平低。

第二,经营分散,茶农的组织化程度低。

第三,规模小,加工企业的标准化程度低。

第四,秩序混乱,经营主体的谈判能力低。

第五,产品粗放,附加值低。

第六,体制不合理,市场交易费用高。

第七,卫生质量差,农药、重金属等残留高。

第八,服务体系不健全,产业经济运行成本高。

三、世界茶业经营的产业化发展

(一)世界茶产业发展概况

世界茶叶总产量在连年攀升,2007年创下了380万吨(表6-1)的历史新高,比2006年增长了3.8%。世界上主要的几大产茶国印度、中国、斯里兰卡、肯尼亚、印度尼西亚等国茶叶产量的增长是世界茶叶总产量增长的重要带动力量。2008年全球茶叶产量大约为375万吨。2008年,中国茶叶产量120万吨,比上年增加了3.5万吨,居世界首位;截至2008年11月份,斯里兰卡茶叶产量为29.85万吨,比上年同期增长10%;印度为91.31万吨,比上一年增长了2%;肯尼亚因干旱和动乱,截至11月份产量为30.79万吨,比上年同期减少10%;越南2008年产量为14.41万吨,比上年减少了1千吨。2008年世界茶叶出口数量164万吨,同比增长4.46%,首次超过160万吨。相对1999年出口数量为125.78万吨,10年间世界茶叶出口量增幅31%。其中肯尼亚出口量最大,达到38.34万吨;中国的茶叶出口增长了3%,达到了29.7万吨,出口金额6.82亿美元,同比增长12%;印度茶叶出口19.3万吨,同比增长9.66%;印度尼西亚茶叶出口量也增长了13.5%,达到了9.5万吨。

表6-1 2004~2008年世界茶叶生产量、贸易量(单位:万吨)

	2004年	2005年	2006年	2007年	2008年
生产量	321.80	343	366	380	375
贸易量	146.70	153	155	152	164

(二)世界茶业发展特点与趋势

1. 茶园投资多元化

印度、斯里兰卡等国的茶业,早期由英国单一投资,后来这些国家政府提倡合作经济,多元化投资带动了茶业实现新一轮发展。印度1904年已拥有茶叶种植园5595个,多为英国东印度公司经营,单一经济使全国茶叶种植园增长缓慢,至第二次世界大战前的1938年增加到6324个,34年只增长13.0%;至1950年,增加到6731个,与1938年相比,12年只增长6.4%。1950年印度独立,政府大力提倡合作经济,促使茶叶种植园迅速发展。1960年,茶叶种植园增加到9499个,比1950年增加41.1%;1970年达到12 015个,比1960年增加26.5%;1970~1990年基本保持在13 000个。按茶园面积计算,1950年为471.96万亩,2001年为764.10万亩,增长了61.9%。

2. 茶业经济增长集约化

一是茶叶单产大幅度提高。世界茶叶平均产量1934年为28千克/亩,1950年为52千克/亩,1990年为67千克/亩;2001年达到76千克/亩,较1934年提高1.7倍。二是质量稳定提高。主要体现在茶树良种的选育和茶叶加工工艺的改进。茶树良种的选育与推广,既提高茶叶单价,又改进茶叶品质。印度良种种植面积占总面积的80%,无性系良种的比例达25%。中国国家审(认)定的良种77个,无性系良种推广面积比例约占20%。同时,主产国都在利用茶叶生物化学技术和加工新工艺、新设备等不断提高茶叶的质量,尤其是红碎茶的浓强鲜度。

3. 茶叶制品多样化

袋泡茶始创于1908年,1920年作为商品上市,经过近百年的发展,已流行世界。在英国,袋泡茶消费居首位,占茶叶消费量的84%以上;美国袋泡茶消费占60%以上;加拿大占98%;法国市场销售的绝大部分是袋泡茶;西欧国家袋泡茶的消费占40%以上。中国改革开放后,袋泡茶消费也呈上升趋势。

此外,还有诸如冰茶、罐装茶水等茶叶制品。

4. 茶业经贸全球化

19 世纪下半叶和 20 世纪上半叶,世界茶业主要集中在亚洲。20 世纪下半叶,非洲茶业迅速发展,出口贸易持续增加,拉丁美洲也有一定规模,大洋洲和东欧也开始发展。茶业经济贸易已成为世界经济贸易的一个组成部分。近几年,茶叶出口价格明显上升。根据联合国粮农组织综合价格的数据显示,2006 年茶叶价格上升了 11.6%;2007 年上升了 6.5%,达到 1.95 美元/千克;2008 年价格继续稳步上升,1 ~8 月茶叶均价达到 2.5 美元/千克,比 2007 年同期增长了 35%。从中国茶叶出口价格情况来看,2008 年出口数量比 2007 年仅增加 2.7%,出口金额却增加了 12.3%。同时,2008 年世界茶叶出口金额也有较大幅度增长,其中斯里兰卡出口金额 18 亿美元,肯尼亚 7.8 亿美元,印度 3.47 亿美元,中国 6.82 亿美元,印度尼西亚 1.279 亿美元,越南 1.5 亿美元,阿根廷 0.56 亿美元。

5. 国际茶叶贸易自由化

垄断贸易曾经是茶叶贸易的一种基本方式。长期以来,中国实行外贸统一贸易制度,茶叶出口指定外贸专业公司经营,全国只有 4 家公司出口茶叶。改革开放后,加快外贸体制改革,茶叶出口公司增至 19 家;20 世纪 90 年代更加开放,现已增至 110 多家。印度是英国进口茶叶的供应大国,早期由东印度公司垄断出口。后来,英国政府取消了东印度公司的垄断权,许多英国公司都投资印度茶业。印度独立后实行自由经济,茶叶出口到 80 多个国家和地区。早期伦敦茶叶拍卖市场也呈垄断形式,为打破垄断,茶叶出口国建立了自己的拍卖市场,促进了本国茶业经济贸易的发展。

6. 茶叶营销文化化

在中国、日本、英国,茶叶都具有“国饮”地位,这得益于茶文化功能。中国茶文化内涵十分丰富,改革开放 20 多年来又有了新的发展,“以茶会友”成为茶文化的主题。在漫长的历史发展中,茶文化对中国的伦理道德产生了很大的影响,成为中国传统文化的有机组成部分。茶文化中的一些伦理同今天提倡的精神文明是一致的。茶文化的发展,促进了茶业经济贸易的增长。日本是现代化国家,茶道是日本文化的重要组成部分,也是日本传统文化的象征。在现代饮料的激烈竞争中,茶饮料能继续增加,这与茶道精神密切相关。英国王室历来推崇饮茶,也使茶文化成为英国文化的一部分。英国长期以来是世界茶叶进口大国和消费大国,并把饮茶习俗推向世界,这就是茶文化的明显功能。

第二节　中国茶叶产业布局与结构

中国是全球茶叶种植面积最大的国家,2007年茶叶产量突破116万吨,居于世界第一位。但真正意义上出口的茶叶不超过29万吨,出口产值仅有6.08亿美元。截至2007年,我国平均茶叶单产每公顷745千克,出口茶在国际市场上每千克仅值1~2美元,平均茶价比印度低四成,比斯里兰卡低六成多,甚至比肯尼亚的茶叶价格还要低20%。由于我国的单产量非常低,使得截至2008年,中国茶园面积虽占全球茶园总面积的52%,但产量只占世界茶叶总产量的31.6%。造成中国茶业此种状况的一个很重要的原因就是茶叶产业结构不合理。因此,加快茶类、茶树品种和茶叶产品等茶业结构的调整和茶业布局的优化,提高茶业效率乃是当务之急。

一、茶产业结构与布局的基础知识

(一)茶产业结构

1. 茶产业结构的含义

茶产业结构是指茶叶产业内各部门及各部门内部的组成及其互相之间特有的、比较稳定的组合方式。茶产业结构是茶产业生产力各要素合理组织的一个基本问题,也是我国茶产业发展的一个战略性问题。从纵向上看,茶产业结构包括由育种、栽培、鲜叶采摘等环节组成的茶树种植业部门,由初加工、精加工、深加工等部分或全部环节构成的茶叶加工业部门,由储运、销售、茶馆等组成的茶叶服务业部门,由茶叶机械制造业、茶叶包装业、茶叶生产物资业等构成的茶叶配套产业部门,以及它们之间的比例关系。从横向上看,茶产业结构可以用茶类结构、茶树品种结构和茶叶产品结构等相互交叉的几种结构来说明。

2. 茶产业结构的特性

(1)整体性

茶产业结构是各种自然再生产过程和经济再生产过程的交织。尽管根据不同的需要可以从茶类结构、品种结构、产品结构等不同角度来分析茶产业结构,但是它们仍然是一个有机的整体,各个因子之间相互依存,相互制约。特定的茶树品种结构在一定程度上决定了特定的茶类结构和产品结构;各茶区不同的加工传统和习惯,影响着茶类、品种和产品的选择。因此,要求从系统观念出发,加强对茶产业结构的整体性研究。

(2)层次性

茶产业结构是一个多层次的复合体,它是由多个层次、多个级别组合而成的复杂系统。具体如图6-1所示。

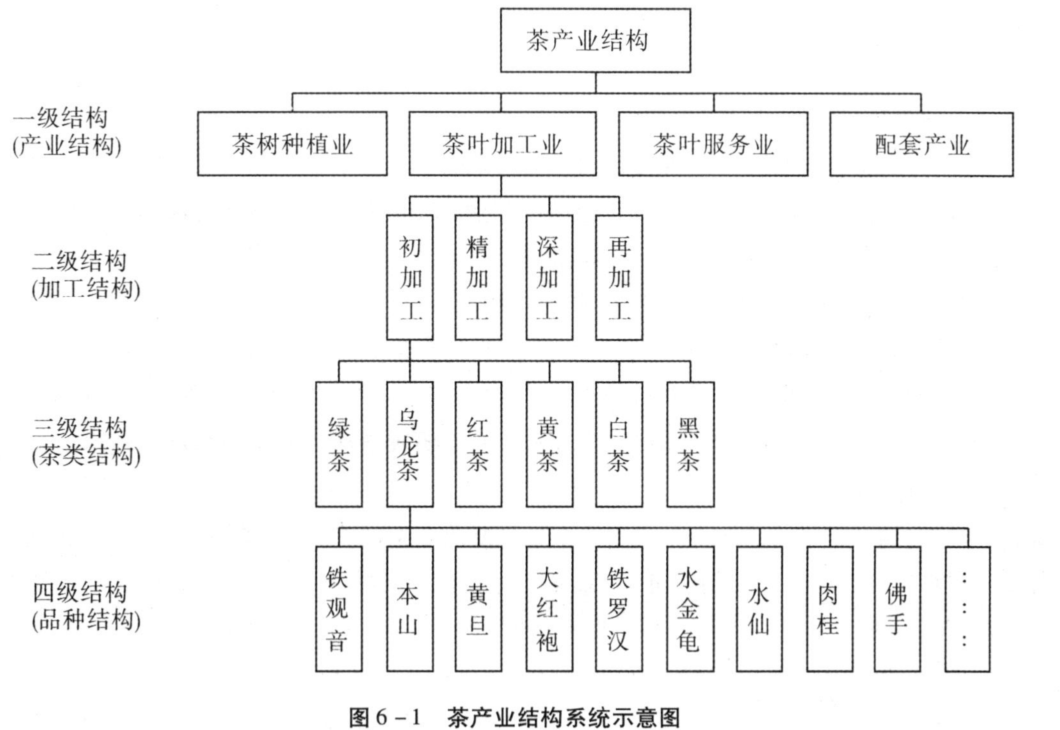

图6-1　茶产业结构系统示意图

(3)动态性

茶产业结构的形成与演变,总是受到自然条件、市场需求和社会经济条件等的影响和制约。随着生产力水平的不断提高,各方面条件会不断改变,不同茶区的茶产业结构也会发生相应的变化,从而使得茶产业结构在时间上表现出一定的动态性。例如,随着生态环境的破坏,原本适宜种茶的地方会变得不利于茶树生长;随着市场对铁观音需求量的增加,许多原来生产绿茶的茶区也转向种植铁观音;随着生产力的发展和产业的转移,茉莉花茶原产于福州,当前却大部分转移至广西等。因此,调整茶产业结构,要从客观实际出发,因势利导,既要注意茶产业结构的整体性、层次性、动态性,又要保持茶产业结构的相对稳定性。这样,才能使茶产业结构处于良性循环之中。

3. 茶产业结构的形成条件

(1)地理环境是茶产业结构形成和发展的基础条件

地理环境包括地形、地貌、气候、土壤、植被等自然要素。茶树生长于大自然,喜湿忌浸,喜阳怕冻,适宜酸性红壤土。地理环境中一系列资源的组成特点和时空分布在一定程度上制约和决定了茶产业内部结构和外部联系,尤其是产业结构模式在地域上的差异性。例如,福建地处我国的东南沿海,属亚热带气候区,背山面海,雨量充沛,四季温和,多为山地和丘陵,大部分地区适宜茶树生长,而且多样化的地理条件造就了福建多样化的茶类和品种结构。

(2)需求是茶产业结构形成和发展的前提条件

在市场条件下,人们的需求就是生产的导向,也就是产业结构形成和发展的前提条件。茶叶需求的多样化促进了茶产业结构的多样性。天然、健康、便捷的茶叶消费观念,促使有机茶、绿色食品茶、保健茶、袋泡茶、茶饮料的出现,并在茶叶产品结构中所占的比例越来越大。随着人们消费品位的上升,名优茶、品牌茶逐步受到青睐,促使传统名茶的种植范围越来越广,茶文化产业也呈现蓬勃发展的局面。

(3)劳动力是茶产业结构形成和发展的内在条件

产业结构发展的过程离不开劳动过程的三要素:劳动力、劳动资料和劳动对象。其中劳动力因素起主导地位,没有人的参与,没有劳动力素质的提高,就没有产业层次的提高。茶叶的生产不仅要求很高的地理环境,还要求做茶的人要有丰富的经验和精湛的技术,尤其是名优茶的制作。同样的鲜叶原料经过不同人的加工,结果得到的经常是不一样的茶叶。因此,茶产业结构植根于传统加工习惯。一个地区要改变茶产业结构,首先得改变当地人们的加工习惯和提升当地人们的创新意识,必须学习品种的种植方法,学习新茶类的制作技术,学习新产品的加工方式。

(4)科学技术是茶产业结构形成和发展的动力条件

科学技术是生产力发展的源泉和动力。科学技术进步加快旧产业部门的改造和新产业部门的建立,促使产业新格局的出现。对于茶这一传统产业来说也是如此,新品种的出现,品种结构的改良,凝聚着茶树育种科技工作者的辛勤汗水;加工的机械化,茶叶提取物的问世,茶水的推广,茶食品、茶化工产品的普及,促使茶产业结构得以不断丰富和发展。诸如此类,无不是科学技术发展的结果。

(二)茶产业布局

1. 茶产业布局的概念

茶产业布局是指一个国家或地区的茶产业在一定地域空间上的分布和组合。具体来说,茶产业布局是指茶产业内的企业组织、生产要素与生产能力在地域空间上的集中与分散状况。

2. 茶产业布局的影响因素

(1)自然因素对茶产业布局的影响

第一,自然条件的影响　自然条件直接影响茶产业的区位选择,在各种自然条件中,气温、光照、降水等往往决定着茶叶的布局区域。例如:茶叶对积温的要求比较高,积温达不到的地方基本上没有办法种植。不同的自然条件还影响着茶树品种的布局。如大叶种较适合于常年气温较高、降雨充沛的赤道附近。

第二，自然资源的影响　茶叶直接取自于自然资源，它的分布必然与自然资源的分布一致，由于人口的不断增长，人类所消耗的自然资源与日俱增，资源越来越稀缺，茶产业的合理布局应做到资源的合理配置与利用。茶园布局不仅要对茶树品种及其早、中、晚生种进行合理搭配，还要遵循自然的生态规律，有节制地利用自然资源，建立生态茶园，保持物种的多样性和茶业的可持续发展。

(2)社会经济因素对茶产业布局的影响

第一，基础条件的影响　茶业是一个传统的产业，有着上千年的历史。历史的积淀对不同茶类的区域布局影响很大。在原有经济基础较好的茶区，可以利用原有的基础条件，优化茶业布局。但原有基础是在过去的生产力水平下形成的，所以不可避免地存在一些问题，比如布局零乱，或结构不合理，或设施落后等。因此，在进行茶产业布局时，必须根据实际情况，充分利用其积极因素，改变其不好的地方，使茶产业布局合理化。

第二，市场因素的影响　没有市场的茶产品是没有销路的，没有销路的茶产品是不会有布局生产的。市场的需求量和产品的市场价格决定了茶叶产量的大小，产量的大小决定了茶产业布局的规模。在市场经济的竞争机制下，茶产业向生产的专业化协作和产业的合理聚集方向发展，茶叶产地市场的形成，促使茶产业布局向更有利于茶产品流通的合理区位转变，从而完成地区生产的专业化调整。

第三，资金因素的影响　由于资本市场欠发达、体系不完善、融资渠道单一等众多困难，使茶产业举步维艰。积累足够的资金，是进行茶叶生产的重要条件，是实现茶产业合理布局和茶叶产业现代化的一个重要保证。所以，我们必须拓展茶叶资金的筹集渠道，引导资金向茶区聚集与合理分布，提高茶叶资金的利用率，发挥资金的最大功效。

第四，劳动力因素的影响　茶产业属劳动密集型产业，季节性用工比较大，因此，茶产业一般分布在劳动力资源比较丰富，劳动力价格相对较低的农村。如果在茶叶丰产期没有足够的劳动力，就难于保证茶叶的质量和数量，对茶产业将会造成巨大的经济损失。因为茶叶是时令性非常强的商品，茶叶生产上有句农谚："早采三天是个宝，迟采三天是棵草"，这充分说明了劳动力对茶产业的重要性。

(3)科学技术因素的影响

科学技术作为第一生产力，它是构成生产力的重要组成部分，对茶叶经济的发展和产业布局起着十分重要的作用。科学技术决定着茶叶资源开发利用的深度和广度，也影响着不同加工深度的茶产品的布局。科学技术的进步还使茶产业本身的分布状况得到大大改善，由于生产加工工艺、运输、储存保鲜等技术的进步，降低了生产和储运成本，延伸了地域与时空的范围，从而改变了茶产业的布局面貌。

3. 茶产业布局优化的基本原则

(1)经济效益优先原则

以经济效益为出发点，择优确定茶产业区位，即茶产业布局的经济效益优先原则。

(2)发挥地区比较优势原则

由于各茶区的资源禀赋不同，区域分工、技术发展等因素的作用使茶产业发展在空间分布与组合上表现出来的结果是地区差异性。根据大卫·李嘉图的比较优势论，发挥茶区比较优势，趋利避害、扬长避短，保持具有比较优势的茶区快速发展。各地茶区之间取长补短，以茶区专业化为基础，以茶区经济综合发展为目的，调整各茶区的茶产业优化布局。

(3)提高劳动生产率原则

按照生产力布局的客观指向，使茶产品生产地尽可能与原料产地、技术资源地、劳动力资源地、消费市场和交通枢纽相结合，节约社会劳动消耗，提高经济效益。

(4)遵循全局性、长远性和预见性原则

茶产业布局必须从茶产业发展、区域经济和社会发展的战略高度来认识和实施。

(5)适度规模化(集中)与相对分散相结合的原则

产业在空间上的集聚表现为集中与分散两种趋势，集聚经济的作用要求产业向条件优越的区位集中，集聚不经济的作用要求产业向其他条件优越的区位分散。茶产业布局是以规模化为基础，但不是规模越大越好，规模经济的规模是一种有条件的选择。茶产业的组织规模和生产规模要采取适当的情况以及效益最大化的适度原则。

(6)可持续发展原则

茶产业的可持续发展原则要求同时兼顾各茶区的经济效益、生态环境效益与社会效益的平衡，正确处理好它们之间的对立统一关系。可持续发展有两个含义：一是茶区经济上的可持续发展潜力；二是茶区可持续发展的生态环境。茶产业布局不仅应追求最佳的经济效益，而且还应遵循自然生态规律，保持生态系统的平衡，重视生态环境的保护和治理，重视茶产业发展的社会效益。

二、中国茶叶产业结构与布局

(一)中国茶叶种类结构

我国是一个多茶类的国家，按加工方式的不同可以分为红茶、绿茶、黄茶、乌龙茶、白茶和黑茶等六大茶类，此外还有花茶、紧压茶等再加工茶类(见表6-2)。20世纪90年代以后，我国茶业进入了茶类结构逐步调整的时期。从表6-3中的数据可以看出：红毛茶占茶叶生产总量的比例从1990年的20.31%锐减至2005年的5.12%；绿毛茶的比例继续保持稳步增长的态势，已由1990年的33.25%增长至2005年的73.92%；乌龙茶发展很快，主要是受国内市场需求量增长的影响，乌龙茶主要品种铁观音一直是供不应求，2005年产量达到11.10万吨。其他茶类主要是受消费多元化发展的影响，也在稳步增长，其中普洱茶已经成为市场的热点，白茶很可能成为市场下一个关注的亮点。

表 6－2 中国茶叶分类图

中国茶叶分类图	基本茶类	绿茶	蒸青绿茶		煎茶、玉露
			晒青绿茶		滇青、川青、陕青
			炒青绿茶	眉　茶	炒青、特珍、珍眉、凤眉、秀眉
				珠　茶	珠茶、雨珍、秀眉
				细嫩炒青	龙井、大方、碧螺春、雨花茶、松针
			烘青绿茶	普通烘青	闽烘青、浙烘青、徽烘青、苏烘青
				细嫩烘青	黄山毛峰、太平猴魁、华顶云雾、高桥银峰
		白茶	白芽茶		白豪银针
			白叶芽		白牡丹、贡眉
		黄茶	黄芽茶		君山银针、蒙顶黄芽
			黄小芽		北港毛尖、沩山毛尖、温州黄汤
			黄大芽		霍山黄大茶、广东大叶青
		乌龙茶（青茶）	闽北乌龙		武夷岩茶、水仙、大红袍、肉桂
			闽南乌龙		铁观音、奇兰、黄金桂
			广东乌龙		凤凰单枞、凤凰水仙、岭头单枞
			台湾乌龙		冻顶乌龙、包种、乌龙
		红茶	小种红茶		正山小种、烟小种
			工夫红茶		滇红、祁红、川红、闽红
			红碎茶		叶茶、碎茶、片茶、末茶
		黑茶	湖南黑茶		安化黑茶
			湖北老青茶		
			四川边茶		南路边茶、西路边茶
			滇桂黑茶		普洱茶、六堡茶
	再加工茶类	绿茶花茶			茉莉花茶、玫瑰花茶、珠兰花茶、桂花茶
		紧压茶			黑砖、方茶、茯砖、饼茶
		萃取茶			速溶茶、浓缩茶、罐装茶
		果味茶			荔枝红茶、柠檬红茶、猕猴桃茶
		药用保健茶			减肥茶、杜仲茶、降脂茶
		含茶饮料			茶可乐、茶汽水

注：资料来源中国茶网，2004－6－5

表6-3　全国各茶类产量及权重情况(单位:万吨)

比例 茶类	1990年		1995年		2000年		2002年		2005年	
	产量	%	产量	%	产量	%	产量	%	产量	%
全国总计	54.01		58.86		68.33		74.54		93.48	
红毛茶	10.97	20.31	5.20	8.83	4.73	6.92	4.35	5.84	4.79	5.12
绿毛茶	33.25	61.56	41.38	70.30	49.81	72.90	54.61	73.26	69.10	73.92
乌龙茶	3.34	6.18	5.54	9.41	6.76	9.89	7.67	10.29	10.38	11.10
紧压茶	2.50	4.63	1.75	2.97	2.26	3.31	2.51	3.37	2.77	2.96
其他茶	3.94	7.30	4.99	8.48	4.78	7.00	5.40	7.24	6.44	6.89

在我国茶类的内销结构上,逐步呈现多样化的局面。绿茶仍然是第一大销售茶类,2006年大约销售37.5万吨,约占市场57%;乌龙茶消费迅速增加,与花茶市场份额已经接近,大约在8.5万吨,占13%。红茶大约是1.5万吨,约占2%。其他茶类,包括了紧压茶、普洱茶、白茶、黄茶,由于普洱茶快速增长,促使该茶类市场份额增加,约10万吨,占15%。

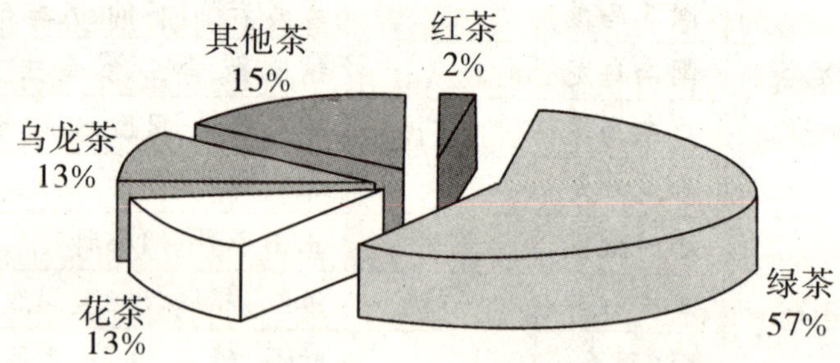

图6-2　2006年我国各茶类的内销比例结构图

注:资料来源 http://hi.baidu.com/wangsiwang/blog/item/9dc953b58f4560ce37d3cac6.html,2006-12-18

在我国茶类的出口结构上,主要以红茶、绿茶和特种茶三类来统计,其中以绿茶居多。据统计,2005年我国出口茶叶28.66万吨,增长2.9%,换汇4.85亿美元,恢复到世界第三大出口国,占世界茶叶贸易量的18%,占中国茶叶产量的31.2%。在出口茶中绿茶为20.62万吨,占出口总量的71.94%,换汇3.31亿美元;特种茶4.46万吨,占出口总量的15.6%,换汇1.14亿美元,其中乌龙茶1.88万吨,换汇0.45亿美元;红茶3.58万吨,占出口总量的12.49%,换汇0.399亿美元。2005年中国出口万吨以上的省份有:浙江16.19万吨,湖南2.29万吨,安徽2.23万吨,福建1.69万吨,广东1.38万吨,重庆1.09万吨。虽然我国的绿茶、花茶、乌龙茶、普洱茶在世界市场无竞争对手,但是我国茶叶出口比较集中,出口量排在前10位的国家占茶叶出口总量都在65%以上。另外,我国在红茶这一世界大宗出口茶产品上没有竞争优势。

（二）中国茶树品种结构

茶树按品种的来源和繁殖方法可分为有性系品种、无性系品种、地方品种和育成品种；按农艺性状的差异，可以分为乔木型品种、小乔木品种、灌木品种，大叶种、中叶种、小叶种，特早生种、早生种、中生种、晚生种等；按照适制性可以分为六大茶类的不同品种或其中几种茶类的兼制品种。根据江昌俊主编的《茶树育种学》介绍，截至2003年，全国共审（认、鉴）定国家级茶树良种96个，其中无性系良种79个，绿茶品种22个，红茶品种15个，红茶、绿茶兼制品种28个，乌龙茶品种13个。不同气候区对茶树品种有一定的选择性。此外，各个茶区在品种选择的时候还应当注意早中晚品种的适当搭配，以拉开采摘的高峰期。

（三）中国茶叶产品结构

为满足消费者的多样化需求，广大茶农和茶叶工作者不断创新，形成如今丰富多彩的茶叶产品结构。除了传统的六大初制和精制茶类产品之外，无公害茶、绿色食品茶、有机茶、名优茶的生产得到了茶农的重视和消费者的青睐，较高科技含量的深加工茶产品成为市场的新宠，茶饮料、茶食品、速溶茶、袋泡茶满足了人们日益加快的工作节奏的需要，茶多酚、茶氨酸、茶色素等提取产品成为许多人们保健，甚至治疗的首选。例如，据2004年世界茶叶论坛提供的信息，我国的茶饮料产值已达到100亿人民币，并且每年的增长势头强劲，增长态势还将继续。再者，名优茶的增长十分迅速，已从1990年的1.93万吨增长到2005年的23万吨（见图6－3），2006年我国名优茶产量达到25万吨，比上年增长8.6%，占茶叶总产量的25%。有机茶产量比重还比较小，据中国农业科学院茶叶研究所有机茶研究与发展中心的资料显示，截至2004年全国有机茶产量仅有8千吨至1万吨，仅占茶叶总产量的1%左右。

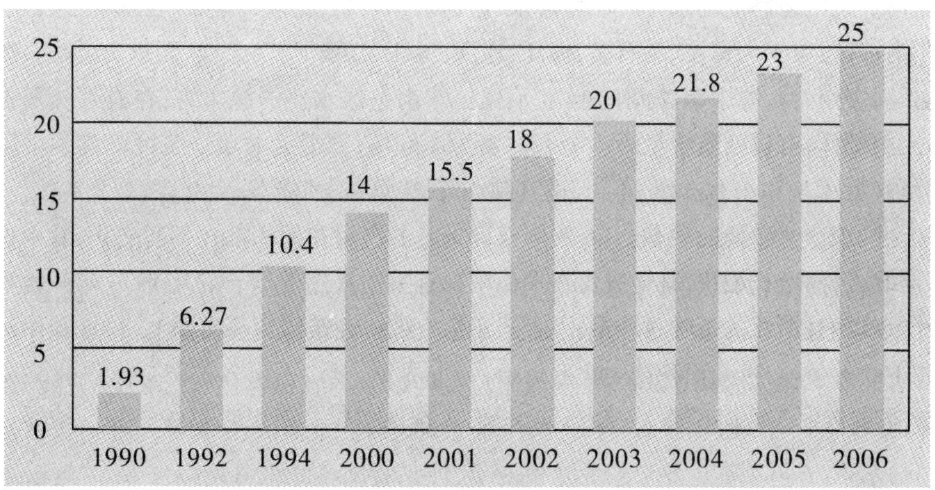

图6－3 我国名优茶产量情况（单位：万吨）

注：资料来源 http://hi.baidu.com/wangsiwang/blog/item/9dc953b58f4560ce37d3cac6.html，2006－12－18

(四)中国茶叶产业布局

中国适宜种茶的地域很广,南自北纬 18°的海南岛,北至北纬 38°的山东蓬莱山,西至东经 94°的西藏茶隅,东至东经 122°的台湾,在这个广大的长方形的地带里有几亿亩山坡丘地都宜种茶。中国茶叶区域研究协作组根据中国茶区的自然经济社会条件,将其划分为四大茶区,并在此基础上划出二级和三级茶区。一级茶区,系全国性划分,用以宏观指导;二级茶区,系由各产茶省(区)划分,进行省区内生产指导;三级茶区,系由各地县划分,具体指挥茶叶生产。具体如下:

江北茶区:南起长江,北至秦岭、淮河,西起大巴山,东至山东半岛,包括甘南、陕西、鄂北、豫南、皖北、苏北、鲁东南等地,是我国最北的茶区。江北茶区地形较复杂,茶区多为黄棕土,这类土壤常出现黏盘层;部分茶区为棕壤;不少茶区酸碱度略偏高。茶树大多为灌木型中叶种和小叶种。

江南茶区:在长江以南,大樟溪、雁石溪、梅江、连江以北,包括粤北、桂北、闽中北、湘、浙、赣、鄂南、皖南、苏南等地。江南茶区大多处于低丘低山地区,也有海拔在 1000 米的高山,如浙江的天目山、福建的武夷山、江西的庐山、安徽的黄山等。江南茶区基本上为红壤,部分为黄壤。该茶区种植的茶树大多为灌木型中叶种和小叶种,以及少部分小乔木型中叶种和大叶种。该茶区是发展绿茶、乌龙茶、花茶、名特茶的适宜区域。

西南茶区:在米仓山、大巴山以南,红水河、南盘江、盈江以北,神农架、巫山、方斗山、武陵山以西,大渡河以东的地区,包括黔、川、滇中北和藏东南。西南茶区地形复杂,大部分地区为盆地、高原,土壤类型亦多。在滇中北多为赤红壤、山地红壤和棕壤;在川、黔及藏东南则以黄壤为主。西南茶区栽培茶树的种类也多,有灌木型和小乔木型茶树,部分地区还有乔木型茶树。该区适制红碎茶、绿茶、普洱茶、边销茶和名茶、花茶等。

华南茶区:位于大樟溪、雁石溪、梅江、连江、浔江、红水河、南盘江、无量山、保山、盈江以南,包括闽中南、台、粤中南、海南、桂南、滇南。华南茶区水热资源丰富,在有森林覆盖下的茶园,土壤肥沃,有机物质含量高。全区大多为赤红壤,部分为黄壤。茶区汇集了中国的许多大叶种(乔木型和小乔木型)茶树,适宜制红茶、普洱茶、六堡茶、大叶青、乌龙茶等。

从全国茶产业布局的动态上看,不同茶区茶叶的产量和面积都在不断变化,其中近年来福建、湖北、云南增长最快,其他省份在平稳中都有不同程度的增长。从 1996 年开始福建茶叶总产量就超过浙江的茶叶总产量,一直居于第一位。在茶园面积布局上,2008 年中国有茶园面积 160 万公顷,可采面积约 140 万公顷,为世界第一位,占世界茶园总面积的 52%。在 19 个产茶省市中云南面积最大,有 25 万公顷,占全国茶园总面积的 15%。

三、中国茶产业结构调整与升级

(一)中国茶产业结构的调整

1. 茶产业结构调整的目的

对茶叶产业结构进行调整的目的是建立一个高功能、高产出、高效益的合理的茶叶产业结构。合理的茶叶产业结构应当表现为茶叶自然资源和经济资源的充分利用和合理配置，实现供给与需求的平衡，达到经济效益、社会效益和生态效益的统一。

2. 茶产业结构调整的内容

茶叶产业结构调整的重要内容有:一是对茶园布局结构的调整，主要是对衰老茶园的改造，提高茶园的生产力，同时加快新茶园的开发建设，实行不同茶树品种的合理搭配，重点是建设生态茶园;二是茶类结构的调整，这要以市场需要为中心，紧跟市场发展趋势，并做出适当的前期预测来组织茶叶的生产。不同地区的市场需求不同，在开发新市场时要做相应的市场调查，如针对华北地区的茶叶消费，生产上要以花茶为主，而针对苏皖地区则要以生产绿茶为主;三是茶树品种的调整，在对茶园进行改造的过程中，改植换种，提高茶园良种覆盖率，实现全国范围内的良种化，并积极推广无性系茶树良种繁殖技术;四是茶叶加工结构的调整，即实现茶叶的集约化生产，规模化经营，充分利用现有的机械设备，对茶叶加工工艺进行创新，并积极研发茶叶加工机械;五是茶叶产品结构的调整，结合世界茶叶消费趋势，扩大无公害茶、有机茶、绿色食品茶、名优茶、茶叶深加工产品等高附加值茶叶产品的生产，提高茶叶产品的经济效益。

3. 我国茶叶产业结构调整应注意的问题

我国当前对茶叶产业结构调整的研究比较多，茶业结构调整也正在有条不紊地展开，但是在调整的过程中，仍然有许多问题值得我们注意。

(1)要因地制宜地实施茶叶产业结构调整。

(2)茶叶产业结构调整要注重长远效益。

(3)茶叶产业结构调整中要避免行政命令的主观臆断性。

(4)茶叶产业结构调整要随时代而发展，做到守规莫守旧。

(二)中国茶产业结构的优化升级

1. 农业方面的措施

茶叶是一种经济作物，茶树栽培与茶园管理是茶产业的基础，茶叶是多年生的农作物，管理不善对茶叶生产所造成的影响不易及时表现出来，因而很容易被忽视，以致这种隐性的技术与管理缺陷造就的后果更严重，时间也更持久。因此，加强茶园管理是促进我国茶叶产业结构升级的基本途径。

2. 经济方面的措施

从公司层面看,影响茶叶生产和出口的主要问题是生产规模和品牌。从茶叶的生产结构看,影响茶叶生产和出口的主要问题是茶类结构的调整和提高茶叶附加值。

(1)从目前国际茶叶市场的发展来看,联合经营是大潮流。一方面,从国内看,应对中小型企业和茶农进行规模化整合,进行产业融合——通过独立分化的产业或不同行业间的耦合,形成新产业的动态发展过程,发展企业集群。另一方面,与主要的茶叶进口大国进行规模结盟。

(2)品牌是一种差异化竞争手段,也是国际竞争力的重要决定因素。中国茶叶品牌建设滞后已经成为制约茶业产业发展的一大障碍。为了提升茶叶的国际竞争力,实现从茶叶大国到茶叶强国的转变,必须将茶叶的品牌打造提升到战略地位,切实改变我国有名茶无名牌和品牌杂、乱、无个性等问题。在品牌打造上,需要解决好三个问题:一是要对国内品牌进行整合,二是要突出品牌个性,三是紧跟国际茶叶品牌发展潮流。在打造品牌的同时应该重视品牌文化的建设,世界管理学大师彼得?德鲁克认为:管理是一种文化现象,世界上不存在不带文化的管理,品牌中蕴含丰富的文化内涵,从未见不具备文化属性的品牌,优秀的品牌都有丰富深厚的文化底蕴。

(3)目前我国的茶叶市场以绿茶为主,而国际茶叶市场是以红茶为主,因此,我们应通过调整茶类结构——适当加大红茶生产比例,积极开发适合生产红茶的茶树品种,和加大对绿茶的宣传力度来增强国际竞争力,同时把我国的特色茶——黄茶、白茶、乌龙茶、黑茶等推上国际舞台。

(4)虽然我国是一个产茶大国,但我国的茶叶所创造的产值却不高,这主要是因为附加值低的茶叶初级产品所占比重太大,而附加值高的茶叶深加工产品所占比重相对太低。因此,大力发展茶叶深加工具有重大意义,如提取茶叶中的有效成分将之应用于医药、化工、日用生活品等行业中;开发风味独特的具有保健功能的茶饮料;研制各种美味可口的茶食品。

3. 政策上的举措

茶产业要发展壮大离不开政府的支持与正确引导。

(1)政府要加大对茶业的财政支持　一方面,茶叶产业结构的调整需要大量资金,而如果只是依靠各茶叶企业自身投资来完成产业结构的升级则很困难。所以,国家必须加大扶持力度,可以直接进行投资,也可以开辟新的融资渠道方便企业筹集资金,如建立茶叶基金贷款。另一方面,政府应大力支持茶业科技创新,鼓励茶叶工作者积极创新。

(2)进一步完善茶叶产业政策　茶叶产业政策是一整套以茶叶经济发展为目标,以改革作保证,采用各种行政、法律手段,引导茶叶产业结构合理化、现代化的综合政策措施。它是茶产业结构调整最关键、最系统化的措施。我国当前的茶叶产业结构调整缺乏统一的茶叶产业政策,在产业政策的相关配套政策上也出现不协调的现象,所以,政府必须建立和完善茶叶产业政策。

(3)加快茶叶产业的标准化建设　近几年,大量的研究表明,我国的茶叶在出口上频频遭遇各种限制，其中最主要的原因是茶叶生产与加工过程的标准化水平低，茶产品缺乏与国际接轨的国家标准。从目前国际实际情况看，采用国际标准是大趋势，所以政府应尽快组织专家制定茶叶标准，并积极参与国际标准的制定和国际认证的互信，使我国的茶叶标准与国际接轨，稳定出口。

(4)加大对茶产业结构调整的信息引导　我国有些地方茶叶产业结构的调整还比较盲目，没有针对性。对市场需求、消费趋势等信息都缺乏必要的认识，对国际市场的信息就知之更少了。所以，政府要在加速茶业信息化和加快茶业信息网络建设的过程中发挥主导作用，为茶产业结构调整提供必要和可靠的市场信息，加强信息的引导。政府可以直接提供信息，也可以通过鼓励成立茶叶学会、茶叶协会等组织间接发挥作用。

4. 科技方面的措施

(1)定期组织茶叶科研人员对茶农进行培训，提高茶农的专业素质。

(2)茶叶科研人员应加强和国外相关行业人士的交流，把握国际信息和茶业发展趋势，从而正确引导我国的茶业与国际接轨。

(3)吸收相关行业的专业人士，如经济管理方面的人才、计算机技术人才、食品加工人才等，各种专业人才互相取长补短，共同致力于茶产业的全面健康和谐发展。

第三节　中国茶产业组织结构管理

产业发展的影响因素是多方面的。传统的经济增长理论只是强调了资本要素投入对经济增长的作用，而新古典经济增长模型中，则将制度和技术结合起来作为经济制度中的内生变量。随着世界经济一体化和贸易自由化的进一步发展，茶产业竞争优势的可持续性必然寄托在产业自身技术创新和组织创新能力身上，而技术进步的关键在于技术创新主体激励机制及能力的培育，其培育的机制又内生于一定的市场结构和产业组织制度中。因此，茶产业组织结构优化或组织制度创新是当前我国茶产业发展首先需要解决的问题之一。

一、产业组织管理的基础知识

(一)组织的基本含义及其分类

1. 组织的基本含义

组织是人类最普遍的社会现象，关于“组织”的定义，理论界尚无统一认识。古典组织理

论的研究者詹姆斯·D·穆尼(James·D·Mooney)认为,组织是人群为了达到某种共同目标的联合形式。美国著名管理学家哈罗德·孔茨(Harold Kootz)认为,组织是“正式的有意识形成的职务结构或职位结构。”詹姆斯·G·马奇(James·G·March)和赫伯特·A·西蒙认为,组织是“相互关联的活动的系统,这种系统至少包含几个主要的群体,而且通常具有这样的特点——按照参与者的自觉程度,其行为高度理智地朝向人们一致认识的目标。”尤迪认为,“组织”是指那些具有明确的、有限的并且是公开宣告了其目标的“正式”组织。它们的形式是具有共同的、正式的目的,并要求人们与它建立一种正式的、带契约性质的关系。组织关系的结构是由在一个领导人层次结构框架下,互相关联的正式群体集合而成的构架。

综合学术界关于组织的各种说法,我们将组织定义为:组织是指一个具有明确的目标导向、有序的结构、有意识协调的活动并同外部环境保持密切联系的有机结合的统一体。

2. 组织的分类

组织是以各种各样的形式存在的,不同类型的组织,其功能和特性也不同。要深入了解组织及其发展的规律,有效地对组织进行科学分类是十分必要的。

(1)按照组织的规模程度来划分,可分为小型组织、中型组织和大型组织。

(2)按照组织社会功能的不同来划分,可分为生产组织、政治组织和整合组织。

(3)按照组织目标与受益者关系的不同来划分,可将组织分为互利组织、商业组织、服务组织等。

(4)按照组织在社会结构中所处的不同活动领域和活动内容,即按社会职能来分类,可以将组织划分为经济组织、政治组织、文化组织、群众组织和宗教组织5大类。

随着市场经济的发展,为了寻找更好的研究视角,目前普遍将组织划分为这样两大类,一类是盈利组织(Profit Organization),即通过销售产品或服务为组织所有者带来利润的企业组织;另一类是非盈利组织(Non-Profit Organization),即不以盈利为目的的组织。

(二)产业组织管理

产业组织管理即产业组织的管理过程,是指有效率、有效益地整合产业组织内部各种资源,实现组织目标为宗旨的活动。这一个概念体现了产业组织管理的目的性、系统性和复杂性的特征。

产业组织资源通常包括以下4种:财政资源(组织支付运作成本的资金,可以通过股票投资、销售、银行贷款和其他途径获得),物质资源(包括原材料、工具、建筑、设备等,通常由供应商提供),人力资源(组成组织的人,包括管理人员、操作工人等),信息资源(包括经济预测、竞争对手和顾客群的分析以及其他信息)。想要成功,产业组织就必须有效率、有效益地使用这些资源。

效率、效益是人创造的,目标是人制定的,各种资源也是由人整合的,所以人是产业组织管理中的重要因素。最佳的产业组织管理应该是尽可能地开发其成员的能力,并使之服务于产业组织的目标;产业组织管理的最高境界或许是所有成员都能按组织规则进行自管。但是产业组织管理却不等于具体人的管理,产业组织管理的目的性、系统性和复杂性是有别于具体人管理的显著特征。产业组织作为一个具体强烈目的性复杂的系统,“协调”应该是组织管理的核心,“协调”的现实衡量就是组织系统的“和谐性”。

二、世界主要茶叶生产国(地区)茶产业组织状况

由于不同国家或地区的经济结构、茶产业发展历史及生产茶类的差异,在产业运行的组织形式上必有很大的不同。我们期待通过不同国家(地区)茶产业组织的分析比较,探询茶产业组织的完善与创新规律。

(一)个体或家庭茶叶种植园

个体或家庭茶叶种植园,是指那些劳动与管理主要依靠个人及其家庭成员的茶叶种植园,它们很少雇工,只在茶叶生产旺季时雇少量的临时工。个体或家庭茶叶种植园,以盈利为目的,其产品几乎都是商品。这种农户自身进行的小规模经营模式主要生产和出售鲜叶。

以家庭经营为主体的组织经营方式至今仍具有很强的生命力,并占主导地位,其主要原因有:一是随着农业生产力和农业现代化水平的提高,个体或家庭茶叶种植园能够适应规模经济的要求而不断扩大经营规模;二是各主要茶叶生产国都重视茶产业服务业体系建设,目前已形成一个“产前、产中、产后”无所不包的富有成效的农业服务体系,这使得家庭农场的规模效益不受影响;三是个体或家庭茶叶种植园是各类农场中最富激励动力的,个人及其家庭成员往往是不辞辛劳地工作。另外,各国政府推行的一些保护中小农场的政策也是非常重要的。当前,个体或家庭茶叶种植园这种经营方式和资产组合方式已渗透到合伙农场和公司农场中,其中不少个体或家庭茶叶种植园实际上已成为由家庭投资控股或家庭承揽经营的合伙制茶叶种植园。

国际上,斯里兰卡和肯尼亚茶产业发展主要采用这种组织模式。

(二)合伙制茶叶种植园

合伙茶叶种植园,是指由两个或两个以上的家庭农场在自愿基础上组成的从事联合生产的组织,且以在生产方面或服务方面组成的合作社较为普遍。它们将各自的固定资产折算入股,流动资金则由共同协商来解决。其特点是生产者和经营者合二为一,而利润并不独享,参加劳动的人按劳动量计算工资,作为入股者又按他的股份来分享盈利。

合伙制茶叶种植园在茶叶生产中所占比重不大,在20世纪六、七十年代还有所减少。合伙制茶叶种植园常带有一些家庭农场的特点,是以血缘或地缘关系为纽带的合作经营方式。它通常是在那些经济活动的外部性比较强的场合才能比较好地生存和发展,以有利于

减少成本。这种组织形式的规模效益比个体或家庭茶叶种植园高,但组织效率通常不如个体或家庭茶叶种植园。至今,合伙制在茶业生产服务方面仍有一定的生命力。二战后,虽然各主要产茶国茶服务体系逐步建立,茶业生产专业化程度提高,但对于一些偏僻的或规模较小的个体或家庭茶叶种植园来说,基于下面两种情况而需要进行合作,一是由于专业化服务公司因利润有限而不愿为其提供服务,二是由于这些个体或家庭茶叶种植园认为专业化服务公司要价太高而不愿接受服务。所以,合伙制茶叶种植园只要在利润合理的边界范围内仍会有存在的空间。

(三)公司制茶叶种植园

公司制茶叶种植园是农场的又一组织形式。它的建立往往可分为两种情况,其一是工业公司直接投资茶叶种植,建立公司制茶叶种植园,其二是个体或家庭茶叶种植园规模扩大到一定程度后,为继续扩大再生产并追加投资而采取的公司组织形式。而公司制茶叶种植园根据股份的集中度不同,可分为非家庭拥有和家庭拥有两种形式。前者指股份比较分散的,后者是指那些超过50%的股票由农场主夫妇或家庭其他成员拥有的公司制茶叶种植园。公司制茶叶种植园的特征是生产者和经营者不统一,利润也不独享。公司制茶叶种植园在茶叶种植园中所占比重是最小的。据2002年印度农业普查资料,公司制茶叶种植园占茶叶种植园总数的2.1%,其拥有的茶园面积占总茶园面积的12.5%。

对于个体或家庭茶叶种植园来说,公司制茶叶种植园通过规模经营,可以减少中间环节,由于具有内部分工的优势而享有较高的专业化发展,从而有利于扩大利润。但是其内部的工人积极性和生产效率是比不上个体或家庭茶叶种植园的,所以,与不计人工成本的个体或家庭茶叶种植园竞争,公司制茶叶种植园则必须加强经营管理。公司制茶叶种植园具有以下特征:一是经营规模普遍较大,1998年平均每个公司制茶叶种植园使用土地面积约为95530亩,是合伙制茶叶种植园的3倍,家庭制茶叶种植园的7倍。二是茶叶种植和加工的收入是他们的主要来源,个体或家庭茶叶种植园常以兼业来维持生存,而公司制茶叶种植园则主要以茶叶种植、加工收入为主。三是他们大多集中在专业化程度较高的茶叶加工区。

(四)茶园小规模经营与自产自制模式

这种模式是台湾茶产业组织形式的发展趋势。

20世纪80年代是台湾茶产业组织结构演变的最主要时期。1973年台湾约有400家大型的茶叶加工厂,收购农户的鲜叶进行加工,主要生产蒸青茶,其中一部分茶厂兼生产炒青茶,这些茶主要出口到日本和北非。至80年代中期,由于这些茶类出口的减少,大型茶厂数量降为100家,而目前仅存不足50家。与此形成鲜明对比的是,茶农自产自制式的小规模茶厂发展十分迅速,80年代中期这种茶厂约为5000家,而目前有8000家。导致这种结构变迁的根本动因在于市场茶类需求结构的变化。蒸青茶的生产需要资本型的生产技术,这种技术在大规模生产条件下才能发挥优势。与此不同,乌龙茶生产则需要较多的技术性劳动,适合于小规模的生产。

鉴于茶叶生产加工主体的极度分散化趋势及可能带来的市场低效竞争，台湾地区成立了农协组织，其职能是协调茶农的市场竞争行为和稳定市场价格。该组织能对政府茶产业政策的制定产生影响，因此在保护茶农利益方面有着重要的作用。和台湾当地茶农利益相矛盾的另一个产业组织是“台湾茶叶加工者联合会”，该组织希望政府调整茶叶进口政策，以便获取廉价的加工原料。上述两个利益不相一致的产业团体组织并存是当前台湾茶产业组织结构的特色之一。

从对上述世界主要茶叶生产国（地区）的茶产业组织结构比较分析来看，首先自然资源条件是决定世界茶产业分布和地区茶类生产特点的最根本因素。此外，茶产业的发展还受到产业比较优势、政府产业政策及产业发展历史等因素的影响。

三、中国茶产业组织管理与发展

（一）中国传统的茶产业组织面临的挑战

当前组织的运作环境正发生着激烈的变化，在外部环境发生剧变的同时，组织内部原有的规则也要发生相应的变化，组织正在面临着巨大挑战。

1. 知识经济的到来

知识经济的到来，意味着知识将成为经济发展中的首要推动力，并且是主要的经济发展资源。在新的以知识为基础的经济时代中，要有与之相适的组织结构形式。组织已不能再通过用低技能、低工资的雇员和不断重复的工作来实现组织经济的增长，应该意识到组织的发展越来越依靠知识。而为了适应知识经济带来挑战，组织必须进行组织管理创新，为企业创新和经济上的快速发展提供制度与机制上的保障。

2. 信息技术的发展

信息社会的到来不仅带来了高速发展的信息产业，而且将对传统的组织管理产生重大影响。信息技术的发展与广泛使用极大地改变了传统的组织运行方式，使得通信速度大大加快，信息产业的产品和服务价格大大降低，从而也降低了组织的交易成本。同时由于信息技术的运用，组织几乎可以轻而易举地在全球范围内进行生产要素的组合、实现资源的优化配置，使生产成本大幅度降低。

3. 经济全球化

经济全球化的趋势加大了组织之间的竞争，今天的管理者及其组织正应付着经济全球化带来的一系列机遇和挑战，组织应对此趋势做出相应的调整，调整组织结构的形式，使之更能适应经济全球化所引发的外部环境的变化，而且还要不断加强与外部环境相互依存的能力，使其能不断适应全球化的要求。

4. 市场环境的深刻变化

市场环境的变化主要体现在:一是市场变化莫测和竞争的加剧。市场需求越来越难以预测,同时随着信息技术的发展,市场竞争程度也大大加剧。在这种情况下,组织结构的调整要以能适应市场需求变化为前提和基础,使传统组织结构能够对市场变化做出快速、灵活地反应。二是顾客需求多样化和个性化,这种变化使传统的组织结构的优势逐渐丧失,其存在的必要性和可能性越来越小,传统的组织结构必须进行相应调整,从而使组织对顾客的需求做出快速反应。

(二)中国茶产业组织的重构建议

从总体上看,我国茶产业市场集中度过低和纵向组织结构松散。茶产业资源的组织配置过于分散,必然导致产业运行交易成本的提高、市场低绩效竞争、产业技术进步和资本积累机制弱化等。茶产业运行效率的提高必须依赖于产业资源组织配置方式的重新调整。产业现有存量资产的重新组合(如兼并、转制、租赁、合资、托管等)是当前茶产业资源配置优化的主要方式。

1. 家庭茶场仍将是我国茶园经营的主要制度形式

家庭经营已成为目前中国茶场经营的主要制度形式。在今后的较长时期,这种经营制度将会继续存在下去。除了家庭经营模式外,茶园经营方式还有合伙制和股份合作制等其他形式。但它们在茶产业中并不普遍。

家庭式茶园经营组织模式的主要特点是小而散,这是制约我国茶产业技术与组织制度升级的主要障碍之一。因此,我们认为必须着力改善茶叶家庭自营模式的缺陷,在尊重中国茶叶生产的基本国情基础上,提升茶叶生产效力。首先,为了提高家庭农户经营茶园的效率和效益,利用企业化的运作方式来帮助家庭自营型茶场提升运营效果。对于小规模、自营式的家庭农户来说,其产业化经营的组织形式选择我们在前面已经有所陈述,比如"农户 + 公司"模式、"农户 + 专业茶叶交易市场"模式、"农户 + 合作组织"模式等。第二,推进茶园适度规模经营,也是培育和强化茶产业技术创新激励机制的重要途径。因此,可以通过引导市场需求和产品创新(如名优茶生产),以内生化方式诱致资本型技术推广和使用,并促进生产组织整合和组织的规模化经营。

2. 提升我国茶叶出口加工的市场集中度

历史上,我国出口大宗茶精制加工企业的布点在地域上比较分散。这样,由于产业内部的过度竞争,行业利润下降,大部分精制加工企业纷纷亏损,精制加工业转变为低绩效行业。客观地说,对于进入壁垒较低的产业而言,这是自由竞争的普遍性规律。今后,应该顺势推进精制加工企业破产、重组和兼并,创造产业退出机制的良好环境,提高行业的集中度,培育垄断竞争性的出口加工组织结构,优化产业组织竞争行为,从而改善出口经营绩效。

3. 推动茶叶初、精制加工的整合

出口大宗茶初、精制加工的非整合式安排增加了茶叶出口流通中的交易成本，削弱了茶叶出口的竞争能力。通过初、精制加工的整合，能够在一定程度上降低茶叶出口经营成本。但茶叶初、精制加工分离的主要原因是因为茶叶产品的加工技术特点使然，如果对我国出口大宗茶的分级制度进行改革，则能消除茶叶初、精制加工整合的技术性制约。因此，有必要从产业中观的角度，改变传统观念，重新制定出口茶标准，简化出口茶叶分类花色和精制加工工艺，推进初、精制加工的整合，从而降低出口茶叶的经营成本，提高我国茶产业竞争力。

4. 引导茶叶专业出口公司的实业化经营

在精制加工企业的向前交易或茶叶专业出口经营公司的向后交易中，应引导推进出口经营与精制加工的一体化。虽然我国近年来已经使得一些精制加工企业获得了出口经营自主权，但由于缺乏外销人力资源和信息资源，经营业绩并不理想。因此通过产权重组，充分利用茶叶专业出口经营公司和精制加工企业各自的资源优势，实行加工和出口经营的整合，是解决茶叶精制加工企业直接出口的最有效途径。

5. 创新茶叶出口交易制度

目前我国绿茶等出口茶类实行许可证管理制度。从近年茶叶出口的绩效分析表明，许可证管理制度并未有效地发挥作用，主要表现在出口市场竞争无序和低价竞销，导致我国绿茶出口价格持续下跌，并引发了精制加工业的大面积亏损。其原因既有出口绿茶品质同构化的技术特性因素，也和低集中度的出口经营组织结构有关。针对这种情况，我们应该以现有一些出口品牌为基础，促进产业组织横向联合和纵向一体化经营，加快培植绿茶出口龙头企业。此外，针对我国绿茶以散茶出口为主的特点，当前建立茶叶出口拍卖市场交易方式有重要的现实意义，它能在一定程度上扭转我国当前绿茶出口低绩效竞争的格局，并能引导培育高绩效的茶叶出口竞争机制。

第四节 茶叶产业社会化服务体系建设

中国的茶叶生产经营，长期以来各自为政，产、供、销处于分离，茶叶的服务体系不健全，具体表现在产前缺乏信息咨询和指导、产中缺乏技术支持、产后又缺少市场，导致新技术无法在茶叶生产中运用，茶叶资金的筹集也比较困难，茶叶市场得不到有序的管理。因此，必须重视茶产业综合服务体系的建设，通过茶产业社会化服务体系的建设和健全，提高我国茶叶的国际竞争力。

一、茶产业社会化服务体系建设的相关内容

(一)茶产业社会化服务体系概念

茶产业社会化服务体系,是指在茶产业生产发展过程中,以农村社区为基础,地域间行政、技术和物资部门通过实物或活劳动形式向茶农提供种种便利条件,从而促进茶叶生产力发展的经济社会活动。它通常是交由专业技术部门、合作经济组织和社会其他服务机构组成的体系来完成的。茶产业商品经济和茶叶生产分工的发展,离不开社会化服务。茶产业社会化服务体系的构建是茶业经济走向市场经济的重要条件,是茶业现代化的客观要求和茶叶经济持续健康发展的主要保障。

长期以来,在各级政府的支持和重视下,我国的茶产业社会化服务体系不断发展,形成了以政府服务体系为主,茶产业科研教育、农民合作经济组织、群众团体等共同参与的茶产业社会化服务体系。在茶产业技术引进、试验示范、推广应用、开展技术培训和咨询、提高广大农民的科技素质等方面发挥着重要作用。例如解决小生产和大市场的矛盾;降低茶农经营风险;推广茶叶新技术;增强茶叶企业实力,进而提高茶产业的综合竞争力。

此外,通过茶业社会化服务体系的建设,努力实现茶产业的现代化生产、规模化经营、信息化服务、合理化管理,实现茶产业的产供销一条龙,还有助于提高整个茶产业的综合竞争力。

(二)茶产业社会化服务体系建设内容

茶产业社会化服务体系涉及茶叶产前、产中、产后各个环节。它的具体服务内容主要包括科技服务、生产服务、流通服务、信息服务、信贷服务、供销服务等,服务主体包括国有经济各部门的服务、合作经济组织的自我服务,茶农之间的相互服务,以及省、地、市、县、乡各级层次的系列化服务。建立茶产业的服务体系是茶叶经济改革和茶产品商品化提出的新要求,也是现代茶叶发展的客观要求。

1. 茶产业社会化服务体系建设的目标

茶产业社会化服务体系建设的目标可以简要地概括为:建立一个以国家技术经济部门为主导,以乡村组织为依托,以各类专业性服务组织为补充的专群结合的服务体系。建设茶产业社会化服务体系,有两大目标:一是生产目标,即通过社会服务体系的建设,支持茶产业生产和可持续发展;二是社会目标,即通过社会化的服务构建,增加茶农的收入。

2. 茶产业社会化服务体系建设的主要内容

(1)茶产业信息服务体系

信息化极大地改变了传统茶产业的生产和销售模式,为传统茶产业的跨越式发展提供了难得机遇。以网络为主的信息技术在茶产业社会化服务上的广泛应用,可以促进茶产业

实现信息化、高效益，以信息化纽带，进一步提升分散茶农生产经营的组织度以及与市场化对接度，提高茶产业生产效率，降低生产成本。实践证明，信息化是茶农和龙头企业联系市场的桥梁，把信息网络实实在在地与茶产业生产销售各环节紧密结合，用以改造传统信息传递和生产销售方式，是卓有成效的，信息化推动茶产业发展具有不可替代的作用。

(2)茶产业科技服务体系

大力推动茶产业的科技进步，加大生物技术、耕作技术、节水灌溉技术等茶产业高新技术的推广和应用，实施茶产业科技开发、推广等。应进一步加强与科研院所、大专院校合作，有利于引进和消化吸收国外先进茶产业科技，加快茶产业科技攻关。加速现代茶产业装备技术研究与设备开发，提升茶产品加工水平，促进茶产业科技资源高效配置和综合集成，有利于提高茶产品质量、安全、卫生水平，推进茶叶标准化生产和优质安全茶产品生产。

(3)茶产业供销服务体系

这是一个传统的服务体系，这个系统主要帮助解决化肥、农药等生产资料的供应，帮助打开产品的销路。在市场经济条件下，茶农所需要的生产资料全部社会化，因此供销服务体系应该随着经济的发展而变化。

(4)茶产业加工服务体系

加工体系对拉长茶叶的产业链具有重要的意义，加工服务体系是茶产业生产过程的延续，它对茶产业的增值具有重要的作用。当前，由于加工转化不足，有些茶产业的价格暴跌，因此要重视茶产业的加工环节。

(5)茶叶市场有序管理服务体系

当前我国茶叶市场混乱，以次充好、假冒伪劣现象时有发生，因此必须加强当前茶叶市场管理，构筑茶叶市场有序管理服务体系。具体包括：合理收费；打破地区封锁；扩大市场服务项目，增加必要的产品检测手段；构筑茶农利益保护屏障。

二、茶产业社会化服务体系建设实务

(一)当前中国茶产业社会化服务体系建设存在的主要问题

目前，我国已经组建了县、乡、村三级茶叶科技推广服务队伍，在县和乡、村分别建立示范片、示范点，向农民提供优良品种、先进实用技术等服务；同时，鼓励农技人员、茶果技术人员包片包村，落实责任制，为茶农提供信息咨询、科技服务。但是，茶产业社会服务体系也存在一些问题.

1. 社会化服务体系功能不健全

虽说我国已成立茶叶协会，但仍处在官办形式，没有真正起到产、供、销纽带作用，茶叶生产在产前、产中、产后社会化服务方面很不健全，尤其在市场开拓、品牌树立、茶叶营销、产品标准化等方面尚处于无序竞争状态。

2. **制度措施不健全**

现行的茶产业社会服务体系是由原有的乡镇服务组织蜕变和分离出来的,其人员结构和管理方式、服务方式基本上还是老一套,而在制度措施方面也基本延续着老的传统,与当前社会化服务的管理显得相当不协调;制度措施不健全、管理机制不完善、管理措施的滞后等,使社会化服务管理未能充分发挥作用。基层组织不健全,影响服务工作的顺利开展。茶产业技术服务部门基层单位组织不健全,编制不精干,经费严重不足,缺乏技术人员,使得先进实用技术不能普及到农民中间去,茶产业生产的科学水平得不到提高。

3. **管理不协调**

由于缺乏有效的组织协调和相互配合,又由于有利益行为、地方保护主义、管理职能的交叉重叠、职责不清、相互扯皮等因素的影响,社会化服务管理不协调的问题相当严重。如在服务方式上各唱各的调,工作任务重复,强化创收、弱化服务等,使社会化服务管理不能充分有效地发挥作用,不能形成综合配套、统一协调的服务系统。同时,茶产业社会服务体系制度发展的滞后,也是影响社会化服务管理不协调的一个重要原因。

4. **服务资源不充足**

服务资源也就是乡镇资源。在茶产业社会服务体系中,乡镇资源主要包括物质资源、人才资源、技术资源和资金资源等,由于农村自然经济力量薄弱、规模小,加之村集体经济日益减少,村级组织功能的弱化,大部分村级组织已没有了维持自身发展的经济实力,乡村社会化服务资源就显得更加薄弱,社会化服务管理的效果也就可想而知。

(二)关于中国茶产业社会化服务体系建设的若干对策建议

1. **深化认识**

加快茶产业社会化服务体系建设:一要树立服务促发展的观念。茶产业结构调整离不开信息、科技、资金、购销等服务,只有服务工作搞好了,才能促进茶产业结构调整,增加茶农收入。农副产品加工流通服务还可以直接增加茶农收入,服务也是现实生产力。二要树立服务即是商品的观念。在市场经济下,茶产业服务也是特殊的商品,要大力推进茶产业社会化服务的市场化进程,逐步实行有偿服务。要讲究服务的质量和效益,使服务者和被服务者两头都受益,这样的服务才有生命力,才有活力。三要树立茶农是服务主体的观念。在巩固和发展国家、集体茶产业服务组织的同时,要积极引导支持茶农进入茶产业服务领域,大力兴办各种类型的民间服务组织,逐步形成公民互动,以茶农为主体的茶产业社会化服务体系。

2. **大力培植新型组织载体**

茶产业社会化服务首先要有载体,从实践看,除继续巩固发展计划经济体制下形成的传统的公有服务体系以外，主要应大力培植以下5种新型的组织载体：(1)农技推广机构创办的服务经营实体；(2)茶农经纪人和专业大户；(3)龙头企业；(4)专业合作经济组织；(5)公司+专业合作社+基地+农户的模式。

3. 积极探索茶产业社会化服务体系建设的新路子

茶产业社会化服务体系建设要适应农村经营体制和市场经济的发展要求，适应茶产业结构调整和茶农收入增加的需要。

(1)项目系列化

茶产业社会化服务要逐步由兼业化向专业化转变，由单一服务向综合服务拓展，由被动服务向主动服务提升。在茶产业服务上，要围绕专业化生产、规模化经营，开展产前、产中、产后全程链式服务，引导茶农，指导茶农，帮助茶农；在生产要素服务上，要坚持适度、有偿的原则，加大信息、资金、技术、土地、法律等要素的套餐式服务，满足茶农多样化的服务需求。

(2)经营产业化

茶产业社会化服务，不仅能够提高生产力，而且能够直接创造生产力，服务是有价值的，服务也应该是有偿的。除国家所赋予的公益性服务项目外，所有的茶产业社会化服务项目都应该实行等价交换。要更多地采用服务承诺收费制、服务承包合同制、服务项目参股制等市场经济的办法，以服务创收，以创收增实力促服务。

(3)服务一体化

在服务的运行方式上要逐步建立起利益连接的一体化经营机制，从无偿服务向有偿服务转变，从买断性服务向合作性服务跨越。目前一些服务部门通过牵头组建专业协会、专业合作社，将分散的农户组织起来，实行“几统一”服务，建立让利于茶农的分配制度，既扩大了服务对象，增加了自身效益，又解决了茶农发展商品生产的后顾之忧。

4. 加大政策支持和引导力度

一是要加强国家在基层的农技推广服务体系建设；二是要加大以资金为主的政策扶持；三是要强化对茶产业社会化服务的监管。

5. 讲究沟通艺术

我国传统茶农有迫切希望得到新知识新技术的愿望，又受传统观念的影响，怕冒风险，具有求稳怕变、讲究实效的心理，当一项技术只有被大部分人采用的时候，他们才会产生从众的心理。

贫困地区的茶农，由于经济收入低，长期贫困和落后，存在一种依赖心理。在农技推广沟通中，推广人员应根据不同的推广对象，针对不同的心理反应，熟悉当地的历史文化背景、自然条件、经济状况、技术习惯、风土民情、茶产业生产状况，采用针对性的推广方式，取得茶农信任，达到有效沟通的目的。

6. 努力提高茶农的科技文化素质

我国茶产业技术推广难以形成双向有效沟通，根本原因在于茶农的文化素质不高，组织

化程度低。目前除了国家要重视普及文化教育事业，杜绝再生文盲的产生，提高全体茶农的文化素质外，还要切实开展对茶农的继续教育，从农村和茶农的实际出发，根据不同地区和茶农的不同层次，进行多形式、多渠道的科技培训，促使亿万茶农科技知识和文化素质水平不断提高。

三、中国茶叶社会化服务体系发展展望

随着茶叶社会化服务体系建设的深入进行，我们认为，未来的茶叶社会化服务体系的建设有望向以下几个方面发展：

（一）全面化

未来的茶叶社会化服务体系涵盖面将更广，它不仅包括茶叶产前的指导培训，还包括茶叶生产过程中问题的解决以及茶叶的产后销售，其内容将涉及茶叶科技、产品流通、茶叶市场信息提供、茶叶资金信贷等，可以说未来茶叶综合服务体系将包括与茶叶相关的所有活动。

（二）企业化

促进茶叶社会化服务向企业化发展，实行企业化经营是形成农村社会化综合服务体系自我积累、自我发展的唯一途径。我国由于茶叶利益偏低，长期以来为茶叶提供服务的企事业单位大多数是半企业化经营和无偿服务，不利于服务工作的展开。因此，今后要通过改革，逐步推动我国茶叶社会化综合服务体系实行企业化经营。

（三）产业化

经过多年的发展，我国茶叶社会化服务体系虽然已经初步形成，但其推动茶叶经济发展的作用还没有充分发挥出来。我国的茶叶劳动生产率、茶农经营的规模经济效益之所以比较低，主要还在于过多的劳动力集中在茶叶的直接生产过程中，而从事茶叶生产服务的劳动力却严重不足。因此必须因势利导地加快社会化分工，提高茶叶的劳动生产率和规模经济效益，使茶叶社会化服务体系逐步发展成为一个相对独立的产业。

（四）一体化

茶叶经济要快速发展，就要使茶叶产前、产中、产后服务结为一体，共同经营和发展，形成产供销一条龙、贸工技一体化的生产经营模式。要根据市场发展需要，以流通型企业或加工企业为龙头，以茶农和农村集体经济组织为基础，通过合同契约、经济利益共享或资产参与等形式，使农工商贸结成风险共担、利益均沾、互利互惠、协调发展的经济利益共同体，共

同提高茶叶社会化综合服务的质量。

思考题

1. 产业化经营的成因是什么?
2. 中国茶产业发展所面临的主要问题有哪些?
3. 中国当前的茶产业组织模式有哪些?你最看好哪种模式,为什么?
4. 简述茶叶社会化服务体系的建设意义与建设内容。

例证

中国茶市场缺乏品牌巨头,三原因限制中国茶产业发展

似乎没有任何一个产业和中国茶叶产业一样出现这样的悖论。

一方面,中国具有悠久的产茶历史,不仅名茶林立,而且中国茶叶的产量高居世界第一;另一方面,虽然近些年中国茶叶的出口量也都名列前茅,全国加工茶叶的茶厂也有6.7万家之多,但叫得响的知名品牌却是凤毛麟角。

面对这样的悖论,在中国国际茶业博览会组委会近日举行的新闻发布会上,中国土畜产进出口总公司副总裁兼中国茶叶股份有限公司董事长朱福堂接受记者采访时表示,“品牌”茶已成为中国茶产业的薄弱环节。朱福堂分析,当前,中国茶品牌策略不够完善,推出相关产品的计划不能整合,给人市场手段零散、混乱的感觉,效果上自然打了折扣;品牌内涵不够时尚,无论是新品牌还是老字号,不时尚就等于丢失了潜在的消费者;销售渠道过于单一,这就是国产品牌和国际品牌在销售渠道上的差距;难以突破地域局限,中国的茶叶企业需要站在全国乃至国际品牌的高度,参与国际竞争的勇气。

“英国不产茶,但‘英国立顿茶’却无人不知,中国茶产业正是缺少这样的大企业。”朱福堂说,和酒业、饮料、乳业等行业品牌巨头纷纷诞生相比,中国茶市场缺乏“品牌”巨头太久了。

一个企业,如果没有品牌,就没有市场竞争力;一个行业,如果缺乏行业巨头,就会显得没有活力。

业界人士认为,主要有以下几个方面的原因限制了中国茶产业的发展:

首先,有名茶品种,却无名茶品牌,茶叶企业过度分散。提起西湖龙井、武夷岩茶、安溪铁观音、洞庭碧螺春、黄山毛峰等名茶品种,可谓声名远播,连老外都熟悉;但提起名茶品牌,却难以让人脱口而出。根据统计,在6.7万家茶厂中,注册品牌的仅有近1000家。同时,由于绝大多数茶叶企业规模小,导致设备落后、技术水平低、产品质量不稳定。

其次,茶叶成本高,但价格低廉。中国茶树种植以农户为主体,平均每户仅1亩左右,缺乏集约化、规模化生产,导致茶叶品质难以控制。有数据表明,印度只用相当于我国一半的种茶面积,却生产出大致与我国相等的茶叶产量。目前,中国出口茶叶在国际市场上每千克

仅值2美元左右，平均茶价比印度低四成，比斯里兰卡低六成多，甚至比肯尼亚的茶叶价格还要低20%。

第三，茶产业缺乏行业标准。就现状而言，目前没有一个主要部门负责管理茶产业。作为中国国际茶业博览会组委会主任，朱福堂说："我们博览会近几年来不断呼吁农业部应下设茶业处，以管理茶叶产业和检测茶叶质量。"朱福堂介绍，现在茶叶管理由农业部种植司管理协调，茶叶出口由质检总局负责。相关行会也有很多，包括前几年中华合作总社的中国茶业流通协会，茶叶进出口分会等，及近几年的茶文化研究会，中国茶业协会等行业协会。但这些行业都难以统领整个行业标准的制定，因此，制定标准存在很大问题。朱福堂说，在这种情况下，很多企业都是自己定标准。

对于上述问题，这几年一直为加强中国茶品牌建设与促进中国茶出口不懈努力的中国国际茶叶博览会组委会执行副主任王彤对记者说："中国茶产业到了该品牌整合的时候了"。

"要想使整个中国茶行业的发展水平有根本性的转变，可能还需要一段时间，"王彤说。当前，中国茶产业已经出现中国茶叶股份有限公司、北京吴裕泰茶业股份有限公司、勐海茶厂、天福茗茶等茶叶品牌企业，虽然这些企业在中国茶行业的地位尚不足以和酒业的"五粮液"相比，但正因为如此，才显示出这个行业面临的巨大商机。（魏和平）

［资料来源：中国青年报，2007－6－19］

第七章 茶业政策与行业管理

产业主体行为是导致茶产业运行绩效不同的直接动因，而这种行为受到产业组织结构与产业制度环境的制约。其中，制度环境作为一个外生性变量同时影响着产业组织结构和产业主体行为。因此，本章将就产业制度环境中最为重要的部分之一——政策的提出与作用发挥展开讨论，分析中国茶业发展与相关的产业政策之间的内在关联，探讨中国茶业政策与管理的调整和改善之路。

第一节　经济环境与产业政策

产业政策的作用在于国家从国民经济发展的客观需要出发，调整和改善产业活动，促进产业发展。它从根本上代表了一国（地区）对特定产业的定位、态度与发展导向。产业政策比其他宏观经济政策更明显地反映一国经济发展、地理环境、政治、历史、文化和传统等特点。由于各国的情况不同，产业政策的内容和实现形式有相当大的差别，但从根本上说，产业政策有效性的基本前提是符合本国的实际。因此，必须在考虑一国经济发展的历史背景和内外条件的基本特点的基础上对产业政策的制定和实施进行详尽规划。

一、产业政策体系内涵

产业政策是政府根据国民经济发展的客观要求，调整和改善产业活动，促进产业发展，从而提高有效供给的政策。由于产业发展是一个涉及其结构、组织、素质等多方面的综合发展，是产业的技术水平、生产能力和种类适应社会需求的变动和要求，从低级向高级、从小到大、从少到多的演变过程。在这一演变过程中，不仅其结构，而且其组织和本身的素质也都将发生相关的变化。只有这些方面的协调变动，才能实现产业发展。因此作为促进产业发展的产业政策必须是一个有机的整体，是包括若干子政策（结构政策、组织政策、关系政策）的完整体系。

二、产业政策体系内容

产业政策体系是由产业结构政策、产业组织政策和产业关系政策构成的。这三个子政策虽然各有其自身的内容和作用对象，但它们之间有着高度的统一性，形成了一个完整的产业政策体系。

（一）三大产业政策的界定

1. 产业结构政策

产业结构政策是根据产业结构变动趋势，为促进产业结构接近理想状态而实施的政策措施。产业结构的理想状态就是适合一国经济发展水平的合理化基础上的产业结构高级化。这种状态将带来国民经济持续、稳定、协调的发展。因此，从推动产业结构的合理演进中，追求经济发展的速度和效益的思想，就成为产业结构政策的精髓。

2. 产业组织政策

产业组织政策是政府为解决产业活动中规模经济与竞争活力这一矛盾，实现有效竞争所实行的政策措施。产业组织中的有效竞争，既能保证产业享有规模经济，同时又能使其保持竞争活力，就成为产业组织政策的精髓。

3. 产业关系政策

产业关系政策是政府为调解企业内部各利益集团关系，以提高产业素质的政策措施。企业内各种利益关系的协调是提高产业素质的根本保证。因而，从促进利益关系协调发展中提高产业素质，保证经济效益的思想，就成为产业关系政策的精髓。

(二)产业政策体系的统一性

产业结构政策、产业组织政策与产业关系政策这三大产业政策虽然运用于产业发展的三个不同层次，有各自的内容和政策目标，但其基本要求和指导思想有着高度统一性。

1. 基本要求的统一性

产业结构政策的主要目标，一是实现产业结构合理化，二是促进产业结构高级化。这两者是相互渗透、相互作用的。一方面，促进产业结构高级化要以结构合理化为基础，而且产业结构发展阶段的水平越高，其合理化的要求就越严(因产业间的技术经济联系日益复杂，结构一体化的整体性要求更高)。另一方面，要实现产业结构合理化，则必须在其高级化的动态过程中进行(例如，用先进技术来装备和发展瓶颈产业)。然而，不论是实现产业结构合理化，还是促进其高级化，其基本任务都是为了提高宏观资源配置效益，以适应社会需求变动的要求。

产业组织政策的主要目标，一是充分享有规模经济，二是保持竞争活力。这两者有一定的冲突。在市场规模有限的情况下，企业追求规模经济势必造成生产集中，形成垄断因素，从而抑制竞争活力。反过来，抑制垄断在某种程度上也会影响规模经济，使生产不能在费用最低的最佳规模下进行。因此，这两个目标之间要进行协调，以便实现有效竞争，搞活产业经济，提高经济效益，增加有效供给。

产业关系政策的主要目标，一是产业安定，二是产业民主，三是产业发展。这些目标的贯彻，最终将提高产业素质，从而为提高产品质量，加速产品更新换代，提高经济效益提供重要的保证。

上述各产业政策的目标虽然有异，但其基本任务则是统一的，体现在以下两方面：

(1)资源合理配置　产业结构政策是为了促进资源的结构性配置，产业组织政策是为了促进资源的规模性配置，产业关系政策是为了促进资源的要素性配置。这三大政策的具体目标在促进资源合理配置的基本任务上统一起来了。

(2)适应和满足社会需求变动的要求　产业结构政策是为了促进供给结构适应需求结构的变动,产业组织政策是根据某一产品的市场需求规模,促进其增加有效供给,产业关系政策是为了增强企业对市场需求变动的应变能力。

2. 指导思想的统一性

产业发展总是表现为产业结构、组织、素质的整体变化,从而促进创新,这是贯穿于产业发展的三方面。按照熊彼特的观点,创新是引入一种新的生产函数,从而提高社会潜在产出能力。这具体表现在两个方面:一是带来新商品和劳务的创造;二是在既定的劳动力和资金的情况下,提高原有商品和劳务的产出数量。因此,创新不仅可以提高生产商品和劳务的能力,而且可以增加品种。除此之外,创新还具有一种扩散效应,促进经济发展的加速与飞跃。

一般认为,在开放经济条件下,产业结构的变化是需求结构变动、相对成本变动和国际贸易这三个因素相互作用的结果。只有在三者的互相作用趋于一致时,才可能促进产业结构的有序发展。然而,在这当中起着核心作用的是创新。创新对产业结构的影响有直接影响与间接影响。直接影响有当创新带来的是新产品的开发或原有产品的改善时,由于这些产品的需求弹性较大,将吸引生产要素向该部门流入。而当创新仅仅是导致了原有产品的生产效率提高时,如果这些产品需求弹性较小,那么将促使该部门的生产要素向外流出。不论是哪一种方式,创新都将引起生产要素在部门之间的转移,引起不同部门的扩张或收缩,从而促进产业结构的有序发展。创新对产业结构变化的间接影响也有两种方式,第一种方式是,创新通过对生产要素相对收益的影响而间接影响产业结构变化。创新通过对劳动与资本相对收益的影响,改变其在国民收入中的相对份额。第二种方式是,创新通过对生活条件和工作条件的改变而间接影响产业结构变化。创新往往会创造新的需求和某些潜在的巨大需求,并且有可能通过连锁反应对需求产生更广泛的影响。

在产业组织政策的指导思想上。产业组织政策的一个重要内容是促使产业充分享有规模经济,而实现规模经济主要依靠两个方面的努力:一是实现生产和管理过程中的标准化、专业化和单一化,发挥分工协作的效益;二是不断进行技术改造和设备更新,使生产规模不断接近最低费用的规模。如果不伴随技术、工艺水平的提高,不伴随分工、协作及标准化、专业化、单一化的进展,单有生产批量的增加,规模经济是难以达到的。从长期来看,规模经济是因为技术进步而形成和发展的,反过来,也只有技术和组织上的创新,才能顺利实现规模经济。当然,规模经济也有利于促进创新,提高企业的技术进出率(技术售出/技术改进),增加技术研究费用和研究人员,以及加快设备更新。所以,产业组织政策也始终贯穿着促进创新的指导思想。

产业组织政策的另一个重要内容是保持产业的竞争活力。为了达到这一目标,一方面要反对垄断,促进竞争;另一方面要抑制过度竞争,保持合理竞争。对于前者,通常采用两项主要措施:第一,控制市场结构,例如降低企业的生产集中度或制止其集中度上升;降低行业进入壁垒或制止其上升；降低产品差别化的程度等，以抑制垄断因素。第二，控制市场行为，例如干预企业确定价格的方式；干预产品非价格竞争；反对压制竞争对手的行为等。对于后者，通常也是采用两项主要措施：第一，建立专业化分工协作为基础的竞争关系，例如促进企业合并或联合、组建企业集团、实行行业管理等，以形成多层次的适度竞争关系。第二，整顿竞争秩序，例如通过价格补贴及其他援助方式稳定某些行业的生产；通过政府购买来调剂市场供求关系，稳定市场与价格；干预那些过度的非价格竞争等。可见，不管是反对垄断，还是抑制过度竞争，其政策措施都是围绕着协调产业竞争关系而展开的。只有协调好这种产业竞争关系，才能实现产业组织合理化。因此，协调也是产业组织政策始终贯彻的政策思想。

在产业关系政策的指导思想上。产业关系政策的主要目标之一是促进企业发展，而企业发展的物质基础则是技术进步。如果一个企业缺乏技术创新的能力，那么该企业在竞争环境中是难以生存和发展的。通常，一个企业的创新能力越强，其发展的潜力越大。在技术进步加速的世界新技术革命浪潮下，尤其如此。因此，促进产业发展，关键是提高其创新能力。

产业关系政策的另两个目标是产业安定和产业民主。为了实现这些目标，就要通过各种立法（例如企业法、就业法、劳动关系法等）保障企业内各集团的基本权益，建立调解、调停、仲裁制度以处理产业纠纷（或者在强调调和的前提下，找出一个使纠纷双方都可以接受的解决办法，或者要求纠纷双方以公共利益为重，放弃各自利益实行互相妥协），大力培育集团利益代表组织（例如工会、企业家协会等），建立产业关系的自我调节机制，形成互相协商、共同参与决策的管理制度等。所有这些措施都是为了协调企业内各利益集团的关系，从而充分发挥各方面的积极性和主动性。

三、经济环境对产业政策的影响

产业政策有效性的基本前提是符合本国的实际，产业政策比其他宏观经济政策更明显地反映一国经济发展、地理环境、政治、历史、文化和传统等特点。由于各国的情况不同，产业政策的内容和实现形式具有相当大的差别。因此，一国经济发展的历史背景和内外条件的基本特点对产业政策的制定和实施有重大影响。从某种意义上说，它构成了产业政策可供选择的可能性范围。影响产业政策选择的因素有政治、经济、社会以及文化等，在这里主要论述经济环境对产业政策选择的影响。

影响产业政策选择的经济环境，主要从时间和空间两个角度考察，即一国进入现代经济增长进程的时间先后和由资源、人口等因素构成的一国经济的客观条件。

（一）一国进入现代经济增长进程的时间先后对产业政策的影响

现代经济增长是一个世界性的历史过程。在这样一个过程中，各国进入的时间有先有后。先进入这一过程的国家称为“先行国”;后进入这一过程的国家称为“后起国”。现代经济史表明,进入这一世界性经济发展过程的先后顺序,将会给经济发展留下不同的历史轨迹,影响一国产业结构变动的状态,从而影响产业政策的选择。正如辛格尔曼(Singelmann)指出的,“必须把工业化的时间当作关键性的因素加以考虑。”

先行国与后起国的划分,自然与进入现代经济发展的日期有关,但它不仅仅是一个时间概念,更主要的是进入现代经济发展的特征,即社会经济发育程度。先行国与后起国在社会经济发展程度上的差别,主要表现在:(1)在总量上,先行国都是在人均产量超过200美元(按1965价格)时开始进入现代经济成长的,最高约达到760美元;后起国的初始水平,一般是在人均产值200美元以下,甚至只有100美元左右。(2)在经济结构上,后起国具有明显的二元性,即传统经济部门与现代经济部门同时并存。(3)在制度上,后起国在观念、文化、劳动力素质等方面较落后。

虽然,后起国在开始进入现代经济成长阶段之前,社会经济发育程度已达到一定水平,但与先行国相比要低得多,社会内部的经济因素尚未积蓄到足以自发产生工业化的程度。他们之所以提前开始现代成长,在很大程度上是因受到先行国经济扩展的威胁和影响。因而,在先行国用了200多年时间才完成的发育过程,后起国则要把它压缩在几十年内完成。事实上,后起国并不是在完成了发育任务之后再进入现代经济成长阶段的,而是先发动经济成长,然后在发展过程中培养成长因素,同时完成发育任务的。

后起发展国家“先发动经济成长,后完成发育任务”,不仅是必要的,而且也是可能的。但是,必须看到,由于后起国是在社会经济条件没有完全发育成熟的情况下提前进入现代成长阶段的,所以它和先行国进入现代经济成长阶段的初始条件显然不同。这在很大程度上决定了这两种类型国家在经济增长过程中有不同的运行轨迹。一般来说,先行国的增长轨迹较平稳,后起国的增长轨迹较倾斜。这种差异的背后则是产业结构变动的差异,这也会影响产业政策的选择。

通常,后起国的产业政策目标是加快结构的转换,赶超先进国家,其政策措施往往是硬性的,政府干预程度较大,而先行国的产业政策目标则是发展新兴产业,保持领先地位,其政策措施往往是软性的,政府干预程度较小。

(二)一国的市场规模和天赋资源及就业压力对产业政策的影响

1. 国内市场规模对产业政策的影响

一般说来,国内市场规模可区分为两种类型:一是实际市场规模(与有支付能力的有效需求相联系);二是潜在市场规模(与人口数量相联系),市场规模对产业政策的影响通常是指后者。由于潜在市场规模难于计量,所以传统的做法是以人口数量来代替。

国内市场规模的大小影响产业政策选择的具体表现,主要有以下几个方面:

市场规模大,有利于发展技术,为进行大规模流水线生产提供条件,并容易获得规模经济效益；而市场规模小，在人均收入水平较低时，就难以进行大规模生产，无法利用规模经济。

市场规模大，有可能在更为广泛的范围内进行产业发展的选择，有利于在国内建立起门类齐全的工业体系；而市场规模小，产业发展的选择余地就比较小。

国内市场规模大的国家一般是内向型经济，容易实行进口替代；国内市场规模小的国家往往要寻求外向型经济，其国内经济在很大程度上依赖于国际市场。这种情况也会影响产业政策的选择。因为"对外贸易在生产总值中的比重大小，对国内产值结构有重大影响"。

2. 天赋资源

天赋资源的多寡是一个动态指标，对产业政策选择有重大影响。这种影响表现为两种形式：

资源禀赋条件对一国产业政策选择范围的制约。自然资源丰富的国家可以对生产重点（初级产品生产或制造业）进行明确的选择，政策选择余地较大；自然资源贫乏的国家对产业重点发展的政策选择的余地相对较小。

资源禀赋条件对一国产业政策选择倾向的影响。例如，同样都是小国，拥有自然资源丰富的小国往往倾向于把重点从制造业转到初级产品部门，因为出口初级产品的资源成本较低，而拥有少量资源的小国在其发展进程开始时，几乎除了强调工业化外别无选择。因此，前者制造业增值价值在国内生产总值中所占比重比后者低。

资源禀赋条件对产业结构变动的影响间接支配一国产业政策的选择。资源禀赋条件对产业结构的影响，不仅在于资源的多少，而且依赖于自然资源的性质。一般来讲，珍贵的资源（例如某些稀有金属）也对产业结构有重大影响，而普通的资源也许对产业结构影响较小。这种由资源禀赋条件引起的产业结构变动对产业政策选择具有支配力量。

上述的市场规模和资源禀赋通常被认为是影响产业政策选择的一般因素，这无疑是正确的。但从我国的具体国情来看，超重就业压力这一构成我国特定经济环境的因素，对产业政策的选择也有重大影响。

3. 就业压力

在劳动就业超重压力下，有两种基本选择：一是为了效率原则造成大量失业，引起社会不稳定；二是为了稳定的原则尽量充分安排就业，承担效率低下的恶果。在大多数情况下，政府都是选择后者，把充分就业置于首位。如果是这样的话，那么劳动就业的超重压力将对产业结构变动产生什么影响呢？大致有以下几个方面的影响：

首先，超重的劳动就业压力促使经济粗放型增长。有的学者认为，在正常情况下，国民生产总值上升1.5%～2%，才可能使劳动力增加1%。如果1981～1985年劳动力的年增长率为5.2%左右，那么为吸收这些劳动力，到1985年为止，每年的经济增长必须保持在8%～10%的水平上。并且，这种经济增长主要是属于粗放型增长。如果按照50年代通行的计算追加就业所需资金量的简便方法，国有企业职工人均固定资产装备额约为1万元左右，按同样水平的装备率，年约就业1000万人，就需要1000亿元的基本建设投资。

这种粗放型的高速增长将对产业结构产生三方面的重要影响：(1)使经济发展严重向工业倾斜，农业相对萎缩；(2)迅速出现许多新的产业部门，产业分支增多；(3)产业结构变动相对提前，在较低的人均收入水平上提前发动或加速工业化进程。

其次，超重的劳动就业压力将迫使选择劳动密集型经济，在相同投资水平上，通过降低资金对劳动的比率来扩大就业。据统计，就国有企业而言，每100万元固定资金所能吸收的劳动力，在重工业部门仅94人，而在轻工业部门则可能达到257人，在商业、服务业等部门则有更大的吸引能力。因此，过多的劳动就业人口将塑造较为稳固的劳动密集型经济。虽然，在经济发展过程中，劳动密集型、资金密集型、技术密集型经济之间存在一个历史发展顺序，但不同的劳动就业人口状态将对这一历史顺序演变的时间有不同的选择。在超重劳动就业压力下，劳动密集型经济将持续更长的时间。

重点发展技术简单、投资较少又能为社会提供更多就业机会的劳动密集型行业，将对产业结构变动产生两方面的影响：(1)由于劳动密集型行业主要是轻、纺工业，所以将导致工业结构“轻型化”；(2)无论在哪个国家，在同一产业内，都是生产能力规模越小，资金对劳动力的比率就越低。因此，这将引起中小企业的较快发展，使产业组织结构发生重大变化。

第三，超重的劳动就业压力将会放慢劳动生产率提高的速度。当现有的生产资料过多地吸收了劳动力时，将出现“在职失业”的现象。企业中大量的冗员，必然阻碍技术进步和劳动生产率的提高。据统计，我国现有就业队伍当中冗员现象非常严重。仅在农业中，由于农村家庭联产承包责任制的实行，从农业中游离出来的劳动力已达1亿多人，在工业企业中，工人一般只发挥了60%～70%的劳动生产能力，至少有30%的劳动生产能力未能得以发挥。这里当然有就业体制的问题，但也不可忽略超重劳动就业压力在这当中所起的作用。

由于“在职失业”严重，极大地降低了生产效率，阻碍了劳动生产率的大幅度提高，从而在很大程度上阻碍了技术创新的开展和扩散。这将对产业结构和产业组织产生重大影响，进而影响到产业政策的选择。因为产业政策的一个基本指导思想就是促进产业创新，在产业创新面临就业压力困扰的情况下，产业政策就要采取某些特殊措施。

第二节 中国茶叶产业政策

我国是世界上最早生产和饮用茶叶的国家。在古代较早时期，茶叶生产即具有商品化生产的特征。因此茶产业在我国已有悠久的历史，历朝历代都对茶业发展进行了政策规划与买卖限定。茶产业的商业化发展背后，始终有着中国政府的调控身影。

一、古、近代我国茶叶政策回顾

根据不同时期我国茶叶生产规模和经营运作特征，可将古、近代我国茶产业的发展过程分为产业萌芽与产业成长时期。其中，唐至明朝时期，我国茶产业处于萌芽阶段，清朝是我国茶产业形成与成长时期。

从历史上看，唐朝以前，我国饮茶主要限于封建士大夫阶层。自唐以后，饮茶风气才日渐盛行，茶叶生产和贸易有了很大发展。随着茶叶商品化的发展，政府开始对茶叶经济进行介入与管束。唐朝各代都制定有一系列茶法，有茶税、贡茶、茶马互市和茶叶专卖等制度。就总体而言，唐朝对待茶叶商品化的态度基本上是实行民间产制、商人运销、政府课税和进贡的自由经营政策。

宋代茶叶生产区域和茶园面积较唐扩大了好几倍，种茶和制茶的技术也大为改进，产生了许多专业从事茶叶生产的农户和大规模的官营茶园，在都市中遍设茶店和茶坊等。同时也出现了中国最早的茶行这种茶商同业组织。茶叶的对外贸易也有很大发展。宋朝政府在乐见其成的情况下，对茶业发展主要是实行专卖制度。

元代，茶叶边贸取消了茶马法，但对茶叶交易的管理制度基本沿袭宋制，并在“茶引”的基础上增设“茶由”（“茶由”是发给经营零售商人的凭证，用以征收零星茶税）。

明代，恢复了茶马法，对内亦实行茶叶专卖制度，同时注重茶叶的对外贸易。

清至民国是我国茶产业由鼎盛逐渐走向衰弱的时期。鸦片战争以前，清政府对茶叶采、制业主和茶商实行自由经营政策，但行商则是由政府特许的专门从事海外贸易的商人组织。他们实际上是一种带有商务和外交性质的半官方组织。中国的茶叶出口主要由行商组织与外商洽谈，行商组织划定价格并代理收缴货税。鸦片战争后，中国的茶叶输出仍在增加，但洋行取代了中国的茶叶行商组织，取得了内地茶叶贸易特权。这些因素使得当时茶产业的发展发生了很大变化。

民国时期，政府亦比较重视茶产业的发展。1912 年民国成立，政府农商部在各产茶省建立茶叶改良场；1935 年后，又由全国经委农业处拨款，在皖、赣、浙、闽、湘、鄂等产茶省整建良场；抗战爆发后，内地和口岸运输困难，由民国政府发起于 1937 年 5 月成立中国茶叶公司，其目的是“便于有系统有计划地改进茶叶的产、制、运、销和扩大对外直接贸易，以加强中央和各省之间，政府和茶商之间的合作，以求茶叶之复兴”。1938 年 6 月，《财政部贸易委员会管理全国出口茶叶办法大纲》颁布，对茶叶实行统购统销。1944 年政府取消茶叶统购统销政策。为拓展海外市场，政府曾派员在非洲摩洛哥设立经理处，积极推销绿茶。

二、茶业产业政策发展

自 20 世纪 50 年代以来，我国茶业经历了不同的发展时期。时期不同，茶产业政策所涉及的内容也不同。

（一）茶叶流通管理体制

1949 年以来，我国经济管理体制经历了几次调整，茶叶产业组织结构发生了相应变化。20 世纪 50 年代中期至 80 年代初，茶叶生产、加工、流通的各环节都纳入计划经济模式之中，该时期茶叶产业组织的结构特点与中央集权的经济管理体制相适应。20 世纪 80 年代初，在大多数社队和国营茶场将茶园和初制茶场承包或分割给农民，这种以“分包”为特征的家庭联产承包责任制，主要强化了生产经营的激励机制，因而极大地调动了生产者的积极性，提高了土地生产率。

1985 年开始茶叶流通管理体制改革，这一时期，国内市场开放，但出口仍实行不同程度的垄断经营。进入 20 世纪 80 年代，茶叶市场的供求关系有了根本的变化，茶叶生产总产量增加很快，个别茶叶已出现积压。为了把经营搞活，扩大茶叶销售，促进茶叶生产继续发展，1984 年 6 月，国务院批转《商业部关于茶叶购销政策和改革流通体制意见的报告》，其明确规定：“边销茶继续实行派购，内销茶和出口茶彻底放开，实行议购议销，按经济区划组织多渠道流通和开放式市场，搞活茶叶经营，继续发展茶叶生产。”文件颁布以后，茶叶流通领域开始允许国营、集体、个体商业及茶农经营茶叶，并且出现了茶叶交易市场。但在 80 年代国内市场放开初期，由于存在税收的地方利益，茶叶原料市场有些地方存在“封锁”和保护现象，所以茶叶市场的整合度仍然较差，全国性统一的茶叶市场在 90 年代才逐步形成。

茶叶从鲜叶加工成干茶，再到消费者手中主要有三个环节：分别是鲜叶流通、初制茶（毛茶）流通和商品茶流通。因此国内茶叶市场基本可分为鲜叶市场、毛茶市场和成品茶市场。今后，中国茶叶流通发展趋势主要有三个方面。

茶叶鲜叶流通方面。茶农会更多地通过组建生产合作社，共同投资建设加工厂，加工他们生产的鲜叶。这种方式在浙江、福建已得到推广，它有助于改变目前中国茶叶生产过于分散的问题。鲜叶市场的出现，可以促进茶叶的专业化生产，有利于专业技术的发挥和茶叶质量的提高；有利于改变目前茶叶小作坊生产方式，实现适度规模生产。

原料茶（初制茶）流通方面。由于茶叶批发市场交易条件改善，交易方式提高，更多原料茶通过批发市场进行交易。待条件成熟时，中国将筹建茶叶拍卖市场。通过拍卖市场进行交易，不仅可提高茶叶交易效率，降低茶叶交易成本，且由于对交易产品标准化水平要求较高，也可促进茶叶生产和加工的标准化过程，为茶叶行业实现产业经营奠定基础。

成品茶流通方面，今后中国国内茶叶销售将主要通过超市和茶叶专卖店进行，且品牌连锁经营应该是茶叶零售的主要模式。由于茶叶种类繁多，茶叶专卖店将更能适应目前茶叶消费多元化、个性化发展的要求。茶叶专卖店实现品牌连锁经营能够体现规模经营，也有利于建立诚信机制，打造茶叶的通路品牌，提高茶叶企业的市场竞争力。

（二）茶叶价格政策

1953 年后，茶叶被列为国家统一收购物资，茶叶价格制定与执行纳入了计划管理，茶叶收购和内销的批、零售实行指令性价格，价格由国家物价局会同商业部门管理。1984 年以后，内销茶和出口原料茶彻底放开，收购价格由指令性计划价格改为指导性价格。在后来的收购实践中，指导性价格仅作为参考，实际执行的价格常由于精制加工企业收购竞争而引起剧烈的波动。

在执行指令性价格和指导性价格期间，国家的收购牌价有几次极大幅度的调整。如 1956 年国务院批准在 1955 年毛茶收购价格总水平基础上提高 12.79%。为了促进茶叶生产的发展，1962 年国家采取了收购毛茶实行价外补贴 20% 的措施，从 1964 年起将茶叶的 20% 价外补贴纳入正式价格中。1979 年对各级价格进行了结构性调整以鼓励茶农生产好茶。1989 年，对茶叶收购指导价格进行内部调整，而进入 90 年代，尽管仍继续制定茶叶收购指导价，但实际收购中由企业自行定价。

（三）产业技术政策

技术创新则是产业持续发展的内在动力。20 世纪 90 年代前，茶叶科学研究院与技术创新的投入资金主要来自外贸部、技改费和政府科研基金。90 年代以后按现代茶叶加工工艺和清洁化生产要求，改造茶叶初制厂，更新设备，提高加工技术水平，扩大名优茶生产能力，加大名优茶保鲜储藏的比例，鼓励企业提高经营管理水平，按照茶叶市场准入和出口茶叶卫生标准来组织生产，对企业通过 ISO9000、HACCP 等标准认证的，政府给予一定的经费支持，以此提高茶叶加工的整体技术水平，提高地区特色茶叶品质，提高产品附加值和竞争力。

科技投入主体的多样化。加强茶叶科研、教学和人才培养工作。建立以企业为主体、市场为导向、产学研相结合的茶叶科技创新体系，鼓励和支持企业与科研院所联合开展科技攻关，以企业为主体，根据市场需要开展对新产品、新技术、新设计、新营销手段的联合科研攻关，形成科技开发与产业发展紧密结合的研发机制，在政府部门的引导下，发挥市场配置科技、文化资源的基础性作用。要加大对无公害茶和有机茶生产关键技术、优质茶生产关键技术、茶叶深加工技术等科研项目的支持力度。

由政府从茶叶产业化开发资金中安排茶叶科技攻关专项资金，对重点项目予以支持。探索茶业科技推广的新模式，实现科技成果与茶农和茶叶企业的零距离对接。政府应拨出专门经费，由茶业协会和茶叶学会牵头，在农大茶学系和茶科所分别主办茶叶企业厂长（场长、经理）培训班、茶叶专业技术人员、营销人员以及茶艺师、评茶员的培训班，实施“百万茶农免费培训工程”和“万名茶叶企业人才培训工程”等，提高各地区茶叶从业人员的专业素养，为提高茶产品质量和技术升级提供坚实的基础。

三、茶业产业政策效应分析

(一)茶业产业政策效应偏差

既定实施的任何产业政策设计,其所取得的实际效果,就是所谓的产业政策效应问题。如果产业政策实施的实际值与政策设计的预期值一致,那么产业政策就必须作更多的分析了。但实际生活中,产业政策的实际效果往往与其预期效果是不一致的,即出现产业政策效应偏差。在某种场合下,是实际效果小于预期值,甚至还会出现与预期值背道而驰的负效应现象。因此必须深入分析产业政策效应问题,以提高其政策的有效性。

产业政策效应偏差是一个复杂的政策现象。所以不能笼统地把它看作是一种产业政策实施中必然发生的现象,也不能武断地把它判定为一种非正常的政策现象。而是要对着一政策现象作具体分析,区分出哪些属于政策实施中发生的自然偏差,哪些属于政策实施中发生的人为偏差。

产业政策效应的自然偏差是指其政策在实施过程中必然发生的政策预期值与实际值的背离,这种背离在很大程度上是由其政策过程本身的属性所决定的。产业政策效应是其政策过程的结果,而政策过程总是在一定的时空结构中展开,所以分析产业政策效应的自然偏差可以从一定的时空结构中展开,所以分析产业政策效应的自然偏差可以从时间与空间两个角度分别进行。

1. *政策效应的时间结构性偏差*

任何一项产业政策的实施总有一个时间过程,茶业产业政策也不例外。这一过程可以划分为四个阶段:政策出台(试行)阶段;政策完善阶段;政策成熟阶段;政策蜕化阶段。一般来说,某一具体产业政策的实施要经历这四个不同的阶段。通常,在政策出台阶段和政策蜕化阶段,政策效果差一些;而在政策完善阶段和政策成熟阶段,政策效果要好一些。这样,在产业政策实施过程中就出现了阶段性的政策效应偏差。因此把这种阶段性的政策效应偏差定义为政策效应的时间结构性偏差。(见图7-1)

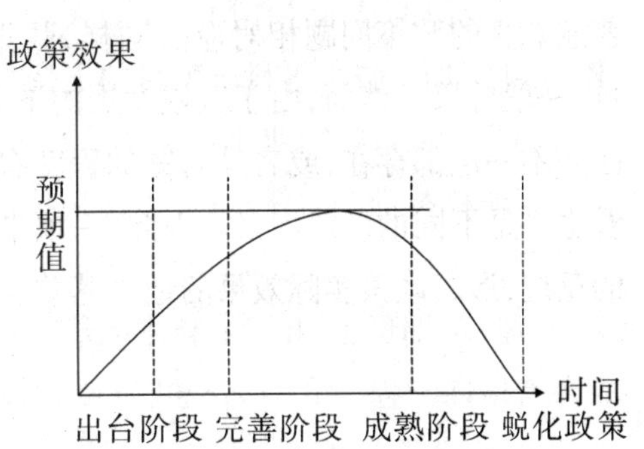

图7-1 政策效应的时间结构性偏差

在政策出台阶段发生较大的政策效益偏差是必然的现象,它可能由下列诸因素所引起:新出台的政策本身不够完善;旧政策的历史惯性对其的干扰;人们对新政策还没有足够的认识和理解;新政策的作用机制尚未有效运转;其他经济政策与其还没有取得协调。因此,在此阶段,新出台的产业政策需要与各种相关因素进行耦合,政策效应的偏差也就在所难免。随着政策本身的修正和补充,旧有政策潜在影响的弱化,人们对新政策理解

和认识的深化，新政策作用机制的健全，以及与其他经济政策的不断协调，该政策实施不断完善化，政策效应的偏差将逐步缩小。当政策实施进入成熟阶段，其实际效果趋于和接近政策设计的预期值，甚至有可能超出，出现新的事件或新的事态发展，政策实施便进入了蜕化阶段。在此阶段中，政策效应偏差将明显加大。无疑，这是政策老化的必然结果。可见，这种政策实施过程中出现的阶段性政策效应偏差是一种自然的政策现象，基本上是属于正常的。但也有不正常的现象，出现一种"政策同步振荡"的情况，即政策完善相当缓慢，而政策成熟期极其短暂，刚刚成熟，便进入蜕化阶段（见图7－2），属于非正常类型。

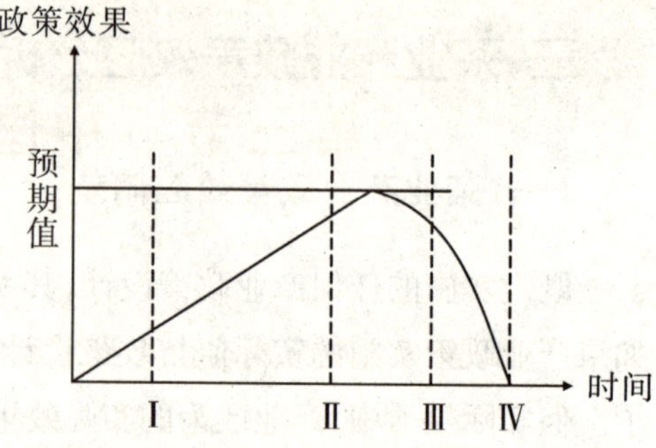

图7－2　非正常的阶段性政策效应偏差

2. 政策效应的空间结构性偏差

任何一项全国性的产业政策的实施总是在不平衡的空间中进行的。这种区域发展的不平衡主要表现为生产力布局的差异，经济社会环境的差异，物质技术基础水平不一等。这些方面都会造成对产业政策设计的接受与适应程度的不同，从而各地所产生的政策效应亦各不相同，有的政策效应偏差较大，有的偏差较小，有的则达到政策预期效果。这种同一产业政策设计在其实施过程中所收到的非匀称政策效应（即局部性政策效应偏差）定义为政策效应的时间结构性偏差。（见图7－3）

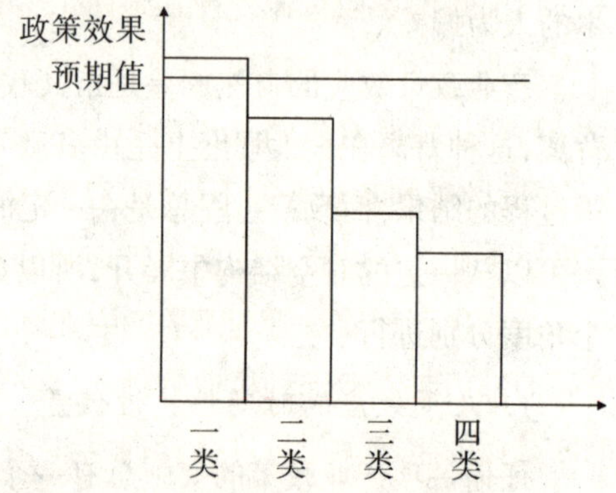

图7－3　政策效应的空间结构性偏差

政策效应的空间结构性偏差也是一种自然的政策现象。因为一项全国性的产业政策的制定，所依据的是一定时期全部产业发展的一般状态，它所要解决的是带有共性的问题，因而中央在制定产业政策时仅仅是提出解决产业发展问题的一般措施和目标，它只是与带有普遍意义的政策问题相对应。同样，政策制定者对政策效应的考虑，也只是着眼于一般影响、一般后果。然而，由于区域发展的不平衡性，从全局范围内所认定的政策问题，在局部地区并不一定都存在，或者其问题的程度有差别，而且，即使是同一政策问题，从全局或局部来看也许是不同的形成因素。因此，一项带有全局性的产业政策在其实施过程中，就会有不同的反应，形成政策实际效果的地区落差。

第三节　中国茶业行业管理体系

国家从宏观角度调控产业发展，除了利用政策制定进行产业发展导向与制约外，还主要依靠构建行业管理体系来进行中观掌控。

一、当前中国茶业行业管理基本概况

目前我国茶业行业管理基本属于条块分割状况。茶叶生产、加工、流通和出口四个领域分属农业、供销、外贸管理：茶业生产归农业部门或农垦部门；茶叶销售归供销和外贸部门；茶叶科研机构既有供销部门的也有农业部门的，还有教育部门的。同时，茶叶市场比较混乱，茶商的规则意识普遍不强，假冒伪劣、弄虚作假时有发生。各自为政，政出多门，形成圈子里小茶业。茶叶行业的多头管理和分散经营严重地阻碍了中国茶业的发展。

茶业生产和质量管理主要归农业部门或农垦部门。目前国家对于茶业生产和质量管理最高的部门是农业部种植业管理司，各省市农业部门还针对具体情况设立相应的部门对本地区茶业的生产和质量进行管理。

茶叶的加工和流通由供销和商业部门管理和协调，但这几年，随着市场机制的不断完善，行业协会在茶叶加工和流通过程中发挥的作用越来越重要。

茶叶的进出口管理主要由中国茶叶进出口公司负责，但目前中国茶叶进出口公司承担的组织协调进出口管理的任务也慢慢交由中国食品土畜进出口商会负责，茶叶协会在茶叶行业管理中的作用越来越明显。

另外，茶叶行业管理体系还包括茶叶服务体系，目前我国茶业服务体系主要包括：(1)传统的服务机构。主要是各级茶叶协会、学会、各类茶叶研究咨询机构，具有准政府性质。(2)其他民营企业性服务组织。主要是适应我国茶业市场化需要发展起来的。如中茶网各类茶艺学校、咨询服务机构等。(3)活跃在茶区的各类技术、信息、流通服务组织等。(4)各类政策、质检等方面的中介服务组织。

虽然行业协会在行业管理体系中的作用越来越明显，但目前的茶业行业组织职能、功能、服务不能满足茶业发展的实际需要成为制约茶叶发展的首要原因，茶业的快速发展迫切要求社会化的中介组织提供服务。目前做得比较好的几个中介服务组织如中国茶叶流通协会、中茶网等，特别是中茶网，就是适应中国茶业市场化和全球化要求而发展起来的。以

www.teanet.com.cn 为载体创建全球化经营平台,实现信息流、物流与服务体系的统一,效果很好。

其次人才队伍、科技投入严重不足,造成了茶业发展的支持体系不健全。由于茶叶行业的亏损,专业人员纷纷改行下岗。在岗的或者在政府机关,或者在效益较好的大企业,或者自立门户经商卖茶,而种植业、企业市场一线人才严重短缺。而且从服务体系的主体来看,没有专门部门和企业从事茶业服务工作。兼职服务多,专业化服务机构少;服务活动多,有效服务少;准政府协会多,企业化实体少,政府支持得少。

二、茶业协会与行业管理

(一)茶叶协会的作用

1. 茶业协会的组建是健全茶叶市场体系的需要

我国茶业管理从计划经济向市场经济转轨中,目前茶叶市场存在着两个突出的问题一是"乱",二是"散"。主要表现在无序竞争,经营秩序混乱,产品质量混乱,商品价格混乱,品名、品牌混乱,假冒伪劣,欺诈性经营层出不穷。"散"主要表现在生产分散,组织化程度低;经营分散,企业多而规模很小;管理分散,部门分工未完全打破,职责不清,应该为某部门管,实际无人管,无力管,放任自流,由于散和乱的现状极大地制约着我国茶业的健康发展,降低了行业经济效益,增大了企业风险,损坏了茶业声誉,使我国茶业难以摆脱落后,甚至出现衰败。我国茶业出现散和乱的根本原因是政府放权和经营放开后,缺乏一个有权威的、产供销和工贸统一的协调管理机构。在计划经济时期,政府直接管理企业,出问题是政府行业主管部门的职能,不需要有行业协会。在建立社会主义市场经济体系,深化我国经济体制和行政体制改革的情况下,茶业的协调、管理、服务工作,也就历史性地落到了茶业协会身上。

2. 茶业协会是使我国茶叶市场逐步走上有序的重要保证,是建立规范的、公平、公开竞争环境的组织者和监护者

从国际和其他一些行业的经验看,在市场经济条件下,做好行业内部的协调工作十分重要,它是使行业健康稳定发展的一种手段,而充当这一角色的机构,行业协会是一种较好的组织形式。但是,在目前,我国组建茶业协会要解决好一些认识。一是要解决好计划经济向市场经济行业管理的观念转变,也就是从政府管理向民间组织自律管理的观念转变,要从计划经济时期的管理中解放出来。由于我国茶业长期由政府统一管理,一些同志和企业仍然希望依靠政府,依靠行政干预,习惯于行政管理,最近的政府机构改革,再一次说明,我国茶业管理不可能走老路,由政府设机构进行具体管理事实上也没有必要。茶业的许多协调工作,由协会运作起来比政府更方便,更有效。当然,协会工作也必须取得政府的支持和保护。二是要克服消极的、无所作为的思想。社会主义市场经济是有序经济、法制经济、理性经济。

市场经济是通过市场的力量合理调整配置资源,使资源发挥最佳的经济效益和社会效益。我国茶业前几年的教训已很深刻,"大战"和"卖茶难"交替出现,精制茶厂的盲目重复建设,以及绿茶出口上的低价促销,都给茶业造成了巨大的损失。假如有一个统一的行业协调组织,对这种无序的竞争局面加以适当引导和必要的协调,相信我国的茶业发展形势一定会更好,也可减少一些经济损失。三是企业界要从全行业的长远利益出发,支持协会的组建。有的企业只图眼前利益,短期行为,无长远打算,认为协会与其关系不大。另外,也有的企业对协会的作用还持怀疑态度。改革开放后我国茶业行业成立了一些挂靠在各部门的民间组织,这是行业协会的雏形。他们有一定局限性,同时受各种条件的限制,但他们做了不少工作,对行业的发展起了推动作用。他们向政府提出了一些建议,大部分得到政府和企业的认可,并付诸实施,这证明协会是可以有所作为的,特别是我国的市场经济体系的完善和政企的分开,协会组织也在不断总结完善自己,其作用将会越来越明显。

3. 茶业协会的主要职能是协调和服务

协会是企业自律性组织,它代表企业,又区别于企业,协会与政府关系密切,受政府的指导和监督,又独立于政府。协会的任务是规范行业行为,建立有序竞争,提高经济运行质量。从我国茶业看,协会的主要职能是协调和服务。也就是,一沟通企业与政府的联系,协调行业与政府的关系。如税收政策、出口政策、边销茶政策、技术改造政策、科技开发政策等。同时,贯彻执行国家的各项方针、政策和法令法规。二是协调企业间的关系,制定行规行约。规定产品质量标准,商定不同时期、不同产品的价格水平,保护名牌、名茶原产地,防止不正当竞争,以免破坏声誉,扰乱市场,损害全行业的经济效益。三是调解和处理企业间的利益矛盾。例如,平衡产销,调整生产、出口、内销、边销的规模,出口配额的审定和许可证的发放,建立市场调控基金等,保护行业经济效益。四是为企业发展提供服务。包括建立茶叶市场,提供市场信息、技术信息、人才培训、业务咨询,引导联合经营,协助宣传促销,以及对投资项目的论证等。总之,凡是企业需要的,对行业经济发展有利的工作,协会都应放手去做,而且切实做好。

(二)我国茶叶协会基本情况

近年来,我国社团如雨后春笋蓬勃发展,茶叶社团除原来茶叶学会是改革开放前建立的之外,其他社团都是改革开放后建立的。据中国茶叶流通协会的数据,全国现在共有各级茶叶协会500家左右,这500家左右的行业协会几乎担负了整个茶叶行业的管理重任。

茶叶行业的经济类社团,一般定名为协会或商会,全国县(市)以上的协会有近百家,其中全国性的有中国茶叶流通协会和中国食品土畜产品进出口商会茶叶分会两家,省级协会有云南、北京、浙江、福建、安徽、湖北、海南、贵州、四川、江西、山西、江苏、广东等二十几家,地市级的也有近百家,大多以当地的主要茶产品品种组建协会。

各地组建的茶叶协会,虽然只有几年的时间,但在建立和完善我国茶叶市场经济体系中起了积极的作用,对沟通信息、拓展市场、反映问题、协调政策、规范企业行为、维护市场秩序、抑制不正当竞争、维护各方面利益、弘扬茶文化、引导茶叶消费等方面作了大量的工作,起了很好的作用。

(三)全国性的茶叶协会的基本介绍

1. 中国茶叶流通协会

中国茶叶流通协会成立于1992年4月,是国家一级社团组织,是跨地区、跨部门、跨所有制的民间经济团体。是我国茶叶行业的服务、协调和管理机构。

中国茶叶流通协会坚持遵守国家宪法、法律和政策,坚持遵守社会道德风尚,坚持党的四项基本原则,坚持改革开放。以“发挥行业中介职能、服务中国茶叶事业”为宗旨,其服务范围包括:

代表行业利益,维护行业合法权益;

负责茶叶行业的协调和管理工作,协助和承担政府主管部门委托的部分行政管理职能;

向国家有关部门反映茶叶生产、流通各个环节的新情况和存在的问题,编制本行业的发展规划,提出制定行业方针、政策、制度、法规等方面的意见和建议。

组织商品交易,拓展茶产品市场,协调和增进会员之间的联系,促进行业内部各种形式的合作和经济联合。

组织收集、整理和传递国内外茶叶经济信息和科学技术信息,进行市场分析、预测,开展信息交流活动和咨询服务,为企业的生产和经营提供决策依据。

组织茶叶技术交流、产品质量论证和科技项目论证,组织技术技能竞赛和产品推荐,促进行业技术进步,提高企业管理水平。

组织茶叶质量审评,茶艺茶道、茶叶生产、加工等专业技术、技能培训和企业管理人员培训,提高从业人员素质。

组织修订国家茶叶标准,并对质量标准执行情况进行自律性管理。

编辑、出版《茶世界》及书刊,普及茶叶商品知识、宣传茶叶饮用价值,弘扬祖国茶文化。通过展览展示、专题讲座、印发宣传资料等,让更多消费者了解茶,提高茶叶商品在社会上的声誉。

参与和承担协调加入WTO后茶叶国际贸易中遇到的问题,开拓市场,增强竞争能力,并加强与国内外同行业组织的联系,组织国内外茶叶企业开展各种交流活动。

2. 中国食品土畜进出口商会茶叶分会

中国食品土畜进出口商会茶叶分会成立于1998年,是由百余家遍布在中国各个茶叶产区从事茶叶生产、加工和进出口贸易的企业组成的行业组织,会员企业茶叶出口量占中国出口总量的95%以上,代表了中国茶叶生产、出口行业的整体水平和实力。茶叶分会主要职能:

对会员企业茶叶生产、进出口贸易经营活动进行协调指导，维护经营秩序，维护茶叶生产、进出口贸易行业和分会会员利益。

向政府反映会员企业的意见和要求，并就政府制定有关茶叶生产、出口的方针、政策、管理措施提出行业意见，争取政府对行业的支持。

组织会员企业参加国内外促进茶叶生产和进出口贸易的活动和国际交流。

组织国内外的专业交易会、展览会、研讨会和技术交流活动，协助会员企业进行产品宣传和推销。

代表茶叶企业参加国际行业组织，与各国茶叶行业组织建立合作关系，促进世界茶叶贸易。

代表茶叶行业针对国外反倾销、技术贸易壁垒等贸易保护主义进行交涉，维护行业利益和企业利益。

为会员提供信息、咨询、培训和法律等服务。

组织制定茶叶生产和出口行业质量标准，推动茶叶生产的质量保障体系、卫生安全体系的建设，提高茶叶质量。

三、优化茶业行业管理

（一）建立行业自律机制，提高整体素质

首先，要提高从业人员的素质。可以充分利用我国茶业科教资源（茶研所、茶业院校），加大对从业人员的技术培训力度，要让主体是农民的茶业相关行业从业人员了解、熟悉规则，适应全球经济一体化发展要求，不断更新知识，成为具有专业化、知识化的“懂生产、会管理、善经营”的复合型人才，同时，从高等院校选拔和培养一批高素质的“精通外语、通晓国际法则、善于谈判”的专业外贸人才，不断开拓国际市场。其次，要强化质量和品牌意识。国际竞争的实质是产品质量的竞争，而质量竞争又往往表现在品牌的竞争上。茶叶出口企业应该熟悉和掌握国际贸易惯例，认真学习国际权威机构认定的茶叶产品质量标准，建立全程质量标准保证体系，严格按照标准组织生产，并大力发展无公害茶产品和有机茶出口。在此基础上，加大实施品牌战略，做到统一标准、统一商标、统一价格、统一包装和出口，培育品牌的满意度和忠实度，维护品牌形象，争创国际知名品牌，提升产品的竞争力。再次，要加强企业文化的建设。每个茶叶出口企业都应该坚持“诚信为本，信誉至上，质量第一”的原则，严格遵守行业道德和规范，倡导优良的茶道茶德精神，并引进国际先进的经营理念，树立起“重合同、守信用、诚实经营”的良好国际企业形象和行业风尚。

（二）充分发挥茶叶学会和茶业协会的作用

茶叶学会是茶叶行业的智能机构，代表行业的发展水平和方向，拥有较高的学术研究水

平和雄厚的科技力量，应该设法将这些科研成果转化为现实生产力，引导茶叶行业走科技创新之路，不断加大产品的科技含量，研究开发出新的高科技产品，从整体上提高茶叶行业的国际竞争力。茶业协会要发挥好协调和服务的功能：

第一，要尽快制定和完善一系列茶叶行业标准，建立行业市场准入制度，加强对茶叶企业的监督，严格控制茶叶农药残留，定期开展茶叶质量评比活动；第二，制定茶叶行业政策、法规和奖罚措施，及时解决茶叶行业出现的问题，为行业的发展创造公平、公正和合理的市场竞争环境；第三，制定茶叶产业政策和发展规划，协调茶叶生产、加工、流通和贸易之间的关系，促进茶叶产业化进程，充当好政府与企业之间的桥梁和纽带。第四，搞好技术服务工作，建立信息咨询平台，发展茶业网络，促进行业技术进步，加强中国茶叶的品牌宣传。

(三)加大政府对茶叶行业的扶持和管理力度，给予政策支持

政府应该通过各种优惠政策鼓励和扶持各种所有制形式的茶叶生产加工企业，并设法引进外资发展和壮大茶叶产业。目前，我国的茶叶税收与印度、斯里兰卡等其他产茶国比相对过重，削弱了中国茶在国际市场的竞争力，建议降低茶叶赋税，实行全额退税政策，促进茶叶出口。加大资金投入。我国茶业基础薄弱，茶业投入严重不足，资金的缺乏导致茶叶行业各项活动难于开展，政府应通过财政手段增加在基础设施、茶叶科研和改善生态环境等方面的投入，建立茶业发展基金，加大对茶叶行业的扶持力度。加强对市场的监督和管理。政府可以运用行政、经济和法律等手段对茶叶出口市场进行宏观调控，制定市场法规，规范市场行为，维护市场秩序，对不法经营者要加大打击力度。工商管理和质量监督部门要经常对产品进行检查和抽测，发现质量不合格的产品要立即采取严厉措施，从整体上维护行业利益。

(四)开展企业间的联合，推进茶叶产业化

我国茶叶企业生产规模小，生产方式和管理水平落后，经营分散，缺少龙头企业，导致茶业总体经济实力薄弱，抗风险能力差，无法与国外有实力的大公司相抗衡，也难以适应国际茶叶贸易的形势。因此，茶叶企业应该面向国际大市场，从行业的角度进行联合，变竞争对手为合作伙伴，通过纵横组合有效整合资源，细化经营分工，发展适度规模的产业化，增强行业的合力。企业之间的联合方式是灵活多样的，既可以采取联合加盟、委托代理等形式建立经营联盟，也可通过以资本为纽带，采取兼并、收购和参股等方式，组建实力雄厚、农工贸一体化的企业集团。并积极扶持龙头企业，扩大经营规模，降低生产成本，节约资金投入，取得规模效益，与外来茶展开有力的竞争。

(五)构建茶叶行业三大体系

第一，搭建中国茶业全球化经营平台。明确定位：面向全球市场服务整个茶业，实现信息流、物流和茶业服务体系的统一。重点是实现中国茶业的信息化。通过标准化生产（栽、采、制、包）、标准化营销（拓展全球市场）和标准化管理（人、财、物）来实现；建立面向全球的

综合采购促进中心,代理海外茶商在中国的综合型一站式采购业务,设立茶叶、茶具等订货展销洽谈厅,为中国茶叶全球化提供具体服务;建立全球茶业电子商务平台,为全球茶商提供商务、信息、合作、人才等交流通道,实现中国茶业全球化及茶业全球一体化;组建企业化的咨询服务机构,围绕茶业全球化,开展信息、人才、管理、进出口业务服务。

第二,创新茶叶生产组织形式,培育和扶持全球化经营主体。以基地化、规模化、龙头化为重点,大力发展以下形式的生产组织:(1)产地市场+茶农基地。以农户为重点着力发展特色茶园、手工名优茶园,通过产地交易市场实现市场化。(2)龙头企业+基地。茶农与龙头企业签订协议,茶农连片形成茶叶基地,茶叶基地也可以由企业自建。(3)海外茶叶公司+茶叶基地。(4)服务组织+龙头企业+茶叶基地。通过发展壮大龙头企业,提高茶业产业化水平,创新茶业生产组织形式,克服茶业生产以农户为主体、规模小,难以直接参与国内外市场竞争的被动局面。做强龙头企业,必须着力提高龙头企业的科技开发能力、市场开拓能力和带动农户能力,通过提高质量创立品牌,通过品牌宣传开拓市场。

第三,创新茶业流通体系,实现茶业流通体系的现代化。流通体系的现代化,应突出抓好以下几方面工作:(1)创新流通渠道,扶持和鼓励茶叶连锁经营,扶持区域性茶叶配送体系建设。(2)创新交易市场,促进全国茶叶批发市场的一体化与全球化。引导三大市场,发挥三大功能:引导产地市场,发挥其资源组织和采购功能;引导销地市场,发挥其销售与市场信息功能;引导中央交易市场,发挥茶业全球交易及全球市场信息功能,在此基础上,促进三类市场的一体化。(3)推动我国茶业交易方式、交易手续的现代化。关键是实现几个结合;现场物理交易与网上交易结合;区域市场交易与远程交易结合;现货交易与期货交易结合;现货交易与拍卖、信用交易结合;(4)建立茶叶批发市场的管理体系。将茶叶市场体系纳入国家农产品市场体系,统一规划,制定有关政策,使之走上法制化发展轨道。

思考题

1. 如何制定一个合适的产业政策?

2. 简要评述当前我国的主要茶产业政策。

3. 结合实际案例,谈谈政府在茶叶行业中的作用?

4. 在应对外来茶叶的竞争中,政府和行业协会如何正确分工,提高茶业行业的竞争能力?

例证

多项措施推动我国有机茶产业发展

据中国农业科学院茶叶研究所有机茶发展中心发布的消息,我国的有机茶项目自启动以来,得到了快速的发展,这与政策扶持、科技推广等因素密不可分。

据中国农科院茶叶所有机茶发展中心副主任傅尚文先生介绍,我国有机茶从1990年开始启动,近几年得到迅速发展。2008年,全国有机茶产量约为2.5万吨干茶,有机茶认证面积为42万亩左右。其中,经杭州中农质量认证中心认证的有机茶分布在20个省、市、自治区,认证有机茶面积31.8万亩,产品涉及茶叶、茶粉、茶饮料、茶叶生产投入物等,认证实物量达9000吨。杭州中农质量认证中心认证的有机茶企业数量占全国有机茶认证企业的80%左右。

近几年来,我国有机茶产业之所以得到迅速的发展,主要有以下几方面的原因——

1. 政府的重视和支持。有机茶生产是一项功在当代、利在千秋的长期系统工程,有机茶产业作为循环农业和实施农产品标识和可追溯制度农业的代表,受到各级政府的重视和推动。

2007年和2008年的中央一号文件,都提出了"鼓励发展循环农业,建立农产品质量安全风险评估机制,健全农产品标识和可追溯制度,积极发展绿色食品和有机食品,培育名牌农产品"的要求。2005年,农业部下发了《关于发展无公害农产品、绿色食品、有机农产品的意见》,各个省、市、县政府都出台了许多促进有机茶发展的政策,对有机茶生产进行扶持,引导有机茶向正确的方向发展。2009年2月1日,第11个中央一号文件《中共中央国务院关于2009年促进农业稳定发展、农民持续增收的若干意见》明确指出,应严格农产品质量安全全程监控、支持建设有机茶生产基地,积极推进蔬菜、水果、茶叶、花卉等园艺产品设施化生产。

2. 加大农业科技研发和技术推广应用。有机茶项目受到科技界的重视,多家科研单位、大中院校开展了有机茶生产技术的研究,并取得了可喜可贺的成绩,在有机茶基地建设、生产、加工等方面,研制出了许多新技术、新产品,为有机茶生产提供了必要的技术支持,有效促进了有机茶的生产。

3. 加大标准化生产力度。有机茶生产实施统一的标准,使有机茶质量得以保证。为提高有机茶生产的标准化程度,农林部门和有关科研机构采取科技下乡、技术培训、参观有机茶生产示范点等形式,使有机茶标准得到深入贯彻,促使我国有机茶生产与国际接轨。

4. 采取产业化运作。我国有机茶成功发展的另一个重要原因是:我国有机茶生产以规模化基地建设为基础,以农业龙头企业为主,建立"公司+基地+农户"的生产模式,开展产业化运作方式,对内抓质量,对外抓市场,实行产、供、销一条龙服务。

[资料来源:云南普洱茶网]

第八章 茶叶区域发展调控

作为对自然条件要求极为苛刻的农产品，茶叶的地理分布较不均衡。从世界范围来看，茶叶主要分布在亚洲和非洲，其中又以中国、印度、斯里兰卡、肯尼亚和土耳其五国为最多。而从我国的茶区分布来看，茶叶主要分布于我国北纬18°～37°，东经94°～122°范围内的19个省市（不含台湾省）。茶区地区间分布的不平衡使得统筹各茶区的茶产业发展成为必然，只有根据各个茶区的比较优势和发展潜力，因地制宜地选择不同的茶产业发展道路，才能实现整个茶产业的发展和繁荣，提高整个茶产业的综合竞争力。发展茶叶区域经济，就是以区域经济发展理论的核心为基础，充分发挥产业带内各区的比较优势，形成合力，推动产业的发展。

第一节　中国茶叶的区域性特征

中国茶业的分布，呈现出明显的区域性特征，具体表现为区域性的茶叶生产、茶树资源、茶叶产品、茶叶消费等。这样的区域性分布，从一定程度上影响了中国茶业的发展，茶业区域合作是必然趋势。

一、中国茶业的区域性分布

（一）茶树资源和茶叶生产的区域性特征

从具体情况来看，中国茶业区域性特征首先体现在茶园分布和茶叶生产上。根据相关的统计资料，1978～2004年的26年中，全国共有20个省、市、自治区产茶，但从表8－1中可以看出，全国茶园主要分布于安徽、浙江、福建、湖北、湖南、四川和云南七个产茶省，七省总的茶园基本上维持在全国茶园的75%以上，除了湖南和浙江的茶园面积有所减少外，其他五省的茶园面积均有不同程度的增加，其中云南26年间茶园面积增加了1倍以上。中国茶园的这种分布主要是由于茶叶的生长对自然环境要求较高造成的，而茶园分布的不均衡必然也促使茶叶产量的分布不均。表8－2显示出2007年全国茶叶产量主要集中于七个主要产茶省，其茶叶产量占到全国的79.55%，进一步分析发现，福建和浙江分别以全国茶园面积的11.5%和11.7%生产出全国茶叶总量的19.4%和14.05%，而云南和安徽茶园面积分别占到全国茶园面积的16%和9%，其茶叶产量却仅仅为全国的8.3%和6.2%，可见在茶园的生产利用效率上，在七个主要产茶省中也存在较为明显的差异。

表8－1　全国各地茶园种植面积分布（单位：千公顷）

年份	1978	1980	1985	1990	1995	2000	2002	2004
全国总计	1 047.5	1 040.8	1 044.9	1 061.3	1 115.3	1 089.0	1 134.2	1 262.3
安徽	92.9	99.7	118.6	118.7	121.9	108.4	110.1	113.3
浙江	159.9	169.3	177.9	162.9	139.3	128.9	134.8	147.9
福建	94.1	109.9	122.3	116.7	132.0	129.2	133.4	145.1
湖北	85.5	79.4	69.7	76.4	113.4	121.0	115.2	126.3
湖南	174.4	157.8	114.9	95.9	90.6	74.1	72.4	77.4
四川	113.0	114.1	108.9	106.3	100.4	82.8	102.7	139.8
云南	99.4	93.0	114.1	160.4	166.2	167.4	184.9	201.9
其他地区	228.3	217.6	218.5	224	251.5	277.2	280.7	310.6

资料来源：中国农业年鉴

表 8－2 全国 2007 年茶叶产量分布(单位:万吨)

全国	安徽	浙江	福建	湖北	湖南	四川	云南
114	7.1	16.02	22.16	10.5	8.75	11.1	9.51
占全国比例(%)	6.2	14.05	19.4	9.2	14.7	7.7	8.3

资料来源:朱跃进.全国茶叶产量、出口金额创历史新高.中国茶叶加工:2008,(1)

(二)茶叶产品的区域性特征

中国茶叶产品的区域性特征,主要表现为不同种类的茶叶产品分布具有明显的区域性。在对我国茶叶不同茶类的产量分布进行分析中可以看出,2008 年我国茶叶生产是以绿茶为主,占茶叶总量的 75%,其次是乌龙茶,占茶叶总量的 11%,而国际上十分流行的红茶在我国总体产量很少,仅为全国茶叶总量的 5%。但从具体的茶叶种类的分布上来看,不同的茶类为不同的产茶省所生产。如绿毛茶生产主要分布在浙江和福建,红茶生产主要分布在湖南和云南,乌龙茶生产主要分布在福建和广东,紧压茶主要分布在湖南和湖北。也有相关的研究指出特色茶产区正成为我国茶叶发展的新亮点,如新昌的龙井产区、平江的银针产区、安溪的乌龙茶区、云南的普洱茶等。

从理论上分析,这是由于茶树资源分布的纬度地带性,造成各个茶区生态环境的千差万别,进而影响到各个地区的茶树生物学特性、生理生化特性、茶园分布、茶叶产量,最终制约了茶类适制性和品质风格,因而产生明显的地域差异性。

表 8－3 2004 年我国茶叶不同茶类产量分布(单位:万吨)

茶叶总产 83.5	绿毛茶 61.37	红毛茶 4.37	乌龙茶 9.02	紧压茶 2.82	其他茶 5.95
福建 16.44	浙江 13.73	湖南 1.46	福建 7.29	湖南 0.93	四川 1.54
浙江 13.87	福建 8.21	云南 1.18	广东 1.65	湖北 0.92	湖南 0.92

资料来源:中国农业年鉴

(三)茶叶消费的区域性特征

茶叶作为中国的国饮,近年来的消费不断升温。从消费茶类看,中国茶叶消费以绿茶为主,消费量逐年增加。2006 年绿茶消费量为 38.5 万吨,占国内茶叶总消费量的 58%;乌龙茶与花茶消费量已经接近,各为 8 万吨左右,各占国内茶叶总消费量的 12%;红茶消费量为 1.5 万吨,约占国内茶叶总消费量的 2%;其他包括紧压茶、普洱茶、白茶、黄茶共 10 万吨,占国内茶叶总消费量的 15%。具体分析中国茶叶消费结构的变化,可以看出仍然具有比较明显的区域性消费特征。一是区域间茶叶消费的茶类差异性,具体表现为北方茶叶市场的花茶消费、闽粤台的乌龙茶消费、粤港澳的普洱茶消费、藏区的边销茶消费、长江中下游的绿茶消费等。虽然近年来这种特征有弱化的趋势，如绿茶、乌龙茶、普洱茶等也开始成为北方地区的消费新宠，尤其是绿茶，近几年的增长速度一直超过20%，但基本上没有改变这一区域性消费特征。二是区域间茶叶消费数量上的差异性。在全国茶叶消费第一大省广东，其城镇居民和农村居民茶叶人均消费均长期位居前列，2003年分别达到0.36千克和0.55千克，珠江三角洲地区的城镇居民和农村居民茶叶人均消费更达到3.6千克和2.25千克的水平，潮汕地区民众嗜好“工夫茶”，人均茶叶消费亦突破3千克。而我国人均年茶叶消费量仅为460克，还不到世界人均0.5千克的消费水平，由此可见地区茶叶的消费量必然存在很大的地区差异性。

二、茶业区域性分布的弊端

中国茶业的区域性分布，虽然也有符合消费者多样化需求、开发多元化产品的优点，但是仍然从一定程度上影响了茶业的发展，其弊端主要体现在以下几点：

（一）难以形成规模优势

从经济学上来看，生产规模的不断扩大有助于提高生产效率，从而采用更为先进的技术和设备，而先进的技术和设备又会反过来推动生产规模的进一步扩大。而我国的茶叶生产较为分散，基本上仍然以小规模生产为主。据相关的数据显示，全国生产茶叶的农户约1600万户，加工茶叶的企业7.6万家，户均生产茶叶不足50千克，平均每个加工厂年生产量为10吨左右。初制环节的小手工作坊不计其数，如此分散组织起来非常不易，整体上难以形成强大的规模经济优势，这又反过来影响我国茶叶生产技术的创新，阻碍了茶产业的发展，从而形成一个小规模的反复循环。从流通与销售方式来看，茶产业的区域分散格局也在一定程度上造成交易方式的落后，致使我国茶业流通难以实现规模化和产业化。特别是近年来加快进入我国市场的国外茶叶企业纷纷以规模经济见长，通过规模化生产降低生产成本，实现标准化品质，实行规模化经营，使我国的茶产业处于弱势地位。

（二）影响茶业整体发展

在茶叶消费进入买方市场的今天，茶叶生产的分散化，从局部来说会使得市场充分发挥作用，优化各种资源和要素配置，导致各个茶区为实现利益最大化的逐利行为，而且竞争的存在也会成为推动各个茶区发展的重要动力。但对近年来国内茶叶市场进行分析，却可以看出，由于缺少统一规划和整体布局，国内茶叶市场的无序竞争更多的是源于国内茶叶企业的逐利行为所造成，各个茶区间的过度竞争却不利于我国茶产业的整体发展，而且各自的优势难以得到充分发挥。如近年来兴起的无公害茶、有机茶等消费热潮，带动了一大批相关茶区的大规模投入，但很多茶区并不具有生产这些茶叶产品的茶园和技术条件，最终茶叶品质

难以符合市场需求。而且供给的大幅度增加对于茶叶市场来说也并非好事,很容易导致各个茶区间的相互竞争,大打价格战,忽视品质的提升和茶业的长久发展。因此从整体来看,必须要从更为广阔的空间和系统的分析来确定中国茶业的发展之路,合理区域布局,发挥比较优势,促进优势互补。

(三)要素配置难以优化

区域性的茶业布局必然使得各个产茶省为追求自身的利益,而制约要素的自由流动,从而降低了效率。如我国不同产茶省由于经济实力和资源禀赋的差异性,存在着要素自由流动以追求效率的天然动力,只有实现要素的自由流动,通过价格机制、供求机制、竞争机制,由市场决定要素的价格,才能真正反映出要素的稀缺性,促使其充分发挥作用。但目前的区域性特征使得行政壁垒难以破除,由于地方政府出于本区域利益最大化的考虑,凭借行政权力对市场进行不合理的干预而造成的,阻碍了各种要素的自由流动和资源的有效配置,抬高茶业要素区域间的流动成本,降低了茶业经济活力。

三、茶业区域合作的必要性

(一)茶业区域合作是适应全球化国际竞争的需要

国内区域联合共同一致对外并以相同的条件参与国际市场竞争是世界各国共同的做法。随着2001年我国加入世贸组织后,越来越多的国外茶叶企业进入国内,生产和技术上的落后,企业的小规模,都使得我国茶业面临的压力和挑战越来越大。如果国内各个地方彼此不加强合作,我国茶业整体的实力将难以提高,在竞争中将处于劣势。这就需要在一定规则的约束下,通过茶业区域合作,避免各地区过度竞争,并从全局出发,促进区域内的茶叶贸易、技术、资本等多领域的合作,来推动技术和市场的共享、资源和要素的自由流动,提高我国茶业的竞争优势。

(二)茶业区域合作是充分发挥各自优势的需要

茶业区域合作过程,实际就是寻找符合各地特点的茶业经济发展形式,发挥比较优势,做到优势互补。而理论和实践都已证明,由区域经济合作所形成的经济综合优势产生的经济效益是各区域在分散条件下不可能获得的。地区与地区之间必然在茶产业上存在差距,茶业区域经济合作使得区域间生产要素流动和产业转移出现了新变化,产品结构雷同状况得到改善,有利于不同地区充分发挥本地优势,加快发展茶业经济,并根据自身的资源环境承载能力和发展潜力,明确功能定位和发展模式,发展优势茶叶产品,防止了低水平重复建设,形成分工合理、重点突出、比较优势得以发挥的茶业区域产业结构,并且可以打破行政垄断和地区封锁,促进各种生产要素在区域范围内自由流动、优化配置,让商品和服务顺畅流通,提高区域经济运行的整体性和协调能力。

(三)茶业区域合作是推动茶叶科技进步的需要

茶业区域合作可以摆脱地区、部门分割,使区域中的科研优势与生产广泛结合起来,加速了科技成果转化为直接生产力的过程。在合作中,科研单位有的放矢,直接为生产服务,研究成果易为生产单位吸收,有利于创新和攻克技术难关,推动技术改造。同时,科技进步也促成了新技术的转移,根据技术生命周期理论,新技术在发达地区成熟后会产生从高梯度发达地区向低梯度地区转移,这种转移能促使茶叶技术的广泛传播,使更多的地区享受茶叶技术发展所带来的利益,而技术的转移、传播又往往取决于转移区与接受区之间的关系。茶业区域合作,表明区际关系和谐,无疑能够推动茶叶科学技术的发展。

(四)茶业区域合作是促进茶叶企业组织结构合理化的需要

发展茶业区域合作,能够促进茶叶企业组织结构合理化。因为,这首先会使茶叶企业向生产经营型转化。区域合作促使茶叶企业必须按照市场的需求和变化来安排生产经营活动,也就是说,不仅要精于生产,而且还要善于经营,这样才能求得生存和发展。其次茶叶企业向资金或技术密集型转化。茶业区域合作加快了科技成果的扩散,增强了参加合作区域的企业对先进技术成果的吸收能力和消化能力,从而推动了茶叶企业的技术改造和技术进步。最后推动了茶叶企业向跨区域开放型转化。茶业区域合作使企业跨地区联合,突破了区域分割界限,企业经营活动的范围和空间扩大了,企业可以根据生产经营发展的需要自主实行资金、设备、人员、科技等方面跨地区的联合。

第二节 茶叶区域合作

茶叶的区域分布特点主要是由自然禀赋条件所决定的。但先天的发展特性需要后天的调理才可能达到最佳的发展模式。以有意识的区域经济合作为导向,通过不同区域之间茶业资源的自由流动而实现茶叶经济的相互开发、相互融合,有助于茶产业的整体升级与竞争力提升。

一、茶叶区域经济及合作

(一)茶业区域经济及茶业区域合作的概念

茶业区域经济,是指不同于行政划分,而是自然形成的一种茶业经济活动领域,是茶业经济长期发展的结果。它以双边合作机制为基础,以区域内的市场统一和规则统一为标志,来促进区域内生产要素和商品服务的自由流动。一般来说,茶业区域经济的形成需要借由互相的合作才能够形成。如海峡两岸的茶叶经济贸易合作,就可以看成是一种茶叶区域经济合作。

而茶业区域合作,是指在平等、分工的基础上,通过不同区域之间茶业资源(包括商品、资本、技术和劳务)的自由流动而实现的相互开发、相互融合,茶业经济联系越来越紧密的状况和过程。是一个客观的茶业经济联系和结合的关系和进程。

(二)茶业区域合作的条件

区域经济合作是在一定的地域空间内,以具有一定经济发展水平和一定的文化、政治、法律特征的国家或地区为成员,相互之间让渡一部分国家主权,交由经济一体化组织,统一协调,形成成员国之间认可的跨越国家的组织意志,共同推进组织的进一步发展。而由于茶业区域合作大多限于一国内部,由此可以避免涉及不同国家之间的政治和法律等条件的约束。但是在实施茶业区域合作的时候,仍然要考虑以下一些因素:

第一,地理临近,这是区域经济合作的基础条件,只有如此才能比较容易实现产业基础的配套共享,如产业机群和产业分工等。我国的茶叶主要呈现东西茶区的地理分布格局,交通便利,通过合作有利于形成全国区域的统一市场。

第二,结构互补,这是区域经济合作的重要条件。只有存在不同的比较优势,才可以促进各个地区按照比较优势进行分工,获得利益。

第三,市场机制,即存在各个地区都相互承认的经济运行规则,推动生产要素在区域内的顺畅流动。

从我国茶叶产业的现状来看,这些条件都基本具备。因此,我国的茶业区域合作完全可以展开。

(三)茶业区域合作的理论观点

从古典经济学和发展经济学的角度来看,茶业区域合作从属于区域经济理论。区域经济理论是研究生产资源在一定空间(区域)优化配置和组合,以获得最大产出的学说。作为茶叶生产投入的土地、劳动力、资金等生产资源与要素都是有限的,这就需要对这些有限的资源在区域内进行优化组合,以获得尽可能多的产出。由于对于区域内这些资源配置的重点和布局主张不同,以及对资源配置方式选择不同,存在以下几种相应的理论观点:

1. 分工理论

区域的分工理论,最先是针对国际分工与贸易而提出来的,后来被区域经济学家用于研究区域分工与贸易。主要包括亚当·斯密的绝对技术差异论、大卫·李嘉图的相对技术差异理论以及赫克歇尔与俄林的生产要素禀赋理论等。绝对技术差异论认为国际贸易产生于各国之间生产商品的技术水平的绝对差异上，国际贸易可以实现分工，各国分别生产具有技术水平绝对优势的商品，然后通过贸易，各国都可以获得利益。该理论认为各国之间生产商品的技术水平的绝对差异是建立分工的根本所在。相对技术差异论则认为即使一国劳动生产率处于绝对劣势，另外一国处于绝对优势，只要某国自己与自己比有比较优势，就可以参与国际分工，两国仍然可以进行贸易，并分别从贸易中获得利益。赫克歇尔与俄林在分析比较利益产生的原因时，提出了生产要素禀赋理论。该理论认为各个国家和地区的生产要素禀赋不同是国际或区域分工产生的基本原因。如果不考虑需求因素的影响，并假定生产要素流动存在障碍，那么每个区域利用其相对丰裕的生产要素进行生产，就处于有利的地位。生产要素禀赋理论补充了斯密和李嘉图的地域分工理论，特别是茶叶作为一个对自然资源极度依赖的产业，生产要素禀赋的充分与否直接影响茶叶产业的发展。

2. 平衡发展理论

即同时在各地区进行投资，促进各产业、各部门协调发展，改善供给状况，在各产业、各地区之间形成相互支持性投资的格局，不断扩大需求。该理论强调产业间和地区间的关联互补性，主张在各产业、各地区之间均衡部署生产力，实现产业和区域经济的协调发展。

但是由于茶叶产业受自然条件的约束极为明显，加之区域平衡发展需要同时投入大量资金，因此在实际应用中推动茶叶区域平衡发展缺乏可操作性。

3. 不平衡发展理论

不平衡发展理论强调经济部门或产业的不平衡发展，并强调关联效应和资源优化配置效应。该理论认为发展中国家应集中有限的资源和资本，优先发展少数“主导部门”，尤其是“直接生产性活动”部门。不平衡增长理论的核心是关联效应原理。关联效应就是各个产业部门中客观存在的相互影响、相互依存的关联度，并可用该产业产品的需求价格弹性和收入弹性来度量。因此，优先投资和发展的产业，必定是关联效应最大的产业，也是该产业产品的需求价格弹性和收入弹性最大的产业。凡有关联效应的产业，不管是前向联系产业（一般是制造品或最终产品生产部门），还是后向联系产业（一般是农产品、初级产品生产部门），都能通过该产业的扩张和优先增长，逐步扩大对其他相关产业的投资，带动后向联系部门、前向联系部门和整个产业部门的发展，从而在总体上实现经济增长。

不平衡发展理论遵循了经济非均衡发展的规律，突出了重点产业和重点地区，有利于提高资源配置的效率。这个理论出来以后，被许多国家和地区所采纳，并在此基础上形成了一些新的区域发展理论。

4. 梯度理论

该理论认为经济技术的发展总是不平衡的，客观上形成了一种经济技术梯度差。有梯度就有空间推移。生产力的空间推移，首先要让有条件的高梯度地区引进掌握先进技术，先行一步，然后逐步依次向处于二级梯度、三级梯度的地区推进。与此同时，处于二、三级梯度的地区可先采用“中间技术”甚至“传统技术”，再逐步过渡到先进技术。并随着经济的不断发展，推移的速度不断加快，也就可以缩小地区发展差距，实现经济分布的相对均衡。

从这些区域理论可以看出，这些理论都强调或是基于自然禀赋的优越，或是基于经济发展的不同，应该有针对性地首先发展一些地区的产业，并以此带动后发地区的共同进步。从我国茶叶产业的具体情况来看，事实上东部的茶区在技术、产量、产值、生产效率等方面也都优于西部，但是东部的茶区发展也都逐渐遇到发展的瓶颈。因此，实现区域茶叶经济的合作，从全国的区域内来优化各种资源、要素，可以更好地推动中国茶叶产业的发展。

二、茶业区域合作的内涵

（一）茶业区域合作的内容

茶业的区域合作，主要是立足于资源和要素的优化配置，在平等的基础上实现多方面的合作。

1. 人员和信息交流合作　主要表现在互相沟通信息和加深了解的基础上签署的一系列茶业区域合作协议，打破区域间人员和信息交流的政策壁垒，推动区域间人员的自由流动和信息的充分共享。

2. 茶叶资源和资本合作　由于茶叶资源分布的区域不均衡性和相对固定性，需要在一定程度上允许资本的自由流动，来减少资本缺乏对各地茶业经济的影响。使得一方面茶叶资源通过资本的注入得到有效开发，另一方面茶叶资本与优质资源结合实现更大利益。特别是我国的西部茶区，具有优越的生态环境和丰富的资源禀赋，资本的引入能够充分发挥当地的发展潜力，实现外来资本的高收益和本地资源潜力的挖掘。

3. 技术开发和创新合作　为了实现茶业技术结构的合理化及其先进性，在区域合作中，各区域要加强茶叶生产和科技的结合，加速技术改造和技术开发，努力提高茶叶技术水平，实现跨区域的技术合作来加快技术创新，并争取在未来的国际茶叶相关标准制定中的话语权。

4. 市场的互通合作　茶业的区域性分布割裂了茶叶市场，不利于茶叶产品的相互流动。通过市场的互通合作和放开，加快茶叶产品在不同市场间流动，不仅能够满足消费者的需求，也能提高茶叶市场的规范性和对资源要素配置的效率，有利于最终形成建立在公正、公开、公平竞争秩序基础上的全国统一市场。

（二）茶业区域合作的指导方针

茶业区域合作，就是在不同地区茶业经济非均衡发展的过程中，不断追求各地区间的相对平衡和动态协调，积极规划，从整体上来推动茶产业的发展。其指导方针主要包括：

第一，坚持处理好茶业总体发展与地区间非均衡发展的关系。茶叶产业的非均衡性是中国茶叶产业的特点，而且这种非均衡性既表现在不同区域之间也表现在区域内部。因此，茶叶区域合作必须要处理好总体发展和非均衡发展的关系，要始终坚持实事求是、量力而行、艰苦奋斗、有序推进的长期战略，同时强调在某些重点领域和重点地区采取有所突破、力求成效的中短期策略。通过总体的良好发展带动区域茶业经济的发展，减少区域间的不平衡。

第二，在考虑不同地区茶业经济合理布局和健康发展的问题上，应始终坚持市场配置资源的基础性作用，同时不断改善和加强国家统筹规划，认真研究少数民族和贫困地区面临的客观矛盾和困难，合理调整和协调地区间利益关系和再分配体制，促使区域经济走上有分工、有合作、有重点、有先后的相对均衡发展道路。

第三，要在提升茶业综合竞争力的基础上，始终坚持立足于发展各个地区各具特色的茶业经济和产业分工，形成各具特色的区域分工和合作格局。通过专业化分工的深化和协作范围的扩大以扩大市场、提高生产和组织效率，增强茶业经济发展潜力和后劲，增强地区之间的经济联动。

第四，要坚持茶业区域合作由政府主导转变为企业主导，发挥茶叶企业在跨区域资源配置中的作用。推动企业成为茶业区域经济合作的主体，成为各个地区茶业经济协调发展的支柱，使企业需要的资源可以通过市场行为获得。

第五，要始终坚持茶业区域合作的互利互惠原则。茶业区域经济合作面临着市场空间扩大与市场竞争更加激烈这样一对矛盾。因此必须要加强各地区茶叶企业间的合作，以共同开发市场，携手扩大规模，只有始终坚持互惠互利的原则，才能有效保障要素资源在空间合理、有效流动以提高厂商投资和经营的动力，才能持续保障各相关地区政府在开展地区间经济技术合作过程中提供各项服务和维护各有关方面权益的积极性。

第六，要在合作中坚持公平竞争的原则。尊重市场客观经济规律，健全完善开放的市场体系，区域市场、地区市场相互放开，发挥市场在资源配置中的基础性作用。在资源利用、投资融资、市场准入、管理服务等方面完善合作的机制。按照协商一致的原则，寻求推动茶业区域合作的新机制。

三、茶业区域合作的政策措施

（一）合理规划茶业区域合作

合理的规划，有助于从体制上消除限制区域之间要素自由流动的制度根源，打破行政区划的框架，为茶业区域合作提供良好的基础。茶业区域经济具有综合性的特点，区域经济合作必然涉及方方面面。区域经济合作也是一个循序渐进的过程，需要事先做好详细的规划，并长年坚持，才能获得良好的预期效果。在管理上，要制定、审核区域规划和行业规划，明确哪些产品应该扩大再生产、哪些产品应该限制发展，运用经济手段和其他手段引导加入合作的区域纳入这些规划，避免产生盲目性。并在此基础上，调整区域生产力布局和产业结构、产品结构、工业组织结构和企业规模结构，使区域合作的发展符合整个茶业发展的要求。要取消

阻碍要素合理流动的区域壁垒,加大区域的开放程度,在区域规划、基础设施、环境保护、市场准入等方面加大互动发展力度,才可避免各地产品雷同、基础设施重复、无序竞争等弊病。

(二)建立完善茶业区域合作机制

建立各地区政府间与企业间合作的分工与互动机制,并要以各地区企业间的合作为主。千万不能把各地区企业间的合作看成是地方政府的恩赐(方法是取消企业合作的地方政府审批环节)。在茶业区域经济合作中,地方政府之间的合作应当主要是跨区域的基础设施领域的合作,而茶叶产业上的合作应当是民间企业的事,形成政府与民间企业良好的分工合作关系,积极培养一大批跨地区经营的市场企业主体。

(三)正确引导茶业区域合作

在合作的项目决策前,要进行可行性论证,充分分析经济和技术上的合理性。在发展区域合作中,要挖掘现有企业潜力和技术创新,提高经济效益;在区域之间,要贯彻"扬长避短、形式多样、互利互惠、共同发展"的原则。凡是率先发展经国家批准的联合项目,优先安排区域间联合起来进行的技术创新和技术改造项目。

(四)规范地方政府竞争行为

在茶业区域合作中,对于地方政府的竞争学位,必须采取有效措施加以规范,加紧清理地方立法和政策中不利于区域经济合作的规定和条款,协调地方立法和政策体系,改革一切不适应地区建立更加开放的区域经济合作体系的体制障碍。目前,我国地方政府行为规范还缺乏统一性和透明性,这是造成地方保护主义难以避免的体制性原因。只有在全国统一的经济一体化的法律与政策出台后,建立一个社会政策和政府行为规范一体化的、相互开放区域经济合作体系,才可以大大减少影响区域经济一体化的体制性障碍。

第三节　海峡两岸茶业合作与交流

台湾在我国的茶叶产业中,是个具有相对特殊性的产茶省。一方面台湾与祖国大陆的茶叶产业存在着紧密联系,起源于大陆的台湾茶业,近年来的发展越来越依托于大陆其他产茶省;另一方面,在国际市场的竞争中,台湾与大陆茶业又在一定程度上存在着激烈的竞争。海峡两岸茶业的合作,对于双方来说,都具有重要意义。

一、台湾茶产业概述

(一)台湾茶产业现状

台湾茶叶起源最早可以追溯到17世纪中叶野生茶树的记载,而确切的文字记载是雍正年间(1725~1735年)赴台湾的汉人开始采制野生茶树加工。其后台湾开始从福建引进茶树品种进行茶叶生产,并同时引进福建茶叶栽培及制茶技术。在茶叶生产初期,台湾主要以生产乌龙茶为主,20世纪20~50年代又相继开始了红茶(1926年从印度阿萨姆引入大叶种)、绿茶(1948年引入大陆绿茶制法)的生产,同时台湾还根据岛内的独特环境特点发展出岛内的四大特色茶:文山包种茶、冻顶乌龙茶、白毫乌龙茶及高山乌龙茶。由于地缘上的原因,除了少部分本地培育的新品种外,台湾的大部分茶树品种是由福建引入,如目前主栽的青心乌龙就占到近一半(48%)。

2008年台湾有茶园21 554公顷,主要分布在台北、桃园、新竹、苗栗、南投、云林、嘉义、高雄、台东、花莲、宜兰等县市海拔1000米左右的丘陵地、缓坡地及高山等,大致可划分为北部、桃竹苗、中南部、东部和高山茶区等五个茶区。

其中北部茶区主要包括台北和宜兰,桃竹苗主要包括桃园、新竹和苗栗等县,中南部茶区主要包括南投、云林、台中、嘉义、高雄和屏东等县,东部茶区有台东县和花莲县,高山茶区则是指台湾省内海拔高度在1000米以上的地区,包括阿里山山脉、玉山山脉、雪山山脉、中央山脉和台东山脉等。由于台湾北部老茶园较多,加之近年茶价无法提高,茶园管理粗放,种植面积逐年减少;而中部和南部茶区多属中高海拔新兴茶园,生产高级茶,售价较高,茶园生产管理较为集约,因此逐年增产,致使近年来台湾茶园呈现出茶区南移的趋势。以产制外销茶类为主的北部茶区茶园面积逐年萎缩,而以产制发酵茶类来满足内需的中南部茶区茶园面积却逐年增加。据台北茶叶商业同业公会数据显示,1999年台湾中南部茶区已占全台湾茶园总面积的51%。

表8-4　2008年台湾茶园分布情况(单位:公顷)

地区	面积(公顷)	百分比(%)
南投	8252	38.3
台北	3404	15.8
嘉义	2051	9.5
新竹	2409	11.2
桃园	1501	7
苗栗	1377	6.4
其他	2560	11.9
全台湾	21 554	100

资料来源:台湾行政院农业委员会茶业改良场

近十几年来台湾茶业由于生产成本不断升高,在茶叶消费结构、生产种类、市场需求、经营方式和茶叶出口上都发生了显著变化:一是台湾茶叶消费由外销转为内销,对茶叶进口需求逐年上升,2007 年进口 25 000 吨,约占岛内茶叶消费总量(31 823 吨)的 62%;二是茶区普遍南移,以产制外销茶类为主的北部茶区茶园面积逐年萎缩,2001 年仅剩 7094 公顷(37%);而过去产制少量发酵茶类供内需的中南部茶区茶园面积却逐年增加,2001 年达到 10 082 公顷(53%);三是茶类生产趋向高品质、高价位的部分发酵茶类,尤其是包种茶与乌龙茶增长迅速;四是茶饮料成为主要的消费方式,2003 年用于茶饮料生产的茶叶量达到 4635 吨,占岛内茶叶总消费量的 14.6%;五是茶叶连锁经营正成为岛内茶叶经营的主要方式,并培育出如天仁、天祥、峰圃、高峰等品牌,其中天仁更是实现了世界范围内的连锁经营,在众多国家开有连锁店;六是茶叶出口开始回暖,在经历了短暂的出口低迷后,2003 年台湾出口茶叶 8557 吨,重新回到 8000 吨左右的水平,较 2001 年的 4362 吨、2002 年的 6706 吨有了大幅的增加,出口价值也不断上升,达到 2194 万美元,出口均价为 2.56 美元/千克。

(二)台湾茶产业发展趋势

近年来,台湾茶产业的发展越来越受制于岛内土地和劳动力资源的缺乏,呈现出新的发展趋势。

1. 休闲茶业发展迅猛

台湾在 2003 年制定“挑战 2008 台湾发展重点计划”中将发展休闲产业、开发观光资源作为重点。由于近年来面临越来越多的挑战,加之岛内茶叶资源的有限,台湾茶业的竞争力有所下降,走“观光休闲茶业”是必然之路。观光休闲茶业将是目前台湾茶业的发展方向之一,是“台湾本土茶业”对抗外来茶叶竞争与冲击的重要武器。目前台湾的观光休闲茶业整体发展策略主要是保护自然环境、善用自然生态资源、结合茶叶产业文化活动、利用经营理念行销休闲茶业。具体内容则是以建各种观光茶园为主。一方面,台湾加大了茶叶观光茶园的建设,不仅边远地区和传统茶区,甚至是在台北这样的国际性大都市中都建立了观光茶园。台北的观光茶园有木栅观光茶园及南港观光茶园,其中前者是台北市第一个设立的观光茶园,也首开台湾地区成立观光茶园的先河,主要生产铁观音茶和包种茶。另一方面,台湾还在岛外建设各类茶叶观光茶园,如在福建漳浦县投资建立了茶叶博物院,并跻身四 A 级景区名单,较好地利用了当地的茶叶资源。通过茶叶观光茶园的建立,实现了将茶业从一级产业提升到三级产业,并有效地利用了各种资源。

2. 茶业连锁经营卓见成效

早期由于台湾各地茶区价格不能统一,消费者缺乏辨别茶叶好坏的基本常识,价格方面常使消费者产生困惑。茶叶连锁店的出现,带给消费者很大的购茶便利,茶叶连锁店不仅提供多种价位的茶叶以供消费者选择,而且连锁经营店还以专业、人情味的方式,创造出舒适的购物环境,使消费者可以细细品尝茶,提高与顾客接触的机会。

目前台湾岛内连锁店经营的第一品牌为天仁茗茶,在岛内共计有 68 家连锁店,在海外还有 57 家。其次规模较小的有农林、天祥、峰圃、高峰等 2~6 家。值得注意的是,台湾的茶叶连锁经营不仅有商家自己建立的各种连锁店,各个茶商还积极依托超市、便利店等销售茶叶,如天仁、立顿、金品、华泰、万年春等。

3. 茶叶品牌建设与国际化接轨

早期的台湾茶叶品牌建设,大都着眼于岛内或大陆地区,而缺少建设国际性品牌的意识。随着台湾茶业的转型,从追求数量到追求品质,台湾茶业开始面向世界建立推广台湾茶叶品牌。如天仁集团就充分利用与国际知名企业结成策略联盟,推销自己的品牌。2003 年天仁集团与美国可口可乐公司签订商标授权合约,以"天仁茗茶"品牌上市天溪绿茶、天雾乌龙茶、茉莉绿茶、玫瑰绿茶等六款产品,开启了与国际一流品牌结盟的新里程。此外天仁还以饮茶趣形态的品牌授权模式,进攻传统茶以外的市场。

4. 茶叶产品形式推陈出新

近年来,台湾岛内饮茶风气日渐盛行,饮茶人口大增,再加上茶艺文化的推动,带动了岛内茶叶消费量的猛增,特别是在茶叶的消费形式上不断推陈出新,尤其是茶饮料自 1989 年在台湾兴起以来,一直在台湾茶叶消费中占有重要地位。台湾罐(盒)装饮料茶兴起于 1989 年,尤其是针对青少年市场开发的乌龙茶饮料获得了成功,很快就在 1993 年超越碳酸饮料成为年轻消费者的首选,到了 2001 年,茶饮料已经位居非酒精性饮料的第一位。但是在茶饮料总体发展很快的情况下,茶饮料的产品结构也在悄悄发生变化。1996 年台湾各类茶饮料的销售情况是:乌龙茶(31%)、绿茶(16%)、红茶(6%)、调味红茶(如奶茶、花香红茶、果香红茶、麦香红茶等)合计 47%,而 1998 年后乌龙茶饮料下滑,代之而起的是绿茶饮料(含茉莉花茶),2001 年乌龙茶仅占 12%,而绿茶提升为 24%。此外台湾茶饮料的新产品开发速度不断加快,2003 年 1 ~8 月间,台湾饮料业市场的 43 家厂商共推出 377 个新产品。其中茶饮料占 35.5%,比 2002 年同期增长 5.4%。

二、海峡两岸茶产业合作

海峡两岸茶产业的合作,从资源禀赋的差异上来看具有一定的互补性。因此,海峡两岸茶产业必须抓住契机,以"1 +2 +3"的合作机制为基础,实现茶产业多方面的区域合作,促进两岸茶产业的良好发展。

(一)海峡两岸茶产业合作的可能性

首先,台湾茶产业虽然相对发达,也积累了相当的资本与技术,但由于岛内茶园面积较少,加之人力成本不断升高,已逐渐失去竞争力。而大陆茶产业资源丰富,人力成本低,既具有同台湾茶叶同质性的乌龙茶和绿茶,也具有台湾不生产的其他茶类,而且海峡两岸都拥有悠久的茶文化,这都为海峡两岸茶产业的合作打下了良好基础。通过合作,台湾茶业可以充分利用大陆丰富的茶园、低廉的劳动力进行茶业投资,还可以在某些地区茶园进行品种培育实验,加快培育出新型茶叶品种;大陆则可以利用台湾茶产业在经营、深加工方面的成熟经验提升茶产品的附加值,最终实现双赢。

其次，由于海峡两岸茶叶产品结构存在互补性，高档乌龙茶、茶饮料是台湾的优势产品，在祖国大陆、东南亚都有着巨大的市场空间，而大陆的名优绿茶及中低档茶叶，在台湾岛内也具有广阔的拓展空间，产品间的直接竞争不强。而且两岸还可以汇集两地的科研力量，联手进行相关技术的研发，展开某些茶类产品（如乌龙茶）的生产加工技术的合作创新，推动茶叶生产技术的进步。

最后，两地的茶叶市场和茶叶需求具有一定的互补性，通过相互开拓和开发市场，可以扩大两地茶叶的消费群体，带动茶产业的发展。而且两地在茶叶外销上都具有共同的市场——日本，通过加强合作与交流，采取行之有效的营销策略，并根据产品结构的不同，选择不同的市场定位，可以有效地避免为争夺市场而展开的恶性竞争。

（二）海峡两岸茶产业合作的机制

海峡两岸茶产业的合作，可以以1+2+3的合作机制为基础。具体表现为：

其中“1”就是要确立核心目标为两岸茶产业的合作，实现整体区域内茶产业结构一体化和高级化。要在整个区域范围内进行茶产业的整合和优化，实现各种资源和要素的最优化配置，形成紧密联系、相互依赖、特色突出、优势互补的区域茶产业的体系，并通过加快合作创新，加快整个茶产业技术的进步，形成区域内茶产业持续发展的长效机制，提升整个区域内的茶产业的竞争力。

所谓“2”是要明确双向的合作动力机制，即一方面以茶产业对接推进投资，另一方面又要以投资来推动茶产业对接，从而提高两岸茶产业的连接度。要在引导的基础上，加快海峡两岸茶产业的连接，并进而加快两岸茶产业的互相融合，以加强区域内茶产业之间的内部联系为基础，扩大茶产业投资的数量和规模。

所谓“3”就是茶产业的连接要三方面并举，既要发展纵向连接，又要扩大横向连接，更要推进纵横复合连接。一方面要发展壮大茶产业，同时也要带动相关加工产业的发展，积极利用台湾在食品加工方面的先进技术，并加快茶产业和其他产业的相互融合，通过横向连接提高茶产业竞争力，通过纵向连接加快茶产业链的扩张，通过横纵复合连接加快以茶产业为主的多产业的融合。

（三）海峡两岸茶产业合作的内容

首先，海峡两岸茶产业的合作是在资源禀赋上的合作，即通过合作实现两岸茶产业结构上的优势互补。海峡两岸的茶产业资源禀赋具有明显的差异性，一方面，台湾茶产业经过多年发展，资本雄厚，但由于劳动力的缺乏和茶园面积的不断缩小制约了台湾茶产业的进一步发展，茶叶生产成本不断上升，岛内茶产业资本急需向岛外扩张；另一方面大陆则在茶业劳动力、品种资源、茶园面积方面资源丰富，但碍于资本的短缺难以实现高速发展，需要引入外部力量推动茶产业的发展进步。这种资源禀赋的结构性互补，可以通过合作实现有机的结合，推动各种资源禀赋的优化配置，充分发挥海峡两岸的优势。

其次是技术开发上的合作。目前大陆的茶叶产品毛茶较多，缺少具有高附加值的茶叶产品，特别是在茶叶深加工方面，较多地处于替人生产的地位，没有自己突出的能在全国乃至全球打得响的品牌。相反，台湾除了毛茶生产外，已经积极利用技术优势开发多元加工产品，茶叶产品的附加值不断提升，在深加工领域，更是开发出统一和康师傅这两大品牌。从对日出口就可以看出大陆出口的大多为初级产品，而台湾出口更多的是高附加值产品。可见技术上的合作具有较为广阔的空间，大陆可以通过技术引进提升自己产品的技术含量，台湾也可以通过合作实现一些共有茶类上的技术创新。

最后是经营理念的合作。大陆茶叶的经营理念比较落后，往往是注重生产而不注重销售，而海峡两岸的合作为大陆的茶叶经营带来了一些新的经营管理方式，特别是经营的连锁化与产品的多样化。台资企业到大陆办厂后，大多到全国各地开设连锁店，根据市场需求开发多种产品，如天福的人参乌龙茶、绿茶营养麦片、金萱茶、翠玉茶等都较有特色，也提高了产品附加值。连锁店的经营者也颇费心思，精心安排。在店面的装潢、摆设、产品的包装设计、服务员的言行举止上都力求完美，表现较高水平的商业文化，并时时利用光、音、色、味、动感等吸引顾客，还设立有品茗桌，免费奉茶、试饮等均给大陆茶叶经营带来新思维。除经营茶叶外，台商还发展与茶相关的产业，如选择风景优美的地点开辟茶园，集茶叶生产经营与旅游休闲观光于一体，让游客既可欣赏茶山风光，又可享品茗之乐。

海峡两岸的茶叶市场和茶叶资源具有差异性和互补性，因此海峡两岸茶产业和茶叶资源的整合是有必要的，只有这样才能提高两岸茶叶资源的配置效率、达到双赢的目的。从区域经济合作和区域经济一体化的特征出发，结合大陆得天独厚的资源条件和两岸经济交流的历史渊源，海峡两岸在茶叶产业和资源的广度开发和深度整合上，实现区域茶叶经济的合作与交流是理性选择和两岸茶叶可持续发展的必由之路。李瑞河旗下的天福茗茶和天仁集团对大陆茶叶市场和台湾茶叶市场的开拓和整合是海峡两岸茶叶经济发展，建立共同市场的最好见证。

第四节　西部大开发与茶叶经济区域合作发展

随着世纪之交，党提出西部大开发的战略，西部的发展有了翻天覆地的变化。西部地区传统上属于老少边穷经济欠发达地区，区域经济发展不平衡，区位条件相对较差。根据不平衡发展理论，应该首先选择发展具有较强开放性、联动性、综合性、包容性，并能带动其他产业发展的主导产业。茶产业是集文化、科技、人文、旅游等特点的产业，具有新兴支柱产业的特点，完全可作为西部地区新的特色产业、优势产业来优先发展。一方面加强西部茶区内部的区域合作，另一方面通过与东中部其他产茶省的有效互动和紧密联系，西部茶产业也可以走出一条充满自身特色的发展之路。

一、西部茶业的现状、特点及存在问题

(一)西部茶业的现状与特点

我国西部幅员广阔,其中产茶地区包括四川、贵州、云南、陕西、重庆、广西、甘肃和西藏。从2004年的统计数据来看,西部茶区用全国茶园面积的41%生产了全国茶叶总量的30%,其中云南的茶园面积位居全国第一,云南和四川的茶叶产量也分别高居全国茶叶产量的第三和第四。

表8-5　2004年西部茶区产量和茶园面积(单位:万吨,千公顷)

省份	四川	贵州	云南	陕西	重庆	广西	甘肃	西藏	总量	占全国百分比
产量	8.65	1.94	9.51	1.02	1.61	2.24	0.04	0.0001	25.01	30%
面积	139.8	52.3	201.9	56.3	24	34	5.5	0.1	513.9	41%

资料来源:中国农业年鉴

进一步分析,西部茶业发展主要具有以下这些优势:

1. **自然环境的优越性**　西部茶区多为丘陵山区,其周边环境生态十分宜人,土质肥沃,且远离城市和工厂,无环境和化学物质污染,具有发展有机茶、无公害茶的理想条件。同时西部茶区气候优势明显,它地处云贵高原及其向北、向南的斜坡地带,光热充足,非常适宜茶树生长,年初气温回升快,茶树芽叶萌动较早,茶叶开采期早,是茶树生长和绿茶生产的最适宜区域。

2. **茶树资源的多样性**　作为世界茶叶原产地,西部茶区也是人工种茶最早的地区。在西部的很多产茶省均发现野生茶树资源品种,同时也存在大量的地方茶树群体种,为西部茶区茶类的多样性(红茶、绿茶、黄茶、黑茶等)打下了良好基础,其品种资源之丰富堪称中国之最。而且西部各产茶省的茶树所含营养物质成分差异较大,既有低于0.1%的低咖啡碱品种,也有高香、多抗、高氨基酸、高茶多酚等特异性资源,这为开发茶树功能性产品提供了良好的物质基础。

3. **土地资源的丰裕性**　虽然从相关数据上来看,西部茶区产量仅为全国的30%,但其茶园面积却占全国茶园总面积的41%,具有很强的发展潜力。特别是近年来东部茶叶省份浙江、江苏、福建、广东等地由于面临很大的土地增值压力、劳动力压力和环境污染问题,扩大茶园的生产方式具有一定的难度。而西部茶区的茶园生态条件好,茶园资源丰裕,加之合理的开发技术,茶产业可以实现迅速发展。

4. **茶文化的特色性**　西部省份多为少数民族地区,其文化具有明显的地域性、多元性和原生态性。而在此基础上孕育出的西部茶文化,不仅特色明显,而且形式多样,既有富有各民族特色的茶诗、茶画、茶书、茶艺、茶俗、茶歌、茶舞等,也有中国历史上在沟通各族人民之间的经济文化联系方面发挥巨大作用的茶马古道。西部茶文化的这种独特魅力正成为西部茶业的亮点,吸引越来越多的消费者和生产者的目光。

(二)西部茶业存在的主要问题

虽然西部茶区的资源和文化较为丰富,但也存在一些问题,具体表现为:

1. **种植管理水平粗放** 从茶园面积、茶叶产量等相关数据已经看出,西部茶区茶园面积较大,单产很低,低产茶园所占比重大,经济效益低下,茶叶生产条件差,茶叶品种布局不尽合理。由于缺少科学的管理,西部茶园机械化水平不高,茶农重栽轻管现象突出,茶园肥料投入较少,影响了茶园的培育和茶叶产量。

2. **产品科技含量不高** 据相关资料,西部虽有茶叶初制厂上万个,有独立法人茶叶企业1 000多个,但中小企业约占98%,大多数初、精制茶厂生产设备还处于20世纪70年代水平,部分企业加工设备陈旧,科技含量低,茶叶初级产品较多,缺少高附加值产品,中低档茶占茶叶总量的70%以上,高档茶和适销对路的特种茶产量相对较少。

3. **茶叶市场开发不力** 西部茶叶企业很多缺乏开发市场意识,重生产轻营销,重数量轻质量,拓展市场的能力不强,无法把丰富的资源优势变为经济优势。由于缺少专业的茶叶营销机构和人员,市场培育机制欠缺,整个西部茶叶专业市场建设缓慢,已建成的茶叶市场也大部分档次较低,规模较小,局限于批发零售,影响力无法扩大到全国。

4. **茶叶产业化水平低** 由于西部茶区茶叶企业规模小,大多数采取分散的生产、加工和经营,各个环节严重脱节,缺少大型知名龙头企业来带动茶产业的发展,致使生产要素难以优化,经济效益难以提高。

5. **管理体制较为落后** 西部各省茶叶的种植、加工、品牌、营销脱节,即便是种植环节,也有多头管理的现象。缺乏全面推进产业化经营的政策支撑体系,投入严重不足,特别是对设备更新改造的资金投入不足,多渠道投入的态势尚未形成。与西部茶叶产业所应具有的地位和作用极不相符,与西部经济社会发展的客观需要极不适应。

总之,西部茶产业的主要问题,既有主观上的认识(如对茶叶市场的开发),但更多的是由于技术、资本的缺乏所造成的。因此,抓住国家西部大开发的契机,开展西部茶区内部以及西部茶区与国内其他茶区之间的互动合作,大力发展区域茶叶经济,通过内部开发和调整实现茶产业结构优化,通过外部合作提升茶产业竞争力,带动整个西部茶产业的快速发展。

二、西部茶业的区域合作

为了充分发挥西部茶业的资源和文化优势,西部茶业必须从内外两方面来寻求新的发展动力。西部茶业的区域合作,从本质上来说包括两方面,一方面是以区域内部优化配置资源要素为主的内涵式发展,另一方面是区域外部与其他茶区互动合作的外延式发展。在西部茶区内部创新茶业发展机制,通过合理布局和整体,打破省区间的利益局限,改变各自为政、恶性竞争的局面,加强资源共享和区域茶业的协调发展,实现区域间茶业要素的优化配置,来提高西部茶业产量、质量和市场竞争力。同时西部茶业也要从外部寻求发展的推力,实现更大范围内的茶业经济的区域合作,积极引入其他茶区的资本、技术和人才,加大与东部、中部产茶省份间的互动合作和紧密联系。

(一)西部茶业的内部协调合作

西部茶业的发展,需要构建良好的合作机制,变单个为集团优势,努力实现由行政区经济向经济区经济的转变。目前,西部各产茶省争相发展茶业经济,但由于缺少相互的经济协作,致使竞争多于合作,恶性竞争大于良性竞争,各个产茶省的优势也难以体现。只有加强西部茶业内部各产茶省的协调与经济联系,谋求资源整合,才能做强做大西部茶区的茶叶产业,提升竞争优势。

从政策上来看,可以把茶叶生产、加工、市场纳入“9+2珠江三角区域合作框架”,“西南六省七方经济协作会”等区域合作的重要内容,成立西部茶叶联盟(或其他协作组织),推动西部茶叶的整体发展。

从分工来看,要以建立功能互补的茶叶区域合作为主,西部茶业资源分散,难以形成整体优势,因此需要明确区域内分工定位,加强协调合作,避免重复建设,充分发挥各自的比较优势,发展自己的优势产品,如云南的普洱茶、滇红茶和下关沱茶、广西的花茶和六堡茶、四川竹叶青和蒙山茶、贵州都匀毛尖等,同时也要注重云、贵、川、渝、桂、陕等省已有一定基础和规模的富硒茶、锌硒茶、苦丁茶、甜茶、老鹰茶等特色产品的生产。

从合作的模式来看,要努力开拓创新,实现由政府主导到企业发挥作用直至最终中间性组织主导市场的转变。加强各个省茶业行业协会以及民间茶业组织的协调作用,从西部茶业整体的角度去分析茶产业的发展,使业内诸多企业能够加强与外界的联系,充分利用信息资源,共同开拓市场。如中国西部茶业论坛作为一个非官方的开放性会议组织,近年来在探讨西部茶业发展方略,振兴西部茶叶经济服务方面起到了重要作用。

(二)西部茶业的外向互动合作

西部茶业的内部合作有助于提高内部资源要素的使用效率,但并不能从本质上改变西部茶业发展缺少资金、技术和人才的现状。因此,西部茶业要研究其他茶区的发展情况,学习其他茶区的先进经验,取长补短,扩大茶业区域合作的范围,展开与东、中部茶区的紧密合作,积极引进其他茶区的资金、技术和人才,实现相互间茶叶产业链的对接。

在稀缺要素的引进上,西部重点要在资本、技术和人才上加大与其他茶区的合作。资本在任何产业的发展中都起着重要的作用,资本的缺乏在很大程度上会制约产业的进一步发展。西部茶业可以通过扩大招商引资,充分利用当地的资源、人才和政策优势,举办形式多样的洽谈会、茶文化节,邀请各地的企业家实地考察访问,在互惠互利的基础上,积极招商引资、承包茶场、投资建厂开公司等,突破茶业规模化发展的资金瓶颈。

在技术引进的方面,重点要考虑西部茶业自身的特点,进行有针对性的技术引进。要积极引进优良的种苗和优质的肥料、茶机及深加工技术,以实现茶园管理的高效化、茶叶生产的规模化和茶叶产品的高附加值化,合理的技术引进有助于提高茶业资源配置的效率,开发出具有西部茶业特点的茶叶生态产品、特色产品、高新技术产品,努力提高茶叶经营的综合效益,推动西部茶叶产业链的升级。

在充分利用当地人才的基础上,西部茶业还要向其他茶区的科研、教育、企事业单位求才,以优惠待遇和条件吸引各种茶业技术人才。要努力争取更好的政策倾斜,促成国家级或发达茶区茶叶科研院所对口帮扶西部茶叶科研院所、企业,达到高层次人才引进与本地实用人才培养的有机结合。

思考题

1. 中国茶业的区域特性是什么? 如何评价?
2. 何谓茶业区域经济合作,其合作的内容与条件是什么?
3. 台湾茶业发展对我国茶业发展有何启示,该如何开展海峡两岸茶业区域合作?
4. 如何通过区域经济合作推动中国西部茶业发展?

例证

泛珠三角区域茶产业合作宣言在凤冈问世

2009 年 4 月 26 日,在中国农科院茶叶研究所、中国茶叶学会主办,贵州省凤冈县人民政府承办的“中国绿茶专家论坛”会和中国“泛珠三角”区域茶产业合作论坛上,泛珠三角各省区茶业协会负责人和茶界专家聚集凤冈,就泛珠三角区域茶产业合作进行了深入、认真的讨论,经来自泛珠三角十省市区茶叶协会负责人的充分协商,“泛珠三角区域茶产业合作宣言”横空出世,成为中国茶产业跨区域合作的一个里程碑。

泛珠三角区域,包括云南、贵州、四川、重庆、湖南、福建、江西、广西、广东、海南 10 省市和香港、澳门两个特别行政区,简称“10 + 2”,是中国六大茶类品种齐全的地区,也是茶叶出口的重要口岸和消费区,其中西南地区是世界茶叶的发源地。截至 2008 年,该区域茶叶种植面积达 1700 多万亩,产量达 96.57 万吨,分别占全国的 70% 和 77% 。

随着泛珠三角区域经济合作领域的拓宽,给泛珠三角茶叶产业提出更高、更新的要求,带来前所未有的机遇。顺应时代潮流,加强合作共谋发展,是泛珠三角各省市区茶业界的共同心愿,更是做强做大泛珠三角茶产业的必由之路。根据泛珠三角区域茶产业合作的基本原则,泛珠各方将共同制定泛珠三角茶产业行业自律公约,规范行业行为,促进行业有序竞争;加强泛珠三角茶产业信息、科技、规划和茶业政策的研究、交流与合作,提高产品质量,促进茶产业标准化、信息化建设;建立泛珠三角茶叶协会协作例会制度,多方面、多形式、多渠

道开展区域茶业协作。

会议诞生了《凤冈宣言》。《宣言》指出:泛珠三角系中国重要茶产业区域,建立"泛珠三角区域茶产业合作框架协议",有利于泛珠三角区域茶产业信息、科技、规划,提高产品质量、促进茶产业标准化、信息化建设;有利于泛珠三角10省区多层面、多形式、多渠道开展区域茶业协作,推动泛珠三角区域茶产业可持续发展。这符合泛珠三角各省市区产业发展的需要,代表泛珠三角各省市区茶界的共同心愿,标志泛珠三角茶产业区域合作开始迈入一个新的发展阶段,必将促进本区域茶产业的健康、可持续发展。参会各方表示,将遵循"合作发展、共创未来"的宗旨,成立"泛珠三角茶产业区域合作框架协议"筹备委员会,在今年内完成"泛珠三角区域茶产业合作框架协议"的起草工作,2010年择时择地召开泛珠三角茶产业区域合作联席会议。

[资料来源:广东茶业,2009,(2)]

第九章 中国茶业发展战略

面对新的国际形势环境，茶业经济一体化的日益深化，我国茶业发展遇到许多的问题，需要从根本上找到我国茶业发展之路。因此，从宏观层面看，茶业发展战略调整和谋划是必要的。我国茶业的不断发展，曾得益于我国茶业不断及时吸收相关发展思路，调整产业发展战略；面临我国茶业市场以及经济效益的国际市场的不利局势，以及产业内部不规范行为，需要我国茶业发展战略从整体上全盘考虑。

第一节　中国茶业发展战略概念及相关理论

本节侧重于从中国茶业发展战略的概念和特点，研究其涉及的相关理论。从根源上研究解决我国茶业发展的重要问题，为新世纪我国茶业的发展开创新的局面。

一、中国茶业发展战略的概念及特点

（一）中国茶业产业发展的概念

战略是一种跨时空的复杂组合。因此，产业发展战略是一种在复杂的社会环境、经济环境和政治环境等条件下，所形成的一种各要素的复杂组合，并随着时间的不同变化，战略的具体内容也要相应变化。

中国茶业发展战略则是指为了适应国际茶业市场的需要，让中国茶业更好地发展，根据茶业产业发展的实际情况，制定出具有全面性、长期性、纲领性地茶业发展方略。中国茶业发展战略的制定是从我国茶业基本国情出发，依据我国茶业基本国情的条件下，根据国内外茶业经济形势的变化，一次一次地进行选择的过程，整个过程构成了中国茶业发展战略。

（二）中国茶业发展战略的特点

我国茶业长期处在规模小、产业化程度低、集群优势弱的状态下，虽然具有种植面积世界第一和产量世界第一方面上的优势，但由于缺乏整体竞争优势的缘故，造成出口规模世界第三、创汇世界第四的境地。因此，中国茶业整体发展战略必须面对茶业的实际情况，同时又要做好长期准备。综上所述，中国茶业发展战略不但要指导中国茶业的发展，而且要着眼于全球未来整个茶业界的进展。

二、中国茶业发展战略理念

中国茶业的发展战略是在一定的发展理念指导下进行的，这些战略理念指导着中国茶业发展战略的具体组合方式。这些理念包括：

(一)前瞻性

中国茶业发展战略理念的前瞻性,主要是通过超前的思维方式、营销意识以及战略研究来体现的。如下所述:

1. 超前的思维方式

中国茶业发展战略,既要立足于当前茶业的发展状况,同时又要着眼将来可能发生的状况,才能形成战略性思路,找到发展目标,指导茶业进一步发展。超前的思维方式,在各个层面体现;俗话说,"思路决定出路"。因此,思维方式的超前性,决定了发展方向的可预测性及准确性。如:在高等教育方面,设置专门的茶业院校,进行茶业文化教育,从娃娃抓起,这些都是具有超前性的思维模式,是战略性决策,明确发展目标,对于开拓市场,振兴传统茶业具有根本性的推动作用。

2. 超前的营销意识

我国茶业处在种植面积世界第一和产量世界第一,而创汇和出口方面,却落后于其他国家的局面。在21世纪,是经济全球化的时代,整个经济范围都扩大至全球,称为"地球村",可见其全球化的普及度。因此,必须改变原来计划经济的国内定向销售模式,研究适应于新环境下的全球化营销模式;否则,会事倍功半;如福州茉莉花茶价格的走低,与其市场营销有很大的关系;福建具有良好的传统文化,茉莉花是福州人的家花,家家都有茉莉花的影子,家家都可闻到茉莉花的香味;但随着经济形式的变化,继而造成传统的茉莉花茶生产基地——福建的产量和出口量一度居全国首位的局势成为历史。

3. 超前的战略研究

产业的发展与决策者的思维方式以及产业操作上的行为方式——营销的超前性存在着密切的联系;这些行为的前提条件为战略研究的超前性。充分认识资源的价值和问题的严重性,进而投入精力,进行潜心的研究,提前找出解决问题的办法,然后在思维方式及营销管理中找到合适的操作办法。如,借鉴《孙子兵法》的相关思想,进行战略方面的现代企业应用研究,确实可起到事半功倍的作用。与其他国外相比,《孙子兵法》在企业战略研究和应用方面,我国确有滞后。

(二)特色性

在不同的国家,茶业发展战略各具特色,而我国茶业发展战略具有中国的特点。这主要体现在发展模式、制作工艺以及产业格局的分布等方面。

1. 特色发展模式

我国茶业发展战略的发展模式,与其他国家有所不同,因为发展对象有区别。我国茶业发展对象是从小农经济转变而来的,茶业发展资本来源与其他国家有差别,我国茶叶的资本投入一直是茶业发展的瓶颈问题。

2. 特色制作工艺

我国茶业种类丰富，主要有六大茶类。在这六大茶类中，我国是绿茶的主要出口国，在国际市场上，我国的绿茶有相对的竞争力。同时，乌龙茶为特种茶，也为我国的特色茶类，在我国历史上清朝年间创造发明而成的种类。在2006年6月2日公布，武夷岩茶制作技艺被列入我国第一批国家级非物质文化遗产名录；在2008年6月14日，国务院发布的《关于公布第二批国家级非物质文化遗产名录和第一批国家级非物质文化遗产扩展项目名录的通知》，我国绿茶、红茶、乌龙茶以及黑茶的制作技艺被列入名录，我国的古老制茶技艺具有民族特色，是社会主义精神文明的重要组成部分。因此，在茶业发展战略中，工艺的特殊性及其文化性，是促进我国茶业进一步发展的契机。

3. 特色产业格局

中国，是茶树的原产地，是茶的故乡，世界上种植茶叶面积最广的国家，中国是世界上产茶类最多的国家。我国20个省、市、自治区生产的六大茶类，有相当部分是手工制作，特别是名优茶，如我国的特种乌龙茶，高档茶叶皆是手工制作。我国特色产业格局表现在：首先，我国产地地位突出。这首当其冲的是我国种植的茶叶面积和相应的茶叶产量，世界无与伦比。其次，我国茶叶种类繁多，非其他国家所能匹敌。我国生产的茶叶种类居多，形成以绿茶为主，红茶、白茶、黑茶、乌龙茶、黄茶等多茶类发展的形式；这与世界茶叶的消费，主要以红茶为主，有着明显的区别。

（三）适应性

茶业发展战略的作用具有指导整个产业的发展道路，根据社会环境的变化和经济环境的变化所做的一种整体性规划。根据社会的发展，结合社会发展的实际情况，具有一定的适应性，能够指导整个产业在各阶段所应该采取的策略。这主要表现在国际环境的变化、消费需求的变化、茶业发展的需要几个方面。

三、中国茶业发展的相关理论

中国茶业发展遵循一定的规律，这些规律可用相关理论来解释。这些理论主要有：比较优势理论、产业集群理论、主导产业理论等。

（一）比较优势理论

比较优势理论内容比较丰富，不同的学者对其有不同的具体解释。但从字面上看和实际理论的内容，对于定位产业本身，挖掘茶业发展潜力很有帮助，也是一种分析的工具。

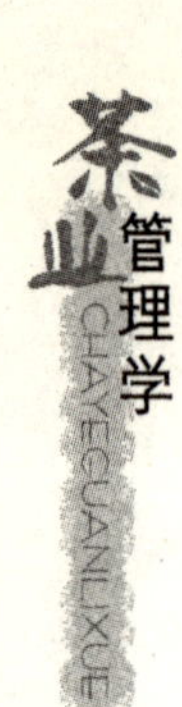

1. 比较优势理论相关内容

大卫·李嘉图提出相对比较优势理论,丰富了国际间贸易理论;大卫·李嘉图提出:不论一个国家(地区)的经济发展水平如何,都有自己的相对优势,并且利用自己的相对优势,进行国际分工和贸易,使用国际资源,贸易即可获利;同时,还指出:各国在生产不同产品上的比较成本的差别在于,发展中国家缺少资本和技术,而拥有丰富的自然资源和丰富的劳动力优势,发达国家则具有资本和技术优势,因此,比较优势格局的表现形式为发展中国家出口劳动密集型产品,进口资本或技术密集型产品,而发达国家则相反。

2. 我国茶业的比较优势

根据中国茶业贸易往来的历史以及现今存在的问题分析,我国茶业发展上的比较优势:一是我国茶类品种丰富。我国是出口茶类最多的国家,能够满足消费者日益多样化的需求。同时,乌龙茶、花茶、普洱茶、白茶等是我国独有的出口商品,在国际市场具有绝对的竞争优势。二是我国绿茶占有绝对优势。我国是绿茶的第一大出口国,越南绿茶出口有所上升。随着人们对营养、健康的心理需求欲望的加大,世界茶业绿茶消费量有攀升的趋势,则我国绿茶在国际市场占有绝对优势。三是我国拥有深厚的茶文化底蕴。茶文化是茶业经济发展的助推剂,是茶产业发展的催化剂。我国是礼仪之邦,茶文化方面的礼节性文化是其中的重要内容之一,这也是拓展茶叶市场的重要方式之一。茶为国饮,逐步深入人心。不仅人们要有物质的享受,还需精神上的营养,茶为和平的饮料,这也为国际增添了一道亮丽的风景。

(二)产业集群理论

产业集群理论是在产业组织形式学上的一种新的理论,对于产业的布局以及产业竞争力的提高,具有重要的指导意义。

1. 产业集群理论基本内容

关于产业集群理论,美国管理学大师迈克尔·波特认为:产业集群是指在一特定的地域,以某一产业为主而与相互关联的企业与机构在地理空间上的集聚,并形成一定的竞争优势的现象。当代主流的新古典经济学家保罗·克鲁格曼在他发表的文章里都强调了空间地理上的集中可以给经济活动带来一定的经济效益和相应的社会效益。侧重社会关系网络的学者则从区域创新网络和其外向性研究,以及非正式的社会关系网络在促进知识的积累、传播、创新和彼此信任关系建立等方面的作用。国外有关研究证明:当地有关组织的协作,对于全球化过程中竞争力提高有一定的作用,如在发展中国家,巴西的 Sinos Valley 地区的鞋业,是个很好的例子;产业集群的生存发展关键在于宏观政策,政策可以给企业公司提供良好的发展环境。由此看来,产业的聚集整合对于整个产业的发展也有着不可低估的意义和作用,同时推进产业区域经济的发展。

2. 我国茶叶产业集群的形式

在该理论基础之上,茶叶产业集群已见端倪,具有茶产业本身的特点:立足于民生产业、属于劳动密集型的产业、属于内生型的产业集群、由众多的中小企业组成、产业化程度不断提高、处于雏形阶段;因此,在茶产业逐步发展过程中,为茶叶物流业的专业化发展、茶叶企业联合发展、共同利用公共设施、扩大生产规模打造茶叶区域品牌等一系列的问题,给予相应的战略性的指导和总结。

(三)主导产业理论

主导产业理论在产业发展的应用和指导方面,较早地被应用。因此,该理论相对比较成熟,无形中,在产业的发展方面,相关内容已被采纳和吸收,这里主要指所研究产业的地位问题。

1. 主导产业理论内容

我国关于主导产业理论的讨论,主要从20世纪80年代中期开始,至今为止,已经形成了一套理论体系。该理论主要认为,经济增长一般趋势是产业结构高度化演进过程;主导产业部门对产业结构的演变具有导向和推动作用,它不仅自身具有较高的增长率,而且带动其他部门的增长。根据中国实践的情况,总结得出主导产业的出现是一个自然的过程,没有固定的模式。在多元主体时代,谁去选择主导部门决不是由某一主体能决定的,这意味着每个主体都有平等的发展机会,都需要通过市场的公平筛选。市场的妙处便在于它并不将主导部门固定给谁,但它确实存在。

2. 我国茶产业的地位

我国茶产业在不同的地区,其地位悬殊。又因我国各省市的气候差别较大,茶树的生物性决定了地区发展该产业的能力。一是茶业为产茶县市民生产业,主导产业。我国茶产业在新农村建设中,对于增加农民收入,提高农民生活水平起着重要作用。如在北方,陕西省商南县,茶产业为商南县头号主导产业和优势产业,已被发展为我国西部最北端的新兴茶区,被誉为“中国茶叶之乡”;在南方,茶业为福建省安溪县的主导产业,曾有一种说法“十个福建人,一人念茶经”,而106万人口的安溪就有70万人从事涉茶行业。二是充分发挥主导产业优势。发挥主导产业作用措施:利用区位优势创造发展主导产业的条件。区域自然禀赋、劳动力条件、基础设施决定资源要优化配置,带动相关产业,发展基础好的经济部门。利用政府职能部门决策作用,营造主导产业环境;采用财政支持、税收优惠、重要设施建设、重点项目投入以及促进消费需求的政策措施,形成产业集聚,以便发挥规模优势。

第二节　中国茶业发展战略类型

如今关于产业发展所提到的战略数不胜数，针对不同的产业问题和企业难题，提出相应的解决之道。但从全国茶业的发展来看，总体的战略主要有全球化发展战略、可持续性发展战略和竞争战略的相关理论。我国茶业发展势头良好，但面临着：全球化中各种壁垒的设置、社会环境和谐问题以及整体茶业的国际竞争力问题。因此，以此着手，依照"抓大放小的"原则，首先解决根本性和突出性问题，则全球化、可持续性和竞争方面的问题是与国际接轨，解决国际贸易和社会问题的重要策略。

一、全球化发展战略

在全球经济一体化的今天，全球化战略无时无刻不被人们用来指导各行各业的行动。该战略站在世界之巅，协调着国际社会的各种活动。在我国茶业发展过程中，同样缺少不了该战略为我国茶业的发展导航。该战略中主要涉及生产、营销和研发的全球化。生产是茶业的伊始之端，营销是茶业的出路所在，研发则为茶业发展的核心动力。

（一）生产的全球化

茶业生产的全球化主要通过消费的全球化、原料的全球化这两个方面来体现。消费的全球化，是茶业全球化的外在拉动力，而原料的全球化则是强调资源配置范围的扩大，是茶业全球化的内在驱动力。

1. 消费的全球化

20世纪80年代日本创制现代茶饮，并出现消费热持续至今，消费量超过碳酸饮料居饮料第一位。90年代中期中国现代茶饮进入美国市场，并呈增长趋势。90年代后期国内现代茶饮快速发展，由1997年的20万吨增至2000年的180万吨，居饮料第三位。2001年茶饮料达到300万吨。与此同时，可口可乐增速从4%降至2%。鉴于茶饮料消费新趋势，可口可乐广东公司在深圳也推出"岚风"蜂蜜茶饮料。由此可见，茶业消费的全球化势不可挡。

2. 原料的全球化

目前，全球约60个国家种植茶叶。其中，我国是绿茶最大出口国。随着科技不断地进步，茶叶加工技术和茶业加工设备的不断更新；发达国家如日本、韩国等进口茶叶原料，进行加工。因此，茶叶原料配置的范围超出国界，遍及国际。

此外，为了利用茶叶资源，据统计，世界上最大的500家跨国公司已有400多家进入中国，采取就地加工然后再销售的方式。因此，我国不应该只让茶叶走出国门，同时应该让茶叶企业走出国门，加快“走出去”的步伐，占领国外的市场，也逐步向原料全球化方向发展，凸显我国企业的比较优势。如中国茶叶股份有限公司是我国茶业界最大的集团公司，有人才、有品牌、有经济实力，积极向海外投资和海外经营；可实行合资经营或独资经营，以便于在国外市场打开销售通道。

（二）营销的全球化

茶业营销的全球化，主要侧重营销范围和营销具体模式的全球化两方面。营销模式中主要讲述营销模式中的本土化，是彻彻底底的全球化营销。

1. 营销范围全球化

我国所独有的丰富茶类优势，逐渐在世界市场上显现。营销氛围跨越了欧亚大陆。乌龙茶已成为日本进口的主要茶类，超过红茶进口的一半；越南、印度尼西亚也在试制乌龙茶。乌龙茶的特殊香味、滋味已引起关注，预计将有更多国家消费乌龙茶。普洱茶影响日益扩大，香港年进口茶叶1万吨，其中消费普洱茶达7000吨；台湾、日本也喜爱普洱茶；德国前两年曾出现普洱茶热。普洱茶比较有特性，消费呈增长趋势。通过网络营销，达到营销范围的全球化。网上商店使得客户通过鼠标即可购买到喜欢的商品，免去逛街或超市的劳力，对于境外购买商品的，则可批量将货物运到境外，存于代理商的仓库中，以便零售邮寄或整售给经销商。

2. 全球营销本土化

在进行全球营销过程中，结合不同地方的特色，则营销方式具有针对性——本土化。一方面，由于社会文化环境和法律环境不同，全球营销需要本土化。如：澳大利亚禁止孩子参与拍摄商业广告，新加坡禁止比较广告，波兰要求广告片中的插曲必须以波兰语演唱；雅芳、安利等奉行直销的公司在中国颁布禁止传销的禁令后也不得不改变其在全球已获得极大成功的营销方式。另一方面，各国的营销系统有所差别，需要充分利用当地的资源，进行本土化营销。比如，日本的分销渠道较长，美国则正好相反。鉴于此种情况，营销模式必须本土化，才能取得营销的全球化，促进茶业整体实力的提高。

（三）研发的全球化

茶业研发的全球化注重了科技无国界的理念，只要能够促进产业的发展，科技的整体性进步，人类生活水平的提高，都可用来为人类谋福利。这里侧重指出研发的主体——企业和研发全球化的实惠作用。

1. 企业研发类型

虽然科技无国界，但涉及相关利益的分配问题，研发还是全球化最低的一种活动；这涉及公司技术方面的竞争力的问题和保密问题。在实行全球化研发方面，存在较多的隐患，如自然灾害或者信息泄露会给企业带来毁灭性的灾难。技术跟踪型，这是发展中国家企业在全球化的时代普遍采取的一种做法。因此，茶叶消费国和茶叶主产国，大部分是发展中国家，可以利用这种方式，不断拓展茶叶市场。一方面，能够充分利用当地人才，弥补发展中国家某些技术知识的不足，便于产品的开发；另一方面，根据当地的实际情况，能够准确地进行产品定位，适销对路，便于抢占本地市场。

2. 研发全球化作用

研发全球化对于发展中国家和发达国家都存在着一定的诱惑力，同时这也是经济全球化、知识经济时代和竞争条件下直接作用的结果。首先，这有利于掌握当地市场信息，便于开发新技术和新产品。如，技术跟踪型的研发全球化，跨国公司或企业能及时了解当地的消费习俗和文化传统，研制开发的产品针对性强。其次，充分利用当地的资源。对于不同的研发类型，其共同点在于资源的有效利用；这既包括自然资源，也包括人力资源。如印度的高等教育发展很快，每年都有大量的大学生和研究生毕业，及一些回国的留学生，这为茶业相关研发机构提供了低成本的智力资源。最后，为占领和扩大市场赢得机会，这是主要的目的之一。在市场经济中，没有市场的产品，注定是失败的，只要有了市场，就有成功的几率。根据生产要素的互补性，通过降低利用当地的资源，降低产品成本，以获取更多的利润空间。

二、可持续发展战略

人类社会需要和平的环境，我国正在努力建设和谐型社会，我国茶业同样也需要在茶业经济与资源、人口、环境、社会之间综合协调发展。因此，可持续发展战略是实现这些目标的前提，是完成这些任务，达到这些目标的战略思想。这里主要从绿色生态环境、绿色产品以及绿色管理的角度来讨论实现茶业的可持续性发展。生态环境是第一位的，是和谐发展之本；绿色产品则是实现人口与资源的和谐相处；绿色管理则强调人的主动性在生态环境和生态产品之间所能达到的平衡，逐步实现茶业的可持续发展。

（一）绿色生产环境

绿色生产环境是生产绿色产品的前提条件，这里主要包括生态型茶园的建设、绿色生产技术的使用和绿色的加工环境。

1. 生态型茶园

生态型产业是21世纪的主流产业，发展生态型茶园是实现国民经济的有效途径之一。

生态型茶园是运用生态型原理和系统科学，将现代科技成果与传统茶业生产技术相结合，通过规划、设计，把茶园建设成为模拟茶树自然生态群落而建立起来的多物种、多层次的人工复合生态系统。生态型茶园具有土地利用率高、产出功能强、系统稳定性好和保持生态平衡等优点。因此，建设生态型茶园既可以提高综合经济效益，又可改善茶叶品质；同时避免茶园生态环境恶化，造成一系列的水土流失、病虫害增多等严重后果。

2. 绿色生产技术

绿色生产技术主要是为了协调人类综合栽培技术与大自然的关系问题。绿色生产技术可保持整体环境的生态平衡。首先，重点攻克病虫害的综合防治技术。应以生物防治为主，从根源上降低农残，同时，做好病虫害的危机测报，做好生物防治，以免造成茶园生态平衡的紊乱。其次，根据现状，抓紧当地茶园的改造技术。选育高机能成分、抗病虫，高香优质的早生茶园品种，实现茶叶优质丰产的发展。同时，做好信息技术方面的研究，提高高科技成果在现代生态茶园中的应用。

3. 绿色加工环境

茶叶相关产品进行初加工和深加工过程中，都需用到加工设备和与之相应的加工技术。因此，为生产出绿色产品，绿色的加工环境也是必要环节。首当其冲地建立规范的加工技术标准体系，设立大宗茶和名优茶的生产线，提高茶叶加工的现代化水平，进而提高茶叶产品质量，增强市场竞争力。如，从采摘到萎凋、揉捻、干燥等工序都应做到清洁卫生，同时使加工厂空气清新，防止茶叶吸附污染；茶叶作为天然饮料，要保护其天然成分，不可在加工过程中掺加任何添加剂，以免造成污染；包装贮藏容器同样要防止污染；如乌龙茶综合做青及其程控做青工艺，茉莉花茶增湿连窨制新工艺，应使用无烟灶、节能热风炉，做到加工环境的绿色化。

(二)绿色产品策略

绿色产品与传统产品相比，更适合人类和社会的可持续性发展。严格意义上的绿色产品是指绿色标志产品，即经权威部门认定授予环境标志的产品。绿色产品市场是指绿色产品交换的场所和领域，涉及生产者、消费者、政府和市场中介之间的关系。根据实证研究，企业是绿色创新的主体，因此，如何管理好企业，激发企业进行绿色产品的开发和生产，是至关重要的。这要涉及原料的采用、管理上的监督以及设计上的考虑三个方面。

1. 原料绿色化

茶叶相关绿色产品的推出，其源头关键在于选取采用的原料绿色化。绿色产品或绿色原料在社会流行词中是比较泛的概念。但随着绿色产品为自然和人类社会所带来的生态效益、社会效益以及长期的经济效益，各方面得到了不少的推广。其一是所采用的原料来自于绿色产地。该原料必须经过中国环境标志产品认证委员会或中国绿色食品发展中心进行认证，同时注意适用的产品范围以及有效期。其二是分门别类采用绿色包装材料。为了保护

生态环境,应采用组合型、复合型等包装物,选用易分解、无毒无味的材料,减少将来的废弃物对环境的污染和破坏,减小使用后的包装的垃圾处理难度系数。

2. 设计绿色化

绿色产品的设计现已成为市场竞争的焦点问题。随着国际上绿色壁垒和技术壁垒的出现,绿色产品的开发设计成为迫在眉睫之事,同时也是应对欧盟环保法规的根本途径。所谓绿色产品设计是指通过绿色设计,从而在生命周期内满足环境法规要求的环境友好型产品,将环境因素和预防污染的措施纳入到产品设计之中,把环境目标作为产品设计目标和出发点,从而将产品对环境的影响力降为最小,实现人类的安全与健康和全球生态环境的可持续性发展。产品的设计决定了70% ~80%的产品成本与产品特性,在产品生命周期中占有重要地位。

3. 管理绿色化

绿色产品的生产与整个企业的管理环节密切相关。首先,应从管理理念上进行认同。由于我国的经营理念落后于发达国家,环保意识较弱。因此,这是关系到人类社会发展的大事,不可小觑或掉以轻心;科学地从制度上进行管理约束;不能片面强调短期经济利益而忽视长远利益,忽视对生态环境造成的影响。其次,在企业投资方向上予以引导。激励或增加绿色投资的力度,相关管理部门督促企业设立目前非盈利但长期获益的相关部门,进行绿色管理。最后,企业设立绿色组织,实施绿色部门的专门管理。企业要设立专门的管理机构和制定有关制度,以监督和管理企业营销的实施和发展,并搞好绿色产品的咨询等售后服务,加强绿色营销管理。

(三)绿色销售策略

21世纪是绿色文明时代,绿色营销理念深入人心。因此绿色产品——生态茶等的销售业绩,直接反馈出消费者对于绿色产品的需求。因此,多角度、多维度地进行消费理念的引导,典型品牌的宣传以及周全的销售模式,方可见效。

1. 绿色消费理念

加强绿色消费理念的树立。所谓绿色消费是指以保护消费者健康为主旨,符合人的健康和环境保护标准的各种消费行为和消费方式的统称。首先,我国缺乏绿色消费理念。我国是农业大国,消费水平较低,对绿色产品的消费能力弱,因此,市场需求不强,影响着绿色产品在我国市场的生存力。其次,加大绿色消费的宣传和环保教育,培育绿色市场意识。从而促使消费者关注绿色产品,使用绿色产品,增加绿色产品的消费。最后,加强对消费者环保行为的监督。处处强化环保意识,使其积极参与环境保护行动。

2. 绿色宣传品牌

绿色企业开拓市场,需要有资本——绿色品牌。如在生态茶园区建立生态茶的品牌,树立相应的绿色形象,增加产品的可信度,提高品牌忠诚度。绿色的宣传品牌主要问题:一是绿色产品的说明应规范。根据汉语的规范和标准,准确描述自身环保特征,以及与其他商品的区别之处。如一系列较标准的词汇:可降解、可回收、可重复使用等描述准确,避免消费者或购买者产生歧义。二是利用绿色标志,培育绿色企业文化。企业是绿色产品推出的主体,是影响社会绿色产品的关键。通过明晃晃的被相关单位认可的绿色标志,扩大品牌知名度,提高国内市场竞争力以及国际市场竞争力,满足消费者内在需求、企业利益和社会利益,注重和生态环境的和谐相处,为社会的和谐发展和可持续发展,尽一份力量。

3. 绿色销售模式

21世纪是知识经济的时代,知识产权的保护成为社会需求之一。绿色产品的销售模式也与众不同。为更好地开展绿色产品的营销,主动创造绿色营销模式,刷新消费者对于绿色产品的绿色形象。一是做好绿色产品市场需求调查。没有调查就没有发言权,搜集第一手资料,了解消费者对绿色产品的信息需求,做好相关问题的及时解决。二是采取绿色产品的专用分销渠道。建立完善的绿色产品销售处,为消费者提供最大的购买便利,服务到位。三是做好绿色产品宣传。结合绿色消费观念宣传的契机,抓住时机,推广绿色产品,增加公众对企业及产品的认同和忠诚。

三、竞争发展战略

在全球化战略和可持续发展战略指导下,我国茶业的发展在战略视角定位上和茶叶产品质量方面具备了一定的保证,达到了“功夫硬”的境界。在市场经济条件下,不管各个国家的政治制度如何,在供大于求的条件下,产品市场的竞争激烈程度和手段,有的达到了炉火纯青的地步;中国传统的“酒香不怕巷子深”的理念已成为过去。因此,在竞争本质的社会里,应树立产品竞争意识;主要从成本领先、差异化和集中战略的角度来看,以便于我国茶业在国际市场具有一定的竞争力。

(一)成本领先战略

成本领先战略,主要侧重通过成本的优势,来赢得竞争优势的策略。

1. 成本领先战略的模式

成本领先战略的战略模式其实存在许多种。一方面,由于产业发展的成本构成因素较多,则锁住任何几种要素,都可构成一种模式;另外一方面,通过价值链的调整或重构也可创造出低成本的优势。陈幼其从企业低价竞争战略的四种模式:凭借资源要素的成本低价优势、凭借职能领域的成本优势低价取胜、凭借价值链管理的成本优势低价取胜、凭借业务流程创新低价取胜;李湘则总结了国美模式、邯钢模式、格兰仕模式三种。随着经济全球化的发展,在“新经济”条件下,形成了新的战略模式:基于电子商务的成本领先战略。

2. 成本领先战略的误区

成本领先战略容易出现的误区：一是在实施成本领先战略过程中，由于缺乏系统思维，造成系统成本优势。过度重视某一环节的开支，而忽视整体性考虑，造成整个价值链条的整合。二是失去成本与质量的平衡。如，在成本控制上，过度控制员工的伙食开支，压低工资控制成本，以至于严重影响员工工作积极性和稳定性，进而牵涉到员工的技能性熟练程度。在某种程度上，反而大大增加了管理成本。三是混淆价值链与产业链的关系。价值链的优化，是着重于自己擅长的产业环节，进而进行操作上的定位。如在茶叶的种植、初加工、深加工及销售各环节都有涉足，但大大增加了管理上的成本。因此，不可过度追求规模效益。我国茶业为取得成本方面的优势，可以查找差距，找出主要影响因素，进行组合。

（二）差异化战略

差异化战略主要从市场方面，给予指导。避实就虚，找出茶业发展的出路。

1. 差异化战略实施途径

差异化战略是在宏观层面进行的意识强调，其具体操作过程中，须结合茶产业发展中每个层面的实际情况，进行实施。一是对茶产业和企业实行 SWOT 的科学分析。主要从产业性质、外部经济环境、企业内部实际情况进行科学而全面地分析。二是从思维方法上进行差异化。如：创造市场法、借题深入法、拾遗补缺法等。三是侧重某一方面进行发展战略。为提升产品档次，使产品走向全球化，推进茶产业的整体性发展，可采用技术差异化、品牌差异化、文化差异化、营销差异化的策略，如我国茶的特殊工艺的加工，是其他国家所无法实现的。这种策略既适用于国内，又要主动出击国际市场。

2. 差异化战略的作用

差异化战略具有重要的作用。成功地差异化能够做到：一是充分利用自然资源禀赋。特色是一个民族的生命力，同时也是一个产业和企业的生存之道。在供大于求的市场经济里，“人无我有，人有我新、人新我优”的理念其实是差异化战略的生动体现。二是在市场上可获得消费者对产品的忠诚度。由于其差异化的存在，给创造依赖性留有一定的空间。如在产品差异化上，能够满足消费者的个性化需求，差异化程度愈深，消费者参与度愈高，则产品差异化程度越高，消费者自由度愈高，消费者个性化需求得到很好的满足，进而巩固了市场。同时，给其他企业进入设置了一定的障碍。

（三）集中战略

集中战略是利用了以弱胜强的道理来实行的，集中力量突破原来发展的瓶颈。这在市场、产品开发以及其他方面都具有战略意义。

集中战略的制胜之道首先在于“专”，选取特定的市场或产品，周全地为之服务。一种产品的整体市场由于消费者需求的多样化和个性化，因此，产品市场可以细分。如娃哈哈集团通过细分市场,锁定儿童市场,专门生产儿童饮料。二是集中战略的制胜之道在于“全力”,兵法有云,“凡兵散则势弱,聚则势强,兵家之常情也”。通过集中化的传播策略、集中化的区域市场策略,选择对手最薄弱的地方进行防御。如,我国国内茶叶市场,针对各区域的消费者的习惯,在外国茶叶没有得逞之前,应各个击破,形成国内茶叶自我垄断形势。近水楼台先得月,各地有特色的茶业产品应集中力量,找到稳定的客户市场,逐步扩张。在乌龙茶之乡——福建,建立乌龙茶集中加工与贸易区、构建乌龙茶战略联盟等、打造武夷生态茶品牌。为应对境外的各种形式的茶,进行积极地防御。三是集中战略的相关性,集中是相对的,非绝对的。大企业集团宜采用集中竞争战略,使用企业内部的关联性,集中优势资源使企业的资源得到最大程度的利用。

第三节　中国茶业发展战略的谋划及制定

中国茶业发展战略的产生需要一个过程。在正确的发展理念指引下,以相关的理论为依据,在全球化战略、可持续发展战略以及竞争战略的影响下,全盘考虑中国茶业的内外环境,进行整体性战略分析;依据战略指定的基本原则,锁定战略目标,进行战略制定的操作。

一、中国茶业发展战略的 SWOT 分析

中国茶业发展概况,一直都在被不停地琢磨和分析。在制定发展战略时也不例外,但它的分析是从战略的高度,进行全盘性的、细致性的考虑,这里主要侧重 SWO 这方面的考虑和分析。

(一)中国茶业发展优势(Strengths)

中国茶业发展过程中的优势有许多,因参照的国家不同,参照标准的差别使其显现的优势也有差别。这里主要讨论整体性的优势:

1. 中国茶文化历史悠久

我国是茶叶的故乡,中华茶文化是我国传统文化的精华,源远流长,造福人类。茶乃“百草之首,万木之花”。我国是茶的原产地,早在原始社会的末期便发现了茶的用途;茶发乎于神农氏,一天“中七十二毒”后得“茶”而解之。“越是民族的,越是世界的。”茶原本不是姓茶,是姓荼、姓木贾,是神农尝百草而得之,故先为药用。经过历史的进化,终于形成了茶。

中国唐朝期间不但有陆羽的《茶经》问世和禅宗"吃茶去"公案的诞生,中国茶传到日本,这也为以后日本茶道的演进和发展奠定了基础。根据陆羽《茶经》推论,我国从发现茶树和利用茶叶至今已有4700多年的历史。此外,还逐步传到欧洲的国家,英国引进中国的绿茶、小种红茶,逐步发展自己的茶文化,并且成为饮茶大国。

2. 茶业自然资源丰富

我国是茶叶的发源地,茶叶生产利用的自然环境因素造就了其破土而生的早期性。自然资源丰富是其早期存在的前提条件:茶叶生长需要的土地资源、水资源、气候资源以及相应的生物状况都得到了保证。这些茶业资源在我国分布在中国华南、江南、西南、江北四大茶区;由于气候性的差别,茶叶自然资源性质、数量、质量及组合特征都有不同,在空间上构成了不同类型的资源地域组合。因此,生产出黄茶、白茶、绿茶、黑茶、红茶、乌龙茶等六大茶类。

3. 加工工艺具有传统特色

茶叶加工工艺,可分为初制、精制、再加工;茶叶鲜叶经过各道不同制茶工序被加工成半成品茶或成品茶。不同种类的茶叶,其加工工艺不同,大宗类茶与名优茶的加工工艺也有所区别;在手工或机械加工的条件下,使茶叶发生物理变化和化学变化,使之产生色香味形皆可的茶叶。如乌龙茶的加工工艺,已被列入国家级非物质文化遗产的行列。具有代表性的是武夷岩茶、安溪铁观音、台湾包种茶,其加工工艺差别很大,实行标准化确有阻力。同时,由于所用原料的不同,同一道工序所用的工作参数也要依靠经验丰富的师傅。我国茶业是传统产业,是劳动密集型茶业,这与加工工艺的传统特色密不可分。

(二)中国茶业发展劣势(Weakness)

事物的发展过程都存在各种各样的问题,从战略性分析来看,中国茶业发展的劣势有:

1. 茶业产业化程度低

茶业的生产加工,一直处于小作坊式的生产当中。受制于标准化生产以及加工技艺的限制,企业的规模也无法得到根本性扩张。如西湖龙井、洞庭碧螺春、武夷岩茶、北苑贡茶、正山小种红茶等历史茗茶,被当作是国人的骄傲;但在茶业经济一体化的形势下,我国的茶叶国际市场份额一直处于劣势。这其中的原因,与茶业产品的产业化程度低有很大的关联。一方面,茶叶小作坊是茶叶产业经营的典型。特别是针对一些老茶乡,家家户户都在做茶;另一方面,茶叶企业中,小企业多,大企业少。曾有一项调查,在519家茶叶经营企业中,年产值在1000万元以上的企业仅6家。

2. 茶业界无世界名牌

我国茶业的种植面积居世界第一,在国际市场上却没有一个叫得响的品牌,更不知道何为名牌。究其原因:一是我国茶叶产品商标多而杂。由于自然资源的丰富,茶类品种的繁多,地域性产品较多,形不成合力,拓展国外茶叶市场。二是中国原有的品牌呈现出疲惫状态:龙井、普洱、铁观音在现代老外眼里似乎并没有多大分量。地方名优茶,在市场识别的过程中,成为一种阻碍。三是品牌宣传环节薄弱。在品牌宣传上,至今尚未形成整体性的宣传攻势。而国外的立顿红茶,如一把利剑,牢牢地插在了中国的市场,充分利用中国的各种资源,不断地拓展着世界茶业市场。

3. 产品科技附加值低

在中华茶业不断发展过程中,茶业种植面积一直被重视,继而茶业总产量也居高不下,造成整个茶业的生产经营处于粗放经营状态。一方面,主要是由于茶叶加工制作工艺、技术和设备的应用比较落后。先进的加工工艺和加工设备得不到应用,加工产品大都是初级农产品,在产品市场上,高档茶一般作为特产和馈赠礼品来定位。另外一方面,则是由于研发新产品迟迟得不到重视。科研院所大部分重视品种的更新、栽培技术的研究、植物保护的防治技术、制茶工艺的改进,而对于高水平突破性的茶叶再加工的设备及相应的工艺技术的研究有待加强。科技转化率也很低,新的研究成果得不到推广,由此造成我国茶业产品科技附加值较低,科技贡献率低于世界平均水平,低于我国总体农产品的水平。

(三)中国茶业发展机遇(Opportunities)

纵观我国茶业的好与差,优势与劣势,面临着各种各样的挑战。但对照经济发展形势,也有其发展机遇,我国茶业的发展也有突破口。

1. 全球茶业经济一体化趋势

全球茶叶经济一体化是指在茶叶经济全球一体存在的现实基础上呈持续推进态势,同时实现各种权利和目标的过程。全球经济一体化的特征主要表现为:信息全球化、资源共享、技术壁垒突显、分工与合作、文化交融、科技色彩浓厚等方面。例如在整体上,在茶叶产品种类生产及产业链分布上,在国家或区位上分工明显,同时在分工的基础上形成某种合作关系和部分利益群体。这为国内区域经济的发展发出了新的信号,必须重视当地资源的整合,可以以各种形式,例如企业联合联盟、政府适当的参与和正确的引导、茶农的参与组织的意识提高以及各个相关单位密切的关联。同时,信息与绿色环保技术融入茶产业,成为茶叶经济全球化的动力和亮点。

2. 国家新农村建设的推行

2006年中央“一号文件”制定了《中共中央国务院关于推进社会主义新农村建设的若干意见》,文件指出,建设社会主义新农村是中国现代化进程中的重大历史任务。农村人口多是中国的国情,只有发展好农村经济,建设好农民的家园,才能保障全体人民共享经济社会发展成果,才能不断扩大内需和促进国民经济持续发展。而我国涉茶的农民约有8000万,因此,抓好茶叶产业整体性发展,将大大促进农民增收,为社会主义新农村建设奠定经济基础。

3. 全球茶叶绿色消费的兴起

21世纪以"和平与发展"为主题，将会促进世界安定及经济发展。在这样的时代背景下，以"健康、绿色、生命"为主题的消费潮流随之兴起。人们对饮食需求已从营养、嗜好功能发展到健康功能。人们对茶饮料也明显地从生理性需求——解渴、提神，发展至安全、健康性需求——保健、抗癌、延年益寿等。我国绿茶及乌龙茶对人体健康特有而卓越的功效，越来越被医学研究和实践证明，越来越引起世界范围的关注。正如法国《世界报》文章所说：绿茶正在变成21世纪最畅销的流行饮料。乌龙茶的保健功效不亚于绿茶的事实获得许多科学证实。这一不可逆转的绿色健康消费趋势，对我国绿特茶出口无疑是极好的机遇。乌龙茶的消费市场已发展至整个中国内地，天福茶博物院的阮逸明在2004年首届中国（福建）茶叶经济论坛上也曾经指出：乌龙茶是21世纪的新宠，势必与红茶、绿茶三足鼎立。我国的绿特茶将突破区域性消费的局限性，成为世界绿茶消费的主要供应国家，这无疑是茶业良好发展的信号。

4. 茶叶消费市场的持续拓展

茶叶的深加工和综合利用可以调整传统的产业结构，进一步拓展茶叶产品的其他消费市场，延伸产业链，开展清洁化、节约型的生产。茶叶可以应用在工业、食品等领域。如：茶籽可以用来制作茶油，得到的茶渣可以用来提取皂素，茶壳可以用来制糖醛和木糖醇、制栲胶以及制活性炭；还可以用来作为食物的配料；用茶来制造生活日用品，如沐浴剂、香波、漱口液、手纸等护理用品和化妆品，以及室内用的防虫剂和芳香剂，电冰箱中使用的防氧化剂等。茶叶作为饲料添加剂使用对家禽进行混饲调理，可以提高家禽的抗病力，减少某些疾病的发生，并且能够增加禽蛋的产量。因此，为了调整传统的产业结构，改变如今被动发展的局面，茶叶的消费市场的应用性拓展是重要的突破口，实行茶叶产品细分化，来适应需求多样化的消费市场。

二、中国茶业发展战略谋划

（一）中国茶业发展战略谋划目标

我国茶业的总体发展是为了提高茶业的国际竞争力，开拓国际市场，从而增加农民的收入，使我国茶业更健康地发展。因此，茶业发展战略的谋划目标紧紧围绕着这个内容。

1. 茶叶产业结构的合理调整

21世纪茶叶的消费持续增长。世界人口从20世纪初的16亿增加到60亿，增加了2.75倍，世界茶叶消费量增加了7.5倍。茶树种植方面，以"环境茶业"和"生态型茶业"为主要目标；加工业方面，传统的茶叶加工和现代化食品以及保健品的开发，逐步进入市场。如茶多酚在医药业、化妆品业、畜牧业等诸多领域中被派上用场。因此，以市场为导向，茶叶产业结构要进一步调整,使之更趋于合理,以适应市场的需求。

2. 茶叶国际市场的稳步拓展

市场是茶叶产品的生命力,通过整体性的谋划,有计划、有步骤地拓展国内外市场。充分发挥中国悠久的历史茶文化,利用先进的网络技术,提高科技成果转化率,取得国际茶叶市场的应有地位。世界消费以红茶和绿茶为主,我国是绿茶的主要出口国。因此,应稳步拓展绿茶的国际市场。在世界茶叶进口国,进口较多的国家(超过10万吨)的国家,只有三个:俄罗斯和独联体国家、英国、巴基斯坦。因此,结合市场的实际消费情况,逐步引导市场的消费,也是稳步开拓市场的主要任务之一。

3. 茶产品科技含量持续提升

世界茶叶生产量前50年平均年增长率为2.26%,而后46年的平均年增长率为6.94%,这在很大程度上反映了20世纪50年代以后科学技术的发展对世界茶叶生产的促进。根据其他统计,从20世纪70~90年代,茶叶科技在茶业增值中的贡献率达到了21%,我国科技在农业增长中的贡献率平均为45%;而我国茶业科技对茶叶生产增长的贡献率还不到21%。因此,应加强高等院校、科研单位以及相关企业的研发工作,加强各方面的科技投入,加大对科研项目和科技成果转化的投入力度,提高科技贡献率,提高茶叶产品的科技含量。

(二)中国茶业发展战略谋划思路

中国茶业发展战略总体谋划思路:"一个中心、两个导向机制、三个效益统一"。

一个中心:就是以经济效益为中心,以市场为导向,以科技进步为动力,调整茶叶产业结构,增加农民收入,促进社会主义新农村建设。两个导向机制:就是充分利用市场调节和宏观调控这两种导向机制。三个效益统一:就是要实现茶叶经济效益、社会效益和生态效益的协调统一。既要适应市场经济的需要,发展"两高一优"茶叶,同时也必须认识到,利用现有的资源,保护和利用生态环境,做到经济、社会和生态效益的统一。

三、中国茶业发展战略制定

发展战略的制定需要特定的程序和步骤,步步为营,以下主要从三个角度进行阐述:

(一)测定和评估茶叶产业自身素质

依据对我国茶业的战略性分析,进行测定和评估茶叶产业的自身素质。

1. 利用中国茶业发展优势

中国是茶叶的原产地,拥有悠久的文化历史,其优势不仅三两点。随着我国改革开放的进行以及我国进入WTO行列后,我国各行各业经济全球化的程度随之加快。市场竞争异常

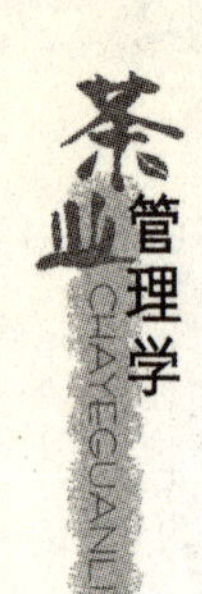

激烈，高手如云，但同时提供了准确定位我国茶业的机会。纵观世界各国，都是通过使用竞争基准法、BCG发展矩阵、麦肯锡矩阵和价值链分析法等，找准优势，立足国际市场的。作为社会生产的组织单位，茶业的发展离不开茶叶企业的参与，因此，结合国际国内环境，相关茶叶企业更应找准着力点，在整体优势的前提下，加强相应的产业优势。

2. **克服中国茶业发展劣势**

企业是市场经济的弄潮儿，因此，中国茶业发展中存在的弊端，无疑通过相关企业的运营，逐步暴露出各方面的问题：市场开拓中的品牌问题、产业化进程、生产的规模性、科技投入低。首先，政府查找政策导向的症结所在。从软环境方面给予政策性支持，如金融信贷、所得税的比例、相关技术培训体系的建立等方面，给予支持，以便给形成好的产业集聚提供便利。其次，相关企业明确整体性问题，如品牌的利用方面，为增强整个茶业进入国际市场进行资源的整合联合等。最后，相关科研单位及研究机构所研究的各种应对之策，采取的攻关措施；应提高科学技术成果方面的转化率，缩短转化应用时间。

3. **抓住中国茶业发展的机遇**

整个茶业的发展具有一定的机遇，在查找自身素质时，抓住宏观层面的机遇，推销产业和企业个体，开拓市场，实现产业和企业的可持续性发展。如：宏观层面的茶业经济一体化、国家新农村建设的进行、绿色消费潮流的兴起以及已见成效的消费市场的不断拓展，找准各自区域和地域的优惠政策，找出生存之道。如一个企业通过抓住企业内外部环境要素，制定出相应的战略，企业根据产品的市场销售空间大小和产品研发能力强弱而作出不同的战略决策。如图9－1。

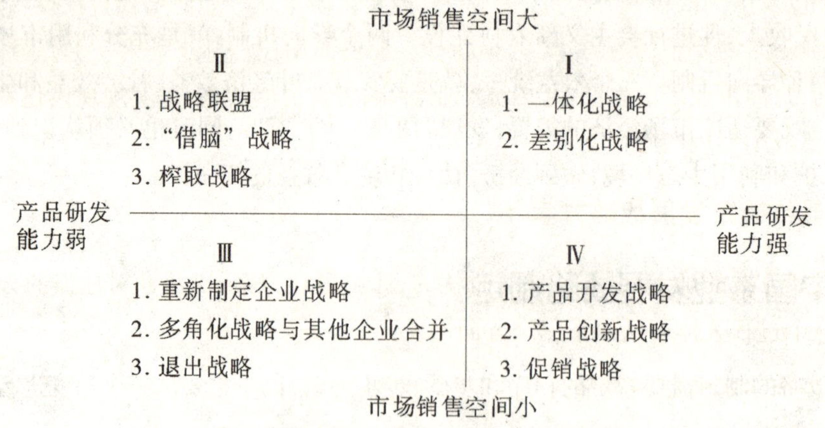

图9－1　企业决策模型

（二）确定战略目标，准备战略方案

战略谋划制定的重要组成部分是准备需要讨论的战略方案。这里主要涉及三个方面的内容：

1. 锁定产业结构目标，制定调整方案

中国茶业发展战略是个总体的规划,需要各个方面的针对性规划。整个方案需要细化,有利于今后在发展方向上进行掌控和把握,有利于宏观层面调控的有效性。在产业结构上,我国一直存在着产业化水平比较低的老问题,迟迟不能得到较快的调整和发展。因此,需要注重产业结构方面的针对性方案的出台,指导我国产业结构的进一步调整。如在区域性发展茶业的地区以及茶业为主导产业发展的地域,如何培养发展具有竞争力的茶叶产业集群;有些地域已初具规模,有了茶叶产业集群的雏形,如何进一步调整,使其更好地发展;如福建安溪、福建武夷山等地。

2. 瞄准国际市场问题，设计市场战略

茶叶经济的正常运行,与社会经济的整体性融合,才能保证茶业的良好发展势头。21世纪的茶业国际市场与20世纪有所不同。世界三大饮料可可、咖啡、茶,三足鼎立的局面已经形成,各自的市场比例有所变化;根据有关预测,绿茶消费可占茶业国际市场一半的份额。茶饮料是健康的饮料,茶业是健康的产业,紧跟消费潮流;不同的区域,不同的国度,不同的人需要区别对待,采取相应的战略方案。因此,企业在开拓区域市场的时候,如天福集团,定位世界茶业界的“星巴克”,为走出国门迈出了第一步。

3. 针对科学技术弱势，加强科技投入

我国作为第一产茶大国,其科技对茶业的贡献率却低于国际水平,更低于我国科技对农业的整体贡献率,因此,在科技研发上,茶业需要受到重视,加大相应的投资力度。我国茶业与食品加工以及医药等行业可提供一些原料,属于上游产业。如何增强科技投入,加大科技对茶业的影响力,需要整体考虑,政府应进行宏观层面调控。科技是第一生产力,也是茶业发展的原动力,而茶业是民生产业,传统产业,影响着农民的收入,是实现现代化发展的重要组成部分,已成为发展的瓶颈。

(三)最终确定发展战略方案

茶业发展方案的确定,也不是一蹴而就的;选出最佳方案,以及针对性强的方案需要一个过程。这个过程大体可从以下三个方面出发:

1. 选出茶业发展核心战略

产业发展战略有许多种,不同的地域应采取不同的发展模式。对于指定的各种各样的战略方案,如何选出核心的战略方案?首先,依据茶业发展的相关理论——比较优势理论、产业集群理论、主导产业理论,选出有理论依据的相关战略。其次,从战略理念的角度出发,用是否具有前瞻性、特色性、适应性,来衡量方案的轻重缓急。同时,对照我国茶业发展战略的相关类型,看是否符合实际情况,能否解决一些短期或长期性的问题。综合各种预先设定的要素,结合茶业事态的发展,提出参考价值最高的方案。

2. 对比各种战略方案

综合考虑各方面的因素，确定发展战略方案的评价标准，并依照标准对各项备选方案加以评价和比较。首先，找出各种方案的优劣势。如在我国茶叶产业发展战略的制定中，是否考虑国家、茶叶企业、茶农三方面的利益；其次，对号入座，选出相应的专业性强的方案。同时，从宏观运筹的角度出发，重新整合各方案中优势之处，以便于作为预备方案。需要注意的是，对发展战略的评价标准要适中，标准过高，会伤害企业、茶农的利益；标准过低，又达不到效果。

3. 选择最佳战略方案

在评价和比较各种方案的基础上，最终选择一个最满意的战略方案作为正式的战略方案实施。

茶叶产业发展战略制定出来之后，还必须将战略构想、计划转变成行动。在转化的过程中注意的问题：一是发展战略的操作化，要将发展战略最大限度地变成可以具体操作的业务，如茶叶产量增长率保持在多少、茶叶年产值要达到多少等；二是发展战略的制度化，使发展战略真正融入茶叶企业的日常生产经营活动之中，使之成为一项制度，各个茶叶企业都必须遵循；三是发展战略的评估与控制，发展战略是在变化的环境中制定和实施的，因此只有加强对执行过程的评价与控制，才能适应环境的变化，完成战略性任务。

第四节　中国“大茶业”发展战略

我国茶业发展的思路是向市场要效益，提高茶业竞争力为目的；但其中既有一般的问题，也存在着难题。相对其他发展中国家，我国的综合国力以及丰富的茶业资源都毫不逊色，但茶业始终显现不出其不同之处。我国茶业经历了计划经济、市场经济的转变，期间发展有兴有衰。根据前面章节的分析，“散、小、不规范”若隐若现地出现在茶业的各个环节，因此，借助于丰富的理论资源、自然资源以及存在的各种问题，引向了一个与众不同的方向“大茶业”。

一、中国大茶业发展战略概念

（一）中国“大茶业”概念的内涵

中国大茶业战略是指从战略层面，宏观调控中国茶业资源，使市场资源配置更有效率，以便于增强中国茶业竞争力。中国大茶业，在21世纪中国大茶业研讨会上，茶人夏攀英提出，有三个层面的含义：

一是茶叶经营企业必须尽快地进行联合、合作，对茶企的优良资产进行重组，培养茶叶行业的龙头企业是当务之急。通过这些有实力抗风险能力强的大公司，按照市场机制去运作，才能切实恢复生产和市场的信心，进行产业化经营，使茶叶经济步入良性循环，这是实施大茶业战略的核心内容。

二是科教兴国，科教兴茶。我国独具茶叶教学、科研专业体系，仍有数十家茶叶科研教学机构，还依托着悠久而丰富的茶文化基础。在21世纪也是信息时代的当口，我们有条件也应该致力于科研、教育、信息、文化的一体化，有机地将它们与茶叶经济紧密地结合起来，使之既服务于茶叶经济，又拉动茶叶经济向前发展。

三是在市场机制下，需要建立一个权威性的茶叶行业商会或协会。通过有效发挥“中介”机构的统一调度作用，促进茶叶产业形成一个有机的、利益共享的、高度自律的经济体系。随着时代的进步和科技的进步，“大茶业”的内涵和外延，将不断更新。作为目前我国经营茶叶的最大企业，中国土畜产进出口公司将一如既往地与茶叶界同仁一道，为推进我国大茶业的发展而努力。

（二）中国大茶业的战略意义

中国大茶业发展战略的谋划，具有重要的战略意义。

一方面，从历史发展的角度来看，顺应历史发展潮流，是历史发展的必然。我国茶业经历了几千年的发展，从一棵茶树到一个风风火火的茶产业，从中国的巴蜀之地到全球化，产业从小到大，传播的地域从小到广，遍及世界。一是满足了世界消费者的需求，为世界增添了一种饮料，一种消费仅次于水的饮料，一种为世界三大饮料之一的饮料。二是为社会增添了一种和谐之气。茶，是一种凉性饮料、清火、促进人体健康的饮料。没有任何一种农产品具有如此的魅力和丰富的历史文化。三是提供了经济基础。从物质产品到商品化，为茶农提供了经济收入，解决基本的生计问题。

另一方面，从当今产业发展现状来看，整顿行业，梳理发展趋势，是解决茶产业问题之法。现在经济是市场经济，茶业的发展确实取得了历史性的进步：品种的不断更新，栽培技术的不断提高，防治技术的生物化，产量的不断突破，加工技艺的改进，新加工技术的不断创新；但同时茶业的发展也带来了新的问题：茶叶供大于求，行业竞争激烈，世界国际茶叶经贸格局变化，我国茶农和茶工利益受损，茶叶生产积极性不高等。同时，我国茶业的发展又有了新的机遇：世界绿色消费的兴起、世界茶叶消费绿茶化和保健化、我国茶业的自然优势和人文优势等各方面。

因此，我国大茶业发展战略，既顺应了历史发展规律，又结合当今世界发展的实际情况，为我国茶业的发展谋出路，这不仅具有茶业上的战略意义，而且关系到中国农业大国对于进一步发展农业的导向问题，具有示范的战略意义；这是由茶业既是传统产业又是文化产业，

既涉及物质建设又牵涉到精神层面的建设所决定的。

二、中国大茶业发展战略思路

（一）中国大茶业发展模式背景

中国大茶业发展战略是一种具有整体性、长期性、持续性的发展战略。在前瞻性、特色性以及创新性的战略理念指导下，以比较优势理论、产业集群理论、主导产业理论为依据，结合中国茶业发展的全球化发展战略、可持续发展战略、竞争发展战略的具体方略，在我国茶业发展战略分析谋划下，所形成的一种发展思路。

一是由于在21世纪，我国茶业的发展关乎近1亿茶农和茶工的切身利益，关系到我国社会主义新农村建设的进展程度。因此，必须从战略的角度考虑，须具有一定的前瞻性。同时，我国茶业是一种特色产业，并非所有地域和国家都生产，主要生产国家都为发展中国家；在发展中国家，我国有一定的优势。因此，应充分利用和发挥我国在发展中国家的地位，占领国际市场，做好茶业特色经济。

二是任何战略的谋划和制定，不是凭空捏造的，具有一定的科学理论依据。该发展战略，并不只是强调中国茶业资源的整合，形成“大茶业”的局面，是从相关理论分析：如从比较优势理论角度分析，我国具有绿茶方面和较多茶类的优势；从产业集群理论角度看，我国的茶业企业必须规模化，方可见其经济效益，提供其竞争力；从主导产业理论来看，只有明确了茶产业在各自地区以及国家农业发展中的地位，才能集中花大力气，进行谋划发展，这是指挥棒的方向问题。

三是我国大茶业发展战略与全球化战略、可持续发展战略以及竞争战略是互相补充、互相协调的关系，是主与辅的关系。经战略性分析，在宏观层面上看，是资源整合形成的大茶业发展战略；而在具体各环节则应结合实际情况，强化其营销范围、行为准则以及处事目的。如，全球化营销的视角、生态茶园的建设以及差异化市场的区分，环环相扣，缺一不可。

（二）中国大茶业发展模式结构

如图9－2，中国大茶业发展模式结构，中国大茶业，以“陆羽茶”为凝聚力量，以前瞻性、特色性、创新性的理念为指导，以科学理论为依据，结合我国茶业的发展实际情况，在茶业的各个环节，执行全球化、可持续性发展和竞争概念的战略工具，逐步形成世界茶业中的“中国大茶业”这颗璀璨之星。

中国大茶业发展战略，以“陆羽茶”为凝聚力量，主要从以下几个方面考虑：

一方面是国外茶业品牌——立顿的凶猛攻击国内市场。立顿茶叶的生产已经在安徽合肥落户，不仅供应我国市场，还将出口美国、加拿大、新加坡、日本等其他国家。“立顿”是英国人汤姆斯·立顿创立的著名茶饮料品牌，行销于110多个国家和地区，为全球第一大茶叶

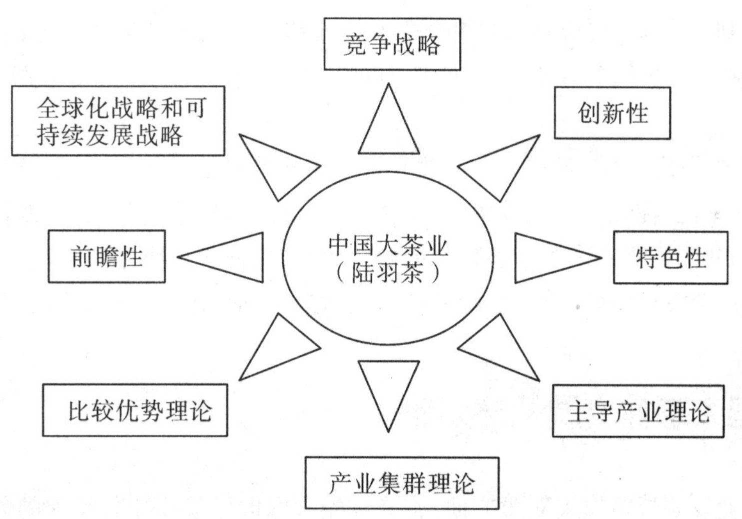

图 9－2　中国大茶业发展模式结构

品牌。我国是茶叶发源地，是茶叶之乡，种植面积全球第一，产量全球第一，但市场情况，拿不出任何一个响彻世界的品牌。从培育品牌的角度来看，针对我国的大茶业资源，没有任何一家公司或企业可统领整个茶业界，唯有茶圣“陆羽”独领风骚，能与之媲美且抗衡。

另外一方面是我国在“陆羽”茶方面，也做了较多的努力，拥有一定的基础。2008 年在浙江省湖州的首届陆羽茶文化节、江苏持续十二届的“陆羽杯”名特茶评比活动、每年长兴的中国陆羽茶文化旅游节、网上的各种关于陆羽的网站、湖北的“陆羽茶都”的建立、海峡两岸茶文化陆羽奖的设立、中国茶品牌“陆羽奖”的评选、其他茶事活动中“陆羽奖”的设立以及有关陆羽茶文化的各种报刊杂志方面的文化宣传，奠定了厚实的基础，为品牌宣传作了铺垫。

（三）中国大茶业发展模式总体特点

中国大茶业发展模式具有以下几个突出特点：

一是中国大茶业发展战略的核心在于大文化品牌的建立。如图 9－2 所示，最下端标识为产业理论，最上端标识为竞争战略。为了中国茶产业的整体性发展，茶产业形成劳动密集型的产业集群，形成具有竞争力的茶叶产区，这样才具有一定的规模效应。由于产业集群的形成需要考虑生产要素、需求条件、相关支撑产业的发展、设备、知识、资本、基础设施等生产要素，从而形成良好的茶叶产业配套和竞争环境，在成本优先的条件下，提高了竞争力。如，浙江的绿茶产业、福建的乌龙茶产区。在产业竞争力的前提下，再由“陆羽”品牌升级打造，就可在国际市场站稳脚跟。

二是中国大茶业发展模式基于科技文化水平的提高。科技是第一生产力，产业组织的发展以及创新性、特性等都是以科技的发展为前提的。在国际舞台上，首先应具备一定的实力。而产品的质量是与其他国家相抗衡的前提。20 世纪 70～90 年代，茶叶科技在茶业增值

中的贡献率达到了21%；这与高效的综合生产技术和深加工产品生物学方面的研究有很大的关系，如立顿研发队伍利用茶叶中所含有的有效成分，生产各种专业性强的茶——降压茶。

三是中国大茶业发展模式建立在产业和企业的相关部门的共识之上。在产业发展过程中，企业是个体单位，在综合栽培技术、加工技术、生物防治技术、新产品开发技术等方面，都需要资源共享，共同提高我国茶业各环节的整体水平，这种联合协作的意识，需要达成共识，形成一个茶业产业发展团队，只有好的团队，才有好的产业，才有更好的国际市场。

三、中国大茶业发展战略对策

中国大茶业发展战略发展对策方面，主要优先考虑世界茶叶知名品牌的创建、科技投资的力度、国际市场的开拓三个方面，这里涵盖了茶叶产品质量保证、含金量的高低以及茶叶产品出路三大问题。

(一)创建世界茶叶知名品牌，提升中国茶产品形象

创建世界茶叶知名品牌，主要从源头抓起，中间监督控制，选择良好的宣传载体。世界茶叶知名品牌，必须有过硬的产品，才可达到效果。

1. 加强生态茶绿色原料供应体系的建设

生态茶绿色原料供应体系的建设，是保证良好茶产品的质量的第一关口，具有前瞻性；同时，根据产业集群理论的根植性的理论观点：充分发挥资源优势，是建设茶业产业集群的基础。我国自然资源丰富，应充分发挥生态资源优势，做好各种茶叶的原料供应，主要做好生态茶绿色原料供应地的基地认证、绿色茶园的生态建设以及绿色原料地的名优茶的生产。绿色原料供应地的认证是质量标识的身份证，具有一定的说服力，与世界有共同语言，沟通协调无障碍。

2. 加快茶叶质量标准体系和质量检测体系建设

知名品牌的树立，自信来自于产品的质量。因此，只有立足于产品质量，立足于诚实守信，才能在未来的市场中占有立足之地，拥有更大的市场。为节约沟通交流成本，节约人们对于产品认可的时间成本，必须要创世界茶业知名品牌。首先，加快制定栽培、加工等地方标准，全面推行茶叶标准化生产；其次，组建具有地区特色的科研机构，发掘选育和推广地方特色良种，培训技术人员，提高茶农文化素质。同时，把好茶叶产品质量的检测关。建立专门的质量检测站，实行定点化。一方面可及时掌握我国茶业产品的质量问题，及时解决问题；此外，给予质量检测的通过证，给予质量上的高度重视。

3. 实行绿色茶叶企业强强联合经营方式

品牌的打造需要产品、技术、营销、人才管理等各方面的协调、配合，不是像一些产品只

靠做广告、炒作策划吹出来的所谓名牌。我国现有品牌数不胜数，只浙江的绿茶品牌就多达300多种，琳琅满目，消费者购买时，识别的成本较高。我国世界知名品牌的塑造，需要我国茶业绿色企业的同心协力，使用产业集群中的“1+1>2”的效果。实力较强的企业间的密切合作以及企业和具有研究功能的科研院所的合作是解决茶叶企业规模、企业发展进步、应对国外企业进入的最佳方式。目前，中国土畜产进出口公司已整合10家茶业公司，组建中国茶叶股份有限公司申请上市，以便使中国茶叶企业与跨国公司抗衡。因此，在中国大茶业发展战略里，不仅包括国内茶叶企业的联合，同时，也应注意与外来强势企业的联合，以便借船出海，不断提高中国茶叶品牌知名度。

（二）加大茶业科技投资力度，增强中国茶业竞争力

科技乃第一生产力，无论作何战略对策，科技一直是保证产业良好发展的中坚力量。这需要从上而下，以及周围立体宣传的角度出发，方能见效：政府创造环境、企业积极参与、相关科研技术部门总体宣传配合。

1. 政府提供政策性支持，营造发展茶业良好软环境

一是建立相应的激励政策。采取宏观指导、行业服务、政府贴息等多种形式，积极扶持绿色茶叶企业发展。按照市场经济体制的要求，改革政府对基础设施建设的投入方式，通过政府贴息、资产置换、发行股票和债券、设立产业投资基金等方式，最大限度地调动信贷资金和社会投资。二是建立投融资新体制。坚持市场化的改革方向，充分发挥各级政府财政资金的导向作用，逐步形成绿色茶产业建设发展的投资主体多元化格局。合理界定政府投资范围，加大对公益性基础设施和公共设施的投入。改革和完善茶叶产业的财税体制，逐步建立绿色茶产业建设资金保障体系，探索特许经营、BOT（建设－运营－转让）、BLT（建设－租赁－转让）等多种方式。积极吸引外资，按有关政策参与茶叶产业建设。改革一些价格的形成机制，逐步实行企事分离，形成投资、经营、回收的良好循环。

2. 企业争取各种资金支持，做好茶业科技资金的筹备

企业争取资金的方法主要有：一是通过民间融资。民间金融的融资速度快、信息费用低、利率市场化、资金利用率高。民间金融客观上还具有利率高、风险大的特点，和金融欺诈隐蔽性强、不可控等特点。如民间信贷，一般主要为民营企业的外源融资的主要途径之一，来弥补流通资金的不足。对于民间信贷应该规范和鼓励其发展。二是引进外资也是一种选择。外资也是一把双刃剑，有时外资对地方经济的发展会带来负面影响。应制定明确的外商投资产业目录，对鼓励引进的，给予相应的优惠政策；对禁止引进的，不管投资额有多高，也要坚决禁止。同时注意完善外资结构，降低少数国家投资比重过大带来的风险。

3. 国家实施科教兴国战略，茶业做好科教兴茶之举措

一是提高我国储备的科研人员的“含金量”。因为，我国现有省级以上茶叶研究机构共13个，此外还有10所高等农业院校设有茶学专业，可培养本科、硕士和博士毕业生。但在生

产方面的科技转化力不容乐观，茶叶的资源开发利用不够，至于茶叶深加工产品，以及高附加值的产品开发更显不足。二是锁定我国特色工艺，提高科技含量。俗话说，不进则退，对于传统的加工技艺，要加以改造推崇，不能停滞不前。对于改进后的加工技艺不但要在中国被认为有特色，还要通过科技传播的方式，加以推广至国外，证明是有技术含量的。

(三)践行“茶为国饮”，扩大内需，冲刺国际市场

茶文化已经不再只是一种民族文化，民族的，就是世界的。“茶为国饮”，首先开拓国内市场，形成凝聚力，变成潮流，充分利用我国的人口资源，打造这种趋势。“茶为国饮”的说法在孙中山时代就被提出了，1994 年中国国际茶文化研究会老会长王家扬和茶学界唯一的中国工程院院士陈宗懋都曾提出“茶为国饮”这个理念。

1. 提高国民身体素质，宣传茶叶保健的特殊功效

通过增强国民身体素质为切入点，宣传茶叶的保健功效，进而达到“茶为国饮”的境况。最初，茶叶是作为中药出现人们面前的，古今专家提出：“茶是万病之药”、“万药之本”。茶的这种功效经过上下几千年，已经被生活实践和现代医学所证明。研究结果表明，饮茶有“三增”和“三抗”：增力、增智、增美和抗衰老、抗辐射、抗癌症。

2. 传播中华茶文化，推进社会主义精神文明建设

文化是一种氛围，是一种潜意识；从意识层面去影响国人，进而决定其行为，从而验证“茶为国饮”的事实。从文化角度出发，茶文化是中国传统文化的重要组成部分；从人们内心追求的角度出发，茶又与儒道佛等中国古代哲学思想交融，“提倡天下茶人是一家”，融天、地、人于一体，不分你、我、他。因此，茶文化的传播，可提高人的文化素养和精神境界，促进社会主义精神文明建设。为“茶为国饮”境界的提升，提供了机会平台。

3. 以茶为媒介，促进国际交流，不断拓展国际市场

茶是和平的象征，和平是有史以来人类追求的共同目标。中华茶文化历史悠久，底蕴深厚，在国际间的交流也颇具影响力。“客来敬茶”不仅仅在小家庭中演绎着，而且在国际间的交流活动里，也进行着友好往来。如：接见元首、招待贵宾、高级商谈，一般都以茶招待。我国与世界大部分国家都有着友好往来，这是我国茶叶市场开拓的关键点，通过相互访问的使节作媒，也是宣传和营销我国“茶为国饮”理念的途径。由此看来，茶文化是人类共同的文化，茶同样也是世界共同的拥有品。茶，象征着热情，象征着关爱健康，这为世界的和平对话提供了良好的机会。“水到渠成”，中国茶业的市场由此冲刺国际市场，这不但带动了我国茶业的发展，而且为世界和平贡献了一份力量。

思考题

1. 中国茶叶发展战略理念有几种？

2. 中国茶叶发展战略包括哪几种类型?

3. 中国茶叶发展有什么机遇?

4. 中国茶叶大发展有哪些对策?

例证

越南茶业发展策略

1999 年 3 月,越南政府批准了 1999 ~ 2010 年越南茶叶发展计划。为了实现该计划,促进茶叶产业的发展壮大,越南政府和越南茶叶协会采取了很多促进措施,相信对未来越南茶叶产业的发展会带来积极的影响。

一、政府提供财政支持,增强茶叶国际竞争力

越南政府在财政上给予茶叶产业大力的支持。越南政府已经宣布计划投资 3.93 亿美元来促进未来 10 年茶叶产业的发展(该计划也得到了亚洲发展银行的资金支持)。政府还拨专款给中部和中北部地区的 9 个省(其中 5 个省生产红茶,4 个省生产绿茶),使其优先深入发展茶叶产业,主要是提高越南茶叶的产量和增强越南茶叶在国际市场上的竞争力。

二、引进优质茶叶树种,提高本国茶叶质量

越南虽然已经跻身世界十大茶叶出口国的行列,但是其茶叶由于质量原因迄今仍未得到各国品茶者的好评。鉴于目前越南茶叶品质不佳和产量不高的现状,越南茶叶协会计划在未来 3 ~ 5 年内从中国和日本进口新的优质茶叶树种,以提高越南茶叶的质量。该协会还将采取进口生化除虫剂,禁止茶叶种植者购买、使用政府禁止的除虫剂,以及禁止种植者购买含有杀虫剂的茶芽等措施来适应国际市场绿色环保的要求,加速越南茶叶与国际市场的接轨,增强其市场竞争力。

三、引进外资建立合资或独资企业,促进茶叶产业发展

2002 年,越南同美国一家公司达成协议,联合建设茶叶生产加工基地。联合基地总投资 8000 万美元,茶叶种植面积 5000 公顷,预计每公顷产茶叶 10 吨。联合基地将建设 7 家茶叶加工厂,加工规模为每年生产成品茶 3000 吨,还设有一家销售茶叶的超市。联合基地从 2002 年开始种茶树,2003 年开始兴建第一家茶叶加工厂,2005 年将建设另外 3 家茶叶加工厂,2007 年再建 3 家茶叶加工厂以及其他辅助工程。产品将销往日本、西欧和美国等地。

2003 年,越南计划投资部核发执照给日本 maruyasu 公司在山罗省投资设立种植及加工外销茶叶的独资公司。根据协议,该日本独资公司注册投资总金额为 2500 万美元,专业从事种植及加工外销茶叶,公司将在越南山罗省木州县文胡社区租用 150 公顷土地,其中将种植 120 公顷日本品种茶树,并兴建年产量为 400 ~ 500 吨的茶叶加工厂,其产品的 80% 将用于出口。

四、启动茶叶出口信贷等政策,促进茶叶的出口

越南政府在投巨资发展国内茶叶产业,解决本国茶叶产业发展的资金短缺问题的同时,也启动了茶叶出口信贷、对茶厂的优惠贷款等政策，以增加越南茶叶的出口量。为了促进越南茶叶出口，越南政府还要求越南贸易部及其他相关部门除进一步加强同传统出口市场的贸易联系外，还应该帮助出口商打入新的海外市场，同时要求本地银行也要加强同海外银行的联系以促进茶叶出口贸易的结算。

五、采取措施增强私人投资茶叶产业的积极性

为了提高茶叶的产量和质量，越南政府鼓励私人资本投向茶叶产业。越南农业乡村发展部已经投入5760万美元帮助农民转向茶叶的生产，根据这一发展计划，政府将提供信贷措施和技术帮助，以增加13个省6.74万名茶农的收入。通过更新越南茶农的生产设备，提高其生产效率等措施，使越南的茶叶产量从目前每公顷3吨鲜叶提高到12吨，该计划将使越南超过300家私人茶园、830家小型绿茶加工厂以及很多中小规模的茶叶加工厂获益，从而有利于促进私人资本投向茶叶产业。

为了促进茶叶产业的发展壮大，越南政府和越南茶叶协会还采取了其他促进措施。例如通过制订不同茶叶发展阶段的适当价格体系来稳定越南茶叶市场价格；设立专门的保险公司来保护茶叶行业的利益；加强同国外茶叶同行的信息交流，加入国际茶叶协会（the International Tea Committee）以获取相关信息等，来促进越南茶叶产业的发展。

［资料来源：中国茶叶论坛，2008-12-14］

第十章 茶业的可持续发展与管理展望

作为世界茶叶大国，我国茶产业近年来发展很快。但由于长期以来在茶叶生产经营中强调茶叶经济的增长速度和幅度，没有注意经济与环境、生态、社会之间的密切联系，在茶叶生产经营中采取低效率的生产和粗放经营，这种追求短期效益，忽视可持续发展的做法，尽管在短时间内确实促进了茶产业的发展，却也导致了土地资源被大量浪费，水土流失严重，生态环境也日益恶化。因此，实施可持续发展战略，是我国茶业可持续健康发展的重要举措。同时，知识经济的脚步已近，对茶叶经济的影响日益深刻，对由依靠自然资源禀赋优势粗放发展的中国茶业来说，抓住知识经济的历史机遇，改变传统经营管理模式，是提升自身发展品质，真正实现茶业可持续发展的必然要求。

第一节　茶业可持续发展战略

一、可持续发展理论综述

“可持续发展”的定义是由挪威前首相格·布伦特兰在1987年向联合国环境委员会提交的一份报告中提出的。可持续发展理论是对传统发展观的否定，传统发展观以片面追逐经济增长为目标，以单一追求GNP增长指标为衡量标尺，以粗放型外延式的“高投入、高消费、高污染”为特征的旧的发展观。它表现为发展战略的盲目短视，极端片面性和发展过程、结果的无序畸形性。在这种发展观支配下，为了追求利益的最大化，采取了以损害环境为代价来换取高经济增长速度的发展模式，其结果是在全球范围内造成了严重的环境问题。

(一)可持续发展的定义、基本要素及理论内涵

1. 可持续发展的定义

许多学者从不同的角度，提出自己对可持续发展的理解。从不同角度定义可持续发展反映出人们对“发展”概念外延进行分类所采用的标准不同，下面就最具代表性、也是影响较大的可持续发展定义概括为三类进行分析。

(1)从生态环境角度定义可持续发展

持这种观点的人认为可持续发展应以自然资源为基础，同环境承载能力相协调，这种定义是建立在发展对生态环境影响作用的基础上。用发展的自然属性即发展对生态的影响来界定“可持续性”，强调了人与自然的依存关系，警示人们发展经济不能以破坏自然生态环境为代价。

(2)从经济角度定义可持续发展

持这种观点的人认为可持续发展的核心是经济发展的可持续性，它不但要求发展不能以破坏自然生态环境为代价，而且要求考虑发展问题既要顾及当代人利益又要顾及后代人的利益，要正确处理眼前利益与人类长远利益的关系。

(3)从科技角度定义可持续发展

持这种观点的人认为实施可持续发展科技进步有着重大意义。没有科学技术的支撑，无从谈起人类的可持续发展。他们从技术选择的角度定义可持续发展，认为“可持续发展就是转向更清洁、更有效的技术，尽可能接近‘零排放’或‘密闭式’工艺方法，以此减少能源和其他自然资源的消耗”，“可持续发展就是建立极少产生废料和污染物的工艺或技术系统”。

2. 可持续发展的基本要素

可持续发展定义包含两个基本要素或两个关键组成部分："需要"和对需要的"限制"。满足需要，首先是要满足贫困人民的基本需要。对需要的限制主要是指对未来环境需要的能力构成危害的限制，这种能力一旦被突破，必将危及支持地球生命的自然系统：大气、水体、土壤和生物。决定两个基本要素的关键性因素是：

(1)进行再分配以保证不会为了短期生存需要而被迫耗尽自然资源；

(2)降低主要是穷人对遭受自然灾害和农产品价格暴跌等损害的脆弱性；

(3)普遍提供可持续生存的基本条件，如卫生、教育、水和新鲜空气，保护和满足社会最脆弱人群的基本需要，为全体人民，特别是为贫困人民提供发展的平等机会和选择自由。

3. 可持续发展的理论内涵

(1)目标　保证经济高速发展，又保护生态环境，使社会经济同资源环境实现良性循环。不仅安排好当前的发展，又要为子孙后代着想，为未来发展创造好的条件。

(2)体系　可持续发展是社会与自然关系的变革，以保护资源与环境为前提对社会进行革新，需要建立可持续发展的社会体系。

(3)过程　从当前开始直至目标实现。在整个过程中协调好人口、资源、环境、社会及经济发展间的关系。

(4)思想　可持续发展是一个理想，理想目标的实现，首先要使人的思想观念有所转变，树立环境意识和生态观念，提倡节约，反对浪费。特别要克服"发展"中片面追求经济增长的思想，防止以牺牲环境为代价换取暂时的经济增长。

(5)原理　主要体现在以下三方面：

首先，强调社会公平。可持续发展的目标是要满足所有人的基本需求，向所有人提供实现美好生活愿望的机会。社会要从提高生产潜力、确保每人都有平等的机会两方面满足人民需要。

其次，强调发展与环境的统一，即社会经济发展同资源环境统筹安排是可持续发展的基本原则。

最后，强调生态与经济的协调是核心。经济是社会发展的基础，所以要以经济建设为中心。生态是人类社会和生命系统同自然环境的关系，解决环境与发展的统一问题就必须首先解决好生态与经济的协调发展问题。

(二)茶业可持续发展的含义及要素

1. 茶业可持续发展的含义

茶业可持续发展就是在保护自然资源的基础上，通过实行技术改革和机制创新，实现经济与资源、环境、人口、社会之间持续性的协调发展，从而既满足茶业对资源的需求，完成经济发展的目标，又保护自然资源和生态平衡。

2. 茶业可持续发展的要素

茶业的可持续发展有“硬件”和“软件”两大要素。所谓“软件”要素主要是指人们的观念、相应的政策、法规、体制等,而“硬件”要素则是指先进技术的利用。茶业技术包括传统茶业技术、常规茶业技术和可持续发展技术。王宏树等人研究认为,传统茶业技术具有生态的特点,但它是在低生产力生态平衡的基础上实施的,所以传统茶业技术需要进行科学的改进;常规茶业技术中含有不利于可持续发展的技术,也需要进行科学的筛选和淘汰。但三者是不可分割的,茶业产业的可持续发展,不是简单回归传统茶业,更不是对现代常规茶业的替代,而是三者之间的有机结合,是建立在传统茶业技术基础上,对常规茶业技术进行改进和创新,并结合最新的可持续发展技术,形成的一种现代化的综合发展之路。

3. 茶业可持续发展的内涵

茶业的可持续发展是可持续发展理论在茶业领域的应用。它使得人类在利用茶叶自然资源方面,在茶业事业的各个环节,以和谐的方式进行生产,并公平地满足今世后代在茶业发展和环境方面的需要。中国加入 WTO 后,面临的挑战多于机遇。回顾茶业发展的轨迹和总结近年来一些茶区持续、稳定发展的经验不难看出,生态的良性循环是茶业经济可持续发展的基础和保证。因此,茶业要实施这一战略的关键是不能用牺牲当地的自然生态环境谋求茶业经济的发展;不能用一时茶业经济产值的增长去危害茶业长远的发展,或只顾茶业自身的发展而影响其他的发展。在 21 世纪农业发展需要走可持续发展道路的大气候中,茶业应摆脱发展靠牺牲环境、健康,发展后又转回来搞环保、促健康的不良模式,力争恢复绿色饮品的本来面目,发展绿色食品茶,在现代高水平上实现可持续发展。让茶业融入大农业乃至社会的可持续发展中。

二、茶业可持续发展的意义、目标与内容

(一)茶业可持续发展的意义

可持续发展观是指导现代社会发展的新型发展观。将其用于指导茶业发展有助于在茶产业的各个环节,以和谐的方式进行生产和经营,并公平地满足今世后代在茶业发展和环境方面的需要。

1. 改变当前茶业发展中存在的问题

(1)茶业可持续发展可以逐渐改善茶园水土流失的现象

长期以来,由于人们水土保持意识淡薄,不注意茶园水土资源的保持,导致了茶园水土大量流失,茶园土壤肥力下降,产量减少。以福建为例,福建省有 80% 的茶园存在不同程度的水土流失状况,其中有 20% 的茶园水土流失相当严重。据省茶科所测定,在年均降雨量 2000 毫米左右,坡度 20°的山地,年土壤流失量达 651.15 千克,相当于损失纯氮 0.95 千克,

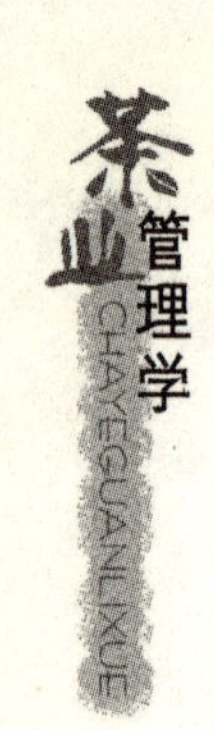

全磷0.3千克，全钾4.25千克，腐殖质7.5千克。由于水土流失，使茶园土层变薄，养分流失，肥力下降，保土蓄水能力降低，土层理化性变差，茶根裸露，严重影响茶叶产量、品质和经济效益。通过实施茶叶可持续发展，采取积极有效的措施，可以改善茶园水土流失的现象，增强土壤保水蓄水能力，提高土壤肥力，从而为茶树的生长提供良好的环境。

(2)茶业可持续发展可以解决茶树自然资源的相对匮乏

茶树的生长具有地域性，其对外界条件(如光照、湿度、降雨量、昼夜温差等)都有较为严格的要求。我国拥有丰富的茶树自然资源，各个省份基本上都拥有适应当地气候条件的自身引以为傲的茶树自然资源。通过实施茶叶可持续发展战略，可以使当前的茶树资源被充分利用，促进茶业经济的发展。

(3)茶业可持续发展可以逐渐提高茶叶质量

目前，一些茶叶生产者，对施用化学农药与茶叶品质、生态环境及人体健康的密切关系，尚缺乏足够的认识，也缺少茶树病虫害综合防治的科技知识，在茶叶生产上采取掠夺式管理，不注重施用有机肥；在茶叶流通过程中，尚不能用简便快捷的方法检测茶叶的农药残留量，致使茶叶中农药残留、重金属和有害细菌严重超标，造成茶叶污染，严重影响茶叶的卫生质量。这就使得我国茶叶在出口的问题上，遭遇国际市场上的技术壁垒，影响我国茶叶的出口。如欧盟大幅度扩大茶叶中农药残留的检验种类，从6种扩大为62种，降低茶叶中农药最大残留量的下限，这使得农药残留成为我国茶叶出口的瓶颈性障碍。通过实施茶叶可持续发展，可以使得茶农提高对农药种类选择及科学使用的意识，创造出更加简便、快捷的检测茶叶农药残留量的方法。

(4)茶业可持续发展可以促进茶叶市场有序经济秩序的形成，推进茶叶产业化进程的步伐

由于我国市场经济法规尚不健全，茶业市场经济秩序比较混乱。有些地方存在茶叶产区的货款经常被销区拖欠，不能及时回笼，致使三角债丛生的现象。另外，还存在着茶叶经营销售松散，市场竞争无序，生产不规范，品名不统一的问题。通过实施茶业的可持续发展，可以通过加快茶叶企业整合重组，鼓励和扶持现有的省市级龙头企业开展强强联合组建茶叶集团，提高市场竞争力的办法，再辅以制定相关的严格的规范茶叶市场秩序的法律法规，促进茶叶市场有序经济秩序的形成，从而推进茶产业化进程的步伐。

(5)茶业可持续发展可以改善茶叶科技投入少的局面

长期以来，由于茶业在国民经济和大农业中的地位局限，政府有关部门对茶叶科研和技术推广的经费投入相对较少，致使茶叶科研资金严重不足。同时存在着政府部门条块分割等因素，使我国茶叶推广体系不健全，很多先进实用性茶叶生产技术未能及时推广应用。再加上受茶叶科研和技术推广部门自身开发创收的效益低的影响，致使科技人员人心涣散，流失严重，导致茶业经营管理粗放，制约了茶叶科研和新技术推广工作的正常展开和持续发展。通过实施茶业可持续发展，可以提高茶叶在国民经济和大农业中的地位，促使相关部门加强对茶业发展的重视程度，增强科技兴茶的意识，从而增加对茶叶科研的投入，保证茶叶

科研工作的顺利展开。

2. 迎合茶业发展的前景的需要

茶叶的可持续发展是个长期的发展战略,它将经济发展与保护环境和资源有机地结合起来,既注重充分利用现有资源大力发展茶叶经济,又将环境的保护作为目标,而不因一些眼前的利益破坏生态系统和浪费自然资源。实施茶业可持续发展的战略,可迎合前景广阔的茶叶市场的发展需要,具体来说包括以下几个方面:

(1)随着人们生活水平的提高,消费者对茶饮料的需求增多

在可口可乐横扫全世界饮料市场的时候,茶饮料成为世界饮料界新的流行趋势。进入90年代,世界茶饮料以17.0%的年增长速度递增,被誉为"新时代饮料"而风靡世界。中国茶饮料市场进入21世纪后更是增长迅速,每年以30%的速度增长,2005年消费量超过580万吨,市场份额直逼碳酸饮料,成为中国饮料市场中一道亮丽的风景线。从人均消费量来看,2005年中国人均消费茶饮料约4千克,如果与日本人均年饮用量的20~30千克计算,中国茶饮料还有5倍以上的成长空间,即使从中国目前人均10千克的饮料消费量来看,中国茶饮料的市场容量至少为1300万吨,而目前中国茶饮料的实际产量约580万吨,尚有700万吨的市场成长空间,况且目前的销售还仅仅集中在重点城市。

(2)实施茶业可持续发展,可以实现茶树资源的充分利用

茶叶本身除了具有丰富的药用价值可供人饮用外,茶叶还具有其他的药用价值。如美国的一项新研究证实,将茶叶萃取物用于接受放疗的癌症患者的皮肤能够加速皮肤的修复。此外,从茶叶中提取的茶多酚对人类也具有保健、治疗的功效。若通过合适的途径将这些成分提取出来,可以为茶叶的药用开辟新途径,达到充分利用茶树资源的目的。

(3)茶业可持续发展,提高茶叶生产加工的效率

我国的整个茶业产业链普遍存在的问题是,不论茶树种植,还是茶叶加工、经营,均存在经营规模小的问题。再加上厂房与加工设备简陋,基础设施差,企业规模小,生产分散,劳动效率低,在很大程度上影响了茶叶的产销率,不能及时满足市场需求,阻碍了茶叶产业化的进程。在茶叶可持续发展战略的推动下,通过加大科研投入资金,健全茶叶推广体系,引进先进的茶叶生产设备,提高茶叶的生产效率,进而改变茶叶小规模生产的方式,以满足国内甚至是国际市场的需求。

(4)开发绿色茶叶食品,提高我国茶叶产品的国际竞争力

国际农产品竞争实质上是一场绿色无公害产品的竞争与较量。在世界发达国家引领推进高效生态农业的氛围下,我国也大力推进绿色农产品标准化的生产经营活动,使得我国的食品污染与环境恶化的趋势得以初步扼制,经济效益、生态效益与社会效益开始稳步提高。作为农业副产品的——茶叶也应走发展绿色茶叶食品的道路,提高茶产品绿色标准化程度,开发出安全、卫生、绿色、无公害的茶产品,使茶产品质量达到发达国家的要求,跨过发达国家设置的国际贸易技术壁垒,进入国际市场,并在国际市场中占有一席之地。

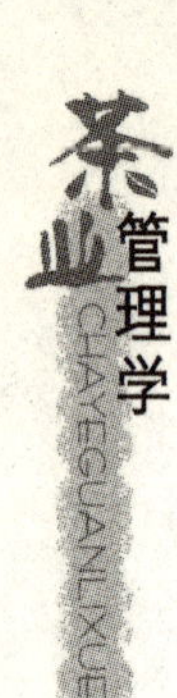

(5)减少对生态环境的破坏和污染

实施可持续发展的茶叶发展战略,追求的是经济与生态的协调发展,通过实现对光、温、水等要素的合理利用,同时在茶叶的生长中全面推广有机肥,降低茶叶有机内含物量,找出一条最佳物质、能源投入产出模式,既发展茶叶经济,又充分保护环境和资源。

(二)茶业实施可持续发展的目标与内容

茶叶可持续发展追求经济、资源、生产、生态的协调发展,其主要目标和内容包括:

1. 建设以无公害生产技术为主导的茶园

近年来,随着经济的发展和生活水平的提高,人们的消费观念和消费行为发生了深刻的变化,特别是对食品的质量要求越来越高,开始从温饱型向纯天然、无污染、高质量的食品方向发展,因而使得无公害食品日益引起社会的重视。茶叶是一种机能性食品,不仅具有调节人体生理功能的作用,同时它又是人们日常生活中的必需品,所以无公害茶特别是有机茶的开发引起了人们的广泛关注。要生产出无公害茶叶,要求茶园的生态环境条件和茶园管理都要达到有机名优茶生产基地的标准。

2. 完善现有技术,增强生产能力

茶叶可持续发展强调对现有技术的合理利用,通过对茶叶常规技术和茶叶传统技术的完善和创新,来增强茶叶的生产能力。传统和常规的茶叶技术追求施肥增产和喷药防害,这对环境和生态有一定的破坏作用。而现代化的先进技术如病虫害综合防治技术、茶树生物育种技术、机械加工技术等,在提高茶叶生产能力的同时,也起到了保护环境、资源和生态的作用,保证了茶叶生产的长期性。苏祝成研究认为在影响茶园生产能力的众多要素中,技术所起的作用约为56.1%,通过良种推广、栽培与采摘制度创新、机械化操作都可以大大提高茶园的生产能力。

3. 推进茶业发展产业化

茶业产业化是茶业社会化服务体系的重要组成部分,是我国茶业的一种新型经营机制,对新阶段茶业的战略发展具有极其重要的作用。茶业产业化指的是以国内外市场为导向,以提高经济效益为中心,以当地茶叶的龙头企业和主导产品实行区域化布局,专业化生产,一体化经营,企业化管理,把产供销、农工贸、经科教紧密结合起来的产业体系。通过产业化形成一条龙的经营机制,实现名优茶的可持续发展,产生最佳经济效益。茶业要实现产业化,首先,把茶业产业摆上各级政府的议事日程,搞好发展规划,配套相关产业政策。其次,在加大财政投入,重点扶持龙头企业建设、新品种繁育推广,无公害标准化示范基地的同时,搞好招商引资工作,做好茶业投资项目的立项与推介工作,积极创造良好软环境,促进茶业产业的升级。再者,将大批的茶农集中起来,形成小规模大群式的茶产品商品基地,这是茶业产业化经营必须依靠的手段。最后,要在茶业产业化经营产业链中的各经济主体间形成一定程度的利益共同体,也就是说在龙头企业与茶农之间必须形成一定程度的风险共担、利益共享的共同体。这是茶业产业化经营链条之间的凝聚力之所在，也是茶农获得利润返还、提高比较效益的利益机制。

4. 利用现有资源，大力发展各地的茶产品

陈椽等老一辈茶叶研究者认为，由于茶叶的品质受多种因素影响，因此每个地区的茶鲜叶都有其独特的适制性，这种适制性与该地区的气候、土壤、降雨等有关，从而使每一地区的茶叶品质不尽相同。即根据各地的气候、资源特点，按照最适合的生态原则，大力调整产品布局，向优势产区集中，实行区域化、规模化、产业化生产，开发形成具有区域特色的优势产品。不能盲目地以经济效益作为茶叶发展的唯一目标，而要注重茶叶的可持续发展。资料显示 2000 年国内茶饮料产量达到 185 万吨，其发展速度为 300%，有机茶产量则突破 4000 吨，成为世界有机茶第一大国。日益多样化的茶叶产品，可以使各地更好地发挥自身优势，提高茶叶的经济效益和附加值。

5. 加强茶叶深加工研究，大力开发多样化茶新产品

茶叶具有丰富的药用价值，经分析鉴定，茶叶内所含的化合物多达 500 种，这些化合物中有人体所必需的营养成分，如维生素类、蛋白质、氨基酸、类脂类、糖类及矿物质元素等。矿物质元素主要是磷、钙、钾、钠、镁、硫等；微量元素主要是铁、锰、锌、硒、铜、氟和碘等。如茶叶中含锌量较高，尤其是绿茶，每克绿茶平均含锌量达 73 微克，高的可达 252 微克；每克红茶中平均含锌量也有 32 微克。茶叶中铁的平均含量，每克干茶中为 123 微克；每克红茶中含量为 196 微克。这些元素对人体的生理机能有着重要的作用。因此，研制开发功能茶和无公害的茶叶产品，如绿色食品茶叶、有机茶等充分利用现代技术进行茶叶的深加工，大力开发茶叶多样化新产品，把茶叶引入食品、食品行业，还要大力开发附加值产品，如风味速溶茶、风味浓缩茶、风味即饮茶等。利用高新技术开发茶水饮料，以其天然、味美、提神、保健的独特功能为世人所共识，通过宣传、试销，逐步占领饮料市场。

6. 实现机制化加工，降低茶叶生产成本，实现规模经济效益

在我国的茶叶生产加工领域，技术落后、设备简陋的家庭作坊式生产企业还占据着主导地位，而一些生产设备先进，技术力量雄厚的企业往往又处在无米下锅停工停产的状态，经营困难，出现了比较普遍的亏损。因此在茶叶的生产领域出现了费用上升、利润减少、质量下降、生产萎缩、技术工艺落后等顽症。以我国名优茶生产为例，我国的名优茶长期以来一直沿用传统的手工制作。这种方法造成了制茶劳动强度大，只能适应春茶前期鲜叶数量少、质量高的高档名优茶的制作。同时还存在着手工制作名优茶，生产成本高，劳动力成本高，对进一步扩大名优茶销售和市场竞争不利。因此，实现茶叶的可持续发展，要开发出便于人工操作、易于规范化、节能、节工、工效高、成本低的机械设备，实现名优茶加工机制化，生产规模化，加速名优茶商品化进程，既可大幅度提高生产者的经济效益，又能较好地满足消费者价廉质优的需求，促进名优茶的发展与消费。

7. 打下牢固基础，推进茶树良种化

优良的茶树品种是茶叶产品优质、高产和高效的基础，而无性系良种则是提高茶叶质量的前提。资料显示目前我国无性系良种茶园的面积只占总茶园面积的17%，远远低于肯尼亚的90%和日本的78%，所以为了保证茶叶可持续发展的顺利进行，要积极推广茶树良种化。黄继仁认为茶树良种化的重点应该放在无性系良种繁育体系的建立健全、茶树良种苗木的产销管理和以无性系良种为重点的茶树品种选育和推广上。

三、茶业可持续发展战略的对策措施

茶业可持续发展战略的实施，是个系统工程，包含了茶叶经济问题、生态环境问题和资源利用问题等。因此要将茶叶经济的发展，同资源的利用、环境的保护和社会的发展协调好，就需要将茶业可持续发展作为一个综合发展的系统来看待，采取相关的措施和对策。

（一）树立环境与茶业可持续发展密切相关的新思维

在发展茶叶经济和保护生态环境两者之间，必须要找到一个平衡点，而找到这个平衡点的前提就是要树立茶业可持续发展意识。就是要改变长期以来对待茶叶这种计划经济时代下的特殊商品的态度，即过多地追求数量，忽视质量与效益，过度开发资源，片面追求短期利益。而要转变观念，必须适应新形势，在现有资源的基础上，要以市场为导向，以效益为中心，突出地方特色，优化产业结构，要因地制宜，注意环境保护，依靠科技，创建名牌产品，再逐步深入推行集约化经营，加快产业化进程，达到资源的优化配置，实行“绿色”开发和“绿色”生产，将工作重点转移到依靠科技进步的轨道上来，从而实现茶叶的可持续发展。

（二）实现资源的合理配置和使用

茶叶种植和生产中包含有土地、劳动力、水电、技术、机器等多种资源，因此做到各种资源的合理配置和充分使用十分重要。具体来说，土地的使用原则应该是提高现有土地的利用率，而不是盲目地扩大现有茶园；水电的使用原则应该是节约使用，充分提高水电的使用效率，尤其是在某些水资源短缺的区域；劳动力和机器的使用原则应该是尽量推进机械化操作水平，从而解决劳动力的不足；对技术则要将重点放在改造和创新上，通过先进技术来进一步促进其他资源的合理配置。

（三）依靠科学技术的发展和进步

随着知识经济时代的到来，科技进步将成为推动茶叶可持续发展的主导力量，其表现为以下几点：

1. 实现茶树良种化

良种是发展茶叶生产和提高茶农经济收入的基础,而以优质、高产、抗病和高功能成分为目标的育种工作显得尤为重要。选育良种,不仅可以保证茶叶品质的稳定,更可以在现有资源和条件下发挥茶叶的最大经济效益,实现茶叶的长期持续发展。在茶叶良种培育中,又以生物技术、良种选育技术的研究为重点。

2. 推动集约化经营

我国的茶园目前仍采取粗放的经营方式,这不仅造成了资源的浪费和生态环境的破坏,而且茶叶产品的成本也较高,茶叶产品缺乏竞争力,适应不了社会大生产和市场的需求。而通过集约化经营,将各茶树树种的布局按照每一茶树树种所适宜的气候与土壤栽培区集中栽培,不仅使产地的生态环境与自然资源得到了充分的利用,而且也为优质茶叶产品的发育奠定了良好的基础。再者,还可通过实行集约化经营,重点培育具有实力的龙头企业,进一步加强企业的技术创新能力,使龙头企业可以起到很好的带头示范作用。

3. 完善制茶技术

当前我国茶叶的生产加工,仍存在着许多不足,如机械化生产普及率不高,自动化、智能化生产水平低,所以在生产中要通过不断摸索,对传统制茶和常规制茶技术进行完善和创新,使其更好地同茶叶可持续发展结合起来,提高茶叶产品的科学技术含量。

4. 开发茶叶新产品

随着生活节奏的加快,人们对产品的便捷和保健功能越来越重视,这也反映了茶饮料、袋泡茶和绿色食品茶的畅销。我国在这一方面仍处在起步阶段,同国外先进技术还有一定的差距,因此要加快茶叶新产品开发的步伐,生产出多样化符合消费者口味的茶饮料,研制出具有多种保健功能的绿色食品茶。

(四)严格推进茶叶质量标准体系的制定

我国在加入 WTO 后,农产品出口所需面对的关税壁垒已经取消,但是由于我国长期以来对农产品生产环节中化肥、农药等化学药品的用量不够重视,致使我国农产品经常存在农药残留超标的问题。茶业作为大农业产品的一部分也不例外,因此,我国的茶叶在出口国外时,总是面临着国外的技术壁垒的威胁。要改善这种不良的现象,就必须为我国茶叶的生产制定详细、严格且便于执行的质量标准体系,积极推进标准体系通过 ISO9000 和 ISO14000 系列认证。如茶叶加工企业要提高标准化管理,积极开发、生产绿色茶叶食品,力争使茶叶绿色食品的比例达 10% 以上,提高茶叶的市场竞争力,促进茶叶绿色食品出口贸易的增长。

(五)充分重视人才的培养

面对着"科学技术是第一生产力"的 21 世纪,茶业在可持续发展上要想实现新跨越,必

须实现指导思想从资源开发转到整体素质的提高上来，重视人才的培养、引进及利用。要在工作条件、工资福利待遇等方面给予科技人员优惠待遇，要满足他们在物质生活上的需要。建立创新激励机制，要坚持公开、公正、平等的原则，形成“尊重劳动、尊重知识、尊重人才、尊重创造”的氛围。对于凡是作出突出贡献的科技人员，给予表彰，提高他们的满足感，提高他们的知名度和学术地位。要建立、健全科研成果应用效果的奖励和提成制度。

(六)积极推进茶叶市场创新

要实现茶叶的可持续发展，还必须通过规范茶叶市场的秩序，要规范市场秩序就必须通过市场创新。在市场创新方面，要发挥市场机制的作用，培育绿色市场，促进绿色茶业的发展。如1999年为了加强对流通环节的食品安全管理，我国实施“三绿工程”，即“提倡绿色消费，培育绿色市场，开辟绿色通道”。

(七)重视茶叶品牌建设

茶叶生产可持续发展，关键还是在于发展传统名茶的同时，积极开发出创新名茶，增加适销对路的名茶，以满足市场的需要。但就目前来看，我国茶叶市场存在以下几个问题：虽然我国名茶生产数量已有一定规模，但从整体看，我国茶叶的质量水平不高，制作比较粗糙，名不符实的现象比较突出，存在着“品质相似，名称不同，同茶异名”的现象。这种现象造成了名茶牌子多，名称乱，形不成气候，也不利于销售的局面；再者，我国的茶叶市场缺乏统一的生产标准、统一包装、统一的质量体系，这不利于茶叶的销售。此外，我们在一定程度上还存在着认识的误区，认为名茶就等同于名牌，茶业强势品牌的缺失已成为我国茶行业发展的障碍。因此，要改变上述三种状况，最根本的就是茶业要加大名茶转化为名牌的工作力度，关键是增强知识产权意识和品牌意识，尽快形成中国茶业的名茶、名乡、名牌完整的品牌系列，不仅为传统名茶，更要重视对新茶叶品牌的扶持，充分利用各种渠道，采取集中宣传的形式，利用媒体快速传递市场信息，抓住可能出现的新需求，在激烈市场竞争中求发展。如随着茶叶企业的发展，我国将出现一批全国性或区域性的知名茶叶品牌，预计国内市场2010年名牌茶叶的销售量将占茶叶销售总量的1/3，国际市场品牌茶叶将达1/4。

(八)弘扬茶叶文化，提高推进茶业可持续发展的意识

我们不能否认文化在我们生活中具有很强的导向功能。一个在强有力文化影响下的社会，社会成员必然在极大程度上受这种文化的熏陶，因为社会提倡什么，崇尚什么，社会的成员们就追寻什么。一种强文化可以长期引导社会成员为实现某个目标而自觉地努力。因此，我们要实现茶叶的可持续发展，要提高社会成员可持续发展茶叶的意识，促进茶叶市场的消费的发展，就必须做好茶文化的宣传工作。茶文化宣传工作做得好与坏，直接决定茶叶消费市场的兴衰，如在广东、福建等茶文化氛围较浓的地区，茶叶人均消费水平为全国平均水平面的3倍；广西人均消费不足三两，约为广东的1/3。要加强茶文化的宣传活动，宣传茶

叶的防癌、抗辐射等保健功能，以提高茶产品的社会价值和经济价值，最终达到利用茶文化推动茶叶消费，为茶业的可持续发展提供强大的文化支持。

（九）政府要加强宏观指导，确保茶业产业的健康发展

要把茶业产业摆上各级政府的议事日程，搞好发展规划，配套相关产业政策。要在茶叶生产等方面，加大财政投入，重点扶持龙头企业建设、新品种繁育推广，无公害标准化示范基地及病虫害测报网络建设。要加强茶叶信息化体系建设，配备专门人员从事信息的收集、研究、分析、发布，及时为企业和茶农提供产业信息和市场信息，更好地引导广大茶叶生产单位按照市场要求组织生产。还要积极地做好各地的招商引资工作，做好茶业投资项目的立项与推介工作，积极创造良好软环境，以促进当地茶业产业的升级。

第二节 知识经济时代的茶叶经济管理

在经济全球深入发展，科技进步日新月异，区域经济一体化加快推进，国与国综合实力竞争、企业与企业商业竞争异常激烈的今天，茶叶企业如何把握胜机，掌握相关知识和特点，在国际化经营中，日益密切与各种知识和信息的联系，将是能否驾驭自己、从容应对21世纪的新态势，实现企业在跨国、跨境开展业务，并取得稳健发展、不断壮大的最突出因素。

一、知识经济及其特征

（一）知识经济的产生

综观人类经济活动和人类发展的历史，人类在经历了漫长的农业经济和工业经济形态之后，正在出现并实践着一个崭新的经济结构形态——知识经济。从生产力发展和资源配置来考察，人类经济社会的发展可分为三个阶段，这就是农业经济阶段、工业经济阶段和知识经济阶段。农业经济发展主要取决于对劳动力资源和自然资源的占有和配置的一种经济。它始于人类进入文明史，一直延续几千年，到19世纪西方等主要国家完成工业化革命为止。其生产形态为：从生产到技术，从技术再到科学，又从科学到技术再到生产过渡。工业经济是经济发展主要依赖于对能源资源和以机器等物化的生产资源为主的占有和配置的一种经济。一般认为，它始于19世纪的60～70年代，止于20世纪末。这一时期，由于工业和交通运输革命在世界范围内展开，快速形成了世界市场和世界经济，既有国际分工又有密

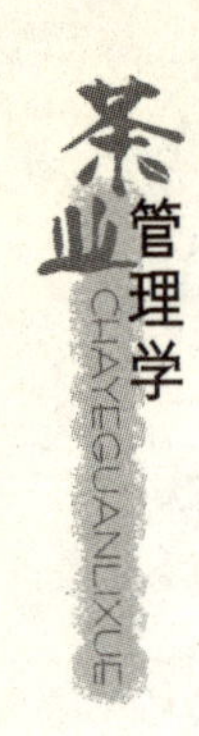

切的经济联系，各国产品在世界范围交换的规模极大地增加，交换疆域急剧扩大，交换方式日趋复杂，从而使世界市场的发育愈益成熟。而知识经济是经济发展主要取决于对知识资源的占有和配置的一种经济。它是本世纪经济发展的最突出因素，它的决定力量是以知识作为第一生产力构成的科学技术。知识经济阶段始于20世纪末，正在不断发展完善。最早进入知识经济社会的是一些西方发达国家。专家预测全球知识经济系统的建立，大约在21世纪的30~50年代之间。其经济形态为“知识价值”的生产，表现在科学技术高度发达，科技成果转化为生产力的速度大大加快，形成了知识形态生产力的物化，人类认识资源的能力、开发替代资源的能力大大提高，不断推动经济社会的可持续发展。

(二)知识经济的基本概念

知识经济概念的提出始于20世纪90年代，最早见于1990年联合国研究机构的报告，是世界新技术革命，引发新产业革命和社会广泛变革的结果。1996年，经济合作与发展组织(OECD)在《技术、生产率和工作的创造》报告中的定义为：“建筑在知识和信息基础上的经济，以知识和信息的生产、分配和使用为直接依据的经济，知识是提高生产率和实现经济增长的驱动器”。基本的共识是，一个国家的国内生产总值(GDP)只有以知识为基础，所创造的经济价值达到50%以上，才算迈入知识经济的行列。

发展知识经济关键要素在于核心知识——以智力为主的知识，智力正作为一种其威力难以胜数的能源，已成为现实社会中对经济具有驾驭使命的现实。其基础信息是：关键技术、基本资本和风险资本以及相应的人才资源。知识经济的出现，催生了“电子商务、网上生存、虚拟商店、无铺购物、电子商厦、空间市场、智能世界”等的发展，正如世界著名的未来学家A·托夫勒所说的：“人类正面临着向前大跃进的年代。它面临着极其深刻的社会动乱和不断地创新和改组。尽管我们还没有清楚地认识它，但我们正在从头开始建设一个卓越的新文明。”这个新文明，就是知识经济时代的文明。

(三)知识经济的特征

知识经济由于网络技术的发展、不断的知识创新和国家有效保障体系的建立，正在以前所未有的态势向前迈进，并呈现出以下特征：

1. 全球经济一体化

知识经济的显著特征，是由于微电子技术的发展、网络化水平的提高，大大缩短了人与人之间、国与国之间的距离，Internet网络一天24小时不间断地传递着各国间、企业间、个体间的商业合同、现金交易、教育资讯、医疗服务和咨询信息，打破了数千年来形成的文化界限，也大大促进了生产率的提高。

2. 市场拓展多元化

知识创新成为知识经济发展的前提。微电子、智能机、光纤电缆等通过声音、文字、数字、形象和光速，极大地方便了跨国进行企业生产资源的配置，利于规模化、专业化、多样化的操作,形成世界经济多元化的趋势,使世界成为一个不断拓展和扩大的大市场,而且这个市场是开放的,不论是社会主义国家还是资本主义国家,不论是发达国家还是发展中国家,不论是大企业还是小企业,都可以参与其中,或进入市场或退出市场,可以是农业、制造业,也可以是金融业、服务业,都可以在这个开放世界的开放市场的大舞台上大展拳脚,一显身手,参与交换、参与合作、参与分工,在全球范围内配置资源与市场,在全球范围内吸纳与使用人才,在全球范围内发挥效率、提高效益。

3. 能力出现聚合化

专业化、综合化、多学科知识融会贯通、融合集成、智能横移是知识经济的主要特点之一。系统综合能力的凝聚,已成为知识经济时代特征下,社会人必须具有的高逻辑起点能力的鲜明特质。这种需要经过思维相互激荡、碰撞的特殊能力,已经在全球展开,成为全人类的智能横移,因此,个人能力要求向系统综合能力、知识交合能力、扩大视野能力和爆炸思维能力聚合方向发展。

4. 知识要求密集化

越来越明显的制造模式转向知识密集型产品,如计算机软硬件、飞机、车床等的生产,使柔性化工作越来越成为趋势,出现诸如面议的薪酬、灵活的工作时间、不固定的工作场所等,使劳动力成本大大下降,需求和发展由制造业大量向服务业转移,在发达国家制造业创造GDP不达四成、就业率不足三成,第三产业、第四产业快速发展,教育、娱乐、大众传媒加快发展,产业研究与营销投入越来越大,地位越来越高,投资转向高科技的产品与服务领域,又以信息和通讯技术为甚,知识密集的服务成为全球新宠,成为制造业和消费者的最大需求。

5. 决策呈现知识化

在知识经济条件下,决策需求最明显不过的是遵循科学、系统和严密。因此,知识在其中发挥的作用最大,不仅对企业投资、贸易,而且对管理、服务等方面的决策,也都离不开知识体系的支撑。小的自家庭理财,中的如企业的发展策划,大的到国家的宏观战略,无不表现在智力、智慧、智能等集成的知识体系里。决策系统需要置于社会—文化—经济的大环境、大系统之中,需要考虑获得控制、组织架构、人员协调、分配指导、领导层级、激励机制等方方面面,需要统筹个体成效与整体成效,短期成效与长期成效,组织成效与管理成效,既分解分析又结合推进,以利形成最佳决策、最优成效、最好结果。

6. 运作发展智能化

人类的智能就是人们认知世界的智慧与本领。人类智能的主要特征是理性思维和有目的的行为,体现在"智"和"能"上。"智"是人类对事物的认识发现能力,"能"则是人的行为行动能力,包括各种技能和正确习惯等。人类只有把"智"和"能"有机地结合起来,才能做到发现自然、适应自然、完善自然而不是改造自然。自然有其自身的规律,人们只能遵循它,而不能改造它,更不能破坏它,否则必将受到自然的惩罚。因此,人们必须正确运用智能,这就要求人类在劳动(包括一切经济活动)、学习知识和语言交流中,通过"智"和"能"统一起来,由智能化运作发展,推动人类更加进步,经济更加发达,社会更加和谐。这也是知识经济时代的一大特征。

7. 资产投入无形化

无形资产是指不具备物质实体的资产，主要包括著作权、专利权、商标权、专有技术、专营权、生产许可证、进出口许可证、计算机软件、企业管理系统、企业信誉、企业员工包括管理人员、一线生产人员等的知识和存于其头脑中的见解、构想等。这些都是知识经济时代重要的资源和无形资产。因此，在知识经济时代，企业投入高端人才引进、人员培训、教育、科学研究占有很大的比重，企业的实力主要地体现在，企业所拥有本行业内高端人才的数量、社会知名度、拥有专利数、品牌价值认同和行业标准制定数等方面。

8. 知识资源共享化

人类赖以生存的资源主要有3种：可再生资源（如动物、植物、风力、水力、太阳能等）、不可再生资源（如金属和非金属矿藏以及石油、煤、天然气等）和知识资源。这3种资源只有知识资源可以不断补充、完善和发展，是人类发展的重要推动力量。在知识经济时代，知识资源已成为一种可全球共享的资源，跨国经营，实现国与国间的学习与交流等，使知识资源成为“公众资源”。经济一体化导致“知识世界共同体”的出现，知识产品便在全世界范围内交流和循环，因而，产生世界知识资源共享化。

9. 经济运行高速化

知识经济而呈现的知识密集使人类的经济运行能力高速发展，高新技术产业所创造的国民生产总值，占有比重大幅提升，加速了产业的转移和对接，发达国家为寻求更大更快发展，主动转移劳动密集型和技术层次较低的产业到发展中国家，发展中国家为加快自身发展主动对接，并在对接中消化、吸收、提高，使产业的技术层次，在全球经济高速运行中也得到发展。引进先进的机器、设备、管理经验与营销理念，不仅推动了发展中国家的进步，而且也反过来推动发达国家的再创新，加速经济运行速度，促进了世界经济的较快发展，实现了各国间分工与合作的共赢局面。

10. 经济发展永续化

由于知识经济时代，信息和服务业占有大量的GDP和就业比重，对再生和不可再生的自然资源应用少，可共享和不竭发展的人类知识资源应用量大，对环境破坏较大，生态保持趋于良好，人类通过智能开发使用的核聚变能、太阳能以及二次再生资源，使人类循环经济活动更加活跃，人与自然协调发展的理念更加深入。因此，知识经济时代资源的利用和经济活动模式，成为人类发展可持续的保证。

总之，知识经济时代的特征是以知识为基础，人力资本是最活跃的资本，知识产业成为主导产业，以创新为主要手段，呈现经济全球化，决策知识化，以可持续为发展目标。

二、知识经济对茶叶经营管理的影响

知识经济可表征为以智力资源、无形资产为依托，以高新技术产业为支柱，经济可持续、服务性，不断创新，走向全球化。因此，对茶叶企业开展国际化经营、跨国业务，不仅其传统的经营模式受到挑战,对企业家及其员工的素质也提出更高的要求,需要有更高的知识内涵,而且要有能够及时获取信息、快速应变的能力,才能化不利为有利,化挑战为机遇,把冲击降低到最低限度,这是每个正在开展和立足从事跨国经营业务的茶叶企业,所面临的现实而紧迫的任务。

(一)对传统茶叶经营模式的挑战

传统的茶叶企业,开展国际化经营业务一般为种茶或收购茶叶、加工、包装、储存、运输、进行国际交换或国际贸易。这是知识经济到来前的主要模式,也是目前发展中国家开展茶叶国际业务、跨国经营的主要方式。但随着知识经济时代的到来,电子商务、电子网络的广泛应用,对知识资本和人力资本的认识,茶叶的国际业务、跨国经营模式,也正在发生着变化。粗放种植、传统加工、简单包装、一般贸易的方式,逐渐被种植无公害食品茶、绿色食品茶、有机食品茶,深加工、精加工如袋泡茶、速溶茶、罐装茶水、茶化妆品、茶酒等,礼品包装、小袋真空包装等,以及贸易、投资、经营等多种方式相结合所取代。这一新经济特征下的新变化,必然要求茶叶企业开展国际业务、跨国经营,必须更新观念,重视人才,加大智力投入,不仅要提高知识资本在种植生产、加工、包装、仓储、运输中的投入,而且也要在管理、营销、贸易、投资等方面加大投入,依靠科技进步,选育优势品种,精深加工技术和自动化包装,提高质量和效率,转变经济增长方式,依靠经济的知识化,通过知识的支持,改变茶叶从劳动密集型到劳动与知识密集相结合,最终向以知识密集为主的方式转变,从而不断提高茶叶经济增长的质量。

(二)对企业家及员工素质提出了更高的要求

人才和人力资本,已成为知识经济时代企业决胜的关键要素。因此,一个企业能否在经济全球化、信息瞬变化、科技高速化的今天,从容开展国际业务、跨国经营,决胜千里之外,关键在人——拥有复合知识的企业家、高素质和团队精神的管理人员,以及常年接受培训、接受新知识,共同为企业打拼的一线员工,关键在人才,关键在人力资本的占有比重。一般说来,人的一生在大学中能获得所需知识的10%左右,约90%要靠人们在工作中或开展业务中去不断学习。这正是为什么在知识大爆炸的今天,需要“回归教育”、“继续教育”和“终身教育”的原因所在。在美国,80%以上的企业制定有科技人员的培训计划,设置了几百门的课题,要求每个员工每年至少接受1~2次的培训教育。1992年诺贝尔奖获得者、美国经济学与社会学教授贝克尔认为,发达国家75%以上的资本不是实物资本,而是人力资本,而教育是人力资本的重要内容之一。借鉴美国知识经济得益最多、发展最快、占GDP比重最高国家企业的教育方式,以及知识经济对企业开展国际业务、跨国经营的新要求,茶叶企业只有建立学习型组织,推动全员持续学习,终身学习,加大对智力资本的投资与应用,才能做到生产知识化,经营知识化,决策知识化,企业系统知识大集成,使企业在迎接知识经济的挑战中迎“风”傲立,不断跨越,不断壮大。

（三）对信息获取能力的考验

信息的不断涌现、爆炸与瞬息万变是知识经济的标志之一。能不能及时获取信息、掌握信息、利用信息，对企业尤其是那些开展国际业务、跨国经营的企业至关重要。信息是先机也是生产力，需要智力支持，更需要准确捕捉。国际上，茶叶买卖关系中，其中一种主要的方式是拍卖，拍卖价格的变化直接影响贸易、投资、销售价格的变化，同类同种茶叶在伦敦等4个国际主要拍卖场上的价格变化，可以大致反映世界市场供求变化。因此，及时获取这些信息，对于组织茶叶货源生产、出口、贸易、投资等十分重要，在一定程度上，决定着茶叶企业开展国际业务、跨国经营的成效。

（四）对企业创新能力的强化

创新是知识经济发展的源泉。企业要发展必须靠创新，企业要壮大也要靠创新。只有不断创新的企业才是不断发展的企业，这已为世界企业发展的历史所证明。面对激烈的竞争、人们求变求新的心理、产品更新的加快、周期的缩短，质量和服务成为竞争的关键，产品的个性化等因素成为人们的评判标准，产品开发、创新、增加知识含量成为企业竞争的焦点。产品研发的规模、人才、资金、时间的投入，空间的扩大，大大促进了领域的细化和技术的分层。从产品的工艺开发到人员培训，从包装外形设计到品质的改进，从广告制作到客户的维护，从市场拓展到产品服务，无不需要专门的人员从事专门的业务。因此，这一切表明，茶叶企业开展国际业务、跨国经营，面对上述的哪一个环节，都需要知识的支撑与创新，没有创新，就有可能被竞争对手赶上、超过、淘汰，都有可能给企业以致命一击。

创新是知识经济时代各国及各行业企业角逐的核心资源。创新可以通过引进、消化、吸收创新，可以开展合作创新，可以集成创新，也可以自主创新。采用何种方式，取决于企业的规模、实力、人才和动力，也取决于企业所在行业竞争和对高科技依赖的程度，但最终仍然取决于企业的创新意识，企业可持续发展要求。越是在同行业中想做大做强的企业，其创新动力和创新愿望就越强烈，投入创新的机制就越健全，投入也就越大，体现出来的发展后劲就越大。世界盈利能力最强的跨国公司、人所共知的美国微软公司，每年用于企业研发和创新的投入，都保持在利润的10%以上，因此也奠定了其持续发展和高盈利的水平。对此，茶叶企业开展国际业务、跨国经营值得借鉴。有了创新，就表明企业有走在行业前头的愿望和动力，就有可能成为行业的龙头和持续发展的后劲。立足长远的企业，必然要有发展和战略的眼光，舍得在企业创新上下大力气。一时的利润提成减少是为长期的利润增加铺垫的，要懂得只有没有盈利的企业，而没有不盈利的行业。企业能有创新，说明企业盈利能力强，那么企业生存发展的空间就大，开展国际业务、跨国经营的动力就强。创新是民族的灵魂，国家的灵魂，也是企业的灵魂，更是生命线。这个影响、这个制掣，茶叶企业应当要有十分清醒的认识，否则，在知识经济时代必然难有大作为、大发展。

（五）对持续发展的考验

一个企业能否持续发展，是企业能否做大做强的基石，所有企业也包括开展茶叶国际业务、跨国经营的企业概莫能外。一个企业想做大做强，可持续发展是它的重要前提，也是企业追求的永恒目标。那么，如何获得可持续发展的能力以及在知识经济风起云涌之时，茶叶企业如何迎接是必须时刻为企业冥思的。它主要体现在一个企业的智能化实力、管理实力、经济实力、科研与产品创新实力、有效配置资源的实力、充分利用人力资源的实力、品牌等无形资产创建的实力等。其中，这些实力中影响最大的是人力资本的实力优势，它是知识经济企业的最大优势。茶叶企业开展国际业务、跨国经营，所要改变的首要任务就是：化一般劳动密集优势为知识密集优势。有了知识密集优势，智能劳动、智能管理、智能产品开发和智能配置资源就有了基础，则生产效率、管理效率、产品开发效率、资源配置效率，将成倍或成几何级提高。一个企业是否拥有大量有知识、有一定专业技能的人才，是企业唯一持久的竞争优势，对茶叶企业同样如此。

针对茶叶行业的特点，创造茶叶新的生产加工技术，从内在品质和外在包装等，满足消费者新、变、异、特要求，追求安全卫生质量，是提高生产效率和保持企业持续发展的又一核心资源。生产加工新技术，是知识与科技这两个生产要素结合的产物，是人类不断进步的表现，也是企业生产力旺盛的表现。有了创造的动力，就能推动企业生产力布局的日臻完善，管理能效的不断提高，配置更优的资源，始终在同行业中立足于知识含量高的产品的开发、生产、市场占领上，从而抓住了行业中高端的产品、高附加值的产品，而把低端的产品、低附加值的产品，留给缺乏创造的企业，使自己的企业站在金字塔的塔尖上，立于桥头堡，俯览“众山”小。进而优化自己企业的产品结构，升值企业的无形资产，以及商标、品牌等知识商品。这些“商品”或“商品”的一部分，包含在知识之中，由知识堆积而成，也是知识的一种表现形式，是企业可持续发展的推力所在。知识商品与物质商品不同。首先，其买和卖不发生知识所有权变化，这是拥有者企业可持续发展之一；其次，知识商品的时间性特别强，专利有一定的期限，但这些品牌、商标等知识商品却不受时间限制，而是随着企业持续发展能力的增强而升值；再则，知识商品的价值难确定，一般物质商品，其价值取决于创造这种商品的社会平均劳动时间，而知识商品是一个体系，它的形成既包括体力劳动，更包含大脑的高级思维。在知识经济社会，企业投入的是知识，产出的是经济效益和社会效益，企业的信誉、技术、商标、品牌和形象是一种不断增加的无形资产，这些无形资产维护和发展好了，企业的持续发展动力就有了保证。因此，开展茶叶国际业务、跨国经营的企业，处在这样一个时代，能否把握机遇，加大知识投入，必然制约和考验其持续发展的能力。

三、茶业经营管理发展对知识经济的迎接

（一）开拓世界市场

茶叶企业如何迎接知识经济？基本的答案是：以生物技术和信息技术为主导，改造茶叶

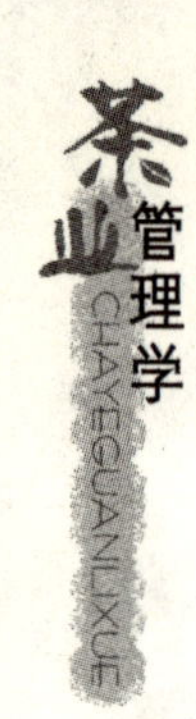

生产加工的常规技术，引入新品种、新农药、新化肥、新农具、新方法，发展节种、节肥、节药、节水、节地的种茶新技术，促进茶叶产业化；以知识密集为注入，以市场需求为导向，以科技进步为支撑，以深加工为重点，促进茶叶生产结构优化，加工技术精深；以信息技术为先导，提升茶叶营销服务新内涵。正如我国著名的农业专家石元春院士所强调的，把强大的技术支撑和技术驱动作为现代农业的第一特点："生物技术与常规育种技术的结合，使高产、优质和高抗的动植物新品种不断涌现；新型生物农兽药、生长调节剂等将替代化学物并取得更好的效果；新一代施肥、灌溉和设施农业技术将高效利用和节约资源、保护环境、提高效益；新材料和自控技术等都将使农业机械和设施达到前所未有的水平；计算机和信息技术将大大提高农业的生产和经营管理水平，新的农业技术体系是现代农业的强大支撑。"从石老的思想中，我们不难发现，茶叶企业适应知识经济，就是要注重用新技术、新方法，包括生物的技术对常规的技术进行改造、嫁接，以不断培育新的茶叶品种，并持续优化高产、抗病虫和独特品质，用生物农药控制有害生物，用测土配方的方式施用生物肥料、有机肥料，保护地力、保护种植环境，促进效益提高；将自控技术和新材料应用于茶叶加工和包装，以提高效率、新颖包装，更好地吸引消费者；以信息技术提高营销和服务内涵，增加市场影响面，扩大销售，那么，用这些知识集成的茶叶企业，其产品和服务必然具有极强的竞争力，开拓国际市场也是自然之举。如美国的孟山都公司，创立于1901年，20世纪80年代，以1亿美元投资生物工程技术在农业上的应用，1983年首例转基因植物获得成功，1995年实现商品化，大大拓展了市场，它的"保铃棉"、"抗农达大豆"等，全球销量第一，1994年仅是生物农业部分的销售额就达27亿美元。

(二)加快人力资源开发

人力资源是知识经济时代最活跃的生产力资本，是企业决胜的主要动力。劳动者素质的提高，能够导致各种生产性资源的优化配置和组合，从而导致产出量的增加，经济效益的大幅提高。因此，茶叶企业要融入知识经济时代，第一件大事是抓公司员工的教育，抓创新人才的培养。知识经济的实质是以"人"为中心的经济，产品竞争、技术竞争、知识竞争，最终都转化为人才的竞争，茶叶企业尤其是开展跨国经营、跨国业务的茶叶企业，对此要有足够的认识，主动加大人力资源的投入，促进人力资源的开发利用，为企业的持久竞争力发育和持续发展能力提升，注入强大的动力。

(三)创新组织管理架构

知识经济时代的信息技术，已逐步把全世界联成一个"高速信息网"。国际间的信息流、资本流和物资流的快速发展，使技术开发和商品化周期大为缩短，顾客选择和竞争大大增加，因此，常规的组织管理体系难以为继了，"组织"本身也成为竞争力的因素，组织也必须适应以下要求：以知识为资产，进行跨领域学习和知识流合作创新；组织要建成知识创新的基地、终身学习的基地、知识共享的基地；宽松的工作环境、团队的精神以及柔性的工作机制；跨学科研究和生产，多门类知识集成；在行业关系上，从垄断走向竞争，又从竞争走向合作；

组织架构由金字塔形向橄榄形递变。这就指明了茶叶经营企业，必须十分重视知识创新、管理创新、制度创新，实现扁平化组织和柔性化管理，才能使企业不断扩大进取。

（四）建立知识型企业

知识经济首先在于知识的竞争，体现在知识产品和知识服务上；其次企业是最接近市场和顾客的，顾客也是重要的企业智力资本源泉之一，如顾客的意见、审美观点、服务需求等，因而，顾客也是创新者。为此，茶叶经营企业要加强企业的知识管理，重点管理智力资本，包括人力资本、顾客资本和结构资本，培养"组织知识创造"能力，按中郁次郎先生所说的即"企业整体创造知识，将知识传播至整个组织，并且将其融入公司产品、服务、系统的能力。"有了这些能力，茶叶企业就有了不竭发展的源泉。

（五）提高经济效益

知识经济最为显眼的是，科技成果转化为生产力的速度空前快捷，比传统工业经济的效益明显提高。20 世纪初，全世界社会生产力的进步只有 5% 依靠科技进步，但到了 20 世纪末发达国家已达到了 70% ~80% 。1995 年以高技术含量的全球软件产业，产值达到 2 000 亿美元，年均增长 13% ，大大超过世界同期平均经济增长速度。以高科技知识密集型为主的微软公司，市场价值在 1993 起年，就超过了美国三大汽车公司。以知识为标志的美国信息业和服务业，占其 GDP 的比重由 1980 的 59% 增加到 1988 年的 85% 以上。可见，知识在提高经济效益中的显著作用，无疑为茶叶企业，开展跨国经营及其业务指明了方向。因此，茶叶企业应当大力培植知识在企业中的核心地位，不断通过知识的输入、加工、产出，创造更佳的经济效益。

（六）快速交易业务

知识经济所展现的现代通讯技术的宽带化、智能化、个性化和多媒体化的综合业务数字功能，为人们更迅速地传递、交换及掌握生产信息提供了方便，这普遍得益于覆盖全球的通讯网络。现代通讯技术和网络技术，能把知识瞬时传播全球，因此，企业可在全球范围内，通过一个电话，一份传真，一个电子邮件等方式，快速地确认一份合同，成交一笔生意，结算一批货物，使业务交易快速完成。同时，电子商务的兴起，又降低了交易和采购成本，网络的普及又为大家平等获取信息成为现实。

（七）促进资本融合

知识经济以人力资本、产业资本、风险资本、知识资本相互融入、相互结合、相互渗透为发展特征。新技术的应用、人力资源的开发、知识的更新提高与整合，需要金融资本的投入与支持，反过来金融资本为求保值增值、投机增效，也必然寻求最好的投资途径和载体，因而，为了共同的目标，两者结合是自然之事。根据这一趋势，茶叶企业开展跨国经营业务，应当注意加强与高等院校、科研机构等的合作，善于借脑，主动发挥自身产业资本相对较多，后

者人力资本较丰富的各自优势，进行联合开发、联合促进、联合发展、优势互补，既推动高校、科研院所人力资本的新发展，又推动企业的扩展、效益的提高，促进双方事业的共同进步。

四、知识经济时代茶叶企业经营管理展望

美国乔治·华盛顿大学管理学教授、世界未来学会理事威廉·哈拉勒在他出版的《无限的资源》一书中指出，世界各国的企业正在经历以知识为基础的"革命"。未来企业将日渐演化成两大类型，一种是全新的知识型企业如美国比尔·盖茨创办的微软企业，主要是高科技企业，另一种是进行了计算机化、知识化改造的传统企业。作为茶叶企业，在知识经济时代所要走的只能是后一种类型了。

（一）知识经济时代企业特点

1. **知识型人员占绝大多数** 一般而言，知识型人员组成企业的主要和骨干力量，约占70%，甚至更多；而蓝领工人和非专业的白领工人数占了不到30%，生产力主要有赖于知识创造。

2. **企业组织结构松散而协调** 一般根据办公自动化来重新设计企业，以大幅提高效率和效益。其主要做法是，把大型企业改造成许多小的、能提供某种专门业务的独立法人企业；利用智能信息系统，把企业内所有的生产经营活动合成一个工作整体，以协调生产全过程和分散在各地的、各专门业务公司之间的工作，企业每一个专门业务，都由知识型的班子全权管理，包括产品设计、加工制造、广告策划、宣传推介、销售与服务等。

3. **生产系统灵活多样** 管理人员在家办公成为一种可行的工作方式，通过手提电脑，经理人员可以随时随地办公。随时招聘的工作人员取代固定的工作人员，临时工作、兼职工作随处可见。"按业绩付酬"取代"按岗位付酬"，以激励员工为企业多作贡献的同时，自身也能得到更多的利益。还有灵活多样的生产组合，这种组合依需要可以随时增加或删除。这对茶叶企业同样很受用，如可以根据散装茶或是精装茶、礼品装茶，而确定生产组合的增删。

4. **互联网冲击原有商业模式** 如以1999年5月25日的统计数据，从事网上拍卖的eBAY营业额达210亿美元，是全球传统最大的拍卖商Sotheby's营业额20亿美元的10倍多。可见知识的冲击力。

5. **Internet成为知识型企业的技术支架** 借助Internet，使企业的组织联络形式，由物理网转向虚拟网。以美国戴尔公司（DELL）为例，之所以能在个人电脑市场上异军突起，完全得益于创造的"直接商业模式"。即企业接到订单时，通过网络系统通知原料供应商和其他生产、车间、运输部门，由供应商立即将原材料投入生产线，生产、车间、运输部门及时做好生产、装运安排，产品一下线检测合格，就被装入集装箱运往目标市场销售，从而不仅大大缩短了产品上市周期，而且实现了零库存、零占时，提高了效率，增加了经济效益，促进了各部

门的分工协作与生产力的提高，成为成功适应知识经济时代的知识型企业的典范。

6. *扁平式组织架构，成为创办和再造成为知识型企业的首选模式* 在进入网络普遍应用的今天，知识型企业在知识经济时代全面信息化，不仅是手段的改进，更在于突破企业内部与市场之间信息交流的及时与顺畅，这种突破，使得企业能够及时捕捉市场信息，及时调整经营策略，及时进行企业组织架构变革，以便在激烈的市场竞争中站稳脚跟，图谋更大更快发展。

7. *开放、合作、竞争，成为企业等效确立的经营模式* 在以往的市场经济话题中，讲得最多的是“竞争”二字，但在知识经济、信息时代，开放、合作与实现共赢，正逐步取代仅有竞争的态势，成为全球一体化经济领域中，企业间的显著特征。正如IBM总裁在Internet Word大会演讲中所言，衡量一个企业在行业中是否处于领导地位及其核心，标准之一就是企业是否开放地工作。把客户捆绑在自己小天地的时代，已经一去不复返了，只有合作与协作，使与自己企业相关的上下游产业都有利润，都有发展，才能造就自身企业的永续发展。因此，建立企业战略联盟和信息伙伴关系，是企业做大做强和取胜的要诀之一。如美国航空公司与花旗银行曾实行过战略联盟协作关系，通过这种关系确立双方的优势叠加。花旗银行推出持有该银行信用卡，并用信用卡消费1美元，美国航空公司便奖励1英里的航空里程。这样，美国航空公司从大量被吸引的忠实顾客中，获得了丰厚的利润，而花旗银行也拥有了新的客户群体，业绩得到新的发展，赢得了合作贸易所需的高度信誉。这是在开放中合作，在合作中开放取得双赢的成功范例。

8. *学习型企业成为企业竞争取胜的主要动力* 正如美国现代管理专家圣吉·彼得在《第五项修炼》一书中所指出的：“未来唯一竞争的动力，是比你的竞争对手，学习和创新得更快的动力。”因此，在开放、合作、竞争并重的企业经营格局中，企业能否做到成为产品研究与开发的主体，知识与技术吸纳的能手，产学研相结合的推动者，以便在政府宏观产业与技术政策引导下，借助科研机构与高等院校的科研成果，为企业注入源源不断的新动力，依靠外部知识创造的新技术，和企业原创研发的内动力，实现企业质量、效益的不断增长。建成学习型的企业，就会自觉成为科技投入的主体，就能有效地将企业研发的、产学研结合产生的科研新成果，尽快转化为现实生产力，就必然促进企业不断储备新技术、新产品，转化新技术、新产品，能成为市场的主导者、消费的引导者，造就成为具有持续发展能力的企业。

（二）知识经济时代的企业经营管理

知识经济时代由于信息技术带来的变革，企业的经营管理方式正由农业社会的集权管理、工业社会的生产管理，向今天和未来的创新管理和知识管理转变。正如管理学大师德鲁克所说的：“知识是唯一的经济资源”。人力资源在企业多种要素中作用越来越突出，知识密集的高科技企业，是过去几十年中发展最快的企业，知识的创造活动成为企业最重要的活动，知识工人需求与日俱增，形成企业管理以知识为核心的崭新模式。根据柳卸林先生的观点，知识经济时代企业的经营管理具有以下特征（如表10－1）。

表 10－1　知识经济时代企业的经营管理特征

序号＼经济类型	工业经济	知识经济
1	大规模生产	大规模个性化生产
2	企业是信息加工厂	企业是创新知识的企业
3	资本是首要的推动力	知识是首要的推动力
4	垂直管理	水平管理
5	产品创新以实验为主	软件成为重要的创新手段
6	封闭式创新	柔性产品创新

针对上表中这些特征而施以相应的管理对策，是知识经济时代企业优先考虑的方略。

1. 大规模个性化生产

从本质上讲，市场需求实际上就是一个个性化需求的集成。由于每个人的消费观念、审美观点和基本条件的差异，每个人对产品都有独特的需求，因此，满足这种需求，是大规模个性化生产的前提。由于知识经济时代机器人、敏捷生产、柔性加工、计算机集成设计等生产技术系统的普及，使得这种大规模个性化生产，成为可能并化为了现实。根据大规模个性化生产的首倡者约瑟夫·派恩的观点，这种生产主要有 4 种：(1)合作式　主要解决消费者难以陈述其需要的业务。如日本有家在世界上拥有最多眼镜分店的眼镜商，因仍未解决客户难以陈述需要的业务，用了 5 年的时间，开发出一种在美国被称为眼镜裁缝的设计系统。该系统的特点是，能先拍下消费者的数字式照片，然后结合消费者需要，推荐适合其脸形和需求的独特镜片、形状和镜架，并把这种带上眼镜的效果图加在数字照片上，让消费者自己判断选择，以找到最佳的顾客所需的眼镜。(2)配合式　即先把产品以标准化的方式制作出来，但可以根据消费者的不同需求来修正。这种方式适用于消费者在不同场合，有不同需求的产品。这正如冯·希伯乐所指出的，是在创新中使制造商和用户之间存在一种“信息的黏性”。(3)化妆品式　适用于消费者用同一方法使用同一商品，不同的是产品的包袋，每件都是一个标准包袋，但适用于不同的人群。如超市中同样品牌、厂家的面粉有大小包之分一样，仅是为用量不同的购买者选择而已。(4)透明式　主要针对特定需求的能够预测得到的顾客，同时，顾客也无需重复说明他们的需要。

2. 建立知识创新型的企业

在知识经济时代，企业的价值在于，它具有一个独特的知识体系，能够为用户提供专业而独特的价值。这种企业就是创新知识的企业。创新知识包括可表达知识(Explicit)和意念知识(Tacit Knowledge)。前者通过研发机构或技术获取而获得，后者主要是主观的、直觉的。对知识管理的目标，在于创造和利用各种知识并为企业所用。如日本三菱公司，就是意念知识创新的典型企业之一。1985 年，三菱公司大阪分部，准备开发一种家用面包机，但在开始时，一直解决不了机器不能恰当擀面的困难。为此，公司软件工程师田中女士提议，到大阪国际饭店向面包师学习，在学习中，她发现面包师擀面时有一套独特的方法，通过一年多的学习，田中终于找到把师傅擀面的经验，转变为由机器来擀面、拉面，并成功地烘烤出面包的方法，成为个人意念知识，转化为可表达知识的典型例子。

3. 促进知识成为企业发展的首要推力

知识经济时代产生的直接结果，是信息化的广泛应用和由此产生的效率的极大提高。而企业要适应这个时代发展的要求，知识就成为了首要的推动力量。企业资本主要用于人力资源的投入，员工素质的提高，新产品、新技术的开发，产品的推介服务等，这些方面无不仰赖于知识。没有知识，企业员工应用不了网络，操作不了装了软件的机器，使用不了计算机，吸收不了市场与产品信息，也交换不出产品，开放与合作不畅，企业无从针对性生产，更妄谈发展；企业家、企业管理层缺乏知识，无法系统思维、集成知识科学决策、有效预测市场，使企业发展没有目标、前进没有方向，也就无以谋大成；产品知识与科技含量低，附加值少，在竞争的市场经济中，就难以进入高端消费层次，形不成较好的利润，压缩了企业发展的空间，限制了做大做强的能力等。这些都说明，知识是知识经济时代企业成功和发展的第一推动力量。

4. 实行水平管理

由于知识经济时代，各部门甚至每个人，都可以自由获取知识和信息资源，因而水平管理取代垂直管理成为趋势。水平管理的好处在于，企业研发部门可以直接与客户对话，主动掌握市场脉搏，开发出适销对路的产品，实现对市场的领先战略；大型企业，可以改造成许多小的、能提供某种专门服务并自营的单位，既相对独立又互相密切联系，便于迅速应对市场变化和顾客需要；实行绩效工资，以最大限度地发挥知识在部门分工协作、组合生产、效益优化中的作用。

5. 软件作为重要的创新手段

通过软件可以解决以下问题：更好地提高效率，增加附加值，增强企业盈利能力。一是解决设计复杂的系统和组件；二是通过产品与开发软件适当连接，可提前察觉用户需要，以达到密切注视市场和产品应用，大大降低实施创新的市场风险；三是借助软件的平台作用，可使企业直接与用户沟通，便于最大限度地通过创新满足用户的需要；四是能将合作扩大到企业团体以外；五是可以达到迅速可靠地推广创新；六是能够以较少的投入达到较大的创新目的。

6. 注重柔性产品创新

这种创新，实际上就是鼓励和吸纳用户或消费者，参与到产品开发中，在新产品设计开发中，不断通过新技术消化用户或消费者的需求，减少新产品上市时间，以更大程度地提高用户或消费者的满意度。这就要求企业要敏锐地捕捉市场需求；试验不同的技术路线；将通过市场收集和测试得到的知识，及时融入新产品中去。柔性产品开发方法见柳卸林所作图，见图 10－1。

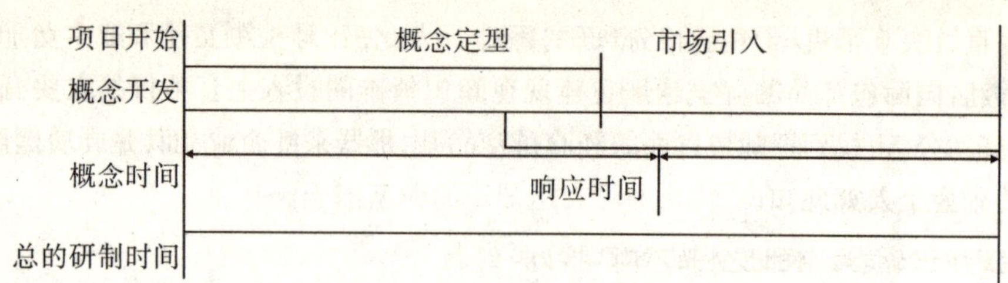

图 10－1 柔性产品开发方法

(三)知识经济时代茶叶企业经营管理展望

知识经济时代要求企业建立学习型的组织,着力于知识运用,着力于组织创新和制度创新,在企业的每个生产环节都有相关专业知识的融入,随时都有生产、销售、市场信息的接收与反馈,企业生产的内核通过各方面知识的集成,外化为市场青睐、消费者欢迎的产品,因而能够推动企业的持久良性发展。展望知识经济时代茶叶企业的经营管理,主要有以下几个方面:

1. 运用知识资本开拓市场

由于知识经济时代,信息的广泛应用,市场的变化,消费的要求,新工艺或新技术通过网络平台的交流,随时都在寻找对接与企业的合作,推动着企业的不断进步。因此,在这种情况下,企业在发现市场商机方面,比以往任何时候都多。作为茶叶企业而言,关键是改造传统的劳动密集生产方式,建立扁平型组织架构,大力推动知识管理在茶叶从农场(茶园)到消费者手中各个层面的运用,通过知识与世界广泛交流,通过知识在全球范围寻求新的发展,又通过知识推动企业与国内外的市场相应互动,用柔性产品创新,适应多元市场需求,又通过个性化的设计,满足不同层面、不同消费要求的规模化生产,开发出质优价适的细分欧美市场、日本市场、东南亚市场、俄罗斯市场、国内市场等的各有不同侧重、不同风格要求的产品来。处于知识经济时代,知识对茶叶企业提出了更高的要求,也使企业站得更高,看得更远,能够开阔眼界,摸清动向,因此,有利于开拓更多的市场,特别是国际市场。如 2005 年由于加大知识投入,提高知识在茶叶生产、加工和销售中的应用,福建省茶叶出口出现了较快增长,全年出口 1.67 万吨,产值 4 444.2 万美元,比 2004 年同期增长 20.12% 和 25.15%,分别高出全国茶叶出口量、值增幅的 17.82% 和 14.25%。

2. 依靠知识资本跨越国外技术壁垒

我国加入 WTO 后,2004 年农产品进出口出现了前所未有的大逆差。茶叶等农产品因其特有的质量不确定性,使得各国在同种商品的质量标准上,难以采取相同的衡量标准。不少国家便借此发难他国,以达到保护本国市场的目的。如美国、欧盟、日本对农业保护程度,分别达到 42%、48% 和 75%,一些国家常以农产品的特殊性,作为与他国谈判的“筹码”,从而使原本简单的贸易问题政治化。据统计,我国入世 4 年多来,至今有 90% 的农产品受到技术壁垒的限制和影响。如福建省 2005 年因农药残留门槛提高的技术壁垒影响,茶叶出口欧盟的量和价分别下降 16.27% 和 12.82%。其中欧盟 2005 年 8 月 1 日起实施的硫丹在茶叶中的残留限量，由30毫克/千克调整为0.01毫克/千克，使出口检测费用和成本增加是重要的原因。因此，国际农产品的竞争越来越体现在知识资本的投入上。不仅茶农要有科学知识，要种植成无公害食品茶、绿色食品茶和有机食品茶，那些茶叶企业尤其是开展国际业务、跨国经营的企业更要如此。

3. 增强知识资本，促进企业不断学习和创新

知识经济时代的特征，决定了企业只有善于学习，不断学习，才能为企业注入不竭的发展源泉。茶叶企业也不例外，面对日益复杂的市场竞争，日益迫切的企业合作，日益扩大的商业开放，缺乏知识应用，缺乏交流技巧，缺乏合作共识，都将制约企业的发展。茶叶企业作为传统产业，在知识经济时代，首先要有观念上的深刻革命。由于网络化和计算机的普遍应用，使得企业外部交易成本减少；跨地区、跨国交易变得容易而降低成本，在组织货源的速度、效率、规模和配置方面，都是传统手段无法比拟的，相应地要有全新的经营理念；其次是工作环境和工作方法发生巨大变化。由于在电子网络环境下，企业能及时与其他企业和外部环境相联合，不断适应快速变化的环境，促进在各种水平上不断学习和演变进化，使时空相对压缩，世界变得很小，学习创新显得重要；其三很多商机在网络环境下，对企业决策提出了更高的速度要求，只有学习和创新才能适应；其四新产品从概念到现金流的时间缩短，研发和推广被极大地简单化，使得学习和创新是唯一能够对此加以消化解决的途径；其五开放、合作、竞争的范围和对知识的要求越来越高，压缩了用传统方法获利的空间，也加快了学习和创新的要求。正所谓"不进则退"的道理就在这里。因此，企业为了求生存、谋发展、图壮大，只能靠学习来适应，靠创新来提高。学习和创新成为企业在知识经济时代，驱动茶叶企业前进的两个轮子。

4. 通过知识管理提高企业经济效益

在知识经济时代，展望茶叶企业发展前景：第一必须注重企业产业的结构优化，以经济增长为基础，不断延伸产业链，形成产业集群，使它达到最优状态。坚持以面向国际市场为原则，注重树立和运用大市场理念，充分利用国内、国际市场，产品、要素市场，现货、期货市场，发展现代流通方式，扩大流通范围，提高流通效率，通过比较优势和禀赋要素原则，选择具有区位资源、劳动力素质和科技进步等形成的产品，调整在国际市场上具有竞争力和市场份额的产品。坚持以国内需求牵引为原则，充分利用农村、城市市场，调整和确定自己的产品结构，如国内市场的绿茶、乌龙茶及其精加工等。坚持立足名优特的产业原则，发展知识附加值高的产品。第二必须培育具有自有品牌特色的支柱产业。这是支撑茶叶企业、经济效益不断向前发展的关键。自有品牌是自有知识产权，具有一套自己的生产标准，是一种无形资产，是知识经济时代企业实力的最大体现。第三必须靠技术创新的扩散动力，推动企业的产品优化升级。产品结构优化，不是作为知识形态的知识发明，而是经过技术创新的扩散，并得到广泛应用的科学技术，它是产品结构调整的直接动力。日本很多企业的经济发展，得益于靠引进和改革现成的科技成果，以较快的速度和较低的成本投入，改进自身企业的产品。这种"吸收型"策略，应是茶叶企业作为传统产业，适应知识经济时代优先考虑的重点。

这种适应知识经济而进行的产品结构调整、升级换代，自然有利于提高企业的经济效益。

5. 追求企业可持续发展

知识经济时代，追求以最小的投入，产出最大的效率和效益。水平管理的方式，决定了企业决策的快速化，高度的信息化又使企业能够快速捕捉到市场的新动向和消费的新需求，最大限度地投入到人力资本上。因此，知识经济实际就是可持续的经济。企业作为社会的一个基本单位，必然也追求资源的永续利用和建立良好的生态环境，注意在发展企业经济中，合理配置资源、节约能源、提高效率，特别是在近年能源紧张的情况下，降低能源，成为企业节约成本的一个重要手段。为了达到这些目的，茶叶企业只有运用现代的科技，既注重快速发展，增加效益，又注重稳妥健康，富有后劲，积极导入高新技术，发展循环型茶业、节约型茶业，不断推动企业的科技进步。只有企业科技进步了，创新能力加强了，生产力持续发展了，才能不断推出为人类推崇的、高品质消费的、健康、安全、卫生的茶饮品来，以创造更强的国内、国际竞争力，那么茶叶企业自然就有了可持续发展保障。在开展茶叶国际业务、跨国贸易中，只要在知识的应用中，严格进行生产种植，则茶叶企业就能自如地应对国外纷繁多变、苛刻严厉的技术壁垒，促进茶叶持续对外出口将是可期的。因此，知识的应用与创新，是茶叶企业在知识经济、信息高度发达时代，可持续发展的最重要动力。

思考题

1. 简述茶叶的可持续发展内涵及要素。
2. 请简述一下茶叶实施可持续发展战略的对策措施。
3. 知识经济对茶业经营管理的影响有哪些？
4. 你如何看待知识经济时代茶叶企业经营管理的改变？

例证

健康可持续发展成为普洱茶产业的时代主题

近年来，普洱茶声名鹊起，价格一路走高，甚至形成了一股收藏热。对这逐渐高涨的“普洱茶热”，有人认为是一种泡沫现象，也有人认为只要管理规范，普洱茶的发展空间仍然非常广阔。随着“普洱茶热”的快速升温，健康可持续发展成为普洱茶产业的时代主题。

普洱茶产于云南，已有2000多年的发展历史。由于普洱茶独特的品质、功能和深厚的文化底蕴已被越来越多的人们所认识和接受。近年来普洱茶消费热由香港、台湾、广东开始，迅速传遍中国大江南北，发展普洱茶产业、弘扬普洱茶文化的呼声一浪高过一浪。据了解，普洱茶的迅速窜红，即使在价格翻了数倍、甚至数十倍的情况下，市场还是呈现出供不应求之势。但是，随着普洱茶持续升温，在给企业和商家带来不菲利润的同时，普洱茶在各地市场上的表现却可谓是五花八门、良莠不齐。

普洱茶市场过热、鱼龙混杂、投机性等问题，已经严重阻碍了产业地发展。如何才能使普洱茶产业健康可持续地发展，已经成为政府部门、行业部门、专家、企业和商家共同关注的焦点。

（一）政府引导，规范管理

据了解，近年来云南省政府从引导云南茶产业适应现代绿色农业、生态农业的发展趋势入手，进行了普洱茶产地商标认证，重视加强优质茶、无公害茶、有机茶的质量认证工作，促进名优茶、有机茶基地的改造建设，注重扶持龙头企业的发展，在强调保护的基础上合理开发云南的古茶资源。政府的有效引导和规范管理为普洱茶产业的可持续发展做出了积极的贡献。

（二）行业安全，标准先行

专家们普遍认为，普洱茶目前最重要的是要制订标准。只有标准先行，才能保障行业安全、健康、持续的发展。作为中国最大的拥有自有茶园基地的普洱茶企业集团——云南龙生绿色产业集团董事长朱启忠表示，希望国家有关部门、行业协会能尽快制订普洱茶行业安全标准，以促进产业的发展。他认为茶作为一种饮品，安全和卫生是最重要的，应有严格的标准。

（三）市场开拓，品牌经营

目前市场上普洱茶销售紧俏，很大的原因是被用于收藏和投机之用。而普洱茶的长远发展之计，应该是广大消费者的饮用。所以，普洱茶企业的消费者市场开拓和品牌经营显得尤为重要。国务院发展研究中心产业经济研究部研究室主任杨建龙分析，普洱茶产业高速增长，应该体现的是消费结构升级而带动行业的快速增长。他表示，普洱茶的竞争最终都将归结到品牌，文化和品牌的核心竞争地位将会在茶产业中不断凸显。对于众多企业来说，以普洱茶历史文化为核心的宣传，品牌经营、市场推广和国际化发展以及高端产品的深加工，是该产业未来发展的关键。目前，普洱茶行业的整合、国际大资本的介入，正在促进产业走向强者之路。据悉，云南龙生绿色产业集团在受到美国兰馨亚洲投资、深圳创新投资、优势资本等风投资本的注资后，正在朝着品牌经营、消费者市场开拓和国际化发展的方向前进。云南龙生绿色产业集团执行董事郑昌幸表示：“龙生普洱”要立争成为中国文化全球拓展的载体。

普洱茶的兴起伴随着不规范的市场炒作和不健全的管理。但是，如果长此以往的发展必将对整个产业造成毁灭性的打击。现今，关注普洱茶产业的“可持续发展”可以说是当务之急。政府部门、行业部门、专家、企业和商家的共同关注，必将推动整个行业朝着积极、健康、有序的方向发展。

［资料来源：普洱茶吧］

附录一　管理学术语解释

1. 管理:管理是指一定组织中的管理者,通过有效地利用人力、物力、财力、信息等各种资源,并通过决策、计划、组织、领导、激励和控制等职能,来协调他人的活动,使别人与自己共同实现既定目标的活动。

2. 决策:决策是为达到一定的目标,在充分掌握信息并进行深入分析的基础上,用科学的方法拟定并评估各种方案,从诸多方案中选择一个合理方案并予以实施的管理过程。

3. 计划:计划是组织未来的蓝图,是对组织在未来一段时间的目标和实现目标途径的策划与安排。

4. 组织:管理学意义上的组织是指为了达到一定的目的经由分工和合作及不同层次的权力和责任制度而构成的一种权责结构。

5. 领导:领导是一个人对其他人施加影响,鼓励、激励并指导他们的活动朝有利于团体或组织目标实现方向发展的过程。

6. 激励:所谓激励,是指通过一定的手段使员工的需要和愿望得到满足,以调动他们的工作积极性,使其主动而自发地把个人的潜能发挥出来,奉献给组织,从而实现组织目标的过程。

7. 控制:控制是指依据预定的目标和标准,检查实际的执行情况,发现偏差,找出原因,采取有效措施加以纠正的过程。

8. 人力资源管理:人力资源管理是指运用现代科学方法,对于一定物力相结合的人力进行合理的培养、组织和协调,使之保持最佳比例和有机组合,以实现组织目标的活动过程。

9. 质量管理:质量管理是确定质量方针、目标和职责并在质量体系中通过诸如质量策划、质量控制、质量保证和质量改进加以实施的全部质量管理职能活动的总和。

10. 市场营销:市场营销是指企业根据市场需求状况,有计划地组织生产经营活动,通过各种销售渠道和促销手段以满足市场需求的经营销售过程。

附录二　中国百强茶叶企业名录

序号　企业名称	法人代表	2007 年销售额(万元)
1. 中国茶叶股份有限公司	朱福堂	133 181
2. 浙江省茶叶集团有限公司	施建强	75 850
3. 勐海茶业有限责任公司	吴远之	71 029
4. 湖南省茶业有限公司	周重旺	64 553.3
5. 安徽茶叶进出口有限公司	李念华	56 002
6. 广东茶叶进出口有限公司	穆有为	47 951
7. 上海天坛国际贸易有限公司	邬建斌	43 549
8. 北京张一元茶叶有限责任公司	王秀兰	38 530
9. 云南下关沱茶(集团)股份有限公司	罗乃炘	38 460
10. 昆明七彩云南庆沣祥茶业股份有限公司	任剑峥	38 223
11. 浙江华发茶业有限公司	尹晓民	38 166
12. 浙江省诸暨绿剑茶业有限公司	马亚平	36 753
13. 北京吴裕泰茶业股份有限公司	刘海燕	36 578
14. 福建省安溪八马茶业有限公司	王文彬	35 540
15. 福建省安溪铁观音集团有限公司	林凤安	32 525.4
16. 新昌县诚茂实业有限公司	俞晓刚	31 504
17. 四川省峨眉山竹叶青茶业有限公司	唐先洪	29 800
18. 宜昌萧氏茶叶集团有限公司	肖　勇	29 600
19. 北京更香茶叶有限责任公司	俞学文	28 000
20. 福建茶叶进出口有限责任公司	张　新	26 638
21. 大闽食品(漳州)有限公司	蒋艾青	24 091
22. 湖南猴王茶业有限公司	张　新	24 055
23. 日春股份公司	王启灿	23 781
24. 湖北采花茶业集团有限公司	韩靖忠	23 279
25. 福州满堂香生态农业有限公司	高晨生	22 444
26. 云南省黎明农工商联合公司茶厂	扈坚毅	22 101
27. 星愿(中国)茶业有限公司	何一心	18 840
28. 安徽天方茶业(集团)有限公司	郑孝和	18 438
29. 厦门华祥苑实业有限公司	肖文华	17 863
30. 云南六大茶山茶业有限公司	阮殿蓉	16 177
31. 福建品品香茶业有限公司	林　健	16 035.93

32. 浙江鸿华茶厂	汪斯鸿	15 775
33. 安徽省六安瓜片茶业股份有限公司	曾胜春	15 320
34. 黄山市松萝有机茶叶开发有限公司	王光熙	15 118
35. 福建省天禧御茶园茶业有限公司	陈昌道	15 000
36. 广东省大埔到西岩茶叶集团有限公司	魏顶国	14 867
37. 黄山市歙县薇薇茶业(集团)有限公司	郑仁贵	13 962
38. 云南龙生茶业股份有限公司	朱启忠	13 851.3
39. 休宁县荣山茶厂	郭德军	12 397
40. 湖北邓村绿茶集团有限公司	邓祥英	12 387
41. 上海大不同天山茶城有限公司	苏锦平	12 339
42. 湖南省三利进出口有限公司	熊　嘉	11 250
43. 厦门茶叶进出口有限公司	张　新	11 162
44. 云南滇红集团股份有限公司	王天权	11 119.21
45. 湖南省白沙溪茶厂有限责任公司	周重旺	11 043
46. 黄山谢裕大茶业股份有限公司	谢一平	10 200
47. 黄山市新安源有机茶开发有限公司	方国强	10 110
48. 浙江华茗园茶业有限公司	程彩珠	10 008.01
49. 日照御青茶业有限公司	马玉峰	9 754.46
50. 安徽舒绿茶业有限公司	陈绍存	9 145
51. 福建省天湖茶业有限公司	林有希	9 049
52. 陕西省午子绿茶有限责任公司	闫战利	8 629.5
53. 福鼎市广福茶厂	林型彪	8 451
54. 四川省花秋茶业有限公司	喻长根	8 234
55. 广东宏伟集团有限公司	陈伟忠	8 192
56. 河南信阳五云茶叶(集团)有限公司	陈卫东	8 000
57. 江苏省丹阳市吟春碧芽茶业有限公司	王金和	7 830
58. 山东雪青茶场有限公司	王维胜	7 800
59. 安徽国润茶业有限公司	殷天霁	7 623
60. 福建福安市城湖茶叶有限公司	黄　雄	7 160
61. 福建绿叶茶业发展有限公司	余其招	7 121.4
62. 重庆长城茶叶贸易有限公司	唐德平	7 068
63. 福建魏氏茶业有限公司	魏贵林	7 000
64. 福建省建瓯市龙山茶叶有限公司	胡守久	6 935
65. 福建省满园春茶业有限公司	赵师增	6 825.89
66. 云南龙润茶业集团有限公司	焦家良	6 165
67. 山东天名茶业有限公司	刘长福	6 118

68. 四川早白尖茶业有限公司　张德勋　5 983
69. 浙江省武义茶业有限公司　郑素萍　5 920
70. 贵州凤冈黔风有机茶业有限公司　明　涛　5 890
71. 福建誉达茶业有限公司　周庆贺　5 800
72. 湖北省宜都市宜红茶业有限公司　罗　华　5 551
73. 山东日照碧波茶业有限公司　李　明　5 500
74. 信阳申林茶业开发有限公司　潘万勇　5 226
75. 黄山一品有机茶业有限公司　程福寿　5 085
76. 河南九华山茶业有限公司　舒学昌　4 819
77. 湖北锦合国际贸易有限公司　周武汉　4 603
78. 福建二宜楼茶叶工贸有限公司　詹文华　4 600
79. 余庆七砂绿色产业开发有限责任公司　濮江斌　4 200
80. 黄山茶业集团有限公司　郑绍东　4 164
81. 福建三和茶业有限公司　吴荣山　4 161
82. 贵州铜仁和泰茶业有限公司　黄　平　4 110
83. 天津市正兴德茶叶有限公司　贾　凯　3 800
84. 河南省信阳市文新茶叶有限责任公司　刘文新　3 660
85. 黄山市猴坑茶业有限公司　方继凡　3 654
86. 陕西东裕茶业有限公司　张为国　3 612.65
87. 贵州省金沙县茶叶专业合作社　伍南鹏　3 565.8
88. 福鼎市莲峰茶业有限公司　张记昌　3 396.8
89. 福建闽星集团汇全茶业开发有限公司　徐文煌　3 321
90. 平和县天醇茶业有限公司　张国雄　3 230.2
91. 河南新林茶业有限公司　连启武　3 211
92. 福建省天露茶业有限公司　游振洋　3 209.87
93. 福建省银芝集团有限公司　吴文南　3 149
94. 河南仰天雪绿茶叶有限公司　王章春　2 866
95. 陕西省西乡县茶业有限责任公司　刘永红　2 565
96. 青岛晓阳工贸有限公司　匡　新　2 560
97. 贵州省湄潭县栗香茶业有限公司　谭书德　2 547.86
98. 临湘市茶业有限责任公司　冯忠良　2 200
99. 广西石乳茶业有限公司　郭　异　2 190
100. 黄山六百里猴魁茶业有限公司　郑中明　2 158

[以上排名由中国茶叶流通协会于2008年11月15日上午，在第四届中国茶业经济年会上，由中国茶叶流通协会副会长詹立锬代表协会宣布的2008年度茶叶行业百强企业名单 http://www.tealin.cn/html/news/find/200812/12-120.html]

参考文献

[1] 孟德振. 小型企业实施 IS09000 族国际标准的实践与思考[J]. 城市建设与商业网点, 2009,(15):99-101.

[2] 焦敬华,陈晓波. 关于在烟叶生产中导入 IS09000 质量管理体系的探讨[J]. 现代农业科技,2009,(10):242-23.

[3] 薛源,董元杰. HACCP 在银杏袋包茶生产中的应用[J]. 山东农业大学学报(自然科学版),2006,(37):294-298.

[4] 郑龙章,张春霞. 提高福建茶叶质量对策研究[J]. 福建论坛(人文社会科学版),2007,(7):108-111.

[5] 杨秀芳,郑国建,骆少君. 食品质量安全市场准入制度与茶叶产品质量[J]. 茶叶,2004,(30):77-78.

[6] 蔡志良,陆德彪. 茶叶企业实施市场准入的途径探索[J]. 中国茶叶,2006,(4):16-18.

[7] Halliwell B, Gutteridge JM, Cuoss CE. Free uakicals, and anfidants, and human disease: Where are we now? [J]. J Lab Clin Med,1992,119(6):598-620.

[8] R. Cort and J. P. Bouchaud. Herd behavior and aggregate fluctuations in financial markets [J]. Macroeconomic Dyramics,2000,(4):176.

[9] 曹望成,龚琦. 茶叶物理特性与制茶工程技术[J]. 中国茶叶加工,1996,(1):19.

[10] 陈潜,杨江帆. 信息不对称与茶叶营销[J]. 福建农林大学学报(哲学社会科学版),2006,9(5).

[11] 戴素贤. 七种高香型乌龙茶香气成分的主成分分析[J]. 华南农业大学学报,1999,20(1):113-117.

[12] 邓耕生,邓向荣. 商品学理论与实务[M]. 天津:天津大学出版社,1996.

[13] 董文宾,胡英. 茶多酚的制备工艺及应用研究现状[J]. 西北轻工业学院学报,2002,20(4):18-24.

[14] 杜继煜,白岚,白宝璋. 茶叶的主要化学成分[J]. 农业与技术,2003,23(1):53-55.

[15] 方元超,尹宁,梅丛笑. 茶多酚的应用及前景[J]. 牙膏工业,2000,(2):31-34.

[16] 耕生,邓向荣. 商品学理论与实务[M]. 河北:天津大学出版社,2000,8(3):290-291.

[17] 李连寿,张宗,王荣华等. 论知识经济时代的市场营销[J]. 上海海运学院学报,2000(3):20.

[18] 林智. 从茶叶抗病毒的研究——谈茶氨酸的生产与应用前景[J]. 中国茶叶,2003,(3):4-5.

[19] 柳思维. 现代消费经济学通论(第 1 版)[M]. 北京:中国人民大学出版社,2006.

[20] 毛清黎. 茶叶的营养与保健功能[J]. 茶叶通讯,1993,(2):43.

[21] 祁禄,韩驰. 茶多酚抑制促癌物 TPA 促癌作用抗氧化机制研究[J]. 卫生研究,1998,27(1):50-52.

[22] 苏祝成. 茶产业组织结构与绩效研究[D]. 杭州:浙江大学,2001.5.

[23] 孙云,郑宝明.茶叶化学成分与茶叶性味的分析[J].茶叶科学技术,2004,(3):25-26.
[24] 宛晓春.茶叶生物化学[M].北京:中国农业出版社,1984.
[25] 王华夫.茶叶香型与芳香物质[J].中国茶叶,1989,(2):16-17.
[26] 文启湘,消费经济学(第1版)[M].西安交通大学出版社,2005.
[27] 吴凡.茶叶的保健功能[J].山东食品科技,2004,(3):14.
[28] 吴秋儿,唐良生,王则金.乌龙茶机械萎凋工艺参数[J].茶叶科学,1995,15(1):39-42.
[29] 夏涛,童启庆.浅谈红茶加工中香气的形成与调控措施[J].蚕桑茶叶通讯,1996,(4):13-15.
[30] 谢红霞.信息不对称与营销活动效率[J].山西统计,2000,(2):28-29.
[31] 严鸿德,汪东风,王泽农等.茶叶深加工技术[M].北京:中国轻工业出版社,1998.
[32] 佚名A.06茶叶市场三大趋势分析及四个突破[EB/OL].51报告在线,2006-10-17.
[33] 佚名B.茶叶保健功能的认识[J].农业科技与信息,2006,(4):37.
[34] 尹世杰,当代消费经济词典[M].西南财经大学出版社,1991,7.
[35] 张方舟,陈荣冰.不同湿度做青环境对乌龙茶香气的影响[J].福建农业学报,1999,14(4):34-37.
[36] 张秀云.乌龙茶香气形成机理研究进展[J].福建茶叶,1999,(3):15-17.
[37] 钟萝.茶叶品质理化分析[M].上海:上海科学技术出版社,1989.
[38] 泉州网.铁观音茶馆业态复兴.
http://www.qzwb.com/qzcz/content/2009-06/10/content_3084324_2.html.
[39] 李赛君.国际茶叶市场动态[J].上海茶叶,2005,(2):29.
[40] 丁勇.试析茶叶的市场特性与营销策略[J].中国茶叶,2005,(2):10-12.
[41] 吕玉宪.现代茶叶企业如何建立综合标准化体系[J].蚕桑茶叶通讯,2004,(2):34-35.
[42] 陈伟忠.龙头带动,创建茶叶企业新品牌[J].广东茶业,2003,(6):34-35.
[43] 谢德华.谈茶叶企业的生存之道[J].茶叶通讯,2002,(2):12-14.
[44] 王融初.浅析我省民营茶叶企业的形成和发展[J].茶叶通讯,2001,(3):8-10.
[45] 黄吉武.办好产业化茶叶企业迎接市场竞争[J].茶业通报,2000,(4):44-45.
[46] 黄晓峰.茶叶企业发展与电子商务[J].广东茶叶,2000,(3):15-20.
[47] 陈文怀.茶叶企业文化和茶叶出口经营体系的探讨[J].茶叶,2001,(2):39-53.
[48] 颜怀坤.实施"二元"战略 推进名山茶产业的发展[J].集团经济研究,2005,(7):90-91.
[49] 晏资元.茶叶差别化营销[J].茶叶通讯,2005,(2):25-29.
[50] 丁勇.试析茶叶的市场特性与营销策略[J].中国茶叶,2005,(2):10-12.
[51] 廖明宏.茶叶新型营销模式探讨[J].茶叶通讯,2003,(4):29-32.
[52] 杨锡怀.企业战略管理理论与案例[M].北京:高等教育出版社,2004.
[53] 胡国强.茶叶营销理念之我见[J].中国茶叶加工,2003,(4):12-13.
[54] 郑文佳.茶叶企业与ISO9000漫谈[J].贵州茶叶,2002,(4):37-39.
[55] 宁宜波.品牌战略经营策略文化理念企业腾飞的翅膀[J].贵州茶叶,2002,(4):27-28.
[56] 刘翼生.企业经营战略[M].北京:清华大学出版社,1995.
[57] 项保华.战略管理——艺术与实务[M].北京:华夏出版社,2001.

[58] 苏祝成,王岳飞. 中国茶产业——产业组织、政策和绩效[M]. 杭州:浙江人民出版社,2003.

[59] 詹罗九,郑孝和,曹利群,杨在军. 中国茶业经济的转型[M]. 北京:中国农业出版社,2004.

[60] 李清泽,杜维春,李建兵. 我国茶叶市场和消费特点分析[J]. 中国茶叶,2009,(1):22-23.

[61] 陈冀. 七万中国条厂不抵一家立顿[J]. 茶叶世界,2009,(6):18.

[62] 李清泽,杜维春,李建兵. 我国茶叶市场和消费特点分析[J]. 中国茶叶,2009,(1):22-23.

[63] 李明利. 中国茶品牌,生存或死亡的突破[J]. 销售与管理,2007,(7)

[64] 梅峰. 国际茶市现状与中国茶产业发展[J]. 中国茶叶加工,2009,(1):3-6.

[65] 农业部种植业管理司. 中国茶叶生产与消费[J]. 中国茶叶,2008,(6):4-6.

[66] 2007 中国茶业行业百强企业榜[J]. 民间文化,2008,(2):22.

[67] 报告直通车. 1-4 月茶叶出口企业性质.
http://www.reportbus.com/data/SPYC/PJ/200807/data_84455.html.

[68] 卜可华. 论茶叶信息在行业生产和管理中的作用[J]. 农业技术经济,1996,(6):27-29.

[69] 刘降华. 农业信息化亟待解决的几个问题[J]. 今日农村,2002,(11):11.

[70] 于宏源. 应用智能化、网络化农业信息技术服务农业生产管理[J]. 中国软科学,2002,(4):30-32.

[71] 佚名. 我国信息化建设将有实质性进展[N]. 中国食品报,2003-05-05.

[72] 杨秋林. 农业项目投资评估[M]. 北京:中国农业出版社,2003.2.

[73] 中国国际工程咨询公司. 投资项目经济咨询评估指南[M]. 北京:中国经济出版社,1998.3.

[74] 吴添祖. 技术经济学概论[M]. 北京:高等教育出版社,2004.4.

[75] 张维,安瑛晖. 项目投资的期权分析方法[J]. 西北农林科技大学学报(社会科学版),2001,Vol.1,No.3:5-8.

[76] 王洪. 项目投资决策方法的优化——基于实物期权理论的研究[J]. 现代管理科学,2006,(1):69-71.

[77] 王家庭. 企业投资决策方法比较:实物期权法与净现值法[J]. 华侨大学学报(哲学社会科学版),2004,(2):22-29.

[78] 董旭东. 实物期权思维对传统投资决策方法的修正[J]. 现代管理科学,2002,(8):42-43.

[79] 汤一. 我国茶叶生产成本效益之比较分析[J]. 茶叶,2004,(1):46-49.

[80] 杨江帆. 茶叶经济管理学[M]. 北京:中国农业出版社,2003.12.

[81] 郑少锋. 农产品成本核算体系及控制机理研究[M]. 北京:中国农业出版社,2004.12.

[82] 郑少锋. 农产品成本控制及其方法[J]. 西北农林科技大学学报(社会科学版),2005,Vol.5,No.3:25-30.

[83] 陈泽长. 抓好人力资源管理,提高企业核心竞争力[J]. 广东茶叶,2002,(5):5-6.

[84] 周树红. 跨世纪高等茶学人才培养中素质教育问题的思考[J]. 茶叶,1998,(3):123-125.

[85] 苏洪生."科技兴茶"的决定力量在人[J]. 贵州茶叶,2000,(3):32-33.

[86] 劳伦斯.S.克雷曼.人力资源管理[M].北京:机械工业出版社,2002.
[87] 徐莉,陆菊春,张清.技术经济学[M].武汉:武汉大学出版社,2003.
[88] 赵玉林.创新经济学[M].北京:中国经济出版社,2006.
[89] 管曦,杨江帆.技术创新与提升福建茶叶竞争力[J].茶叶科学技术,2004,(2):1—3.
[90] 徐建国,吴声怡,谢向英等.论技术创新的特点及创造力[J].福建农林大学学报(哲学社会科学版),2002,5(4):44-46.
[91] 白献晓,薛喜梅.农业技术创新主体的界定与特点分析[J].中国科技论坛,2003,(6):54-56.
[92] 陈宗懋.茶叶科技的世纪回顾与前瞻(上)[J].世界农业,2004(3):42-44.
[93] 苏祝成,童启庆,扬义群.茶叶生产经营规模对经济绩效影响的实证研究[J].茶叶科学,2001,21(1):57-60.
[94] 苏祝成,钱秀萍.茶叶感官品质标准化与茶产业技术发展——兼对名优茶发展的反思[J].茶叶,2005,31(3):156-158.
[95] 曹淑华,张谋贵.我国茶叶产业发展的问题及对策[J].农业经济问题(月刊),2003,(4):49-51.
[96] 江用文,陈宗懋.增强自主创新能力,支撑我国茶产业发展[A].第四届海峡两岸茶业学术研讨会论文集[C].四川,2006,528-534.
[97] 管曦.技术创新与提升福建茶叶竞争力问题研究[D].福州:福建农林大学,2004.
[98] 徐奕鼎.我国茶叶标准化现状与发展对策[J].茶业通报,2005,(3).
[99] 福建省茶叶竞争力调研课题组.福建省茶叶竞争力分析及发展对策[J].福建茶叶,2003,(1):2-5.
[100] 谢继金,周继法.降低茶叶生产成本的主要措施[J].茶叶机械杂志,2001,(3):11-12.
[101] 王登良,龙志荣.谈谈茶品牌的发展战略与规划[J].广东茶叶,2005,(1):46-48.
[102] 汤一,黄韩丹.我国茶叶生产成本效益之比较分析[J].茶叶,2004,30 (1):46-49.
[103] 黎忠权.关于茶品牌战略的思考[J].广东茶叶,2004,(3):49-52.
[104] 曹小春.市场营销学[M].北京:北京大学出版社,2001.
[105] 李崇光.农产品营销学[M].北京:高等教育出版社,2004.
[106] 苏祝成,童启庆.我国国内市场茶叶需求弹性的估算[J].茶叶,2001,27(3):35-37.
[107] 陈晓艳.关系营销:市场营销策略的现实选择[J].现代金融,2006,(1):1-2.
[108] 廖小蓓.文化环境与企业国际茶叶营销[J].茶业通报,1997,19(3):9-12.
[109] 冯熹,陈卉,黄磊.知识经济时代企业市场营销策略的变革[J],2006,16(7):117-118.
[110] 周健华.一种不可忽视的营销手段——书目营销[J].出版发行研究,2005,(1):55-56.
[111] 宋玉刚.情感销售——市场营销手段的创新[J].中国商办工业,2000,(7):27-29.
[112] 姜秀敏,巴殿君.国际文化问题研究综述[J].党政干部学刊,2005,(6):23,26.
[113] 刘白玉.国际市场营销与文化关系研究[J].商场现代化,2006,(22):193-194.
[114] 国外茶叶包装设计漫谈[J].广东茶业,2006,(1):22-25.
[115] 廖小蓓.经济环境与企业国际茶叶市场营销[J].茶业通报,1996,18(4):4-6.
[116] 詹胜.市场营销风险的成因分析及对策研究[J],2006,(8):162-163.

[117]《市场报》(2006－11－17 第07版)
[118] 金文莲.茶叶出口日本技术壁垒又高了.新华网福建频道 2005－03－16.
[119] 国内首家有机茶认证机构在杭州挂牌 www.gd.agri.gov.cn,2004－02－23.
[120] 广州市公布首个茶叶地方强制性标准《茶叶标识要求》[J].广东茶业,2004,(3):2－3.
[121] 孙利育.新昌县创建全国茶叶标准化生产示范区的成效与措施[J].中国茶叶,2004,(3):28－29.
[122] 金心怡.茶业机械化与茶业经济发展[C]. 2004 首届中国(福建)茶叶经济论坛论文集,36－39.
[123] 徐毅.近200年我国茶叶出口竞争力演变之探析[J].安徽大学学报(哲学社会科学版),2003,27(4):104－107.
[124] 刘又礼.关于企业市场营销道德的研究[J].经济师,2003,(2):162－162.
[125] 聂思泉.市场营销道德问题及其控制[J].天府新论,2006,(6):110－112.
[126] 邢洪涛,赵彦.国际市场营销中的色彩禁忌因素[J].商场现代化,2006,(19):200－200.
[127] 王群,郑丹.技术创新对市场营销创新的贡献[J]. 商场现代化,2006,(15):74－75.
[128] 吴汉嵩.知识经济下国际市场营销策略研究[J].商场现代化,2006,(11):97－98.
[129] 安溪茶叶打造网上营销.
http://sun116.net/Article/yxgc/yxjc/200604/Article_32367.html,2006.4.18.
[130] 杨伟丽.论我国茶叶营销市场及产品结构的变化[J].茶叶通讯,1997,(2):13－15.
[131] 顾立人. 概念营销的特点及其适用性[J]. 商业时代,2006,(11):38－39.
[132] 吴国峰. 定制营销在我国的发展及对策分析[J]. 商场现代化,2006,(6):121－122.
[133] 陈香白.中国茶文化[M].山西人民出版社,1998.
[134] 崔健.品牌文化的价值和构建途径[J].现代企业,2006 年第 5 期:58－59.
[135] 房婉萍.中国的茶文化[J].世界,2006 年第 9 期:56－58.
[136] 萧力争,黄慈源.论茶叶品牌个性的塑造[J].茶叶通讯,2005 年第 4 期:10－12.
[137] 姜爱芹.茶叶经营管理[M].浙江摄影出版社,2005.
[138] 中国互联网络信息中心.2008 年中国网络购物调查研究报告[Z].
[139] 石玉川.《国际贸易方式》,对外经济贸易大学出版社,2001.1,1－271.
[140] 冯之骏.《知识经济与中国发展》,中共中央党校出版社,1998.8,133.
[141] 杨江帆.茶叶国际化经营,中国农业出版社,2005.5.
[142]《99 财富全球论坛》,新华出版社出版,1999.10,233－300.
[143]《WTO 与技术壁垒》,中国 WTO/TBT 福建咨询工作站,2005.5.
[144] 新浪网,2005.12.23 的消息报道.
[145] Brian W. Harvey and Franklin Meisel, Auclions, Law and Practice, London Butterworths, 1985.
[146] 贾金思等.《国际贸易－理论、政策、实务》,对外经济贸易大学出版社,2005.3,471－496.
[147] 李群.《管理贸易理论》,人民出版社,2004.12,206－208.
[148] 李今中.我国茶叶出口徘徊不前的成因与对策研析,《亚太经济》2006.3.
[149] 李今中.跨越绿色壁垒,促进茶叶出口贸易,植物检疫,2005.5.
[150] 杨江帆、管曦.茶叶经济管理学,中国农业出版社,2004.1.

[151] 杨仕辉. 对华反倾销的国际比较,管理世界,2000.4.
[152] Mamati G. E, 梁月荣. 肯尼亚茶产业组织结构[J]. 茶叶,2004, 30 (1) :15 - 19.
[153] 陈宗懋. 科技创新茶产业发展[A]. 第三届海峡两岸茶业学术研讨会论文集[C]. 2003:1 - 9.
[154] 陈宗懋. 斯里兰卡茶业改革经验值得借鉴[J]. 中国茶叶,1999,(3):14.
[155] 方天堃,陈仙林. 农业经济管理[M]. 北京:中国农业大学出版社,2005.3.
[156] 简新华,魏珊. 产业经济学[M]. 武汉:武汉大学出版社,2001.11.
[157] 李悦,李平. 产业经济学[M]. 大连:东北财经大学出版社,2002.2.
[158] 史忠良. 产业经济学(第二版)[M]. 北京:经济管理出版社,2005.3.
[159] 苏祝成. 茶产业组织结构与绩效研究[D]. 杭州:浙江大学,2001.5.
[160] 万青,闫逢柱. 中国茶叶国际竞争力分析与政策建议[J]. 资源科学,2006,(4):118 - 223.
[161] 王述英. 我国产业地区布局的非均衡协调发展战略[J]. 株洲工学院学报,2002,(3):1 - 4.
[162] 邬义均,邱钧. 产业经济学[M]. 北京:中国统计出版社,2001.10.
[163] 杨伟民. 未来产业科学布局[J]. 时代经贸,2004,(3):60 - 62.
[164] 詹罗九,郑孝和,曹利群等. 中国茶业经济的转型[M]. 北京:中国农业出版社, 2004.9.
[165] 雷洁. 论茶产业社会化服务的管理[J]. 经济论坛,2005,(03).
[166] 蒙博学. 茶产业社会化服务体系建设面临的问题与对策[J]. 青海农技推广,2003,(03).
[167] 何军,张兵. 对我国茶产业社会化服务体系建设的几点认识[J]. 农村经济,2005, (01):113 - 115.
[168] 肖文军,杨伟丽. 科学技术对茶业产业化的作用[J]. 福建茶叶,2000,(2).
[169] 佚名. 国外茶叶加工现状及发展趋势[EB\OL]. 中国食品产业网,2006 - 9 - 29.
[170] 汤锦如,赵文明,管红良. 论市场经济条件下中国茶产业社会化服务体系的建设与发展[J]. 2003 年 1 月第 7 卷第 1 期,扬州大学学报(人文社会科学版):90 - 93.
[171] 杨群义. 加快农业社会化服务体系建设的思考[J]. 农村经济,2001,(03).
[172] 李加兴,赵扣海. 供销社参与农业社服务体系建设的会化思考[J]. 求索,2004,(03).
[173] 吴锡端. 2005 茶叶产销形势初步分析[J]. 中国茶叶,2006,(1).
[174] 朱自励. 南方茶叶市场与供销社商机[J]. 中国合作经济,2005,(5).
[175] 李世华. 略论区域合作[J]. 理论视野,2006,(3).
[176] 赖正南,苏雅惠. 休闲茶业之发展与思维[J]. 农政与农情,2003,(5).
[177] 佚名. 台湾茶业连锁产业动态分析. 中国茶叶流通协会网站.
[178] 华杰. 台湾食品产业 2003 年回顾及 2004 年展望[J]. 中外食品,2004,(4).
[179] 王云. 西部大开发促西部茶业大发展[J]. 四川农业科技,2001,(2).
[180] 吴健,王家伦. 中国西部茶业的现状和可持续发展之路[J]. 贵州农业科学,2006,(2).
[181] 山人. 抓住西部大开发机遇 共创西部茶业新辉煌——对西部发展茶业的几点认识和体会[J]. 中国茶叶,2001,(1).
[182] 田永辉等. 关于中国西部茶业可持续发展的构想[J]. 贵州茶叶,2006,(3).
[183] 刘年艳. 中国茶业发展报告[J]. 中国农垦经济,2003,(4).

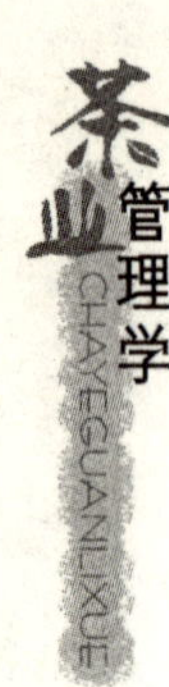

[184] 陈泽明.区域合作通论[M].上海:复旦大学出版社.
[185] 丁·辛格尔曼.《从农业转向服务业》[J].1978年英文版,第113页.
[186] 库兹涅茨.《各国经济增长的数量》[J].载于《经济发展与文化动态》卷XⅢ,第1期,第Ⅱ部分(1964年10月).
[187] 冯兰瑞,赵履宽.《当前我国城镇工人的就业问题》[J].中国社会科学,1981年第6期.
[188] 刘章权.福安市茶业可持续发展现状及对策[J].茶叶科学技术,2004,(3):21-24.
[189] 罗跃新,林朝赐.谈谈新世纪广西茶业可持续发展的几点意见[J].广西农学报,2003,(6):41-43.
[190] 杨江帆.茶叶企业经营管理[M].北京:中国农业出版社,2006,(7):285-307.
[191] 杨江帆.茶叶国际化经营[M].北京:中国农业出版社,2005,(5):44-59.
[192] 王竞,袁红春.迎接知识经济的到来 中国茶叶的必然选择[EB/OL].
http://www.gxny.gov.cn/2002/0121/183705-1.html.
[193] 茶之未来[EB/OL].http://www.qsgjzx.com.cn/images/jianshe.files/chazhiweilai.html.
[194] 谢秋生,蔡新.知识经济时代云南茶叶产业发展策略茶叶科学技术[J].2001,(4):4-8.
[195] 黄崇焘.知识经济与21世纪茶叶发展战略[J].蚕桑茶叶通讯,2000,(1):12-14.
[196] 钟桂芬.知识经济时代与茶业经济[J].云南热作科技,2000,23(2):27-29.
[197] 肖文军,杨伟丽.科学技术对茶业产业化的作用[J].福建茶叶,2000,(2):38-39.
[198] 中国茶叶如何称雄世界[EB/OL].
http://www.zggo.com/robotweb/main.php? user=yncha&infoid=2193.
[199] 中国茶业存在的重要问题及解决对策[EB/OL].
http://www.myagri.gov.cn/new/view.asp? id=3144&typeid=20.
[200] 杨江帆.茶叶国际化经营[M].北京:中国农业出版社,2005.
[201] 王丽萍.关于中国茶叶发展"大茶业"战略的思考[J].茶业通报,2002,24(2):7-8.
[202] 夏攀英.21世纪中国大茶业研讨会总结[EB/OL].
http://blog.sina.com.cn/zhongguochancha.2007.04.
[203] 陈潜,杨巍.中国与印度、斯里兰卡、肯尼亚、日本茶叶产销对比分析[J].广东茶业,2007,(1):3-9.
[204] 苏祝成,徐永成.当前茶叶产业经济研究中的一些重点问题[J].茶叶,1999,25(3):159-162.
[205] 谢祖墀.战略不仅仅是战略规划[J].经理人,2008,(04):74-74.
[206] 轶名.《孙子兵法》与企业经营战略[EB/OL].
http://www.jysls.com/thread-589980-1-1.html. 2009-7-25.
[207] 轶名.武夷岩茶制作技艺成为唯一茶类国家级非物质文化遗产[EB/OL].
http://culture.zjol.com.cn/05culture/system/2006/06/07/006661453.shtml.2006-6-07.
[208] 轶名.我国多个茶类的制作技艺被列入第二批国家级非物质文化遗产名录[EB/OL].
http://hi.baidu.com/axdtea/blog/item/4c4c4a91e27d758ba977a4b7.html,2008-07-18.
[209] 唐琼,魏东升.论比较优势理论及其在我国的应用[J].当代经济,2008,(02):152-153.

[210] 刘燕. 浅谈我国茶业比较优势[J]. 才智, 2008,(08):132.
[211] 徐康宁. 当代西方产业集群理论的兴起、发展和启示[J]. 经济学动态,2003,(3):70-7.
[212] 吴向鹏. 产业集群理论:经济网络与社会关系网络的视角[J]. 西安财经学院学报, 2003,16(6):15-29[207]. Jennifer Bair & Gary and Gerefei.. Local Clusters in Global Chains:The Causes and ConseQuences of Export Dynamism in Torreon's Blue Jeans industry,world Development Vol. 29,No. 11,pp. 1885-1903,2001
[213] 轶名. 产业链不够完整 福建呼唤产业集群[EB/OL]. http://www. fj. xinhuanet. com/jjpd, 2004-06-14.
[214] 轶名. 发展中国家的产业链可以通过外国购买者使地方产业参与全球化竞争 [EB/OL]. http://www. chinacoop. gov. cn/calling/news/index. asp? id=26131.
[215] 倪斋晖. 论农业产业化的理论基础[J]. 中国农村经济,1999,(6):55-60.
[216] 谢芬,杨江帆,高水练. 论茶叶产业集群发展策略[J]. 茶叶科学技术,2004,(4):1-5.
[217] 周耀东. 中国主导产业理论与实践的反思[J]. 上海经济研究,1998, (01):10-15.
[218] 殷延青. 论茶叶产业在商南经济社会建设中的重要地位[D]. 西安:西北农林科技大学,2008、
[219] 李海水. 长盛不衰的安溪茶产业[J]. 发展研究 ,2003,(2):53-64.
[220] 杨江帆,谢向英,庄佩芬等. 茶——21 世纪生活新方式[M]. 西安:世界图书出版西安公司,2009.
[221] 李磊. 天福茗茶:欲与"星巴克"试比高[J]. 广告大观:综合版,2008,(01):65-67.
[222] 曹春华. 浅议跨国公司研发全球化的特点与模式[J]. 国外经济管理,2008,(3): 1-3,30.
[223] 张彦仲. 研发全球化是经济全球化的新趋势[J]. 2005,(09):14-17.
[224] 张文锦,黄淑惠. 关于福建茶业可持续发展战略的思考[J]. 中国茶叶,2000,(2):33-35.
[225] 晏云华. 岳阳茶业可持续发展战略[J]. 茶叶通讯,2004,(1):41-42.
[226] 黎建新. 绿色产品市场亟待规范[J]. 经贸导刊,2001,(11):46-47.
[227] 王炳成 ,李洪伟等. 绿色产品创新影响因素的实证研究[J]. 工业技术经济,2008,(12):70-74.
[228] 赵新,鲍宏等. 基于生命周期评价的绿色产品设计[J]. 日用电器,2008,(12):48-50.
[229] Rachel C,Andrew B W. Requirements capture:theo - and practice Technology,1998,1 8 (8/9):497-511.
[230] 何潇. 加快我国绿色产业发展探析[J]. 吉首大学学报:社会科学版,2008,(5):150-154.
[231] 清华. 浅析当前我国绿色消费[J]. 经济论坛,2008,(20):44-45.
[232] 余娟. 成本领先战略模式探析[J]. 市场周刊(理论研究),2007,(04):26-27.
[233] 初洪伟. 成本领先战略中的系统思维[J]. 企业改革与管理,2008,(08):11-12.
[234] 刘中刚. 中国企业实现成本领先战略的途径与误区[J]. 企业活力,2008,(03):18-19.
[235] 顾学宁. 营销全球化与中国企业国际化[J]. 江苏对外经贸论坛,2001,(4):68-73.
[236] 付承兰. 中小企业的发展应实施差异化战略[J]. 产业与科技论坛, 2008,(04):54-55.
[237] 赵霓君. 差异化战略的选择与实施[J]. 企业改革与管理,2008,(9):17-18.

[238] 刘凤军. 集中战略的博弈分析[J]. 价值工程,2005,(3):96-97.

[239] 李鸿生. 相关集中战略——现代企业集团的必然选择[J]. 经济师,1997,(10):43-44.

[240] 周颖. 茶文化的孕育与诞生探析[J]. 农业考古,2004,(2):112—115.

[241] 曾庆佳. 中西方茶文化比较浅析[J]. 吉林省教育学院学报(学科版),2008,(08):74-75.

[242] 兰锋. 闽北茶叶:何日香如故? [N]. 福建日报,2004-04-19.

[243] 侯如燕,宛晓春,黄继轸等. 茶籽的综合利用[J]. 中国食物与营养,2003,(5),24-26.

[244] 凌夫. 茶制生活用品[J]. 医疗保健器具,2001,(2):46.

[245] 吴树良. 茶叶兽药的开发和应用[J]. 茶业通报,2001,23(3):39-41.

[246] 陈睿. 茶叶功能性成分的化学组成及应用[J]. 安徽农业科学,2004,32(5):1031-1033,1036.

[247] 陈宗懋. 茶叶科技的世纪回顾与前瞻(下)[J]. 世界农业, 42-44.

[248] 胡兆君. 加强技术创新促进茶业发展[J]. 中国茶叶加工, 2001,(02):3-5.

[249] 杨江帆,管曦. 茶叶经济管理学[M]. 北京:中国农业出版社,2003.

[250] 杨明鑫. 企业战略谋划与战略管理[J]. 现代企业,2006,(01):4-5.

[251] 熊嘉, 彭继光. 发展武陵山区大茶业的思考[J]. 茶叶通讯,2005,(02):15-18.

[252] 张忠良,毛先颉. 中国世界茶文化[M]. 北京:时事出版社,2006.1.

[253] 黄志根,徐波. 中华茶文化[M]. 杭州:浙江大学出版社,2000.9.

[254] 陈照年,茶文化的概念、内容及其传播[J]. 茶叶科学技术,2000,(2):39-40.

[255] 孙英龙,杨海江. 源远流长的茶文化[J]. 茶叶,2003,(2):37-38.

[256] 王金水,陶德臣. 茶文化发展现状及主要趋势分析[J]. 茶叶信息,2004,(4):26-27.

[257] 朱自振. 茶史初探[M]. 中国农业出版社,2004.

[258] 黄志根,徐波. 中华茶文化[M]. 杭州:浙江大学出版社,2000.9.

[259] 徐永成. 世界茶业经济及发展趋势[J]. 中国茶叶,2002,24(4)3-4.

[260] 傅真鹏. 中国茶叶近几十年产销概况简论[J]. 茶叶通报,2003,25(2)78-79.

[261] 农业部种植业管理司. 中国茶叶生产与消费[J]. 中国茶叶,2008,(6):4-6.

[262] 常凯松. 全球茶叶市场:当前形势与市场发展[J]. 农村经济与科技:农业产业化,2009,(1):43-44.

[263] 王志岚,李书魁,尹军峰. 茶饮料市场现状浅析[J]. 广东茶叶,2009,(1):12-14.

[264] 泉州网. 铁观音茶馆业态复兴.
http://www.qzwb.com/qzcz/content/2009-06/10/content_3084324_2.htm.

[265] 老海. 窥视全球茶叶市场[J]. 民间文化,2008,(1):72-73.

[266] 杨江帆,管曦. 关于茶叶经济管理学科建设的探讨——兼论茶叶复合型人才的培养[J]. 中国茶叶,2005,(3):20-21.

[267] 神农大业茶网. 2008 年世界茶叶产量略减出口增长.
http://www.lctea.gov.cn/Article_Show.asp? ArticleID=742.

[268] 中国茶叶流通协会. 关于赴台湾交流考察茶产业的情况报告.
http://www.ctma.com.cn/html/zixun/guona/20090715/12384.html.

[269] 威廉·马克斯. 茶叶全书[M]. 吴觉农等译. 中国茶叶研究社,1949.5.

后　记

中国是茶叶的故乡，茶叶的饮用与茶产品的消费自我国而走向世界。即使在今天，中国茶的影响仍然不容置疑。但是，曾经辉煌的历史并不能够掩盖眼下所面临的巨大竞争冲击。比如在茶园面积稳定增长，茶叶产量持续增加的同时，茶叶单产仍徘徊在每公顷0.7吨的水平，与世界先进水平有较大差距；再比如我国近年来茶叶产品结构调整虽见成效，但总体看来茶叶资源的利用还是不够，综合开发更显薄弱。此外，如产业组织化程度低，市场秩序混乱，企业经营规模小，竞争实力欠缺，管理体制不健全，质量无法保障，行业管理条块分割情况严重等宏、微观问题不一而足。因此，研究茶业经济管理规律，调整和改善中国茶产业发展路径，增强茶业经营主体市场竞争力与可持续发展力，实现传统茶业与现代商业的完美交融就成为21世纪中国茶业经济发展首先必须考虑的问题。

身为茶人，心系茶业，我们始终以中国茶业经济振兴为己任，时刻关注与研究中国茶业发展。自2004年1月出版《茶叶经济管理学》一书之后，我们仍不断追随中国及世界茶业经济发展轨迹，研究与剖析茶业经济新问题。在陆续推出《茶叶国际化经营》、《茶叶企业经营管理学》、《茶叶经济与管理》之后，我们在“全国高校茶文化系列教材编写组”的指导下，在刘仲华教授的直接关心下，我们再度对《茶业经济管理学》进行研究探索，根据形势发展的新需要以及茶业经济新问题，重整茶业经济管理学科思路体系，结合近年来茶业经济研究学界的研究成果，出版《茶业管理学》一书，作为本科教材。我们期盼以我们对中国茶业经济发展的最新研究所得，供给业界、学界及相关政府部门共同参考交流，更重要的是，通过对大学生的灌输与培养，为中国茶业健康发展培养与积蓄人才，为中国茶业产业竞争力提升略尽绵薄之力。

本书作为针对性极强的产业经济管理实务集合，主要探讨茶叶经济运行中的基本管理规律。全书从茶叶经济的发展起始，依据茶叶产品特性，探讨茶叶微观经营主体运行规律与管理方略、茶叶产业化发展与服务、茶叶行业管理与政策调控、茶叶区域发展与中国茶叶总体战略规划及可持续发展目标下的中国茶业管理展望等问题。全书内容全面，体系严密，理论论证与实践分析相结合，力求遵循茶业经济活动实践规律，构筑完整的茶业经济研究体系管理架构。在为我国茶业生产和经济发展提供理论参考与实践指导的同时，也使茶业经济管理学的学科建设方向更加明确，学科的理论体系、内容和方法日益完善。

本书除导言外，共分十章，主要由武夷学院、北京大学茶文化与经济研究所和福建农林大学等单位的专家联合编写，由杨江帆研究员与谢向英副教授统稿而成。在此，我们谨向各位作者表示衷心的感谢，也对那些在本书撰写过程中给予我们无私帮助的专家、师生一并予以最诚挚的谢意。

同时，需要强调的是，尽管本书的编写立意甚高，编者亦都竭尽心力，逐字考量，但鉴于茶业经济发展仍处于转轨过程中，其改革实践不断发展，还有许多问题尚在研究探索之中。要编写一本高质量的茶业经济管理学教材确实有着相当的难度，加之作者水平尚有欠缺，因而书中难免存在不足之处。恳请广大读者不吝指正。

杨江帆

2009 年 10 月 7 日